김정은시대 북한사회 100문 100답

동국대학교 북한학연구소 총서 12

김정은시대
북한사회
100문 100답

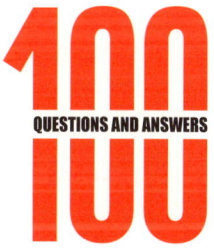

QUESTIONS AND ANSWERS

책임편집
김용현

동국대학교출판부

서문

북한은 우리가 알아야 할 가장 중요한 대상입니다.
하지만 가장 모르고 있는 대상입니다.
정보 접근성이 가장 취약한 곳입니다.

김정은 체제가 등장하고 북한은 많은 변화를 보여주고 있습니다. 김주애가 공식 석상에 등장하고, 북한식 새마을운동이 전국에서 벌어지고 있습니다.
대중의 궁금증을 북한학 박사들이 풀어보았습니다.
무거운 질문은 무겁게, 가벼운 주제는 가볍게, 신박한 질문은 신박하게 풀어냈습니다. 물론 모든 대답은 확인된 정보를 가지고 말입니다.

2022년 발간한 『북한학개론』에 담지 못한 디테일한 이야기가 북한에 대한 이해를 높여줍니다. 특히 북한 주민들의 일상생활에 공을 많이 들였습니다. 낯설지만 익숙한 주민들의 일상생활을 보여줍니다.
남북관계가 어렵습니다.
증오와 저주의 말이 폭탄이 되고 다시 오물풍선이 되어 휴전선을 넘나들고 있습니다. 통일을 지향하는 하나의 민족보다 적대적인 두 국가관계가 될지도 모릅니다. 민족이든 국가든 남북한은 서로에게 가장 크게 영향을 미칠 수 있는 대상입니다. 갈등보다는 협력이 절실합니다.

100문 100답이 북한을 이해하는데, 남북관계를 개선하는데 작은 도움이 될 수 있기를 희망합니다.

대표 저자 김용현

contents

서문   005

CHAPTER 1   **김주애와 만리경 1호**

question 001	북한에도 여성 지도자가 나올 수 있나요? 그렇다면 김주애는 미래의 수령이 될 수 있나요?	015
question 002	북한의 지도자는 어떻게 선발되며, 자격 요건은 무엇인가요?	021
question 003	북한 역대 영부인들은 어떤 사람들이었으며, 그들의 역할은 무엇이었나요?	027
question 004	금수산태양궁전은 무엇을 하는 곳이며 어떤 상징성이 있나요?	037
question 005	북한에도 국회의원이 있나요?	041
question 006	북한의 정식 국호는 조선민주주의인민공화국인데, 민주주의가 맞나요? 왜 민주주의라고 했을까요?	048
question 007	북한의 조선로동당과 우리의 정당은 어떻게 다른가요?	051
question 008	조선로동당 내에서 정치적으로 가장 중요하고 영향력이 막강한 부서는 어디이며, 무엇을 하는 곳인가요?	054
question 009	북한에서 선거는 어떤 종류가 있나요?	058
question 010	북한에도 법이 있나요?	062
question 011	북한에도 112, 119, 다산콜센터 등 위급 상황 대비 혹은 행정민원을 해결하기 위한 제도가 있나요?	071
question 012	북한도 국군의 날이 있나요? 행사도 하나요?	075

question 013	북한도 병역 기피 현상이 있나요? 만약 걸리면 어떠한 처벌을 받나요?	080
question 014	북한도 우리 현충원과 같은 곳이 있나요?	084
question 015	북한 군 관련 엘리트들은 어디서, 어떤 교육을 받나요?	088
question 016	우리가 베트남전쟁에 군대를 파병했듯이, 북한도 해외에 군대 파병 혹은 군사적으로 지원한 적이 있나요?	094
question 017	북한의 군복무 기간은 얼마나 되나요? 예비군 제도는 있나요?	104
question 018	북한은 핵보유국인가요?	106
question 019	북한이 핵실험과 미사일 시험 발사를 하면 국제사회는 어떻게 제재를 하나요?	111
question 020	북한은 왜 계속해서 '적대시 정책' 폐기와 '이중 기준' 철회를 주장하나요?	115
question 021	북한과 친한 나라와 사이가 좋지 않은 나라들은 어디인가요?	118
question 022	김정은시대 북한의 대표 외교 활동과 외교 노선은 무엇인가요?	122
question 023	북한도 우리와 같은 국가정보원, 통일부, 외교부와 같은 기관들이 있나요?	128
question 024	북한 학생들도 유학을 가나요? 간다면 주로 어디로 가나요?	132
question 025	북한에서 외교관이 되려면 어떻게 해야 하나요?	135

CHAPTER 2 평양타치와 새마을운동

| question 026 | 북한도 국가예산이 있나요? | 149 |

question 027	북한에도 은행이 있나요?	153
question 028	북한도 무역을 하나요?	157
question 029	북한에도 경제특구가 있을까요?	161
question 030	북한 정부기구 간에도 칸막이 행정이 있나요?	166
question 031	북한에도 파리바게트가 있나요?	171
question 032	북한에도 스마트팜이 있을까요?	175
question 033	최근 북한식 새마을운동이 진행되고 있다는 것이 사실인가요?	180
question 034	북한의 우유는 평양우유인가요?	184
question 035	북한에서 과학기술 정책을 담당하는 정부, 기관은 어디인가요?	188
question 036	북한의 핵, 미사일 기술을 이용해서 주민생활에 필요한 생필품을 만들 수는 없나요?	192
question 037	북한 주민들 사이에 유행하는 가전제품은 무엇인가요?	195
question 038	북한에서 과학자가 되려면 어떤 과정을 거치나요?	199
question 039	북한에도 노벨상 수상자가 있나요? 북한에도 과학기술인을 위한 병역특례나 고액 성과급 제도가 있나요? 발명이나 특허를 내면 돈을 많이 벌 수 있나요?	205
question 040	북한에도 랩실(lab)이 있나요? 삼성, LG 같은 첨단 기술 기업이 있나요?	209
question 041	북한에도 『Nature』와 같은 국제 학술지가 있나요?	211
question 042	북한에도 네이버 쇼핑, 키오스크, 삼성페이(애플페이) 등의 플랫폼과 시스템이 있나요?	214
question 043	북한에서 판매하는 휴대폰 종류는 무엇인가요? 북한에서도 아이폰을 쓸 수 있나요?	219
question 044	북한의 로봇, AI 기술은 어떤 수준인가요? 대표적 AR·VR 프로그램은 무엇인가요?	226

question 045	북한에도 전기차 '테슬라'가 있나요?	230
question 046	북한에서도 네비게이션(GPS)으로 길을 찾을 수 있나요? 북한은 독자적 (통신)위성 기술을 갖고 있나요?	235
question 047	북한에도 인강(인터넷 강의)이 있나요?	240

CHAPTER 3   살림집과 뽀뿌라싹눈대장염피막알약

question 048	북한 주민은 아플 때 어디에 가서 약을 사나요? 대표적인 대학병원은 어디인가요?	253
question 049	북한에도 금연 정책이 있나요?	258
question 050	북한에서는 어떻게 의사, 간호사가 되나요?	261
question 051	북한에서는 전염병이나 가축전염병을 어떻게 극복하나요?	267
question 052	북한은 여전히 살림집(주택)을 국가가 공급하나요?	273
question 053	북한에도 1인 가구가 있을까요?	277
question 054	북한에도 저출생·고령화 현상이 있나요?	281
question 055	평양시민이 되기 위한 조건은 무엇인가요?	284
question 056	북한 사람들은 로또에 당첨되면 무엇을 할까요?	288
question 057	북한에도 러시아워(교통체증)가 있나요?	292
question 058	북한이 자랑하는 대표적인 건축물은 무엇인가요?	296
question 059	북한의 도시 여행은 어디가 좋을까요?	300
question 060	북한이 직면한 주요 환경 문제는 무엇인가요?	306
question 061	북한에도 전 세계적 기후변화로 인한 변화가 있나요?	311
question 062	북한은 어떻게 환경오염을 규제하고 기후위기에 대응하고 있나요?	314

CHAPTER 4 평양소주와 키크기운동

question 063	리춘히 아나운서는 방송하면서 왜 화를 내나요?	325
question 064	북한에서도 에어팟을 쓰나요?	329
question 065	북한에도 팬덤 문화가 있나요?	332
question 066	북한에서는 어떤 춤을 추나요?	334
question 067	북한의 베스트셀러는 무엇인가요?	337
question 068	북한에도 트로트가 있나요?	339
question 069	북한에도 영화관이 있나요?	341
question 070	북한에도 웹툰이 있나요?	344
question 071	북한 어린이들이나 가수들은 왜 노래 부를 때 표정과 행동을 과장되게 표현하나요?	346
question 072	북한에도 음악 오디션 프로그램이 있나요?	349
question 073	북한 여성들도 다이어트와 성형수술을 할까요?	352
question 074	북한 여성들도 샤넬 향수와 설화수 화장품을 사용할까요?	357
question 075	북한 사람들은 왜 청바지를 입지 못할까요?	363
question 076	북한 사람들도 치맥(치킨과 맥주)을 좋아할까요?	367
question 077	북한에도 불닭볶음면이 있나요?	371
question 078	북한에서 쇼핑을 한다면 무엇을 구매해야 할까요?	375
question 079	북한에도 따릉이, 전기자전거가 있나요?	381
question 080	북한에도 카공족과 점쟁이가 있나요?	384
question 081	북한의 MZ세대는 누구이며, 어떤 세대적 특징을 보이나요?	387
question 082	북한의 개그 코드는 무엇인가요?	392
question 083	북한도 진로 모색과 취업에서 스펙이 중요한가요?	395
question 084	북한의 일등 신랑·신붓감은 어떤 사람인가요?	399
question 085	북한에도 이혼 전문 변호사가 있나요?	404

question 086	북한에도 유명 학원가가 있나요?	408
question 087	북한에도 학폭(학교 폭력)이 있나요?	410
question 088	북한에서는 신혼여행을 어디로 가나요?	412
question 089	북한에도 위락 시설이 있나요?	414
question 090	북한의 대표적인 관광지는 어디인가요?	418
question 091	북한을 방문하는 외국인들에게 소개되는 관광지와 북한 주민이 방문하는 관광지에 차이가 있나요?	420
question 092	관광객들을 위한 북한의 인프라와 편의 시설은 어느 정도인가요?	425
question 093	북한에서 유명한 산은 어떤 곳이고 북한 주민들은 등산을 즐기나요?	429
question 094	북한도 엘리트 체육과 대중 체육의 차이가 있나요?	431
question 095	남북한 체육 단일팀의 역사는 어떻게 되나요?	435
question 096	남북의 체육 협력 사례는 어떻게 되나요?	438
question 097	북한은 축구 월드컵 중계를 하나요?	442
question 098	평양국제축구학교는 어떤 학교인가요?	444
question 099	북한의 신체 왜소 원인과 키크기운동은 무엇인가요?	447
question 100	시대별 북한 최고의 체육스타는 누구이며, 체육인의 처우는 어떤가요?	450

참고문헌	461

CHAPTER 1

김주애와
만리경 1호

question
001

북한에도 여성 지도자가 나올 수 있나요? 그렇다면 김주애는 미래의 수령이 될 수 있나요?

북한에서 김정은 위원장의 딸인 김주애의 등장으로 인해 미래 지도자가 될 것인가를 두고 논쟁이 뜨겁다. 그 이유는 1946년 8월 「남녀평등법」으로 양성 평등의 권리가 제도화되었다고 선전하고 있지만 다출산을 통해 행복한 가정을 꾸리는 것이 여성의 본분이라고 강조하고 있는 북한에서 과연 여성 지도자가 등장할 수 있느냐의 여부 때문이다. 이를 위해 북한 여성의 사회적 지위 변화 과정에 대해서 살펴보는 것이 필요하다.

북한은 1946년 「남녀평등법」 제정을 통해 전통적 족보였던 호적을 철폐하고 여성에게도 상속권을 인정하기 시작했다. 이것은 여성에게 '정치'와 '학습'을 보장한다는 의미였다. 남한은 2008년에야 완성되었던 점과 비교하면 이 법은 북한이라는 새로운 국가 형성을 이미지화하는 중요한 정치적 발걸음이었다. 이어 북한은 한국전쟁과 전후 복구 건설, 1960~70년대 산업화 시기에 1972년 「헌법」, 「자녀교육법」, 1976년 「노동법」을 통해 교육과 노동에 대한 여성의 부담을 경감시켜 나갔다.

그러나 1980년대 김정일 위원장이 후계자로서의 활동과 함께 정치적 필요에 의해 김일성 주석의 어머니 강반석, 그리고 자신의 어머니인 김정숙에 대한 여성적 미덕으로 '전사', '모성' 등을 내세운 결과, 노동과 가정 모두를 챙겨야 하는 부담은 더해갔다. 특히 1990년대부터 2011년 김정일 위원장이 통치하던 시기에 고난의 행군을 경험하면서 여성은 장마당을 통해 경제활동의 주체로까지 왕성하게 활동하며 사회적 역할은 더욱 강조되어 갔다.

이후 지금 김정은 체제하에서 여성은 여전히 소수지만 국가 중요 분야의 중책을 맡고 있다.[1] 대표적인 예가 바로 김여정 당부부장(외교안보 및 대남정책 전반 총괄), 최선희(외무상), 김설송(김정은의 이복누이, 조직지도부에서 활동하는 것으로 추측)이 있다. 이들은 여성 고위직이라고 하더라도 선전선동, 경공업 등 제한된 분야가 아니라 국가 안보를 책임지는 중책을 맡고 있다는 점에서 이전 북한 사회에서 보이는 여성의 이미지와는 매우 다르다.

그렇다면 법적으로 북한에서 여성의 지위는 어떻게 규정되어 있을까? 북한 「헌법」 제5장 '공민의 기본권리와 의무' 제77조에서는 "녀자는 남자와 똑같은 사회적 지위와 권리를 가진다. 국가는 산전산후휴가의 보장, 여러 어린이들을 가진 어머니를 위한 로동 시간의 단축, 산원, 탁아소와 유치원망의 확장 그 밖의 시책을 통하여 어머니와 어린이들을 특별히 보호한다. 국가는 녀성들이 사회에 진출할 온갖 조건을 지어준다"로 규정되어 있다.[2] 「헌법」을 통해 봤을 때 여성은 북한에서 남성과 동등한 사회적 지위를 가지고 있으며 사회 진출에서도 아무런 장애가 없어 보인다.

이러한 상황에서 김정은 위원장의 '자제'로 소개된 김주애의 등장은 미래 여성 지도자의 출현 가능성 논의에 불을 지폈다. 김주애의 공개 활동은 2022년 11월 18일부터 2023년 5월 16일까지 총 12차례 소개되었다.

김주애 공개에서 흥미로운 사실은 주로 군 관련 행사, 즉 국가 안보와 관련된 중요한 현장에서 소개되고 있다는 점이다. 총 12회 소개 중 10회는 군 관련 활동, 1회는 인민 생활, 1회는 국가 행사와 관련되어 있다. 김정은 위원장은 왜 미사일 발사라는 국가 안보의 최전선에 김주애를 대

김주애의 공개 활동 내역

No	날짜	내용	비고
1	2022.11.18.	화성포-17형 시험 발사 현장	사랑하는 자제분
2	2022.11.27.	화성포-17형 시험 발사 성공 관련 기념사진 소개	존귀하신 자제분
3	2023.2.7.	건군절 관련 인민군 장령들의 숙소 기념 방문 및 연회 참석	사진만 공개, 리설주 동행
4	2023.2.8.	인민군 창건 75주년 경축 열병식	사랑하는 자제분, 리설주 동행
5	2023.2.17.	내각과 국방성 간 체육경기 관람	사랑하는 자제분
6	2023.2.25.	서포지구 새거리 건설 착공식	사랑하는 자제분, 가장 사랑하는 분
7	2023.3.9.	인민군 서부전선 화성포 포병부대 현지지도	사진만 공개
8	2023.3.16.	화성포-17형 발사	사진만 공개
9	2023.3.18-19.	핵반격 가상종합전술 훈련	사진만 공개
10	2023.4.13.	화성포-18형 첫 시험 발사	사진만 공개, 리설주 동행
11	2023.4.19.	국가우주개발국 현지지도	사진만 공개
12	2023.5.16.	정찰위성 발사 준비위원회 현지지도	사진만 공개
13	2023.8.27	해군사령부 방문	김명식 해군사령관 거수경례
14	2023.9.9	공화국 창건일 열병식	사진만 공개
15	2023.11.23	만리경 1호 발사 기념연회	우주강국 시대 조선의 샛별 명칭
16	2023.11.30	항공절 기념 공군사령부 방문	사진만 등장
17	2024.1.1	신년 경축 대공연	사진만 등장, 리설주 동행
18	2024.1.5	중요군용대차생산공장 현지지도 동행	존경하는 자제분
19	2024.1.8	광천닭공장 현지지도 동행	사진만 공개
20	2024.2.8	건군절 국방성 방문	사진만 공개
21	2024.3.16	항공육전병 훈련 현장 강동종합온실 준공 및 조업식	사진만 공개
22	2024.5.14	서포지구 전위거리 준공식	사랑하는 자제분

출처: 〈로동신문〉 각 호를 참고해 저자 작성.

만리경1호를 실은 운반체 천리마1호

출처: "정찰위성 성공적으로 발사," 『금수강산』, (평양: 오늘의 조국사, 2023), 12호, p.5.

동해 인민들에게 소개하는 것일까?

이에 대해 정성장은 김주애가 김정은 위원장의 후계자로 내정되었기 때문이라며 몇 가지를 그 근거로 제시하고 있다. 첫째, 존귀하신이라는 수식어가 선대 수령에게만 사용되었으므로 김주애는 수령만큼이나 절대적 존재라는 의미 둘째, 가장 사랑하는 자제 분이라는 표현은 자녀들 중 미래 지도자로서 점지해 두고 있다는 것을 암시 셋째, 행사 중 테이블 중앙에 자리하고 단독 사진도 공개하고 있다는 점 넷째, 김정은 위원장과 기념 우편에 등장 다섯째, 북한 내에서 주애라는 이름의 단속이 그것이다.[3]

그러나 일각에서는 북한의 공식 매체를 통해 보인 일련의 정치적 행위, 즉 수행된 상황만을 전제로 하고 있다는 점에서 신중히 접근할 필요가 있다고 주장하는 이들도 있다.[4] 이렇듯 김주애의 등장은 다각도로 살펴볼 필요가 있다. 중요한 것은 북한의 김주애 공개가 오래된 역사적 경험이 응축된 후계자 담론에 근거하고 있는지, 즉 수령의 후계자로 준비하는 합리적이고 합법칙적인 관행을 염두해 둔 것인지에 대한 여부이다.[5]

후계자론에 의하면, 후계자는 선대 지도자에게 무한한 충실성을 바탕으로 그들의 혁명사상을 심화, 발전시키고 자신의 혁명사상을 재창출해 나갈 수 있는, 도덕적으로 고매한 품성을 가진 새 세대 인물이어야 한다. 그러나 2013년생으로 추정되는 김주애는 이러한 부분을 충족시키기에는 명확한 한계가 있다. 물론 정성장의 말대로 김정일 위원장이 그의 최측근들에게 자신의 후계자로 김정은 위원장을 지목한 것이 그의 나이 만 8세 생일이었던 1992년 1월 8일부터였기 때문에 현재 김주애를 후계자로 지목하는 것도 가능할 수 있다. 그러나 이러한 주장들을 '결정적인 판단 근거'로 보기 보다는 더 큰 틀에서 북한의 변화된 대내외적 환경에서 이해할 필요가 있다.

김주애가 살아갈 미래의 북한은 국제사회로부터 핵보유국으로 인정받을 수 없으며, 국제규범 위반으로 인해 경제 제재가 지속될 가능성이 높다. 물론 자체적인 과학기술의 발전과 천연자원 및 인력 등 내부 자원을 총동원해 일정 부분 성과를 내며 '버티기 전략'으로 체제를 운영해 갈 수는 있을 것이다. 다시 말해, 북한은 핵과 미사일을 포기하지 않는 한 현재보다 더 윤택한 경제, 사회적 환경을 조성하고 대외적으로 고립과 압박이라는 족쇄를 제거하기에는 한계가 있다. 이러한 의미에서 김정은 위원장이 김주애를 미사일 발사라는 국가 안보의 최전선에 대동해 인민들에게 소개하는 이유는 바로 김정은 위원장이 사라져도 '북한식 사회주의 체제'는 지속된다는 메시지를 대내외에 보내기 위한 목적일 것이다. 그것이 4대 세습이든 아니든 향후 어떠한 모습으로 나타날지는 모르지만 현 상황에서 김주애가 후계자로 내정되었다는 주장은 시간을 가지고 지켜볼 필요가 있다.

한 북한 전문기자의 주장대로 김주애의 위상을 높이려는 시도는 향후 김정은 위원장의 다른 자제가 내부적으로 후계자로 내정될 때 김주애의 위상을 그 자제에게 오버랩 시키려는 의도라고 본다면 어떠한가?[6] 이것은 체제 내부 위기를 강조하면서 체제 붕괴론에 입각해 대북정책을 추진하고 있는 한미 양국과 대북제재로 인해 경제적으로 어려움을 겪고 있는 북한 인민들에게 보내는 메시지로 보는 것이 합리적이다.

향후 김주애가 내부적으로 김정은 위원장의 후계자로 내정되거나 혹은 후계자라는 것이 더욱 설득력을 얻기 위해서는 어떠한 상징적인 조치들이 필요할까?

먼저, 북한의 후계자론과 혁명사상에 근거해 항일의 여전사, 백두의 3대 장군인 김정숙을 모델로 백두혈통인 김주애가 가지는 '전통'이라는 장점을 최대한 살리는 모습들이 연출될 것으로 보인다. 예를 들어, 2023년 2월 8일 인민군 창건 75주년 열병식에서 소개되었던 것처럼 '사랑하는 자제분이 제일로 사랑하시는 충마'를 탄, 항일여전사의 형상을 한 향후 김주애의 모습, 혹은 백두산에 오르는 김주애의 모습을 통해 혁명전통의 계승자 이미지를 연출할 수 있다. 더 나아가서는 김정은 위원장의 어린 시절에 군복을 입고 군을 간접 체험을 하도록 만들었던 고용희의 전례를 들어, ICBM급 미사일 발사 현장이나 군 열병식 등 국가 안보의 중요한 순간에 군복을 입고 나타나는 모습을 공개하는 것 등을 생각해 볼 수 있다. 왜냐하면 이전 김정일 위원장 시절에 어린 김정은 위원장을 공개하지 않았던 것과는 달리, 김정은 위원장은 자녀의 존재를 공개했기 때문에 권력 승계 과정도 공개될 가능성이 있다고 보기 때문이다.

question
002

북한의 지도자는 어떻게 선발되며, 자격 요건은 무엇인가요?

　북한에서 지도자의 선발과 자격 요건을 살펴보기 위해서는 '후계자론'에 대한 이해가 필요하다. 후계자론은 후계자 선발의 기본 원칙, 자질과 요건, 모델에 대해서 설명한 후계자 문제와 관련된 이론서이며, 김일성 주석에서 김정일 위원장으로의 후계 승계 과정을 이론적으로 사후 합리화한 것이다. 중요한 것은 북한이 전체주의 국가 혹은 폐쇄적인 권위주의 국가이지만 후계자 선출에 있어 공식적인 절차를 통해 인민들에게 검증을 받을 필요가 있으며, 후계자는 그 요건을 충족시키기 위해 노력해야 한다는 점이다.

　후계자론에 따르면, 후계자는 최고지도자인 "수령의 대를 잇는 미래의 수령을 의미하며, 노동계급의 수령에 관한 문제와 분리해서 생각할 수 없다"고 설명하고 있다. 또한 "인류 역사는 자주성을 위한 근로인민대중의 투쟁의 역사이며, 로동계급은 역사상 가장 자주적이며, 인간의 자주성을 완전히 실현하는 것을 본질적 요구로 하는 계급"으로 "로동계급의 혁명투쟁은 오직 로동계급의 탁월한 수령에 의해서만 개척하고 승리할 수 있다"며 이것을 "혁명의 법칙"이라 규정하고 있다.[7]

북한은 이전 노동계급의 혁명이론은 수령을 유일한 존재가 아니라 일정한 지도적 집단으로 보았는데, 김일성 주석에 의해 노동계급의 수령이 일반적인 지도자들과는 달리 특출한 자질과 능력, 품격을 소유한 유일무이한 절대적 존재로 자리매김했다고 주장하고 있다. 이것은 "수령의 절대적 지위는 사상이론의 뇌수, 단결의 중심, 투쟁의 최고령도자의 지위로서 표현된다"며 혁명에서 수령의 지위와 역할에 대해서 규정하고 있는 것을 통해도 알 수 있다.[8]

  북한은 혁명에서 수령의 역할은 첫째, 혁명의 지도사상을 창시, 발전, 풍부화하여 인민대중의 투쟁의 방향성을 제시하며 둘째, 이를 통해 그들을 의식화, 조직화하며 셋째, 정확한 투쟁 강령과 전략전술을 제시하고 그 실현에로 대중을 힘있게 조직 동원하는데 있다고 설명하고 있다. 그렇다면 수령의 영도업적은 어떻게 후계자에 의해 계승, 발전되는 것일까? 수령의 후계자는 구체적으로 어떠한 역할과 임무를 담당하는 것일까?

  후계자론에서는 후계자의 역할에 대해 첫째, 수령의 혁명사상을 고수, 관철하고 발전, 풍부화 시키는 것 둘째, 수령을 진심으로 받들고 수령의 사업을 최고의 높이에서 보좌하는 것 셋째, 전당과 전체 인민을 수령의 두리에 굳게 묶어세워 정치적 역량을 부단히 강화해 나가는 것 넷째, 수령이 심려하는 것을 풀어나가며 수령이 바라는 대로 혁명과 건설을 다그쳐 나가는 것 다섯째, 탁월한 사상이론 활동과 당 및 국가사업 전반에 대한 정력적 지도를 통해 수령이 바라는 대로 혁명과 건설을 전진시켜 나아가는 것으로 규정하고 있다.[9] 다시 말해, 수령을 보좌하는 유일한 지도자는 후계자이며, 수령의 혁명 위업을 완성해 나가는 것이 후계자가 지니는 가장 중요한 사명이자 역할이라는 것을 의미한다.

  후계자의 자질에 대해서는 첫째, 수령의 후계자가 지녀야 할 최고 높이에서의 충실성을 가진 인물 둘째, 수령의 혁명사상과 탁월한 영도예술 및 고매한 덕성을 완벽하게 체현한 인물 셋째, 수령 세대와는 다른 새 세대를 대표할 수 있는 인물이어야 하며 이것은 후계자 문제 해결에서 견지해야 할 하나의 원칙이라고 주장한다. 또한 후계자 선출에서 준수해야 할 몇 가지 기준으로 첫째, 전민중적 추대에 기초하여 선출 둘째, 새 세대 인물에서 선출 셋째, 수령 생존 시 선출을 제시하고 있다.[10]

여기서 눈여겨봐야 할 대목은 수령과 그 후계자가 혈연관계에 있을 때 이를 어떻게 바라볼 것인가이다. 북한은 공산주의 운동에서 수령과 그 후계자가 혈연관계에 있다고 해도 노동계급의 혁명수행 차원에서 세습제와는 근본적으로 구별된다고 강조하고 있다. 북한은 세습제는 인민대중을 착취, 억압하는 '권력의 상속'이지만, 노동계급의 혁명 수행에서의 후계자는 동지적 관계라는 논리를 강조하고 있다.[11] 이러한 의미에서 북한은 후계자의 지도 체제는 수령의 영도 체계 안에서 당을 공간으로 유일적 지도 체제가 되어야 한다고 주장하고 있다. 그 이유는 노동계급의 당은 수령의 사상을 실현하고 수령의 위업을 계승해 나가는 정치적 참모부이기 때문이다.[12]

후계자론에 근거해 김정일 위원장은 ▲김일성 주석의 혁명사상의 김일성주의로 정식화 ▲온 사회의 김일성주의화론 정립 ▲당의 혁명전통 계승·발전 및 사상의 순결성 지속 ▲전당, 국가의 항일유격대식 사업방법을 정립하며 후계자로서의 정치적 정당성을 강화시켜 나갔다. 후계자 문제가 중요한 이유는 북한 최고지도자의 권력 승계를 포함한 정치 과정은 북한 체제와 정책, 노선의 방향을 이해하는데 가장 중요한 연구 대상이기 때문이다. 김일성 주석이 조금이라도 반대했다면 후계자로서 김정일 위원장에 대한 논의는 불가능했을 것이라는 황장엽의 증언[13]을 보더라도 김일성의 정치적 묵인 및 검증 기회 부여, 후계자로서 김정일의 권력 확보 의지는 '북한식 검증'의 모습으로 나타났다.[14] 구체적으로 몇 가지 사례를 살펴보자.

첫째, 김정일 위원장은 1968년 2월 16일 자신의 생일에 김일성 가계 혁명화 작업을 본격화하였으며, 김일성을 태양으로 묘사하며 자연스럽게 자신을 미래의 태양으로 인식시켜 나갔다. 이것은 김일성과 함께 자신을 매우 상징적인 존재임과 동시에 신성시해야 하는 인물이라는 인식을 형성해 북한 혁명의 미래 지도자로서 권위를 확보하기 위해 노력했음을 보여준다.

둘째, 청년동맹 강화를 통한 혁명 후속세대 교육, 양성을 유언으로 남겼던 북베트남 호치민(Ho Chi Minh)의 정책에 입각해서 김정일 위원장의 후계 승계 과정은 청년동맹이 주축이 되어 진행되었다.

셋째, 1970년 4월 방북한 중국 주은래(Zhou Enlai) 총리가 방북했을 때 북한 선전선동부는 김일성 주석과 주은래 총리 사이에 그가 타고 온 IL-216의 숫자를 부각시킴으로써 자신을 사회적으로 존대하는 분위기를 형성시키기 위해 노력하였다.[15]

넷째, 김일성 주석은 1972년 12월 최고인민회의 대의원 선거에서 김정일 위원장의 생일을 상징하는 제216호 희천선거구에서 후보자로 추대되었으며, 공개서한을 통해 이것이 자신의 정치적 의중임을 명확히 하였다. 북한은 이 선거구에 대해서 '제2의 평양', '조선의 미래'로 정치 상징화하였으며, 선거 공고 기간 내내 '대를 이은 혁명'을 강조하였다. 이것은 김일성 주석이 정치적 의중을 담아 당시 김정일을 자신의 후계자로 사실상 내정했음을 전체 당과 인민들에게 공개했다는 의미였다.[16]

김정일 위원장이 후계자로 승인되었던 과정은 지도자로서 능력과 품성, 그리고 업적을 선전함으로써 요식적으로나마 대중들의 인정을 받는 '북한식 검증 절차'로 볼 수 있다.[17] 이 외에도 김정일 위원장은 어릴 적부터 평양제사공장, 보통강개수공사장, 삼일포 등 여러 현장에 김일성 주석과 동행하였는데, 이것은 김정일 위원장이 수령의 혁명사상과 사업방식에 의해 영향을 받고, 준비된 후계자로서 성장할 수 있었던 중요한 배경이 되었다는 점은 부인하기 어렵다.[18] 그러므로 김정은 위원장으로의 권력 승계 과정도 후계자론에 입각해 진행 되었다고 보는 것이 합리적이다.

김정은 위원장은 2010년 9월 제3차 당대표자회에서 당중앙군사위원회 부위원장 직책을 통해 공식적으로 북한 정치 전면에 등장하였으며, 2011년 12월 김정일 위원장이 사망하자, 2012년 4월 제4차 당대표자회와 최고인민회의 제12기 제5차 회의를 통해 각각 당 제1비서와 국방위원회 제1위원장직에 취임함으로써 제도적으로 북한의 최고지도자에 등극하였다.

김정은 위원장은 2012년 4월 제4차 당대표자회를 통해 당의 지도사상을 '김일성-김정일주의'로 명문화하고, 인민 생활 향상을 당활동의 최고 원칙으로 규정하였다.[19] 또한 김정은 위원장은 2013년 1월 28일~29일, 5년 만에 개최된 제4차 당 세포비서대회에서 김일성-김정일주의의 본질을 인민대중제일주의로 규정하였다. 김 위원장은 2016년 5월 제7차 당대회에서 '온 사회의 김일성-김정일주의화'를 통해 이를 심화, 발전시켰으며, 인민대중제일주의를 당의 기본 노선으로 규정하였다. 더 나아가 북한은 2021년 1월 제8차 당대회를 통해 인민대중제일주의정치를 사회주의 기본 정치 방식으로 당규약에 명문화하였다.

이것은 후계자론에 입각해 선대 수령들에 대한 절대적 충성심을 전제로 혁명사상을 심화, 발전시키고, 후계자 자신의 고유한 혁명사상을 창조하려는 시도였다.[20] 김정은 위원장은 "우리 당은 지난날과 마찬가지로 앞으로도 언제나 변함없이 인민대중제일주의에 무한히 충실할 것이며 사회주의 건설에서의 부단한 새로운 승리를 쟁취하기 위함에 전력을 다해 나아갈 것입니다"라고 언급한 것도 이와 같은 맥락이다.[21] 김정은 위원장은 2022년 10월 17일 당 중앙간부학교를 방문해 "새 시대 우리 당건설 방향과 조선로동당 중앙간부학교의 임무에 대하여"라는 제하의 기념

강의를 통해 ▲정치건설 ▲조직건설 ▲사상건설 ▲규률건설 ▲작풍건설을 주요 내용으로 하는 '새 시대 5대 당건설 사상'을 제시하였다.[22] 이것은 김 위원장이 선대 수령들의 혁명사상을 심화·발전시키고 자신의 혁명사상 제시를 통해 당의 유일적 영도 체계를 확립하며 자신에 대한 절대적 리더십을 강화하기 위해 노력하고 있음을 보여준다.

중요한 것은 김정일 위원장은 후계자로서 선대 수령의 사상을 심화·발전시킴으로써 체제 안정성을 유지할 수 있는 능력을 인정받았으나, 김정은 위원장의 경우 후계자로서 사상을 통한 정당성(전통·합리·카리스마)에 대해서는 검증이 충분치 않았다는 점이다. 이러한 상황에서 김정은 위원장은 당 회의체를 통해 기존 북한 사회에 존재했던 김일성-김정일주의를 지도사상으로 정식화하고 선대 수령의 사상을 심화·발전시킴으로써 후계자로서의 정치적 지위를 공고히 하기 위해 노력하였다.

북한은 2012년 4월 13일 최고인민회의 제12기 제5차회의에서 「헌법」을 개정하고 이를 김일성-김정일 「헌법」으로 명명하였다.[23] 또한 북한이 김일성-김정일주의를 당의 지도사상으로 정식화한 것은 김정은 체제가 대내외적으로 김일성과 김정일시대 전략과 노선을 계승·발전시키겠다는 강력한 의지의 표현이었다. 북한은 김정일 위원장 사망 이후 유훈 관철과 김정은 위원장을 중심으로 한 일심단결을 강조하며 선대 지도자들의 체제 운영 방향성에 큰 변화가 없음을 시사하였다. 이것은 김정은 위원장의 정통성 부족을 김정일 위원장의 유훈 관철과 일심단결의 구심점으로 그의 지위와 역할을 강조함으로써 이 문제를 해결해 나가려는 의도였다.[24]

question
003

북한 역대 영부인들은 어떤 사람들이었으며, 그들의 역할은 무엇이었나요?

김일성 주석의 부인은 총 2~3명으로 알려져 있다. 국내에는 김 주석의 부인은 조선의 국모로 불리는 김정숙이며, 그녀와 사별 후 김성애와 재혼한 것으로 알려져 있다. 그러나 중국 외교부 직속 세계지식출판사가 격주로 발행하는 〈세계지식〉 2015년 11월호에서는 부인이 모두 3명이라고 소개한 바 있다. 이 자료에 의하면, 첫째 부인은 한성희로 1914년 강원도 출신으로 유년 시절 중국 동북지방으로 이주해 김일성 주석이 조직한 공산주의 독서그룹에 참가하였으며, 1937년 김 주석과 결혼한 이후의 행적에 대해서는 알려지지 않고 있다.[25]

항일무장투쟁 시절이었던 1940년에 김일성 주석은 김정숙과 결혼해 아들 김정일(1942년생), 김만일(1944년생, 연못에서 익사), 딸 김경희(1946년생, 전 당 경공업 부장)를 낳았다. 북한은 김정숙에 대해서 백두의 3대 장군(김일성·김정숙·김정일)으로 지칭하며, 김일성 주석에게 가장 충실했던 항일 여전사로 칭송하고 있다. 김정숙이 1949년 출산 중 과다출혈로 사망한 후 김일성 주석은 1953년 무렵 당시 비서였던 김성애와의 사이에서 김평일을 낳은 후에 정식으로 결혼했다.

김성애(1924년생)는 북한 공식 행사에 퍼스트레이디로서 최초로 등장했던 인물이었다. 그녀는 김일성 주석과 같은 전주 김씨이기도 하다. 김성애는 조선민주녀성동맹(이하 여맹) 위원장을 역임하였으며, 김일성 주석은 김성애의 말은 자신의 말과 같다며 그녀의 정치적 권위에 힘을 실어주었다. 그녀는 사실상 북한의 2인자였으며, 김정일 위원장에게도 호통을 칠 정도였다.[26] 김성애가 공식적으로 북한 언론에 등장하기 시작한 때는 1965년 4월 30일, 김일성 주석과 김성애의 초청을 받은 기니 공화국 대통령 부인 앙드레 투레(Andrée Touré)가 방북했을 때였다. 이날 언론에서는 '김일성 수상 동지와 부인 김성애 동지'로 명확히 표기하였고, 김성애는 비행장에서 김일성 주석과 함께 위병대를 사열하고 직접 축하 연설을 하면서 존재감을 부각시켰다.[27] 심지어 그녀는 여맹 위원장 자격으로 조선인민군 여성 부대를 방문하기도 했다.[28] 이것은 그녀가 김일성과 맞먹는 권위를 가지고 있었음을 보여준다.

이후 외국 인사의 방북 시 김성애는 지속적으로 김일성 주석과 함께 공식적인 환영 행사에 참석하였으며, 대표적인 예로 김성애는 1970년 6월 15일 노로돔 시하누크(Norodom Sihanouk) 캄보디아 국왕과 그의 부인 모니크 시하누크(Monique Sihanouk)가 방북하였을 때,[29] 1971년 6월 9일 루마니아 챠우체스쿠(Nicolae Ceaușescu)와 그의 부인 엘레나 챠우체스쿠(Elena Ceaușescu)가 방북했을 때도 공식 환영 행사에 참석하였다.[30] 또한 김일성 주석이 유고슬라비아를 방문했을 때도 공식적인 퍼스트레이디로 동행하였다.[31]

그녀는 1977년 11월 1일 여성동맹위원장 자격으로 재일조선여성대표단과 만나 담화한 이후 공식적인 자리에서 사라졌다. 그러다 1994년 6월 지미 카터(James E. Carter Jr) 전 미국 대통령이 방북했을 때 환영 만찬장에 모습을 드러낸 바 있다.[32] 김성애는 1960년대 중반부터 1974년 2월까지 사실상 북한의 2인자 역할을 하였으나, 김평일을 후계자로 옹립하려는 움직임을 보이자 김정일 위원장과 대립하였으며, 그 결과 그녀를 비롯한 친인척들 모두 곁가지로 몰려 숙청되고 말았다. 그녀의 친오빠는 민족보위상을 역임했던 김광협이었다.

  김정일 위원장의 부인은 총 5명이었던 것으로 알려져 있다. 첫째 부인은 홍일천(1942년생)이며, 김정일 위원장과 1966년 결혼해 딸 김혜경을 낳았으나 3년 후 이혼한 것으로 알려져 있다. 홍일천은 김일성종합대학 경제학부를 졸업했으며, 1991년 9월 김형직사범대학 학장에 임명(2012년 해임) 되었으며, 1993년 조국통일범민족련합 북측 본부 중앙위원을 역임한 바 있다. 1977년·1982년·1986년에 최고인민회의 제6~8기 대의원으로 선출되었다. 홍일천은 2002년 5월 북측 민족화해협의회 초청으로 당시 국회의원이자 한국미래연합 창당준비위원장이었던 박근혜 전 대통령이 방북하여 각계각층의 여성들과 상봉 행사를 가졌을 때 북측 대표로 면담한 바 있다.[33]

  두 번 째 부인은 성혜림(1937년생)이며, 경남 창녕 명문 가문의 3대 독자였던 아버지 성유경과 동경 유학생 출신으로 1920년대 민족주의 잡지 〈개벽〉의 여기자였던 어머니 김원주가 공산당원이 되자 1951년 월북하였다. 성혜림은 1949년 당시 서울사범부속소학교(현 서울사대부속초교)를 졸업하고 풍문여중(현 안국동 소재 서울공예박물관 자리)에 다녔으며, 이듬해인 1952년 중학교를 졸업하고 김일성종합대학 예비과에 입학하였다. 그리고 18세의 나이에 1920년대 카프(KAPF) 작가로서 당시 북한에서 한설야와 쌍벽을 이루는 원로 작가이자 당시 조소문화협회 위원장 겸 작가동맹 위원장이었던 리기영의 아들 리평과 결혼하였다. 1960년대 말 김정일 위원장은 영화예술 분야에서 관심을 가지며 촬영소를 자주 방문하던 중 배우였던 성혜림과 인연을 맺었으며, 그녀와 살기 위해 강제 이혼을 시키고 극비로 아들 김정남을 낳아 키웠다. 이것은 당시 북한의 최대 극비 사건이었으며, 성혜림의 아버지에게도 알려지지 않았던 사실이었다. 성혜림의 언니 성혜랑의 증언에 따르면 그들은 동질적 감성, 예술적 센스, 기지 등 손뼉이 딱 맞아 떨어지는 교감으로 무척 잘 맞는 짝이었다고 한다.34

그러나 성혜림은 김일성 주석에게 공식적으로 인정받지 못했을 뿐만 아니라 1974년 김일성 주석이 결정한 김영숙과 김정일 위원장이 결혼하자 이 시기부터 심한 우울증에 빠져 모스크바로 건너가 지냈다고 한다. 성혜림은 김정일 위원장이 김영숙과 결혼한 후에는 북한에 입국하지 못했으며, 1996년 서방으로 망명해 2002년 5월 18일 66세의 나이로 모스크바에서 사망하였다. 그의 언니 성혜랑도 1996년 미국으로 망명해 살고 있는 것으로 전해졌다. 성혜랑의 아들인 이한영은 1982년 남한으로 망명했지만 1997년 북한 공작조에 의해 성남에 있는 자신의 아파트 앞에서 암살되었다.

세 번째 부인 김영숙(1947년생)은 함경북도 안전국 전화 교환수였으나, 중앙당으로 올라온 후 김일성 집무실에서 타자수로 근무하다가 김일성 주석의 눈에 띄어 김정일과 결혼하게 되었다. 홍일천과 성혜림의 존재에 대해서 몰랐던 김일성 주석은 김영숙과의 결혼식을 성대하게 치러줬다. 김영숙은 슬하에 딸만 둘을 두고 있는데, 한 명이 김설송(1974년생)과 김춘송(1976년생)이다. 김영숙의 활동은 베일에 가려져 있으며, 다만 김일성종합대학을 졸업한 것으로 알려져 있다. 김정일 위원장의 공식적인 부인은 김영숙이 유일하다. 김설송이라는 이름은 김일성 주석이 직접 지어준 것으로 현재 중앙당에서 활동하고 있는 것으로 알려져 있다.35

네 번째 부인은 고영희(1953년생)이며, 오사카에서 태어난 재일동포 출신으로 1960년대 초 북송교포사업을 통해 북한으로 건너갔다. 그녀는 무용수 출신으로 만수대예술단에서 무용수로 활동하였으며, 1970년대 중반 김정일 위원장과 동거를 시작해 2004년 암으로 사망하기 전까지 김 위원장과 함께 살았다. 북한에서 김정일 위원장의 공식적인 퍼스트레이디는 김영숙이었으나, 김 위원장의 부인들 중 가장 큰 존재감과 영향력을 행사한 인물은 고영희로 알려져 있다. 비록 고영희는 김정일 위원장과 결혼식은 올리지 않았지만 1975년 즈음 만나 1976년 무렵부터 동거한 것으로 알려져 있다. 그녀는 슬하에 두 아들 정철과 정은, 딸 여정을 낳았고, 김정일 위원장의 총애를 받으며 영부인으로서의 역할을 수행하였다. 예를 들어, 김정일 위원장은 다른 전 부인들은 현지지도를 갈 때 데리고 다니지 않았으나 고영희만은 대동하고 다니면서 그녀를 "우리 노친네"라고 일군들에게 소개했다고 한다.[36]

2002년 북한은 고영희를 김일성 주석의 모친인 강반석, 김정일 위원장의 모친인 김정숙에 이어 최고지도자의 위대한 모친 계보에 올렸으며, 숭고한 모범 생활의 거울로 삼아 김정일 위원장에게 애정과 충성을 다한 어머님으로 치켜세웠다. 또한 1990년대 중후반 고난의 행군 시기에 김정일 위원장 옆에서 그를 지지하며 병사들의 식기를 개발하고 비싼 음식 재료를 사용하지도 않고 병사들의 건강을 지킬 수 있는 메뉴를 고안하였다고 주장하였다.[37] 김정일의 요리사였던 후지모토 겐지의 증언에 따르면, 미모뿐만 아니라 밤을 새워가며 김정일 위원장의 서류 정리를 도왔고 교만한 태도도 없었으며 김정일 위원장이 의견을 물을 때 똑 부러지게 대답할 정도로 영민한 여성이었다고 한다.[38] 그녀는 유방암을 앓고 있었는데 신병 차 파리에 가 있다가 귀국 도중 2004년 6월 모스크바에서 사망한 것으로 알려져 있다. 아이러니컬하게도 성혜랑에 이어 고영희의 동생 고영숙도 2001년 10월 스위스를 통해 미국에 망명해 살고 있다.

김정일 위원장의 마지막 부인은 김옥(1964년생)이다. 김옥은 전당 재정경리부 부부장인 김효의 딸로, 북한에서 소위 출신 성분이 좋아야 입학할 수 있는 금성학원을 졸업했다. 이후 북한의 대표적 예술대학인 평양음악무용대학(현 김원균명칭 음악종합대학)에서 피아노를 전공했으며, 이후 보천보전자악단을 거쳐 왕재산 경음악단의 피아니스트로 활동했다. 김옥이 김정일 위원장을 만나게 된 시기도 바로 왕재산 경음악단에서 활동하던 때이며, 이후 고용희가 사망한 2004년까지 김정일 서기실 과장으로 김정일 위원장을 특별 보좌했다. 김옥은 고용희와 더불어 김정일 위원장의 현지지도 및 외빈 접견 시에도 참석할 정도로 신임이 두터웠으며 정치·군사·외교·경제 등 모든 분야에서 소위 '똑소리' 나게 일했다고 한다.[39]

김옥은 2000년 이후 김정일 위원장의 중국과 러시아 방문 당시 수행원 겸 퍼스트레이디 역할을 수행하였으며, 특히 조명록 전 국방위원회 제1부위원장이 2000년 10월 방미했을 때 클린턴 대통령, 매들린 올브라이트 국무장관, 윌리엄 코언 국방장관과의 면담 장소에도 배석했다. 또한 김정일 위원장이 2008년 8월 뇌졸중으로 쓰러진 뒤 김 위원장은 김옥을 통해 동향 보고를 받을 정도로 신임하였다.[40] 실제로 김정일 위원장이 병상에 있을 때 자유자재로 드나들 수 있었던 인물은 자녀들을 제외하면 주치의, 김옥, 장성택 정도였다고 한다.[41]

김옥은 고용희와도 돈독한 관계를 유지했는데 그 이유는 김옥의 할아버지가 동경대 출신으로 고용희에게 친근감을 주었으며, 실제 김정은 위원장의 육아까지 도맡았었기 때문이었다. 당시 그녀의 훈육 방법은 다소 엄했던 것으로 전해진다. 김옥은 김정은 위원장이 비록 고용희의 아들이기는 했지만 잘못을 저질렀을 경우 벌도 주고 무릎도 꿇리는 등 자신의 아들과 같이 대했다고 한다.[42] 무엇보다 그녀는 김정은 위원장으로의 권력 승계 과정을 도운 것으로도 알려져 있다.

김옥은 김정일 위원장 사후 2012년 2월 14일 장성택, 김경희와 함께 김정일 훈장을 수여 받았으며, 이후 4월 14일 제4차 당대표자회에서 당중앙위원회 부장급들과 함께 앉아 있는 모습이 포착되었다. 그녀는 동년 7월 25일 릉라인민유원지 준공식에 참석하는 모습을 끝으로 더 이상 공식적인 석상에서는 보이지 않고 있다. 김정은 체제가 들어서면서 김옥에 대한 숙청설이 돌았지만 평양 인근 특각에서 살고 있는 것으로 전해진다.[43]

현 김정은 위원장의 부인이자 공식적인 퍼스트레이디는 리설주(1989년생)이다. 리설주는 함북 청진 출생으로 금성학원 전문학부와 김일성종합대학을 졸업하고 모란봉악단 및 은하수관현악단에서 가수로 활동했다. 그녀는 2005년 인천아시아육상선수권대회 때 북한 응원단 자격으로 방남한 바 있다. 김정일 위원장이 리설주를 며느릿감으로 염두에 뒀던 것으로 알려져 있는데 그 이유는 모란봉악단에 소속되었던 그녀가 1년 정도 자리를 비웠다가 다시 나타난 적이 있고, 김정일 사망 직후 비공개로 결혼식을 올린 것으로 알려졌기 때문이다.[44] 슬하에 딸 주애(2013년생)가 있다.

리설주가 최초로 공식 석상에 등장한 것은 2012년 7월 6일 새로 조직된 모란봉악단의 시범 공연 관람 때였다. 로동신문에서는 김정은 위원장 옆에 앉아 있는 리설주의 모습을 보도하였으나, 그녀의 이름과 호칭에 대한 언급은 하지 않았다.[45] 북한이 리설주가 김정은 위원장의 부인임을 공식적으로 소개한 것은 7월 25일 김정은 위원장의 릉라인민유원지 준공식 참석 때였다. 당시 로동신문에서는 리설주에 대해 '부인 리설주 동지'로 공식 표기하였다.[46]

이후 리설주는 2012년 12월 김정은 위원장이 창전거리 살림집들에 이사한 근로자들 가정 방문 시 동행, 2013년 8월 금수산태양궁전 개관식 동행, 2014년 12월 대동강과수종합농장과 대동강과일종합가공공장 시찰 시 동행, 2015년 정전협정 62주년 경축 공훈국가합창단 공연 관람 시 동행, 2019년 6월 시진핑 국가주석 영접 시 동행, 2021년 4월 김일성 생일 계기 금수산기념궁전 참배 시 동행, 2023년 4~7월 대륙간탄도미사일 발사장 동행 등 김정은 위원장과 함께 전반적인 당·정·군 행사에 참석하고 있다.[47] 리설주라는 이름이 로동신문 전면에 등장한 것은 김정은 위원장과 함께 2018년 4월 14일 만수대예술극장에서 열린 제31차 4월 봄 친선예술축전에 참가한 중국예술단의 공연을 관람한 때부터였다. 당

시 로동신문에서는 리설주에 대해 "존경하는 리설주 녀사"로 호칭하며 북한의 국모로서 대우하였다.[48]

흥미로운 사실은 리설주는 북한의 퍼스트레이디 중 유일하게 남북정상회담 행사에 공식 참가했다는 점이다. 다시 말해, 리설주는 북한의 퍼스트레이디 중 유일하게 남한의 대통령, 영부인과 공식적으로 만났던 인물이다. 리설주는 2018년 4월 판문점 정상회담과 9월 평양 정상회담 행사에 참석하였으며, 동년 9월 18일 문재인 대통령의 부인 김정숙 여사와 함께 옥류아동병원과 김원균명칭 음악종합대학을 참관하고 9월 19일 5월1일 경기장에서 진행되었던 대집단체조와 예술공연 관람에도 동행하였다.

북한에서 퍼스트레이디의 역할은 변해 왔는데, 이는 공식과 비공식의 혼재 때문이었다. 김일성 주석의 부인이었던 김정숙은 김 주석의 항일무장투쟁 동료이자 부인으로, 항일에 기반한 체제 정당성의 기초를 만드는데 매우 중요한 역할을 하였다. 김성애는 여성 정치인으로서 단독으로 군부대 방문을 하는 등 정치 일선에 나서서 김일성 주석을 보좌하였다. 그녀는 외국 인사 방문 시와 김 주석의 해외 순방 시 동행하며 공식적인 퍼스트레이디 역할을 하며 대내외에 체제 안정감을 주는 역할을 담당했다. 그러나 김성애는 권력 승계라는 매우 민감한 시기에 정치적으로 깊숙이 개입하다가 결국 김일성과 김정일 모두로부터 배척당했다. 어찌 보면 그녀의 노력은 권력의 속성상 당연한 과정일 수도 있지만 혁명전통을 국체로 하고, 혁명 1세대들이 막강한 영향력을 행사했던 1960~70년대 북한의 특성상 지나치게 정치적 욕심을 보인 결과였다. 이를 통해 북한은 퍼스트레이디에게 최고지도자를 보좌해 그의 정치적 결정을 존중하고 지원하는 역할을 요구했음을 알 수 있다.

김정일 위원장이 신뢰했던 퍼스트레이디들, 고영희와 김옥 모두 비공식적 결혼을 통해 퍼스트레이디 역할을 수행했던 인물이었다. 고영희와 김옥이 그러한 역할을 수행할 수 있었던 것은 김정일 체제가 '비공식'과 '은둔'으로 설명되는 '비정상적인 국가' 즉, 폐쇄적인 권위주의[49] 시기였기 때문이었다. 물론 그들이 공식, 비공식 행사와 국가 중대사에 참여하며 김정일 위원장을 보좌하고 국난을 해결하기 위해 노력했다는 점은 인정할 필요가 있으나 인민들에게 소개되지 않았다는 점은 일반적으로 보기 드문 장면이라는 사실은 부인하기 어렵다.

이러한 점에서 리설주의 전면적 등장은 사회주의 정상국가화 노력에서 매우 상징적인 의미가 있다. 김정일 위원장이 고영희와 김옥을 신뢰함에도 불구하고 현지지도에 동행하고 다닌 것은 공개하지 않았지만, 김정은 위원장은 김정일 위원장 사후 자신이 권력 승계를 마무리했던 2012년 4월 이후부터 리설주를 공식 행사에 동행하고 이를 인민들에게 빠르게 소개하였다. 그녀는 이후 매년마다 중요한 당, 국가 행사에 참석하는

김정은과 리설주

출처: 『조선예술』, (평양: 문예출판사, 2019), 제2호, p.3.

등 여타 국가들의 퍼스트레이디와 같은 활동을 이어가고 있다. 특히 김정은 위원장과 당, 국가 행사 참석 시 팔짱을 끼는 모습, 짧은 치마와 팔이 노출된 옷을 입는 것은 이전 퍼스트레이디였다면 상상하기 어려운 모습일 것이다. 이것은 나이가 어리고 통치 경력이 짧은 최고지도자이지만 국가의 '어른'으로서 대우받기 위한 상징적 조치일 수 있다. 무엇보다 공개 내용의 주 대상이 전체 인민이라는 점에서 체제 안정성을 강화하고 이를 바탕으로 사회주의 국가 북한 체제 운영의 투명성을 더 강화해 정상화시켜 가겠다는 의지의 표현으로 보인다.

종합해 보면, 김정은시대 퍼스트레이디의 역할은 몇 가지로 정리해 볼 수 있다. 먼저 '정상화', '안정감'과 더불어 '혁신(new thinking)'의 상징이며, 둘째, 리설주는 김정은 위원장이 대내외에 보이고 싶어 하는 새로운 이미지를 가진 미래의 북한이며 셋째, 국제사회와 인민들과 소통하고 싶어 하는 김정은 위원장의 소통의 한 축인 것이다.[50]

question
004

금수산태양궁전은 무엇을 하는 곳이며 어떤 상징성이 있나요?

　금수산태양궁전은 김일성 주석과 김정일 위원장의 시신을 안치한 곳으로 주체의 최고 성지로 불린다. 금수산태양궁전의 명칭은 1995년 7월 8일 이전까지는 금수산의사당이었으며, 1977년 김일성의 65회 생일을 맞아 사무실 겸 관저 사용의 목적으로 준공되었다. 김정일 위원장의 발기에 의하여 북한은 1995년 6월 12일 금수산의사당을 금수산기념궁전으로 명명하고, 김일성 주석을 생전의 모습 그대로 안치하며, 주체사상로작관을 새로 꾸릴 것을 주요 내용으로 하는 당중앙위원회, 당중앙군사위원회, 국방위원회, 중앙인민위원회, 정무원 결정서를 발표하였다.[51] 1995년 7월 8일 북한은 김정일 위원장과 당, 국가의 지도 간부들이 대거 참석한 가운데 금수산의사당을 확장, 개건하여 김일성 주석의 시신을 영구 보존할 목적으로 금수산기념궁전 개관식을 거행하였다.[52]

　금수산기념궁전은 평양 중심가에서 약 8km 가량 떨어진 대성구역 미산동 모란봉의 연봉인 금수산 기슭에 있으며, 총 부지는 350만㎡에 달하는 것으로 알려져 있다.[53] 김정일 위원장이 금수산의사당을 기념궁전으로 확장, 개건한 이유는 김일성 주석의 위대성과 수령 영생의 위업을 계승, 발전해 나가는 후계자인 자신의 지위와 역할을 강조하기 위한 목적이 있었다.

김정일 위원장이 당과 국가의 중요 행사 시 금수산기념궁전을 찾아 참배하는 의례를 시작한 때는 1997년 1월 1일 0시 새해 기념부터였다.[54] 북한은 김일성 주석 사망 후 3년상 동안 인근 40~60리(10~15km) 인근 도로, 다리 및 강 지류 공사, 살림집 및 수목원 건설 등을 통해 금수산기념궁전 인근 지역을 변신시켜 나갔다.[55]

2012년 2월 14일 김정일 위원장의 70회 생일을 맞이하여 북한 당중앙위원회, 당중앙군사위원회, 국방위원회, 최고인민회의 상임위원회는 공동으로 김정일 위원장에게 공화국 대원수 칭호 수여를 결정하였다.[56] 또한 북한은 2월 16일 금수산기념궁전을 금수산태양궁전으로의 개칭을 주 내용으로 하는 당중앙위원회, 당중앙군사위원회, 국방위원회, 최고인민회의 상임위원회, 내각 공동 결정을 발표하고 이를 기념하기 위한 조선인민군 장병들의 분열 행진 예식을 거행하였다.[57] 이 공동 결정에 의하여 동년 12월 17일 공식적으로 금수산태양궁전이 개관하였다.[58]

건물 내부에는 김일성 주석이 생전에 사용하던 유품을 전시하고 있으며, 김정일 위원장 사후에도 동 시설을 개보수하여 김일성, 김정일 시신의 참배 공간과 유품 전시실도 마련하였다. 건물 앞에는 김일성 주석과 김정일 위원장의 생일을 상징하는 폭 415m, 길이 216m에 20만 명을 수용할 수 있는 대형 콘크리트 광장이 조성되어 있다.[59]

북한은 새해 첫날, 조선인민군창건일, 광명성절(김정일 위원장 생일), 태양절(김일성 주석 생일), 정권수립일, 당창건 기념일 등 당과 국가, 지도자의 주요 행사 때마다 당·정·군 고위 간부들을 대동하고 참배 행사를 진행하고 있다. 김정은 위원장과 당, 국가간부들이 주기적으로 참배를 하는 이유는 ▲북한의 통치 이데올로기인 김일성-김정일주의의 정당성과 김정은 위원장의 절대적 리더십과 권위 확보 ▲당과 국가 지도 간부들의 충성심 고양 ▲선대 지도자들의 애민관 강조 ▲김정은 체제 안정성 과시 등의 목적이 있다.

이후 북한은 2013년 4월 1일 김정은 위원장이 참석한 가운데 만수대의사당에서 최고인민회의 제12기 제7차 회의를 개최, 최고인민회의 법령「조선민주주의인민공화국 금수산태양궁전법」을 채택하고 내각과 해당 기관들에게 이 법을 집행하기 위한 실무적 대책을 수립할 것을 지시하였다. 이 법에 대해 당시 김영남 최고인민회의 상임위원회 위원장은 "위대한 김일성 동지와 김정일 동지를 수령영생의 대기념비인 금수산태양궁전에 생전의 모습으로 영원히 높이 모시며 전체 인민들이 금수산기념궁전을 민족의 존엄의 상징으로, 더 없는 긍지로 소중히 간직할 데 대한 법적의무를 규정하고 있다…(중략)…전국가적, 전인민적, 전민족적인 사업으로 금수산태양궁전을 더욱 숭엄하고 완벽하게 꾸리며 그 누구도 다칠수 없는 백방으로 결사보위할 데 대한 국가적 의무를 규정하고 있다"고 소개하였다.[60]

금수산기념궁전 건립 이전 김일성 주석의 집무실 및 관저는 5호대로 불렸으며 보통강구역, 현 보통강강안다락식 주택구가 건설된 지역에 있었다. 김정은 위원장은 이 지역에 김일성 주석의 사적관을 세워 신성한 사적지로 조성할 구상을 가지고 있었으나, 공공건물이 아니라 인민들의 살림집을 건설함으로써 수령님의 인민적 풍모를 보여주는, 인민대중제일주의정치의 정당성을 강조하는 수단으로 활용한 바 있다.[61] 북한은 "보통강강안다락시주택구는 조선로동당의 인민대중제일주의리념이 집대성된 인민의 리상거리이자 우리식 사회주의 문명을 상징하는 위대한 김정은시대의 기념비적 건축물"이라 소개하였다. 또한 김정은 위원장은 이 지역의 명칭을 아름다운 '구슬다락'이라는 뜻의 경루동으로 할 것을 지시한 바 있다.[62]

금수산태양궁전은 외국의 주요 당·정·군 인사들의 방북 시 의례상 참배하는 곳이며, 2013년 1월 9일 빌 리차드슨(Bill Richardson) 전 뉴멕시코 주 주지사를 단장으로 하는 구글 대표단은 미국인 최초로 참배하였다.[63]

question
005

북한에도 국회의원이 있나요?[64]

　북한의 최고인민회의는 우리의 국회에 해당하며 입법권을 행사한다. 최고인민회의의 기능과 역할을 이해하기 위해서는 이 회의와 동시에 최고인민회의 상임위원회(이하 상임위원회)도 살펴볼 필요가 있다. 북한은 2019년 「헌법」 제1장 정치 제4조에 "조선민주주의인민공화국의 주권은 로동자, 농민, 군인, 지식인을 비롯한 근로인민에게 있다. 근로인민은 자기의 대표 기관인 최고인민회의와 지방 각급 인민회의를 통하여 주권을 행사한다"고 규정하고 있다.

　북한 「헌법」의 특징은 다른 국가와는 달리 국가기구에 대한 세부적인 기능과 역할을 규정하고 있다는 점이다. 북한은 「헌법」 제6장 국가기구 제1절에 최고인민회의에 대해서 규정하고 있다. 최고인민회의는 북한의 최고 주권 기관이 되며, 최고인민회의 휴회 중에는 상임위원회도 입법권을 행사할 수 있다. 중요한 점은 최고인민회의가 휴회 중일 때는 상임위원회가 최고 주권 기관이며, 다른 나라 국회, 국제의회기구들과의 대외 업무를 담당한다는 점이다. 다시 말해, 최고인민회의는 1년에 1~2회 개최되기 때문에 실제로는 상임위원회가 최고인민회의의 역할을 대신하고 있다.

최고인민회의는 일반적, 평등적, 직접적 선거 원칙에 의하여 비밀투표로 대의원을 선발하며, 그들의 임기는 5년이다. 선거 투표용지에는 가운데 붉은색으로 새긴 북한 국장이 있고, 그 아래에 최고인민회의 대의원 선거표라고 새겨져 있다. 찬성자는 투표용지를 투표함에 그대로 넣으면 되지만, 반대자의 경우 후보 이름 위에 가로줄을 긋고 넣어야 하기 때문에 사실상 공개 투표의 성격을 지니고 있다.[65]

북한의 최고인민회의 대의원의 수는 총 687명으로 우리 국회의원 총수의 2배 이상이나 된다. 북한은 1990년 제9기 선거부터 대의원 수를 687명으로 유지하고 있다. 선거 방법은 당의 최종 승인을 받아 1명의 후보자가 지명되고 선거 40일 전에 출마를 알리는 공고가 각 게시판에 붙여지는데 후보의 이름과 현재 직위만 알려질 뿐 학력이나 경력은 공고되지 않는다. 선거는 사실상 형식에 지나지 않는데 후보를 공천하기에 앞서 각 지방의 당 조직이 후보가 될 사람들을 검토하여 명단을 상급 당으로 올려 보내면 당에서 계층, 성별, 직업 등을 종합 고려하여 후보로 내세운다.[66] 대의원 후보들은 북한 「헌법」에서 규정하고 있는 바와 같이 노동자, 농민, 군인, 지식인, 재외동포(조총련) 등 매우 다양하다. 투표는 가부만 결정하므로 결과는 대부분 정해져 있는 것과 마찬가지다.

북한의 주민들은 공민증이 발급되는 17세부터 선거권을 가지며, 투표일은 공휴일로 지정되고 투표 시간은 새벽 5시부터 시작해 오후 2시 무렵 거의 끝난다. 다만 선거에 불참하는 것은 중대한 정치적 과오로 치부되기 때문에 해외 출장, 원양 선원 등 공식적인 일정이 아닌 이상 반드시 투표에 참여해야 한다.[67] 이것은 북한의 선거가 100% 투표, 100% 찬성이라는 결과가 나오는 중요한 원인 중의 하나이다. 우리 국회의원들과는 달리 최고인민회의 대의원들은 명예직이며, 평소 다른 직업에 종사하다가 회의 기간에만 참석한다. 이러한 이유로 별도의 수당이나 이들을 보좌하는 직원이 있는 것은 아니다.[68]

역대 최고인민회의 대의원 선거 현황

기	선거일	총수(명)	임기	비고
1	1948.8.25.	572	9년	인구 5만 명 당 1인, 남한 출신 대의원 360
2	1957.8.27.	215	5년 2개월	
3	1962.10.8.	383	5년 1개월	인구 3만 명 당 1인
4	1967.11.25.	457	5년 1개월	
5	1972.12.12.	541	5년	사회주의헌법 개정(주석제 신설) -김일성 주석, 김정일 생일을 상징하는 제216 선거구 대의원으로 출마
6	1977.11.11.	579	4년 3개월	인민정권 강화
7	1982.2.28.	615	4년 3개월	
8	1986.11.2.	635	3년 5개월	사회주의 완전 승리
9	1990.4.22.	687	8년 3개월	
10	1998.7.26.	687	5년 1개월	김일성헌법 채택 -김정일 위원장 제666선거구 출마
11	2003.8.3.	687	5년 7개월	김정일 위원장 제649선거구 출마
12	2009.3.8.	687	5년	국방위원장 및 국방위원회 권한 강화
13	2014.3.9.	687	5년	
14	2019.3.10.	687	-	북한 정부수립 이후 최초로 최고지도자의 불출마

출처: 김종수, 「북한 제13기 최고인민회의 출범과 남북 국회회담 전망,」 『북한학연구』, 제10권 제1호(2010), p.108 ; 김상범, 「김정일의 권력 승계 과정에 대한 연구: 1972년 12월 최고인민회의 대의원 선거의 정치적 의미를 중심으로,」 『현대북한연구』, 제24권 제2호(2021), pp.15-25, pp.38-39를 참고해 저자 작성.

북한에서 최고인민회의 대의원 선거는 김정일의 권력 승계 시기였던 1972년부터 정치적 상징성을 강하게 함축하기 시작했다. 김일성 주석은 1972년 제5기 최고인민회의 대의원 선거에서 제216선거구에 후보자로 추대되었는데 216은 김정일의 생일을 상징하는 숫자였다. 이것은 김정일 위원장으로의 후계 구도를 공개적으로 암시하는 의미가 있었다. 또한 김정일 위원장은 1998년 제10기 최고인민회의 대의원 선거에서 제666

선거구와 2003년 제11기 최고인민회의 대의원 선거에서는 제649선거구에 각각 후보자로 추대되었다. 북한은 제666선거구에 대해서 6자 셋을 곱하면 216이며, 제649선거구에 대해서도 세 자리를 모두 곱하면 216, 반대로 9에 4를 곱하고 6을 더하면 42가 되므로 이것은 김정일의 생일인 1942년 2월 16일을 의미한다고 소개했다.[69]

북한은 최고인민회의 대의원 선거를 최고지도자를 상징하는 숫자에 대한 정치성을 부여함으로써 당시 체제의 주요 관심사에 대해 인민들에게 우회적으로 공개하며 충성심을 유발하는 전략을 구사하기도 했다. 그러나 2019년에 열린 제14기 최고인민회의 대의원 선거에는 김정은 위원장이 후보로 등록하지 않았다. 최고지도자가 최고인민회의 대의원을 겸직하는 문제에 대한 재인식이 이뤄졌을 가능성이 큰 것으로 추측된다. 최고인민회의가 국무위원장은 선거 또는 소환할 수 있는 권한을 가지고 있으므로 법·제도상 최고지도자가 대의원을 겸직하지 않음으로써 최고인민회의 권한과 임무를 보장하려는 의도가 있었던 것으로 보인다.

최고인민회의는 법제위원회, 예산위원회, 외교위원회와 같은 부문위원회를 둘 수 있으며, 이 위원회에는 위원장, 부위원장, 위원들로 구성된다. 이 위원회들은 최고인민회의 사업을 도와 국가의 정책안과 법안을 작성하거나 심의하며 그 집행 대책을 세우는 역할을 한다. 단, 이 위원회들은 최고인민회의의 휴회 중에는 최고인민회의 상임위원회의 지도하에 사업을 진행한다.

최고인민회의의 권한은 ①「헌법」수정, 보충 ②부문법을 제정, 또는 수정, 보충 ③휴회 중 최고인민회의 상임위원회가 채택한 중요 부문법 승인 ④국가의 대내외정책의 기본원칙 수립 ⑤국무위원장 선거 또는 소환 ⑥최고인민회의 상임위원회 위원장, 최고인민회의 상임위원회 부위원장, 서기장, 위원들, 내각 총리 및 중앙재판소장, 최고인민회의 부문위원회 위원장, 부위원장, 위원들, 또한 국무위원회 위원장의 제의에 의

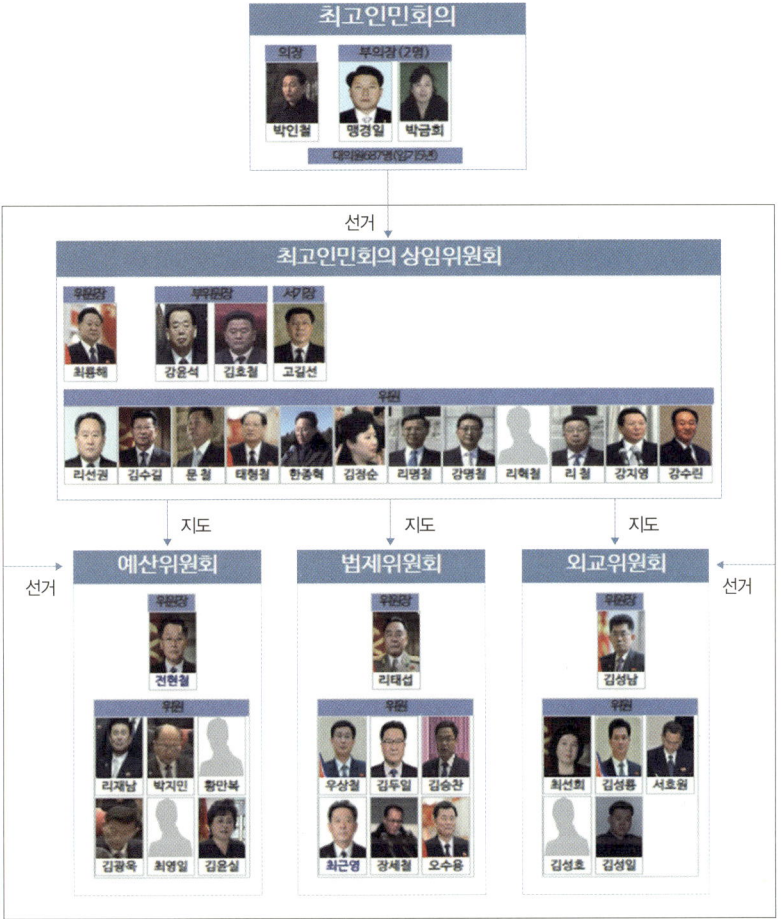

출처: 통일부 북한정보포털, https://nkinfo.unikorea.go.kr/nkp/theme/getPowerStructureDang.do (검색일: 2023.6.1.)

하여 국무위원회 제1부위원장, 부위원장, 위원들을 선거 또는 소환 ⑦내각 총리의 제의에 의하여 내각부총리, 위원장, 상, 그 밖의 내각 성원들을 임명 ⑧중앙검찰소장 임명 및 해임 ⑨국가 인민경제발전계획과 그 실행정형 및 국가예산과 그 집행정형에 관한 보고 심의 및 승인 ⑩필요에 따라 내각과 중앙 기관들의 사업 정형 보고 및 대책 수립 ⑪최고인민회의에 제기되는 조약의 비준, 폐기 결정이다.

최고인민회의는 정기회의와 임시회의로 구성되며, 정기회의는 1년에 1~2차 최고인민회의 상임위원회가 소집한다. 임시회의는 최고인민회의 상임위원회가 필요하다고 인정할 때 또는 대의원 전원의 1/3이상의 요청이 있을 때 소집 가능하다. 또한 최고인민회의는 대의원 전원의 2/3이상이 참석하여야 성립되며, 최고인민회의 의장의 사회하에 의장과 부의장을 선거한다. 최고인민회의 대의원들도 의안을 제출할 수 있으나, 주로 국무위원회 위원장, 국무위원회, 최고인민회의 상임위원회, 내각과 최고인민회의 부문위원회가 제출한다. 이러한 이유로 대의원들의 권한은 당의 지시를 따르는 수준에 불가하다. 최고인민회의 대의원들은 불가침권을 보장받으며, 현행범일 경우는 제외하고는 최고인민회의, 그 휴회 중에 최고인민회의 상임위원회의 승인 없이 체포하거나 형사처벌을 받지 않는다.

상술한 바와 같이 최고인민회의가 휴회 중일 때는 상임위원회가 최고 주권 기관이므로, 상임위원회가 최고인민회의에 준하는 기능과 역할을 수행한다. 상임위원회도 위원장, 부위원장, 서기장, 위원들로 구성되며, 상임위원회의 임기는 최고인민회의의 임기와 같다. 상임위원회의 임무와 권한은 ①최고인민회의 소집 ②최고인민회의 휴회 중에 제기된 새로운 부문 법안과 규정안, 현행 부문법과 규정의 수정, 보충안을 심의, 채택하며 채택, 실시되는 중요 부문법을 차기 최고인민회의 때 승인 받음 ③불가피한 사정으로 최고인민회의가 휴회 기간에 제기되는 국가의 인민경제발전계획, 국가예산과 그 조절안을 심의, 승인 ④「헌법」과 현행 부문법, 규정을 해석 ⑤국가 기관들의 법 준수 집행을 감독, 대책 수립 ⑥「헌법」, 조선민주주의인민공화국 국무위원회 위원장 명령, 최고인민회의 법령, 결정, 국무위원회 정령, 결정, 지시, 최고인민회의 상임위원회 정령, 결정, 지시에 어긋나는 국가 기관의 결정, 지시를 폐지, 지방인민회의의 잘못된 결정 집행을 정지 ⑦최고인민회의 대의원 선거를 위한 사업 진행, 지방인민회의 대의원 선거사업을 조직 ⑧최고인민회의 대의원들 및 부문위원회와의 사업 진행 ⑨내각위원회, 성 설치, 폐지 ⑩상임위원회 부문위원회 성원들을 임명 또는 해임 ⑪중앙재판소 판사, 인민참심원을 선거 또는 소환 ⑫다른 나라와 맺은 조약을 비준 또는 폐기 ⑬훈장과 메달, 명예칭호, 외교직급을 제정하며 훈장과 메달, 명예 칭호를 수여 ⑭대사권 행사 ⑮행정 단위와 구역을 새로 설치 및 수정 ⑯다른 나라 국회, 국제의회기구들과의 사업을 비롯한 대외사업 진행이다.

상임위원회 위원장은 상임위원회 사업을 조직, 지도하며, 위원장은 국가를 대표하여 다른 나라 사신의 신임장, 소환장을 접수한다. 상임위원회 위원장이 국가를 대표한다는 규정으로 인해 2000년 6월 제1차 남북정상회담 당시 김대중 대통령의 대화 파트너가 공식적으로 김영남 최고인민회의 상임위원회 위원장이 아니냐는 논란이 제기된 적도 있다.

상임위원회는 전원회의와 상무회의를 가지며, 전원회의는 위원 전원으로, 상무회의는 위원장, 부위원장, 서기장들로 구성된다. 상무회의는 전원회의에서 위임한 문제들을 토의, 결정한다. 상임위원회는 정령, 결정, 지시를 발표할 수 있으며, 자체 사업을 돕기 위한 부문위원회를 설치할 수도 있다. 최근 상임위원회는 전원회의를 수시로 개최하며 부문법에 대한 수정, 보완 작업을 지속하고 있다.

question
006

북한의 정식 국호는 조선민주주의인민공화국인데, 민주주의가 맞나요? 왜 민주주의라고 했을까요?

　북한의 정식 국호는 조선민주주의인민공화국이며, 여기서 눈여겨 볼 단어가 바로 '민주주의'와 '공화국'이다. 북한의 국호에 포함된 민주주의를 이해하기 위해서는 자본주의 국가들의 민주주의와 사회주의 국가들의 프로레타리아 민주주의에 대한 이해가 필수적이다. 북한은 1964년에 발간된 『대중정치용어사전』에서 민주주의에 대한 개념을 최초로 소개하였다. 이전에 발간된 사전에서는 민주주의라는 용어보다 민주주의적 선거제도 및 민주주의적 민주집중제와 같은 민주주의와 연관된 제도에 대한 설명이 주를 이루었다.

　북한은 프로레타리아 민주주의에 대해 "소수의 착취 계급에게는 독재를 실시하고 광범한 인민들에게는 민주주의를 실시하는 새로운 최고 형태의 민주주의를 말하며, 사회주의적 민주주의라고도 한다"고 정의하고 있다. 다시 말해, 북한은 프로레타리아 민주주의와 부르주아 민주주의와는 본질적으로 다르다고 주장하고 있는 것이다.[70] 중요한 것은 프로레타리아 민주주의는 부르주아 독재를 전복하고 프로레타리아 독재를 수립함으로써만 가능하다고 주장하고 있는데, 이것은 프로레타리아 계급 중심의 사회주의 혁명을 통해서만 민주주의가 가능하다는 논리와 연결된다. 김일성 주석은 "민주주의란 한마디로 말하여 근로인민대중의 의사를 집대성한 정치입니다. 다시 말하면 국가가 로동자, 농민을 비롯한 광범한 근로인민들의 의사에 따라 정책을 세우고 인민대중의 리익에 맞게 그것을 관철하며 근로인민대중에게 참다운 자유와 권리, 행복한 생활을 실질적으로 보장하여주는 것이 바로 민주주의입니다"로 정의한 바 있다.[71]

상술한 내용을 종합해 보면, 북한이 정식 국호에 민주주의를 포함시킨 이유는 크게 두 가지이다. 첫째, 자신들 주도의 한반도 통일이라는 목표를 실현시키기 위한 목적이다. 북한은 일제의 패망으로 해방을 맞이한 한반도의 현실에서 미군을 포함한 일체의 외국 군대를 철거하며 어떠한 외세의 간섭 없이 자유선거의 방법으로 한반도의 평화적 통일이 이뤄져야 한다고 주장하였다. 다시 말해, 북한은 외세의 간섭 없이 자유선거 방식을 통한 자신들 주도의 한반도 통일을 위해 민주주의라는 개념을 제시했던 것이었다.

둘째, 자본주의의 민주주의(부르주아 민주주의)와의 차별성을 부각시킴으로써 자신들이 한반도에서 인민들의 이익을 가장 잘 대변하고 있는 국가라는 점을 강조하기 위한 목적이 있었다. 즉, 자신들이 한반도에서 항일 무장투쟁과 인민들의 이익을 가장 잘 대변하고 있는 한반도에서 유일하게 정통성이 있는 정부임을 강조하기 위한 것이었다. 북한은 민주주의에 대해서 "인민이 국가 주권을 장악하고 인민의 리익을 위하여 국가를 통치하는 정치 제도 또는 그런 제도를 지향하는 사상, 다수에 소수가 복종하는 제도, 사상"이며, "민주주의는 일반적으로 민주주의적 선거를 실시하며 언론, 출판, 결사, 집회, 신앙 등의 자유를 보장하는 데서 나타난다"고 정의하고 있다.[72]

여기서 중요한 것은 이러한 민주주의는 "소수 착취의 계급이 대다수의 인민 대중을 착취하는 (자본주의)사회에서는 실현될 수 없다"며, "진정한 민주주의는 오직 인민이 정권의 주인으로 되고 모든 생산 수단이 사회화되어 있는 사회주의하에서만 실현될 수 있다"고 주장하고 있다는 사실이다.[73] 북한은 자본주의식 민주주의를 인민이 아니라 자본가 계급에 의한 독재를 숨기기 위한 기만적인 술책에 불과하다고 인식하고 있다.

북한은 민주주의를 강화, 발전시키기 위해서는 ▲근로인민대중을 인민정권사업 널리 참가시키고, 국가정치사업에서의 그들의 역할 제고 ▲사회주의적 경제문화 건설 ▲민주주의를 훼손하는 적대 행위에 대한 적극적인 반대가 필요하다고 보고 있다. 대표적인 예로 북한은 인권 문제를 자본주의 국가들이 자신들의 민주주의를 파괴하기 위한 명분과 술책으로 보고 있다.[74]

question
007

북한의 조선로동당과 우리의 정당은 어떻게 다른가요?

사회주의 국가에서 당은 국가보다 상위 개념이며 국가를 운영하는 주체이다. 이에 사회주의 국가는 당-국가 체제라고도 한다. 북한은 조선로동당 규약 전문에서 "조선로동당은 근로인민대중의 모든 정치 조직들 가운데서 가장 높은 형태의 정치 조직이며, 정치, 경제, 군사, 문화를 비롯한 모든 분야를 통일적으로 이끌어나가는 령도적 정치 조직, 혁명의 참모부이며 조선인민의 모든 승리의 조직자, 향도자이다"로 규정하고 있다. 또한「헌법」제1장 정치 제11조에 "조선민주주의인민공화국은 조선로동당의 령도 밑에 모든 활동을 진행한다"고 규정하고 있다.

당-국가 체제를 통해 국가를 운영하고 있는 북한에서 당규약은「헌법」보다 상위 개념이나 규정력임을 감안해 보면, 당은 북한의 권력 기관 중 가장 강력한 위치에 있으며, 실제로 국가뿐만 아니라 인민들의 생활까지도 지도, 통제하고 있다. 이러한 이유로 북한은 당에 대해 인민들의 운명을 책임진 '어머니당'이라고 주장하고 있다.[75]

여기서 중요한 것은 당 위에 수령이라는 최고지도자를 올려놓음으로써 정치적으로 수령이 당을 지도하고, 당은 국가를 운영하는 시스템, 즉 수령-당-국가시스템을 운용하고 있다는 점이다. 수령이라는 절대적 권위를 가진 지도자의 존재로 인해 "당은 수령의 사상과 영도를 실현하는 정치 조직이며, 당의 영도는 본질에 있어서 수령의 영도이며, 수령의 사상과 의도를 정확히 구현해 나가는 과정"인 것이다. 북한에서 "수령은 당의 창건자, 건설자, 영도자이며, 대를 이어 계속되는 혁명투쟁에서 수령을 어떻게 받들어 모시고 수령의 사상과 업적을 어떻게 계승해 나가는가 하는 것은 당의 존망과 관련된 사활적 문제"로 규정하고 있다. 또한 북한은 "수령은 혁명의 최고 뇌수이며 단결과 영도의 중심이며, 로동계급의 당이라는 의미는 수령을 중심으로 조직, 사상적으로 결합된 근로대중의 전위부대"를 의미한다고 주장하고 있다.[76]

일반적으로 사회주의 국가에서 말하는 당은 자본주의 국가의 정당과는 본질적으로 다르다. 자본주의 국가의 정치시스템은 다당제로, 정치적인 입장을 함께하는 사람들이 국민들의 선택인 선거를 통해 정권을 창출하고 자신들의 정치적 입장을 정책에 반영한다. 즉, 자본주의 국가의 정당은 같은 정치적 목적을 가진 이익집단의 성격을 가지고 있다. 그러나 사회주의 국가에서는 일당에 의한 독재를 의미하는 일당제를 채택하고 있으며, 당은 사회주의 혁명이라는 그들의 정치적 목표를 달성하는 최고 권력기구로서의 의미가 있다. 참고로 북한에서도 조선로동당 이외에 우당(友黨)의 의미로 천도교 청우당 및 조선사회민주당이 있다. 이들은 지역당 조직을 가지고 있지 않으며, 조선로동당에 종속되어 대외 교류 시 체제의 다양성이나 특정 종교를 선전하는 역할을 담당한다.[77]

북한도 우리와 마찬가지로 형식상으로는 삼권이 분립되어 있다. 우리는 입법부인 국회가 법률을 제정하고, 행정부인 정부가 법률을 집행하며, 사법부인 법원은 법률을 적용하는, 즉 삼권을 분립해 견제와 균형의 원칙 아래 국가를 운영하고 있다. 권력 분립의 원칙은 국가 권력의 분리와 제도적 제약을 통해 권력의 남용을 방지하고 국민의 자유와 권리를 보장하기 위한 것으로, 국가 권력의 기계적 분립과 절연을 의미하는 것이 아니라 권력 상호 간의 견제와 균형을 통한 국가 권력의 합법적 통제를 의미한다.[78]

북한의 경우, 입법부인 최고인민회의가 법률을 제정하고, 국무위원회와 내각은 정부가 법률을 집행하며, 사법부인 중앙재판소는 법률을 적용하며 삼권을 분리하는 시스템을 채택해 국가를 운영하고 있다. 그러나 우리와는 달리 북한은 수령의 사상과 영도를 실현하기 위해 당과 국가기구들이 활용되기 때문에 형식적으로는 분리되어 있으나 실제로는 삼권통합론에 의거해 운영되고 있다.

북한은 민주주의 국가들이 채택, 운영하고 있는 삼권분립 제도를 '비과학적이며 허황한 반동론'으로 규정하고 있다. 김정일 위원장은 "부르주아 어용학자들은 입법권과 행정권, 사법권을 분립시키는 것이 민주주의의 징표인 듯 묘사하지만 사실상 삼권분립은 봉건전제주의를 반대해 부르주아가 들고 나온 주장의 하나"라며, "삼권분립이 민주주의 정치냐 아니냐 하는 것을 재는 척도의 하나로 될 수는 없다. 민주주의에 관한 문제는 언제까지나 인민대중과의 관계에서 보아야 한다"고 주장하였다.[79] 북한은 한 국가의 주권은 "입법·행정·사법권을 비롯한 일체의 융합체이며, 권력 활동 전반을 총괄하며 주도하는 최고권으로 그 어떤 경우에도 해체되거나 분할할 수 없는 유일권"이라고 주장하였다. 또한 북한은 "주권 기관이 유일 기관, 완전 권력 기관으로 돼야 한다며 최고인민회의에 주권의 유일성과 완전성이 담보된다"고 주장하였다.[80] 즉 북한은 사회주의적 민주주의를 위해서는 권력의 집중과 그로 인한 정치적 독재가 필수적이라고 보고 있다.

question
008

조선로동당 내에서 정치적으로 가장 중요하고 영향력이 막강한 부서는 어디이며, 무엇을 하는 곳인가요?

조선로동당 내에서 정치적으로 가장 강력한 영향력을 가진 부서는 조직지도부이다. 북한에서 '지도'는 최고지도자가 직접 관리, 감독한다는 것과 정치적 중요성을 상징적으로 보여주는 의미가 있다. 조직지도부는 수령의 사상과 노선을 '조직'과 '지도'를 통해 관철하는 수령의 직속 부서이다. 조직지도부는 당·정·군 핵심 기관의 간부에 대한 인사권과 관련된 등록 문건을 보관하고 이들에 대한 검열, 통제 기능을 가지고 모든 공안 기관에 대한 당 조직 생활을 감독한다.[81]

1990년대 조직지도부는 총비서였던 김정일이 조직비서 겸 부장까지 겸하고 있었다는 사실을 통해서도 그 중요성을 알 수 있다. 김정일은 1973년 9월 개최된 당중앙위원회 제5기 제7차 전원회의에서 조직지도부장 겸 조직비서, 선전선동부장 겸 선전비서의 자리에 올랐으며, 1974년 2월 당중앙위원회 제5기 제8차 전원회의에서 정치위원이 되면서 내부적으로 김일성 주석의 후계로 확정되었다. 당시 김정일 위원장은 당 내 유일지도 체제를 확립하기 위해 당내 핵심 참모부서인 조직지도부를 당·정·군 등 전반적인 간부 문제(인사권)를 장악, 전담할 수 있도록 이 부서의 기구를 개편하고 간부사업 체계를 재구성하였다. 과거에는 간부 문제를 당간부의 지도 아래 각 부서별, 기관별로 분산 취급했다면, 김정일 위원장은 당 조직지도부가 직접 장악, 전담할 수 있는 체계를 구축하였다. 이후 모든 간부들에 대한 인사서류는 조직지도부에서 보존되고 있으며, 이 서류에는 한 인물에 대한 출신 성분부터 당생활 기록 및 각종 평가서 등 모든 기록이 담겨져 있다.[82]

북한은 조직지도부의 중요한 임무를 간부와 당원들에 대한 당생활 지도로 규정하고, 수요경연회, 토요 학습, 경양학 학습, 금요노동, 2일 및 당생활 총화, 매일 2시간 자체 학습을 정규화, 습성화하여 모든 당조직 생활에서 혁명적 기풍을 세울 것을 강조하고 있다.[83]

조직지도부는 부장 휘하에 4명의 제1부부장과 10여 명의 부부장들, 과장 및 부과장들, 책임지도원과 부원들 등 300명의 성원들로 구성되어 있다. 조직지도부의 각 부서 부장은 다른 당내 부서 부장들보다 실질적으로 더 높은 대우를 받고 부부장들 역시 다른 부서 부장 혹은 부부장들과 동급의 대우를 받는 것으로 알려져 있다.[84]

조직지도부의 힘은 본부당 위원회 책임비서를 관례적으로 조직지도부 제1부부장 중 1명이 겸직하는 것을 통해서도 쉽게 알 수 있다. 당중앙위원회 본부 청사 내 근무하는 모든 당원들은 '본부당 위원회'에 소속되어 당생활을 하고 있으며, 김정은 위원장도 이곳에 소속되어 있다. 본부당 위원회 역시 다른 당 위원회와 마찬가지로 책임비서, 조직비서, 선전비서, 부원들로 구성되어 있다. 본부당 위원회는 당중앙위원회의 모든 간부들과 당원들의 당생활 뿐만 아니라 그들의 가족들의 사생활, 동향, 모든 언행을 항상 일거수일투족 감시, 통제하고 있으며, 반당 행위, 무규율적 현상, 부정부패 및 비리 등을 최고지도자에 보고하는 역할을 담당한다.[85]

흥미로운 점은 김정은시대에 들어 북한 체제 역사상 최초로 경제 전문

조직지도부의 과별 구조와 임무

No	과별 구조	임무
1	종합과	조직지도부 업무와 관련한 최고지도자의 지시와 방침 집행 감독, 조직 내 업무 전반 장악과 부내 성원들의 업무 및 생활 규율과 질서 감독, 각종 부서 회의 및 행사 조직, 기획 조정 등 총괄 임무 수행
2	당생활지도과	북한의 정치, 경제, 군사, 사회, 문화 등 각 부문 별로 당생활을 지도, 통제하는 여러 개의 과로 구성 -▲중앙 기관 ▲지방 ▲재외 ▲문화예술·출판 보도 ▲사회안전 및 사법 검찰 부문 당생활지도과 등 총 5개의 세부적인 과가 존재
3	검열과	당의 유일사상 체계 확립의 10대 원칙에 위배되는 모든 반당 행위와 무규율, 비리 등에 대한 검열과 근거 자료 작성 및 최고지도자에게 보고하는 역할 주관 -조직지도부의 검열과 북한 모든 검열 기관의 검열은 성격이 구분되며, 북한의 모든 행정 간부들과 당원들이 가장 두려워 함
4	간부과	북한에서 모든 고위층과 일반 공무원들의 인사는 당중앙위원회가 통일적으로 장악 -고위층 인사는 조직지도부 간부과, 그리고 중간층과 일반 공무원 인사는 간부부가 주관 -당중앙위원회에서 근무하는 모든 당간부들과 성원들, 정치국 위원 및 후보위원들과 위원 및 후보위원의 직함을 가진 모든 당·정·군의 간부들이 심사 대상
5	당원등록과	당원 수의 계획화, 확대, 질적 향상, 당원들의 계급, 계층별 비율 조절, 입당, 당원들의 직업 이동과 해외 파견 등으로 인한 당원 재등록 등 전반적인 당 대열의 업무를 관장
6	신소과 (민원처리)	북한의 모든 간부들과 당원들, 주민들 속에서 제기되는 의견과 고발, 불평불만, 개인 사정, 하소연 등을 내용으로 하는 신소편지를 접수, 확인하고 중요한 것은 최고지도자에게 보고, 처리하는 업무를 주관
7	통보과	북한 전 지역에서 발생하는 모든 사건, 현상들을 매일 통보받아 최고지도자에게 직보하는 기능을 수행
8	행정과 (사법, 검찰, 주권 기관)	당중앙위원회 행정부가 조직지도부에 흡수, 편입 -당 행정부는 중앙위원회, 사회안전성, 중앙검찰소, 최고재판소를 비롯해 사법, 검찰 등 독재 기관들의 행정 업무에 대한 지도뿐만 아니라 간부들의 당생활 지도 기능까지 독차지했던 막강한 부서였음
9	기타 부서들	▲제10호실: 당의 유일사상 체계 확립의 10대 원칙에 위배되는 불경죄만을 전문적으로 취급, 국가안전보위부에 대한 직접적인 지도 ▲제15호실(교시편찬과): 최고지도자 가족들의 생활 보장과 관리를 전담, 최고지도자의 모든 교시와 지시를 녹음하고 문헌으로 정리 ▲최고지도자가 참여하는 모든 1호 행사의 조직, 참가자 명단 작성, 일정, 호위 경호 조직 등의 감독 업무 관장

출처: 현성일, 「북한노동당의 조직구조와 사회통제 체계에 관한 연구-당내 유일사상 체계 확립 10대 원칙을 중심으로」 (한국외국어대학교 외교안보학과 석사학위논문, 1999), pp.43-51.

관료 출신이 조직지도부장에 임명된 사실이다. 김재룡은 전 자강도당위 원장, 내각 총리를 역임한 경제관료 출신으로 2020년 8월 13일 당 제7기 제16차 정치국회의에서 김덕훈이 국무위원회 정령 제1호에 의거해 내각 총리에 임명되자[86] 조직지도부장에 임명되었다. 그는 2022년 6월 8일까지 조직지도부장직을 역임하였는데, 조직과 지도를 통한 경제 문제 해결이라는 중책을 맡았을 가능성이 존재한다. 예를 들어, 그가 조직지도부장직을 수행 중이었을 때, 경제전문 관료들이 당중앙위원회 위원과 후보위원으로 대거 발탁된 바 있다.

현재 조직지도부장은 조용원이다. 그는 조직지도부장 외에 당중앙위원회 정치국 상무위원회 위원, 당중앙위원회 비서국 조직비서, 당중앙군사위원회 위원, 국무위원회 위원, 조선인민군 상장 등 총 6개의 직책을 겸하고 있을 정도로 김정은 위원장의 강력한 신뢰를 얻고 있는 북한 최고 엘리트 중 한 명이다.

question
009

북한에서 선거는 어떤 종류가 있나요?

민주국가에서 선거는 정부 및 의회 구성과 운영면에서 필요조건이며, 권력과 지배의 정당성을 확보하는데 가장 중요한 수단이다. 북한도 1948년 정부 수립 이후 각종 선거를 북한식 민주주의를 실현하고 지배권력의 정당성을 확보하는데 활용하고 있다.[87] 북한은 선거를 "자기의 리익과 의사를 대표한 대의원이나 의원, 대표나 일군을 정해진 방법대로 투표 또는 거수하여 선출하는 것 또한 그러한 일"이며, "우리나라에서는 선거를 일반적, 평등적, 직접적 선거 원칙에 의하여 비밀투표하는 방법으로 진행되는 가장 민주주의적인 선거"로 규정하고 있다.[88] 김일성 주석은 "민주주의란 한마디로 말하여 근로인민대중의 의사를 집대성한 정치"로 설명하며, 북한이 근로인민대중의 의사를 가장 정확히 반영하는 민주주의 체제라고 주장한 바 있다.

북한의 대표적인 선거는 최고인민회의, 도·시·군 인민회의 등 중앙과 지방의 각급 인민회의 선거가 있다. 그 밖에 인민학교에서부터 실시되는 소년 간 간부 선거, 고등중·대학·기관·기업소·협동농장·인민군 청년동맹에서 실시되는 사회주의애국청년동맹 선거, 조선직업총동맹, 조선농업근로자동맹, 조선민주녀성동맹 등 각종 근로 단체의 간부 선거,

노동당 간부 선거, 조선로동당 및 각급 지도 기관의 선거 등이 있다.[89] 북한에서 가장 중요하고 상징적인 선거는 당대회에서의 조선로동당 총비서의 선거이며, 규정상 선거이지 실제로는 추대와 찬성의 의미로 전원 기립박수를 통해 결정된다.

그러나 이외 대부분 후보자들은 당과 정부에 의해 사전에 결정되기 때문에 실제 투표에서는 찬반 여부만 묻는 형식으로 진행된다. 현재 북한이 전국적 차원의 선거의 과정과 결과에 대해서 공표하는 것은 최고인민회의와 각급 지방 인민회의 선거가 유일하다. 북한은 「헌법」 제1장 정치 제4조에서 "근로인민은 자기의 대표 기관인 최고인민회의와 지방 각급 인민회의를 통하여 주권을 행사한다"며, 같은 장 제6조에서는 "군인민회의로부터 최고인민회의에 이르기까지 각급 주권 기관은 일반적, 평등적, 직접적 원칙에 의하여 비밀투표로 선거한다"고 규정하고 있다.[90]

북한에서는 1992년 10월 7일 최고인민회의 상설회의 결정 제24호로 채택하고 2020년 1월 3일 최고인민회의 상임위원회 정령 제200호로 수정된 「조선민주주의인민공화국 각급 인민회의 대의원선거법」을 통해 최고인민회의와 각급 인민회의 선거를 관리하고 있다. 남한은 선거권을 출마와 투표로 정의하는데, 북한 또한 출마를 '선거 받을' 권리, 투표를 '선거할' 권리로 설명하고 있으므로 남북에서 선거는 같은 의미이다.

각급 인민회의 대의원 수는 인구수에 비례하여 대의원 선거가 있을 때마다 각급 인민회의에서 결정하지만, 조선인민군, 사회안전군 등 군과 보안 기관 내 대의원 선거는 해당 군부대가 조직한다. 최고인민회의 대의원 선거는 5년, 도(직할시)인민회의와 시(구역)·군인민회의 대의원 선거는 4년에 한 번씩 치러진다. 북한에서는 일부 최고인민회의 대의원들이 지방인민회의 대의원을 겸직하는 경우도 있으며, 여성 대의원들이 전체의 20~30%를 차지하는 것으로 알려져 있다.[91]

후보자 추천의 경우, 추천된 각급 인민회의 대의원 후보자는 1백 명 이상의 선거자 회의에서 자격심사를 거쳐야 해당 선거구의 대의원 후보자로 등록될 수 있다. 또한 선거 유세(북한식 선거선전)도 법이 정한 범위 내에서(법에 명시되어 있지 않음) 자유롭게 할 수 있으나 개별적 후보자를 비방하는 것은 금하고 있다.[92]

상술하였듯이 실제 투표는 무기명 투표 방식으로 진행하지만 찬성할 경우 표식을 하지 않고, 반대하는 경우 후보자의 이름을 가로로 긋기 때문에 실제로는 선거참관인에 의해 찬반 의사가 드러날 수밖에 없는 구조로 되어 있다. 북에서 온 사람들의 선거 경험에 대한 연구에 따르면, 답변자 48명 중 38명은 전혀 자유롭지 못하고, 6명만이 자유롭다고 응답한 것과 비밀 보장과 관련해 답변자의 35명이 보장되지 않으며, 12명만이 보장된다고 답한 결과를 보더라도 북한에서 선거는 강제와 동원의 성격이 강함을 알 수 있다.[93]

북한에서 선거는 중병, 노령, 신체장애 등의 특수한 사정으로 선거인이 선거장에 나갈 구 없는 경우 선거위원회 구성원이 선거표와 봉인된 이동투표함[94]을 가지고 가서 투표를 할 수 있게 도울 수 있으며, 자신이 직접 투표할 수 없는 경우 대리인인 제3자를 지정하여 자신의 의사에 따라 투표하도록 요청할 수도 있다. 이 같은 이동투표함과 제3자 지명 대리 투표 방식은 북한의 투표율과 찬성율이 100%를 기록하는 중요한 요인으로 작용하고 있다.[95]

만약 등록된 대의원 후보자 가운데 당선인이 없을 경우, 당선자가 임기 시작 전에 사망하였거나 선거 받을 권리를 상실했을 경우에는 재선거가 실시되며, 대의원이 사망한 경우와 선거자들의 신임을 잃어 소환된 경우, 해당 인민회의 대의원이 다른 지방으로 옮겨간 경우에는 보궐선거(북한식 보충선거)가 실시된다.[96] 하지만 실질적으로 규정에 의거해 재선거와 보궐선거가 진행된 사실이 알려진 바는 없다.

눈여겨볼 대목은 2023년 6월 16일~18일에 진행된 당중앙위원회 제8기 제8차 전원회의에서는 인민위원회 일군들의 역할 제고와 인민회의 대의원 선거 방법 개선을 통한 인민주권 강화가 주요 의제로 제기되었다는 점이다. 2019년 7월 21일 북한은 지방인민회의 대의원 선거를 실시해 투표율 99.98%에 찬성률 100%를 기록하며 대의원 27,876명을 선출하였으며, 김정은 위원장도 당일 함경남도 제201호 선거구 제94호분구 선거장을 찾아 직접 투표하였다.[97]

당 전원회의에서 인민위원회 일군들의 역할 제고와 동시에 인민회의 대의원 선거 방법 개선을 토의한 것은 중앙과 지방의 균형, 동시 발전의 필요성을 강조하고 있는 북한이 그동안 형식적으로 운영되어 왔던 지방인민회의 선거를 통해 능력 있는 간부들을 대의원으로 선출해 인민회의의 기능과 역할을 강화하고, 지방 발전을 도모하기 위한 목적이 있는 것으로 보인다. 실제로 지방인민회의 대의원들은 주로 도·시·군 안에 있는 기업소 지배인이나 일군들, 최고지도자를 접견한 자들이나 인민경제계획에 공을 세운 기업소의 노동자들을 형식적으로 추천해 당에서 주문하는 대로 움직였다. 그러나 북한은 2023년 7월 지방 인민회의 선거를 예고하고 2~3월에는 지방 인민회의 대의원들에게 그동안 사명과 역할에 얼마나 충실했는지를 종합적으로 총화할 것을 지시하였다.[98] 북한의 의도는 대의원이라는 직책만 부여될 뿐 실질적으로 아무런 역할을 하지 않았던 선거에 '인민'들에게 인정받는 능력있는 일군들로 채워 지방 차원에서의 '혁신'을 도모한 것이다.

question
010

북한에도 법이 있나요?

　북한에도 법이 있다. 북한도 국가와 사회를 관리하고 인민들의 생명과 안전을 위해 법의 필요성을 강조하고 있다. 또한 법에 의한 국가 운영과 질서를 의미하는 사회주의 법치국가라는 용어를 사용하고 있다. 그러나 법을 이해하기 이전 북한 체제에서 법보다 상위 개념이자 당과 인민의 사상, 행동을 정치, 도덕적으로 규율하고 있는 유일영도체계 확립 10대 원칙과 당규약에 대한 이해가 필요하다. 김정은 위원장은 유일영도체계 확립 10대 원칙, 당규약, 헌법 등 법·제도를 동시에 적극 활용하며 통치의 정당성을 확보해 나가고 있기 때문이다.

　북한은 2013년 6월 김정일시대 당의 유일사상체계 확립 10대 원칙을 김정은 위원장의 정치적 지위와 역할에 맞게 수정, 보충하였다. 1967년 8월 당시 당 조직지도부장 김영주는 당의 유일사상체계 확립 10대 원칙을 최초로 만들었다. 김정일 위원장은 당의 유일사상체계 확립 10대 원칙에 유일지도체제 확립 문제를 포함시켜 1974년 4월 4일 당중앙위원회 정치국 회의에서 토의, 결정했으며, 그해 9월에 열린 제5기 제9차 회의에서 공식적으로 채택하였다. 이 원칙은 당원과 일반 주민을 포함한 전체 북한 사회를 운영하는 기본 지침서로, 북한 체제가 철저하게 김일성

과 김정일의 영도와 지도, 교시에 의해서 운영되어야 한다는 것을 강조하고 있다.[99]

당의 유일영도체계 확립 10대 원칙에서 중요한 것은 당과 최고지도자에 대한 절대적 충성을 요구함과 동시에 개별 간부들의 반당 행위 등 권력승계기에 나타날 수 있는 내부 위협 요소를 제거하는데 초점을 맞추고 있다는 사실이다. 북한은 '김일성의 혁명사상'을 '김일성-김정일주의'로, '위대한 수령 김일성 동지의 유일적령도체계'를 '당의 유일적 령도 밑에 전당, 전국, 전군이 하나로 움직이는 강한 조직 규률을 세우는 것을 당의 유일적령도체계 확립의 중요한 요구'로 변경하였다. 또한 기존에 없었던 '세도'와 '개별적 간부들의 직권에 의한 맹종맹동하거나 비원칙적으로 행동하는 현상'을 추가하였다.[100] 북한은 유일적영도체계 확립의 이상적인 목표는 "전당과 온 사회가 하나의 머리, 하나의 몸으로 되게 하는 것이다. 다시 말해서 온 나라가 당중앙과 사상과 뜻, 행동을 같이 하는 하나의 생명체로 되게 하는 것이다. 당중앙의 권위이자 당의 강대성이고 강력한 정치적령도력이다"으로 설명하고 있다.[101]

이것은 김정은 체제의 안정화를 위해서는 당을 중심으로 한 유일영도체계 강화와 세도와 특정 간부들의 반당, 종파적 행위 등 내부의 위협적 요소 제거가 중요하다고 판단했음을 보여준다. 북한의 후계자 문제는 내부의 위협 요소와 직결된 매우 정치적으로 민감한 문제이다. 북한은 김정은시대 당의 유일영도체계 확립 10대 원칙을 통해 김정은 위원장의 통치 리더십을 강화하고 정당성을 확보하기 위해 노력했음을 알 수 있다.

북한은 당규약을 "당건설과 당활동의 지침이며 당조직들과 당원들의 행동규범이고 활동준칙"[102]으로 정의하고 있다. 당규약은 당원들을 대상으로 하고 있기 때문에 일반 인민들은 적용 대상은 아니다. 그러나 당규약은 「헌법」보다 정치적·실무적 규정력이 강하며, 체제 운영 원칙과 방향성을 제시한다는 점에서 당원과 인민 모두에게 중요하다.

유일영도체계 확립 10대 원칙

No	내용
1	온사회를 김일성-김정일주의화하기 위하여 몸바쳐 투쟁하여야 한다.
2	위대한 김일성 동지와 김정일 동지를 우리 당과 인민의 영원한 수령으로, 주체의 태양으로 높이 받들어 모셔야 한다.
3	위대한 김일성 동지와 김정일 동지의 권위, 당의 권위를 절대화하며 결사옹위 하여야 한다.
4	위대한 김일성 동지와 김정일 동지의 혁명사상과 그 구현인 당의 로선과 정책으로 철저히 무장하여야 한다.
5	위대한 김일성 동지와 김정일 동지의 유훈, 당의 로선과 방침 관철에서 무조건성의 원칙을 철저히 지켜야 한다.
6	령도자를 중심으로 하는 전당의 사상의지적 통일과 혁명적 단결을 백방으로 강화하여야 한다. 령도자를 중심으로 한 강철같은 통일단결은 당의 생명이고 불패의 힘의 원천이며 혁명승리의 확고한 담보이다.
7	위대한 김일성 동지와 김정일 동지를 따라 배워 고상한 정신도덕적 풍모와 혁명적사업 방법, 인민적사업 작풍을 지녀야 한다.
8	당과 수령이 안겨준 정치적 생명을 귀중히 간직하며 당의 신임과 배려에 높은 정치적 자각과 사업 실적으로 보답하여야 한다.
9	당의 유일적령도 밑에 전당, 전국, 전군이 하나와 같이 움직이는 강한 조직 규률을 세워야 한다.
10	위대한 김일성 동지께서 개척하시고 김일성 동지와 김정일 동지께서 이끌어 오신 주체혁명 위업을 대를 이어 끝까지 계승 완성하여야 한다.

출처: 국가정보원, 『북한법령집 上』(서울: 국가정보원, 2022), pp.77-78.

2021년 1월에 개최된 제8차 당대회를 통해 수정, 보충된 당규약의 내용을 보면 다음과 같은 특징이 있다. 첫째, 북한은 당규약 개정을 통해 김일성-김정일주의를 당의 최고 강령으로 명문화하였으며, 당의 당면 목적 및 최종 목적에서 대남 무력투쟁 노선의 상징이었던 민족해방민주주의혁명이라는 문구를 삭제하고 공화국 북반부에서 부강하고 문명한 사회주의사회 건설, 전국적 범위에서 사회의 자주적이며 민주주의적인 발전을 실현하는 것으로 변경하였다. 이외 기존 정무국 체제를 비서국 체제로 전환하였으며, 경제 문제 해결을 최우선 과제로 설정한 새로운 국가경제 5개년 계획을 제시하였다. 둘째, 당의 지위와 역할을 대폭 강화시켰다. 셋째, 당중앙위원회 전원회의에서는 ▲당 총비서의 대리인인 당중앙위원회 제1비서 선출 ▲총비서의 위임에 따른 정치국 상무위원들의 정치국 회의 사회 가능 ▲당규약 수정, 집행 후 당대회에 승인받을 수 있게 규정하였다. 넷째, 북한은 인민군 당위원회의 정치적 위상을 기존 당중앙위원회 급에서 도당위원회 급으로 격하시켰다. 북한은 당규약 개정을 통해 사회주의 정상국가화로 한걸음 더 다가감과 동시에 김정은 위원장의 유일영도체계를 더욱 강화했음을 알 수 있다.[103]

제7·8차 당대회에서 개정된 당규약 비교

구분	7차 당대회 개정 규약	8차 당대회 개정 규약
김일성 -김정일주의		(신규) 당의 최고 강령으로 명문화, 김일성-김정일주의에 대한 개념 구체화
당면 목적/ 최종 목적	공화국 북반부에서 사회주의 강성국가 건설, 전국적 범위에서의 민족해방민주주의혁명의 과업을 수행 온 사회를 김일성-김정일주의하여 인민대중의 자주성을 완전히 실현	공화국 북반부에서 부강하고 문명한 사회주의 사회를 건설, 전국적 범위에서 사회의 자주적이며 민주주의적인 발전을 실현 인민의 이상이 완전히 실현된 공산주의 사회 건설
기본 정치 방식	선군정치	인민대중제일주의정치
당활동 최고 원칙		(신규) 조선인민의 물질문화생활을 끊임없이 높이는 것
대남 관계	남조선인민들의 투쟁을 적극 지지 성원, 자주, 평화, 민족대단결의 원칙에서 조국을 통일하고 나라와 민족의 통일적 발전을 이룩	강력한 국방력으로 근원적인 군사적 위협들을 제압하여 조선반도의 안전과 평화적 환경을 수호, 조국의 평화통일 및 민족의 공동번영 이룩
당원	(특별입당) 특수한 경우 입당 청원자를 직접 당원으로 수용	삭제
	(후보당원) 후보당원 2년	삭제
	(당원의 탈당요구권)	(신설) 탈당을 요구하는 경우 당 세포는 총회에서 토의 결정하고 시군당위원회의 비준을 받아 당 대렬에서 내보낸다
	(권리의무기간)	(신설) 3년 이상 당원으로서의 의무를 이행하지 않는 당원

구분	7차 당대회 개정 규약	8차 당대회 개정 규약
당중앙위 권한 정치 기관 조직	(정치 기관조직) 당원, 근로자들에 대한 정치사상교양사업	(변경) 당원, 군인, 근로자들에 대한 정치사상 교양 강화 (신설) 당중앙위원회는 맡은 사업을 무책임하게 하여 엄중한 후과를 초래한 당조직과 당기관 안의 부서들에 경고, 엄중 경고, 사업정지 책벌을 둔다
당대회	(개최 주기 내용) 여섯 달 전에 발표	(신설) 5년에 한 번씩 당중앙위원회가 소집, 그 발표는 수개월 전 * 시·군·당 대표회 5년에 한 번씩 소집
	(최고지도자 선출방식) 추대	(변경) 선거
전원회의		(신규) 당중앙위원회 제1비서, 비서들을 선거, 당중앙위원회 제1비서는 조선로동당총비서의 대리인이다
정치국/ 정치국 상무위원회의 기능		당중앙위원회 전원회의 소집. 정치·경제·군사적으로 시급히 제기되는 중대한 문제들을 토의 결정 당과 국가의 중요 간부들 임면에 대한 문제를 토의 총비서의 위임에 따라 당중앙위원회 정치국 상무위원회 위원들은 정치국 회의 사회 가능
당중앙군사 위원회		토의 문제 성격에 따라 회의 성립 비율에 관계없이 필요한 성원들만 참가시키고 소집할 수 있다 * 도시군당군사위원회도 같은 규정
교양 내용	(종류) 위대성, 김정일애국주의, 신념, 반제계급, 도덕 교양	(변경) 혁명전통, 충실성, 애국주의, 반제계급, 도덕 교양
당의 기층 조직		(신규) 초급당은 당원들이 망라되어 정치 조직생활을 하는 당의 기층 조직이며 당의 노선과 정책을 집행해 나가는 기본 전투 단위 당중앙위원회는 당세포 비서대회와 초급당 비서대회를 5년에 한 번씩 소집
조선인민군안의 당조직	(군대 성격 규정) 수령, 당, 인민의 군대 (권능) 당중앙위원회 부서와 같은 권능을 가지고 사업	(변경) 당의 군대로 명문화 도당위원회의 기능을 수행
국가 표기	사회주의 강성국가	사회주의 국가

출처: 김상범, 「제8차 당대회 개정 규약에 대한 분석, 평가」, 『IFES Brief_2021-18』(2021.6.10.), pp.3-4.

다시 법으로 돌아가 보면, 북한은 법을 "정치의 표현 형식이며 실현 수단"이며, "정치를 명확한 행위규범으로 표현"한 것으로 정의하고 있다. 북한은 법을 순수하게 법 자체의 영역이 아니라 정치의 영역에서 해석하고 있기 때문에 법은 "정치적 목적과 요구를 실현하는 수단"이자 동시에 "의무적으로 사회의 모든 구성원들이 집행해야 할 것"이라는 인식을 가지고 있다.[104]

김정일 위원장은 북한을 "법이 인민을 지니고 인민이 법을 지키는 진정한 인민의 나라, 주체의 사회주의법치국가"로 정의하였는데, 이것은 북한법이 인민대중을 위한 것임을 강조하기 위한 목적이 있다. 북한에서 법의 의미를 한 줄로 요약하자면 "사회에서 사는 모든 사람들이 높은 정치적 자각을 가지고 의무적으로 지켜야 할 행동준칙이고 생활규범"이다.[105]

북한은 자본주의 법과 사회주의의 법은 본질적으로 다르다 주장하고 있다. 자본주의 국가에서 법이 정치보다 우위에 있는 현상, 즉 정치도 법에 근거해 이뤄져야 한다는 법 지배론이나 법치주의는 법과 정치의 상호 관계를 왜곡한 비과학적인 궤변으로 보고 있다. 또한 자본주의 국가의 법은 자본가 등 특정 계층의 이익만을 보장하기 때문에 불공정, 반민주적이라고 비판하고 있다. 북한에서는 법을 국가 주권을 장악한 지배계급이 그들의 정치적 목적과 필요성에 맞게 사회를 관리하기 위해 이용하는 수단이기 때문에, 법은 수령의 사상과 그것을 구현한 당의 노선과 정책을 반영하고 그것을 실현하는 위력한 수단으로 보고 있다. 그러므로 법의 제정과 집행, 법의 해석과 적용 등 모든 법 활동은 수령의 사상과 당 정책에 기반하여 당과 수령의 영도 밑에 진행되어야 한다고 주장하는 논리로 귀결된다.[106] 종합해 보면, 북한에서 김일성-김정일 헌법 등 기본법으로 하는 모든 법들은 수령의 사상과 당의 정책을 실현시키기 위한 수단인 것이다.

법의 정치성을 강조하는 북한에서는 정치 분야 범죄에 대해서는 엄격하며, 경제·사회 분야 법들은 남한이 엄격한 편이다. 그러나 최근 북한에서 경제·사회 분야 법들도 해당 내용과 처벌 규정을 살펴보면 점점 더 엄격해지고 있음을 알 수 있다. 예를 들어, 북한은 언어생활 영역에서 남한의 말투를 척결하는 것을 주요 목표로 전 사회적인 투쟁을 높여가기 위해 2023년 1월 18일 최고인민회의 법령 제19호로 「평양문화어보호법」을 채택하였다. 이 법에 따르면 남한의 말을 '괴뢰말찌꺼기'로 규정하고 이를 교육, 유포, 모방할 경우 무보수 노동, 해임, 철직, 벌금 납부 등의 방법으로 처벌할 수 있다.

일반적으로 북한의 인민들은 법 의식과 준법정신이 남한에 비해 약하다고 알려져 있다. 그 이유는 자본주의 국가에서 법은 개인의 생명과 자유를 보호하기 위한 성격이 강하지만, 사회주의 국가에서 법은 ▲당과 최고지도자의 권위, 명령 관철 ▲공공의 질서 유지를 위한 목적이 강하기 때문이다.

북한에서 법적 문제가 발생했을 때는 법에 호소하기보다는 상호 간의 합의와 조정에 의해 해결하는 경우가 대부분인데 그 이유는 과정이 복잡하고 국가의 간섭 가능성이 있기 때문에 법에 호소하는 것은 최후의 보루이다.[107] 북한에도 변호사가 존재하지만 돈을 받고 개인 변호를 하는 경우는 매우 드물며, 기업과 단체 간 분쟁이 있을 때 주로 활용된다. 법에 호소, 변호사의 조력 등도 중요하지만 형벌의 유무는 수령의 교시와 당 정책, 노선에 의해 결정되는 경우가 많다.

북한에도 남한의 배심원과 같은 인민참심원이라는 제도가 있다. 인민참심원은 "형사 및 민사 사건을 심리 해결하는데 직접 참가하는 인민의 대표로, 재판에서 판사와 동등한 권한을 가진 재판소 성원이며, 제1심 재판에만 참가한다"고 규정하고 있다.[108] 인민참심원은 최고인민회의 및 도·시·군 인민회의에서 판사와 함께 선출되며, 선거권을 가진 공민만이 될 수 있다. 그러므로 인민참심원은 해당 인민회의 대의원의 임기와 같다.[109] 재판소의 판결, 판정은 재판 또는 판사회의에 참가한 판사, 인민참심원들의 다수가결로 채택되므로 그들의 역할은 판정에 중요한 영향을 미친다.[110]

　북한의 법은 최고인민회의와 최고인민회의 상임위원회에서 제·개정한다. 북한에서 대표적인 법은 「헌법」으로 1948년 9월 최고인민회의 제1차 회의에서 채택되었으며, 2023년 현재 총 10회에 걸쳐 수정, 보충되었다. 북한은 「헌법」 서문에 "조선민주주의인민공화국은 위대한 수령 김일성 동지와 위대한 령도자 김정일 동지의 국가건설사상과 업적이 구현된 주체의 사회주의국가이다"로 규정하고 있다. 이것은 북한은 김일성, 김정일의 정치사상과 영도, 그들의 업적 등 소위 '전통'에 근거해 체제가 운영되고 있음을 보여준다. 북한은 1948년 9월에 제정된 「헌법」에서 자신들의 수도를 '서울'로 표기하였으나, 1972년 12월 개정된 「사회주의 헌법」에서는 '평양'으로 복귀시켰다. '서울' 표기는 당시 한반도 정치의 중심이 평양이 아니라 서울이었음을 북한도 인정했다는 의미가 있다.

　북한은 형법에서 범죄를 "국가주권과 사회주의 제도, 법질서를 고의 또는 과실로 침해한 형벌을 줄 정도의 위험한 행위"로 규정하고 당시 14세 이상에만 형사 처벌을 하고 있다. 형벌의 종류는 ▲사형 ▲무기로동교화형 ▲유기로동교화형 ▲로동단련형 ▲선거권박탈형 ▲재산몰수형 ▲벌금형 ▲자격박탈형 ▲자격정지형 등 총 9개가 있다. 이 중 ▲사형 ▲무기로동교화형 ▲유기로동교화형 ▲로동단련형은 기본 형벌이며, 나머지 5개는 부가 형벌이다.

　북한에서 가장 강력한 처벌은 육체적 생명을 박탈하는 사형이며, 18세 이하 자와 임신한 여성에 대해서는 사형을 집행할 수 없도록 규정하고 있다. 무기로동교화형과 유기로동교화형은 1년부터 15년 동안 교화소에 감금하고 노동을 시키는 형벌로, 집행 시 공민의 권리를 일부 정지시키기도 한다.[111] 로동단련형은 보통 6개월에서 1년 동안 로동단련대에 보내 로동을 시키는 형벌로 공민의 권리는 보장된다. 일반적으로 정치범수용소 감금과 마약류 제조, 유통과 관련된 형벌의 유형에 해당된다.[112]

흥미로운 부분은 북한은 법적으로 개인 소유권에 대해서 한정된 부분에서 인정하고 있다는 사실이다. 북한의 민법에서는 개인소유에 대해 "근로자들의 개인적이며 소비적인 목적을 위한 소유"로 규정하고, "로동에 의한 사회주의 분배, 국가 및 사회의 추가적 혜택, 터밭경리를 비롯한 개인부업경리에서 나오는 생산물, 공민이 샀거나 상속, 증여받은 재산 그 밖의 법적 근거에 의하여 생겨난 재산으로 이뤄진다"고 설명하고 있다. 또한 가족 재산에 대한 공동소유권, 개인 재산에 대한 상속권, 유언에 의해서 자기 소유의 재산을 가족 구성원이나 그 밖의 공민 또는 기관, 기업소, 단체에 상속, 증여, 기부할 수 있다고 규정하고 있다.[113]

남한은 총기류 보관과 관리는 경찰에서 담당하지만, 북한의 경우는 인민보안 기관(주로 사회안전성, 남한의 경찰에 해당)뿐만 아니라 총기류 주인이 속한 해당 기관, 기업소, 단체가 할 수 있게 규정하고 있다. 그 이유는 전시에 대비한 훈련과 비상시 빠른 시간에 동원될 수 있는 여건을 조성하기 위함이다.

최근 북한은 입법과 관련해 몇 가지 중요한 특징적인 면을 보이고 있다. 첫째, 헌법 개정, 비상방역법, 반동사상문화배격법 등 체제 유지와 관련한 법·제도 정비가 왕성해지고 있으며 둘째, 국제사회의 인권, 환경 등의 문제에 대비해 내부 법제의 개선과 국제기구에 가입하는 등 국제규범에 반응하는 모습을 보이고 있으며 셋째, 남한과 같이 장, 절을 구분하고 조 제목을 달아서 실체적이고 절차적인 내용을 다루고 있다.[114]

question
011

북한에도 112, 119, 다산콜센터 등 위급 상황 대비 혹은 행정민원을 해결하기 위한 제도가 있나요?

북한에도 위급 상황에 대비하기 위한 조직이 있다. 남한에 소방청이 있다면 북한에는 사회안전성이 있다. 사회안전성은 사회의 안전질서를 유지하고 국가와 인민의 재산과 생명을 보호하는 것을 주 임무로 하는 국가 기구로 우리의 경찰청에 해당한다. 사회안전성은 국무위원회 직속으로 국가보위성, 국방성과 함께 북한의 3대 체제 보위 기구 중 하나이다.

사회안전성의 임무는 ▲체제와 정권 수호를 위해 반국가, 반혁명 행위를 감시 ▲국가 기관의 기밀문서 및 보관 관리, 운반 ▲치안질서 유지 및 각종 범죄예방, 수사활동, 비사회주의 요소 적발 ▲교통질서 유지 및 사고 처리, 자동차 관리 ▲주민들의 사상 동향 감시 ▲국가 주요 시설물 건설 및 관리 업무(하천관리, 산림보호, 수자원보호 등) ▲소방 관리 및 재해 재난 관리, 지하철 운영, 여객 열차의 안전 및 여행 질서 단속이다.[115] 사회안전성의 지방조직은 특별시, 직할시 및 도 '보안국', 시와 군 및 구역의 '보안부', 동·리의 '분주소' 등으로 구성되어 있으며, 각도 보안국(남한의 시·도 지방경찰청에 해당)은 전국 12개 시·도별로 편제되어 있고, 전국적으로 200개의 시·군 구역에 보안부(남한의 경찰서)가 있다.[116] 즉, 북한의 위급 상황 대비는 사회안전성에서 담당한다.

북한의 소방관은 사회안전성 소속으로 신분은 경찰에 해당된다. 북한의 소방관 인력은 전국 120개의 소방대로, 정원은 약 3,000~4,000명 정도로 알려져 있다. 남한은 위급 발생 시 효과적인 대응을 위하여 야간 토요일 및 공휴일과 관계없이 3교대 상시 근무 체제를 유지하고 있지만, 북한은 대장, 부대장, 분대장 2명, 소방차 2대, 운전 요원 4명과 진압 대원 20명 등 30여 명이 24시간 2교대로 근무하고 소방대는 화재 진압 업무만 수행한다. 북한에도 우리의 의용소방대와 같은 자위소방대가 있으며, 주로 규모가 큰 기업소와 단체에 설치하는 산업소방대와 마을별로 설치된 군중자위 소방대로 이루어져 있다. 북한의 화재·응급 신고는 110이다.[117]

그러나 이런 체계에 대해서 일반 주민들은 잘 모르며 거의 사용하지도 않는 것으로 전해진다. 북한에서는 실제로 응급 상황이 생기면 아는 직원이나 병원 관계자에게 전화를 걸어 일반 차, 공장이나 기업소에 소속된 차, 병원에 소속된 차를 부른다. 북한에서는 보건·의료 환경이 열악해 의료 장비 또한 충분치 않으며, 여전히 평양의 대형 병원을 제외하고는 비포장도로들이 많기 때문에 구급차를 운영하는 것도 쉽지 않은 실정이다. 즉 구급차는 있지만 운영 체계가 미흡하다.[118]

위기상황과는 달리 행정민원을 해결하기 위한 신소청원 제도도 존재한다. 신소청원의 제기, 등록 접수, 처리에서 규율과 질서를 엄격히 세워 공민의 권리와 이익을 보호하며 국가관리사업을 개선하는데 이바지하기 위해 1998년에 제정된 「신소청원법」이 그것이다. 북한은 신소를 "자기의 권리와 리익에 대한 침해를 미리 막거나 침해된 권리와 리익을 회복시켜 줄 것을 요구하는 행위이며, 청원은 기관, 기업소, 단체와 개별적 일군의 사업을 개선시키기 위하여 의견을 제기하는 행위"로 규정하고 국가는 공민들의 신소청원 권리를 보장할 것을 강조하고 있다. 다시 말해, 신소청원제도는 개별적 공민이나 당, 국가 간부들의 위법 행위로 인해 권리와 이익을 침해당했을 때 주민들이 민원을 제기해 이를 보장받을 수 있는 제도이다. 구체적으로 보면 북한은 "신소청원은 인민대중의 목소리이고 민심의 반영"으로 규정하고 신소청원을 정확히 접수, 등록하고 비밀 및 신소청원자가 요구하는 담당자와 면담할 수 있는 기회를 보장해야 함을 강조하고 있다.[119]

신소청원의 처리, 담당은 신소청원의 분야마다 다르다. 최고 주권 기관 사업, 일군의 사업 방법, 재판 또는 법적 제재를 받은 것과 관련한 위법 행위, 인권유린 행위와 관련된 것은 최고인민회의 상임위원회가 담당한다. 인민생활, 행정경제사업, 일군들의 사업 방법 및 작풍과 관련된 것은 내각, 지방정권 기관, 해당 기관, 기업소, 단체가 담당한다. 검찰 사업과 재판, 중재와 관련한 것은 각각 검찰과 재판 기관이 담당하며, 국가안전보위사업과 인민보안과 관련된 것은 해당 기관이 담당한다.[120]

「신소청원법」에서 신소청원의 결과는 신소청원 처리 통지 문건을 통해 집행하며, 그 결과를 신소청원자에게 제때 알려줘야 한다고 명시하고 있다. 중요한 것은 신소청원 처리 절차는 비밀 준수를 원칙으로 하되, 처리 결과는 상급 기관에 제때 보고해야 한다고 명시하고 있다는 점이다. 만약 이 철자를 통해 공민의 권리와 이익을 침해했거나 국가관리사업에 지장을 준 기관, 기업소, 단체 일군들과 개별적 공민들에게는 수준에 따라 행정적, 형사적 책임을 지게 한다.[121]

대표적인 예가 2000년 11월 15일에 열린 당중앙위원회 제7기 제20차 정치국 회의에서 논의된 사안이다. 로동신문에서는 "엄중한 범죄행위를 감행한 평양의과대학 당위원회와 이에 대한 당적지도와 신소처리, 법적 감시와 통제를 강화하지 않아 범죄를 비호, 묵인, 조장시킨 당중앙위원회 해당 부서들, 사법검찰, 안전보위 기관들의 무책임성과 극심한 직무태만 행위에 대해서 신랄히 비판했다"로 보도하며, 이를 계기로 반당, 반인민적, 반사회주의적 행위를 뿌리 뽑기 위한 전당적인 투쟁으로 확대해야한다고 강조하였다.[122]

당시 평양의대 남학생들로부터 지속적으로 성적 학대를 당한 한 여학생이 스스로 목숨을 끊은 사건이 발생했다. 학부모는 평양의대 당위원회, 사회안전성에 절차대로 신소청원하였으나 아무런 답변을 얻지 못하자 중앙당에 이를 전달하게 되었고, 김정은 위원장은 이 사건에 대해 격노하며 공명정대하게 처리할 것을 특별히 지시했다. 이로 인해 약 60여 명의 간부들이 좌천되었으며, 2021년 1월에 열린 제8차 당대회에서는 신소청원 문제가 중요한 의제로 다뤄져 중앙당에 규율조사부를 설치하였다.[123] 그러나 북한에서 신소청원제도는 최고지도자의 관심과는 달리 활발하게 운용되지 못하고 있는 것으로 알려져 있다. 그 이유는 처리 과정이 까다롭고 복잡하며, 권력 등 보이지 않는 손에 의해 제대로 해결되지 않는 경우가 많아 부당한 일을 당해도 신소청원을 제기하는 인민들이 많지 않기 때문이다.

question
012

북한도 국군의 날이 있나요? 행사도 하나요?

　한 국가의 군대가 진행하는 열병식은 유능한 지휘관, 잘 훈련된 병사, 그리고 최신 전투 무기 등 전투 대오를 통해 자신들의 훈련과 조직화 정도를 과시함으로써 체제 선전 및 단합의 목적이 있다. 인류 역사에서 열병식은 군대의 규율을 병사들에게 체화시키는 수단으로써 사상화, 조직화된 인간으로 훈련시키기 위한 국가 중요 행사로 활용되어져 왔다. 북한과 같은 권위주의 국가에서는 열병식은 군 통수권자의 권위, 국방력 과시, 군의 조직화 등 체제 선전과 단합의 의미가 강하다. 이러한 체제 선전과 단합은 사회구성원들의 시각을 지배하는 효과를 통해 강제적인 집단행동을 내재화시키며, 동원을 합리화시키는 역할을 한다.

　북한은 열병식의 기원을 무엇으로 설명하고 있을까? 북한에서 군은 김일성의 항일무장투쟁 활동에 기원을 두고 있으므로 열병식 또한 이 시기에 최초로 진행했다고 주장하고 있다. 북한은 1932년 4월 25일 반일인민유격대인 조선인민혁명군이 창건되었으며, 동년 5월 1일 안도현 성에서 이 유격대가 붉은 기발을 내세워 나팔을 불고 북을 두드리면서 위풍당당 첫 열병식을 진행했다 주장하고 있다. 당시 김일성 주석은 차광수로부터 보고를 받고 열병대오를 사열했다고 한다.

1948년 2월 8일 조선인민군이 창건된 이후부터 2023년 7월 현재까지 북한이 열병식을 진행한 횟수는 총 39회이다. 북한은 당창건일 및 당대회 개최 기념, 정부수립일, 조선인민군 창건기념일, 최고지도자의 탄생일, 조국해방전쟁승리기념일 등 주로 당과 국가의 주요 행사를 기념하기 위해 열병식을 개최하고 있다. 김일성 시기였던 1948년~1993년까지 15회, 김정일 시기였던 1995년~2011년까지 11회, 김정은 시기였던 2012년~2023년 7월 현재까지 13회가 개최되었다. 통치 기간 및 횟수로 보면 평균적으로 김정은 시기는 1년에 1회, 김정일 시기는 1.5년에 1회, 김일성 시기는 3년에 1회 정도 개최되었다.

김일성 시기 열병식은 광복 이후 되찾은 자체의 군대를 가졌다는 것을 축하하고 내부의 통합을 위한 성격이 강했다. 김정일 시기에는 북핵 문제의 부각, 고난의 행군 등 체제 이완 현상 등으로 인해 체제 안정성을 대내외에 과시하기 위한 측면이 컸다. 김정은 시기에 개최된 열병식은 몇 가지 중요한 특징을 가지고 있다.

첫째, 권력의 승계기·발전기라는 자체 인식, 미국의 군사적 압박에 대응하기 위한 핵과 미사일 고도화 진척에 맞춰 국방력 강화와 체제 안정성을 과시하는 의미가 있다. 다시 말해, 김정은 리더십의 '업적 과시'의 의미로 열병식을 활용하고 있다. 이러한 사실은 열병식이 최고지도자의 신념과 대내외 안보 환경의 변화의 영향을 받는다는 것을 알려준다.

둘째, 국방력 강화를 전제로 인민대중제일주의 정치, 사상을 제시하고 경제 회복에 더 많은 국가적 자원을 투여해 경제 문제를 해결해 나가려는 의지를 보여주는 의미도 있다. 이는 강력한 국방력을 통해 국가와 인민들이 경제 문제에 집중할 수 있는 심리적 토대를 제공해 주고, 간부들에게는 체제 생존에 대한 두려움을 없애며 최고지도자에게 충성하는 것이 체제 안정화를 위해 중요한 것임을 재인식시키는 기회로 활용됨을 알 수 있다.

마지막으로 김정은시대에는 열병식을 밤 12시에 진행하고 평양시 군중시위까지 포함해 진행하는 등 형식과 내용 면에서 이전 시기와는 차별성이 존재하는데, 이것은 북한의 지도사상인 김일성-김정일주의 및 이 사상의 핵심인 인민대중제일주의 정치, 사상을 전체 인민들에게 축제(festival)와 축하(celebration)의 개념으로 인식시킴으로써 소위 혁명적 낙관주의를 함양시키려는 의도가 있다. 북한은 열병식에서 축포, 야회 등 군중집회를 진행하며 김정은 위원장에 대한 정치, 도덕적 신뢰와 그가 강조했던 당과 국가의 정책, 노선에 대한 정당성을 확보하는 데 주력하고 있는 것으로 보인다.

종합해 보면, 북한이 열병식을 개최하는 목적은 ▲김정은의 지시와 명령에 더욱 충직할 것임을 맹세하며 김정은의 유일영도체제 강화 ▲핵보유국으로서의 국가적 지위를 대내외에 과시 ▲김정은 리더십의 정당성 확대, 강화의 기회로 활용 ▲군민대단결의 기회(수십 리 열병행사 진행, 인민들의 환영 및 참여, 제대 병사들도 참여)로 활용해 인민들에게 믿음과 신뢰를 얻기 위한 목적 ▲경제 상황에 집중할 수 있는 심리적 안정감 고취 ▲체제 엘리트들과 인민들에게 체제 안정성 대한 과시 및 충성심 요구의 의미가 있다.

그렇다면 북한이 김정은 체제가 공식 출범한 2012년부터가 아닌 2020년 10월 당창건 75주년 기념 때부터 열병식은 모두 자정에 개최하고 있는데 그 이유와 의도는 무엇일까?

첫째, 야간 열병식은 화려한 조명과 폭죽, 불꽃놀이와 함께 신형 무기에 이목을 집중시킴으로써 북한의 첨단 무기와 화려한 볼거리들이 어울려 시각적 스펙터클로 재현되는 특징이 있다. 둘째, 야간 열병식은 인민들의 집단적 공감 경험이 보다 강하게 이루어질 수 있는 조건이며 어려운 북한 상황에서 인민들에게 미래에 대한 낙관을 고무하는 심리적 기제로도 작동하고 있는 것으로 보인다. 셋째, 북한은 열병식을 군사력 강화의 성과 과시와 이를 통한 김정은 위원장의 유일영도체계의 정당성을 강

김정은 위원장 공식 등장 이후 북한의 열병식 개최 현황

No	개최 일시	내용	주요 참석자
1	2010.10.10.	당창건 65주년 경축 열병식	김정일, 김정은, 주영강(중국공산당 중앙위원회 정치국 상무위원)
2	2011.9.9.	공화국 창건 63주년 경축 로농적위대 열병식	김정일, 김정은
3	2012.4.15.	김일성 주석 탄생 100주년 경축 열병식	김정은
4	2013.7.27.	조국해방전쟁 승리 60주년 경축 열병식	김정은, 리원조(중국공산당 중앙위원회 정치국 위원, 부주석)
5	2013.9.9.	공화국 창건 65주년 경축 로동적위군 열병식 및 평양시 군중시위	김정은
6	2015.10.10.	당창건 70주년 경축 열병식 및 평양시 군중시위	김정은, 류운산(중국공산당 중앙위원회 정치국 상무위원회 위원)
7	2017.4.15.	김일성 주석 탄생 105주년 경축 열병식 및 평양시 군중시위	김정은
8	2018.2.8.	조선인민군 창건 70주년 경축 열병식	김정은
9	2018.9.9.	공화국 창건 70주년 경축 열병식 및 평양시 군중시위	김정은, 률전서(중국공산당 중앙위원회 총서기, 습근평 동지의 특별대표)
10	2020.10.10.	당창건 75주년 경축 열병식	김정은
11	2021.1.14.	제8차 당대회 기념	김정은
12	2021.9.9.	공화국 창건 73주년 경축 민간 및 안전무력 열병식	김정은
13	2022.4.25.	조선인민혁명군 창건 90주년 경축 열병식	김정은
14	2023.2.8.	조선인민군 창건 75주년 경축 열병식	김정은
15	2023.7.27.	조국해방전쟁승리기념일 70주년	김정은

출처: 〈로동신문〉 각 호를 참고해 저자 작성.

조함으로써 인민들의 체제 불만과 불복종 행태들을 일정 기간 지연시킬 수 있는 효과가 있기 때문이다. 종합해 보면, 열병식을 지도자와 통치이데올로기의 축제와 축하의 장으로 활용함으로써 체제 안정성을 도모하려는 의도가 있다.

열병식에 참가한 인원들에 대한 혜택은 다양한 것으로 알려져 있다. 먼저 열병식에 참가한 군인들은 김정은 위원장과 기념촬영을 하며, 이 사진은 전체 참가자들에게 전달되어 개별 참가자들의 체제에 대한 기여의 증거로 활용된다. 몇 개월 동안 강도 높은 훈련을 받는 열병식 행사 준비는 군사대학, 정치대학, 군부대, 예비전력 단위까지 우수한 인원을 착출해 실시되는 만큼 참석하기 위한 경쟁이 높다. 알려진 바에 의하면, 가전제품 등 선물을 받으며, 진급 시 고과 점수가 붙는 경우도 있다고 한다.

최근 북한의 열병식

출처: 외국문출판사, 『국가방위력강화를 위하여』(평양: 외국문출판사, 2020), p.71.

question
013

북한도 병역 기피 현상이 있나요? 만약 걸리면 어떠한 처벌을 받나요?

　북한도 남한과 마찬가지로 병역 이행을 국민의 신성한 의무로 규정하고 있어 입대 연기, 병역 기피 등은 쉽게 생각할 수 없다. 일반적으로 북한에서는 신체검사 불합격자 및 사회안전성 보안원, 과학기술·산업 필수요원, 유망 예술인과 체육인, 군사학 시험 합격 대학생, 노부모를 부양하는 독자에 대해서는 군복무를 면제해 주고 있다. 이 외에도 친일파, 한국전쟁 당시 남한에 부역한 사람들, 부농 출신, 남한 출신 등은 군대는 물론이고 심지어 대학조차도 진학의 기회가 주어지지 않는다. 남한의 사회복무요원은 북한의 과학기술·산업 필수요원과 유사하다. 북한에서 군 입대는 사회적 지위 및 신분 상승의 상징인 당원 가입을 할 수 있는 가장 좋은 기회이며, 실제 군복무 시절 당원 가입이 가장 많은 것으로 보아 우리 사회의 병역 기피와는 또 다른 차원에서 접근하는 것이 필요하다.

　북한은 2003년 3월 26일 최고인민회의 제10기 제6차 회의에서 「군사복무법」을 제정하고 명목상으로 유지해 오던 지원병제, 모병제를 대상자 모두가 입영하는 징병제로 전환한 전민군사복무제를 시행해 오고 있다. 전민군사복무제의 시행에 따라 군복무 기간은 남성은 13년에서 10

년으로, 여성은 10년에서 7년으로 각각 3년씩 단축하였다. 또한 징집 연령층을 17세 이상 25세 이하로 조정하였으며, 병역을 마치지 않은 28세 미만의 남성은 무조건 징집하도록 했다.

　북한의 모든 남자는 만 14세가 되면 초모대상자로 등록해야 하며, 만 15세에는 군 입대를 위한 두 차례의 신체검사를 받는다. 시·군 군사동원부에서 기초 신체검사를 실시한 후 이를 기초로 도 군사동원부가 정밀 신체검사를 실시하고, 기초 체력검사를 통해 각 군별로 필요 인원을 할당한다. 이후 우리의 중고등학교에 해당하는 고급중학교 졸업 후 사단 또는 군단에 입대하게 된다. 신체검사 합격 기준은 김일성 주석 사망 후 경제가 본격적으로 어려워지기 시작한 1994년 8월부터 신장 148cm, 체중 43kg 이상으로 기준을 조정하였다.

　그러나 2023년에 발행된 미 중앙정보국(CIA)에서 발행하는 월드 팩트북(World Factbook)에 의하면, 2023년부터 북한 군복무 기간이 남성은 최장 10년, 여성은 최장 8년으로 변경된 것으로 보인다. 미 중앙정보국은 북한군의 대부분은 징집병으로 구성되며, 16~54세 북한 남성의 최대 20%, 18~27세 남성의 30%가 예비군 및 준군사 조직을 제외한 현역으로 근무하며, 여군 비율은 전체 군인의 20%로 추산했다. 여성들의 경우, 입대가 의무는 아니지만 권장되고 있으며 여성의 약 30%가 입대를 하는 것으로 알려져 있다.

　흥미로운 사실은 올해부터 바뀐 군복무 규정에 따라 제대 전 3년간 농촌에서 농사를 지어야 군복무를 마친 것으로 인정받을 수 있다는 점이다. 식량문제는 전반적으로 북한군에게 가장 심각한 문제로 1990년대 이후 자급자족을 강조하고 있다. 자급자족을 위한 밭농사 위주로 옥수수, 마늘, 파 등의 작물을 재배하며 돼지, 염소, 토끼, 메기 등 축산업과 어업에도 관여하고 있다. 실제로 북한에서 농업은 군 생활에서 상당히 큰 비중을 차지하며, 농사짓는 기술이 좋은 경우 특별히 진급하거나 근무 평가에서 유리할 정도로 인정받는다. 북한의 군복무 기간은 2021년 2월 당시 남자 7~8년, 여자 5년으로 대대적으로 감축했다가 이번에 다시 연장된 것으로, 한미 합동군사훈련 등 안보 문제에 대응하고 기후변화에서의 군의 경제적 역할을 강화하기 위한 것으로 보인다.

북한은 우리와 같이 예비군 제도는 없지만 군복무를 하지 않거나 소속된 직장, 학교 등에서 예비전력으로 구성돼 군대와 같은 수준의 군사훈련을 받는 예비군 조직이 있다. 예비군 대상에는 14~60세의 동원 가능한 모든 인구가 포함되며, 이는 전체 인구의 30%인 760만여 명이 해당된다. 일반적으로 북한 예비군의 훈련 강도는 남한의 예비군이나 민방위 훈련보다 훨씬 강한 것으로 알려져 있으며, 훈련에 불참하게 되면 법에 의해 처벌받고 정치적으로도 강한 비판을 받게 된다.

예를 들어 교도대, 로농적위군, 붉은청년근위대는 노동자, 농민, 청년들 위주의 예비 전력이며, 이들은 동원예비군 및 지역예비군 성격을 지닌다. 이들은 군 열병식 때도 참석할 정도로 정규화 되어 있으며, 군을 제외하고 생산과 전투의 이중 임무를 가지고 있다. 북한 최고지도자 및

북한의 예비 전력 현황

구분	병력	비고
교도대	62만여 명	동원예비군 성격 17~50세 남자, 17~30세 미혼 여자
로농적위군	572만여 명	지역예비군 성격 17~60세 남자, 17~30세 교도대 미편성 여자
붉은청년근위대	94만여 명	고급중학교 군사조직 14~16세 남녀
준군사부대	34만여 명	호위사령부, 사회안전성 등
계	762만여 명	

출처: 국방부, 『2022 국방백서』 (서울: 국방부, 2022), p.32.

가족, 친척들의 호위를 담당하는 호위사령부 및 우리 사회의 경찰에 해당되는 사회안전성 인력들 또한 준군사부대로 예비전력에 포함된다. 예비전력 대상자들의 집에는 비상소집에 대비하여 군복과 모자, 배낭, 목총을 항상 비치해 두고 있다. 비상소집은 1, 2, 8월에 주로 실시되며 등화관제 및 비상소집 장소에 집합과 실제 생활 등을 훈련받는다.

question
014

북한도 우리 현충원과 같은 곳이 있나요?

북한도 우리의 현충원과 같이 국립묘지에 해당하는 곳을 다수 운영하고 있다. 대표적인 장소로는 대성산혁명렬사릉(이하 혁명렬사릉), 신미리애국렬사릉(이하 애국렬사릉), 조국해방전쟁참전렬사묘, 재북인사릉, 해외동포애국자묘가 있다.

혁명렬사릉은 평양시 대성구역 대성산에 위치하고 있으며 주로 1930년대 김일성과 함께 만주지역에서 항일무장투쟁을 전개했던 동료, 부하 등 소위 혁명 1세대들을 기리기 위한 곳으로 그들의 묘지와 개별 동상들이 있다. 혁명렬사릉의 가장 높은 곳에는 김일성 주석의 부인이자 김정일 위원장의 어머니인 김정숙의 반신상이 자리잡고 있다. 대성산 혁명렬사릉은 1973년 8월에 착공하여 1975년 10월 13일에 준공되었으며, 1985년 9월 현재 규모인 35만㎡으로 확장되었다.

북한은 혁명렬사릉 신축 당시 평양의 모란봉 등 전국 각지에 흩어져 있던 유해를 이장해 조성하였으며, 현재 약 160기가 조성되어 있는 것으로 알려져 있다. 이곳에서는 김일성 주석의 부인 김정숙을 비롯해, 김철주, 김형권 등 김일성 주석의 가족들과 김혁, 차광수, 김책, 오중흡, 마동희 등 항일무장투쟁을 한 소위 혁명 1세대들의 묘와 반신상들이 있다.

혁명렬사릉은 조선인민혁명군 창건일, 조국해방전쟁승리 기념일, 김일성 생일 등 중요 국가적 행사의 참가자들이 의례 방문하는 곳이다. 북한은 이곳을 항일혁명투사들의 혁명정신을 배우고 이것을 자신들의 정신적 재부로 간직하며 김정은 위원장에게 충성을 다하는 기회로 활용하고 있다. 북한은 2023년 6월 현재까지 혁명렬사능을 방문한 인원은 총 5,100만여 명으로 북한 인구의 두 배 이상에 달한다고 소개하고 있다.

애국렬사릉은 제2의 혁명렬사릉으로 불리며, 평양시 교외 형제산구역 신미동에 위치해 있다. 1986년 9월 17일에 건립되었으며, 북한 정권 수립, 발전에 기여한 당·정·군 고위 간부 및 유공자들 및 비전향장기수들이 안장된 곳이다. 북한은 애국렬사릉에 대해 "조국의 해방과 사회주의 건설, 나라의 통일위업을 위하여 투쟁하다가 희생된 애국렬사들의 위훈을 빛내기 위한 만년대계의 건설물"로 설명하고 있다.

1984년 4월 김일성 주석은 제2혁명렬사릉 건설을 지시하였으며, 당시 김정일 위원장은 총 27정보(약 7만 1천여 평) 규모의 애국렬사릉 건설을 추진하였다. 김 위원장은 제2혁명렬사릉을 애국렬사릉으로 명명할 것을 지시하였으며, 렬사릉 건설시안과 묘비구역 편성 등에 직접 관여하였다. 김 위원장은 1986년 3월 4일 애국렬사릉 건설 현장을 실무지도 하였으며, 공화국 창건 50주년을 맞이하여 1998년 9월 20일 개건된 애국렬사릉을 방문한 적 있다.

이전에는 신미리에 위치해 있어 신미리애국렬사릉으로 불리웠으나 현재는 애국렬사릉으로만 불리우고 있다. 애국렬사릉에는 허담 전 외교부장, 역사소설 〈임꺽정〉의 저자이자 전 내각 부수상이었던 홍명희, 지리산 빨치산 대장이었던 리현상, 계응상 전 농업과학원 잠학연구소장, 최덕신 장군의 아버지 최동오, 장정환 전 군사정전위원회 조선인민군 수석위원 및 쿠바대사, 정준택 전 정무원 부총리, 북한의 첫 여성 장성인 전구강 조국해방전쟁승리기념관 강사, 최봉만 전 조선로동당 39호실장,

강성산 전 정무원 총리, 김병화 조선국립교향악단 수석지휘자, 서만술 전 조총련 중앙상임위원회 의장 등 약 800기의 유해가 안치되어 있다.

조국해방전쟁참전렬사릉은 조국해방전쟁승리 60주년을 맞이하여 김정은 위원장이 참석한 가운데 2013년 6월 25일 평양시 연못동에 준공되었다. 조국해방전쟁참전렬사릉은 인민군렬사추모탑을 중심으로 세워진 문주와 화환진정대인 '영웅들의 넋', 전사들을 추모하는 헌시비, 군상들, 500여 명이 안치된 묘로 조성되었다. 이 렬사릉은 6.25전쟁 관련 공화국 영웅, 조선인민군 영웅, 의용군, 전쟁 노병들의 묘지이다. 이 렬사릉에는 "조국해방전쟁에서 인민군 장병들이 발휘한 영웅적 위훈과 그들이 이룩한 불멸의 업적은 우리 인민의 혁명력사에 찬란한 금문자로 영원히 기록되어 있을 것이며 후손만대에 길이 전하여질 것이다."라고 적힌 김일성 명의의 명제비가 위치해 있다. 이 능은 조국해방전쟁 승리 경축 행사에 참가하는 전쟁 노병들과 주북 외국 무관들의 의례 방문 코스로 활용되고 있다. 이 렬사릉에 최초로 안치된 인물은 리순임으로 그녀는 6.25전쟁 당시 간호장으로, 미국의 공중 폭격으로 부상당한 수 많은 군인들을 자신이 수혈까지 하며 치료하였으며, 전쟁 이후 평양산원의 여성 당일군으로 활동한 인물이었다.

'1950년대 조국수호정신은 우리 후손들이 꿋꿋이 이어가야 할 가장 값 높은 사상·정신적 유산이며 영원한 승리의 상징이다'이라는 북한의 주장에서도 알 수 있듯이 이 렬사릉은 전체 인민들을 김정은 위원장을 결사용위하는 전사로 육성하기 위한 정치 교육의 장이라는 의미가 있다. 김정은 위원장은 2022년 9월 전승절 69주년 맞이하여 당시 박정천, 리병철 당중앙위원회 정치국 상무위원들, 리영길 국방상, 정경택 조선인민군 총정치국장, 리태섭 조선인민군 총참모장 등 군 관련 엘리트들과 함께 조국해방전쟁참전렬사묘를 참배한 바 있다.

한편, 북한은 2008년 말부터 렬사릉을 평양 중심에서 벗어나 각 도 소재지를 중심으로 확산, 재건하고 있다. 북한은 2008년 12월 평남평성렬사릉 준공을 시작으로, 황북 사리원, 2010년 6월 량강도 혜산, 7월 강원도 원산, 8월 자강도 강계와 함북 청진, 2011년 4월 평북 신의주에 잇달아 완공하였다. 또한 2020년 7월 평양시 낙랑구역 장교리에 평양렬사릉을 별도로 조성해 운영하고 있는 것으로 알려져 있다. 북한이 이 시기 전국 차원에서 렬사릉을 동시다발적으로 건설한 것은 김정일 위원장의 건강상 문제로 인해 체제 유지에 대한 대내외적 의구심이 제기된 것과 관련이 있는 것으로 보인다. 2010년 9월 김정은 위원장이 당 대표자회를 통해 공식적인 후계자로 등장했다는 사실을 통해 봤을 때 북한은 '애국'이라는 이데올로기를 통해 대를 이은 충성심을 고취시키기 위한 정치적인 의도가 있는 것으로 보인다.

이외 평양시 룡궁동에는 약 65기의 재북인사릉과 평양시 력포구역 룡산리에는 약 400기의 해외동포 애국자묘도 조성되어 있다. 우리의 현충원과 같은 곳들은 최고지도자와 당·정·군의 엘리트들을 수령과 전사, 제자의 관계로 정립해 수령결사옹위정신에 기반한 충성심을 고취하고 이들 간 동지애가 나라와 민족을 위대하게 만든다는 선전 도구로 활용되고 있다.

question
015

북한 군 관련 엘리트들은 어디서, 어떤 교육을 받나요?

군 관련 엘리트들이라고 하면 일반적으로 장교를 지칭하며, 북한군의 장교 선발은 크게 세 가지 유형으로 나눌 수 있다. 첫째는 병사들을 군관학교에 보내 교육을 시키는 것이며, 둘째는 하사관들이나 5년 이상 복무한 병사들 중에서 장교가 되길 원하는 이들을 선발해 교육시키는 것이며, 마지막으로 만경대혁명학원처럼 어릴 적부터 군 장교로 선발, 육성하는 방법이 그것이다. 만경대혁명학원 등 특수학교를 제외하고는 일반적으로 장교가 되기 위해서는 1년 정도 병사 생활을 마치고 군사전문학교나 군사대학을 졸업해야 한다. 특징적인 것은 북한군의 장교들은 모두 당원이라는 사실이다.

북한 군 엘리트들은 정치 장교와 지휘 장교로 구분된다. 정치 장교는 군에서 정치, 사상 분야 선전선동을 담당하는 정치 지도원을 말하며, 이들은 정치상학이라는 정치, 사상 교육 시간에 우수한 인력들을 입당 대상자로 추천하기도 한다. 군사대학은 지휘 장교를 육성하는 교육 기관이며, 정치대학은 군에서 당간부가 되기 위해 교육을 받는 곳이다. 북한은 군대에서 당의 지도를 관철하기 위한 조직으로 지휘 장교와는 달리 정치

장교제를 두고 있으며, 정치 장교는 병과 장교에 대한 사상지도와 당 조직 운영을 책임지고 있어 정치적으로도 상당한 영향력을 가지고 있다.

북한 군 관련 엘리트를 교육, 육성하는 대표적인 군사교육 기관으로는 김일성군사종합대학이 있다. 이 대학은 한국전쟁 중이었던 1952년 10월 28일 고급 군사학교로 개교하였으며, 1956년 10월 25일 현재의 명칭으로 변경되었다. 이 대학은 중대장급 이상의 군사 지휘관에 대한 직무별 고수교육 전담을 목적으로 설립되었으며, 북한 최고의 군 교육 기관으로 남한의 국방대학원과 육·해·공군대학을 합친 것과 유사한 교육 과정과 기능을 가진다. 북한은 이 군사교육 기관에 대해 "력사가 있고 권위 있는 세계적인 대학"으로 소개하고 있다. 이러한 상징성을 가진 이 대학은 김정은 위원장이 2002년부터 2007년까지 교육을 받은 곳이며, 2003년 최고인민회의 대의원 선거 당시 김정일 위원장이 이 학교에서 투표했을 정도로 선군정치를 상징하는 곳으로도 유명하다.

이 대학은 조선인민군 총참모부에서 운영하고 있으며 본과와 연구원 과정으로 나뉘어져 있다. 본과 과정은 고급 군관 양성을 목적으로 대위에서 중좌(소령에서 중령)까지의 현역 군인을 교육 대상으로 하고 있다. 교육 기간은 보병, 정찰, 포병 등 일반 경과는 3년, 통신, 화학 등 특수병과는 4년이다. 분과 교육생들에게는 졸업과 동시에 1계급 특진과 상위 보직이 수여되는 등 인사상의 혜택이 주어진다. 김일성군사종합대학 연구원은 김정일 위원장이 사망한 이듬해 10월, 김정은 위원장이 참석한 가운데 김일성, 김정일 동상 제막식 때 맞춰 김정일군사연구원으로 개칭되었다.

연구원 과정은 상좌(중령에서 대령 사이) 이상의 육·해·공군 고급 간부들의 재교육을 목적으로 하며 교육 기간은 1년이다. 강건종합군관학교, 김정숙해군대학, 김책공군대학 등은 초급 지휘관 양성을 목적으로 일반병 가운데 입교생을 선발하는 것과는 달리, 김일성종합군사대학의 연구원 과정은 모두 기존 장교들 가운데 선발한다는 차이가 있다. 이 대학을 졸업한 군 관련 고위 엘리트들은 리병철 당 비서국 비서(전 당중앙위원회 정치국 상무위원회 위원), 오일정 당중앙위원회 위원 및 당 민방위부 부장, 현철해 전 조선인민군 원수, 김영철 현 당 통일전선부 고문 및 정치국 후보위원 등이 있다.

북한 군 관련 엘리트들의 대표적인 교육 기관으로는 만경대혁명학원도 있다. 이 학원은 1947년 10월 12일 평남 대동군 혁명자유가족학원으로 설립되었으며, 1948년 현재 위치로 이전, 신축하였다. 혁명학원은 김일성 주석과 함께 만주 지역에서 항일무장투쟁을 했거나 체제 수립기 일찍 사망한 소위 혁명열사들의 유가족 자녀들을 북한 체제의 충성스러운 핵심 인재로 육성하기 위해 설립되었다. 만경대혁명학원의 기본 학제는 우리의 중고등학교 과정 6년으로 11세부터 17세까지의 학생들이 재학 중이며, 이 외에도 각지의 소학교 졸업반에서 공화국 영웅이나 대남 공작원들의 유자녀, 북한 체제에 대한 충성심이 높았던 군인이나 주민들의 유자녀를 교육시키고 있다. 또한 북한의 외교적 전성기로 불리던 1960~70년대 말까지 이곳에서는 북한과 긴밀한 외교관계를 가지고 있던 국가들의 군사 분야 엘리트들을 양성하기 위한 위탁교육도 실시했었다. 잘 알려진 바와 같이 김정일 위원장도 이곳 출신이다.

이 학원은 교육성이 아닌 국방성 소속(이전 인민보안성)으로 편재되어 있으며, 학생들은 재학 기간 중 군 복장을 하고 의무적으로 기숙사 생활을 한다. 교과목은 사회정치 과목, 군사학, 수학, 물리학, 화학, 외국어 등 일반 기초 과목 위주로 구성되어 있다. 만경대혁명학원 출신들은 졸업 후 필수적인 군복무를 거쳐 김일성종합대학, 김일성군사종합대학 등 정치 군사 분야 대학에 진학하거나 당·정·군의 초급 간부로 양성되는데 주로 군 관련 인사들이 많다. 혁명학원 출신의 고위 엘리트들은 강성산, 김국태, 연형묵, 오극렬, 현철해, 최영림, 리병철 등이 있다.

2020년 10월 10일 당창건 75주년 기념 열병식에서 김정은국방종합대학, 김정일군정대학이 소개되면서 주목을 받은 바 있다. 현재까지 김일성 주석과 김정일 위원장의 이름을 딴 군 관련 엘리트 양성 기관들은 있었지만 김정은 위원장의 이름을 딴 교육 기관은 없었다. 북한은 언론을 통해 이 대학을 "수많은 국방 과학기술 인재들을 배출한 대학"으로 소개한 점을 미루어봤을 때, 현재 핵과 미사일 고도화를 위한 국방 관련 첨단 과학기술과 인재를 교육, 육성하는 군사대학일 것으로 판단된다.

김정은국방종합대학, 김정일군정대학 등 새로운 군사교육 기관들의 출현(명칭 변경 포함)은 2020년 5월 24일(보도일 기준) 당 중앙군사위원회 제7기 제4차 확대회의에서 중요 군사교육 기관의 책임과 역할을 높이기 위한 기구개편안에 관한 명령서에 의한 것으로 보인다. 이로써 북한은 김일성, 김정일, 김정은 이름을 딴 최고 수준의 군 관련 엘리트 양성 기관을 운영하고 있으며, 이것을 국방력 강화와 군 엘리트들에 대한 지도, 교육을 강화하기 위한 목적으로 활용하고 있음을 알 수 있다.

김정은국방종합대학이라는 명칭이 이 열병식에서 최초로 소개된 것은 아니었다. 북한은 '전국정보화성과전람회-2017'에서 김정은국방종합대학 이름의 부스 사진을 공개한 바 있었다. 김정은 위원장은 2016년 6월 13일(보도일 기준) 국방종합대학을 현지지도 하였는데, 당시 북한 매체에서는 1964년 10월 국방대학이 이 대학의 전신이며, 주체적 국방 과학기술 인재양성의 최고 전당으로 소개한 바 있다. 이를 통해 봤을 때, 전문가들은 이 대학이 과거 강계에 있었던 국방대학과 사이버전을 예상해 평양 교외에 설립한 미림국방대학을 종합대학으로 확대, 개편한 것으로 추정하고 있다. 이전 김일성과 김정일의 명칭을 딴 군사대학, 정치대학들은 일반 장교들의 정치, 사상, 실무 교육을 담당하지만, 김정은국방종합대학은 주로 핵과 미사일 분야에 집중하는 역할 분담을 하고 있는 것으로 보인다.

김정일군정대학이라는 명칭도 2020년 10월 10일 당창건 75주년 기념 열병식에서 최초로 등장하였다. 열병식에서 "나라의 최고급 군사지휘관 양성의 중심 기지로 명성 높은 김정일군정대학"으로 소개해 그 존재가 최초로 알려졌다. 김정일군정대학은 김일성종합군사대학의 지휘관조 학년제를 모체로, 중대장급 이상의 군사지휘관에 대한 직무별 교육을 전담하는 최상급 군 교육 기관이며, 2020년 9월부터 공식적으로 운영하고 있는 것으로 알려져 있다. 이 대학은 김일성종합군사대학에서 상좌 이상의 고급 장교만 받을 수 있는 강습 과정을 분리해 교육 과정과 기간을 강화한 것으로 교육 기간도 1년에서 2년으로 늘렸다. 김일성종합군사대학이 김일성의 건군 노선에 따라 창립된 주체적 혁명무력의 뿌리라고 한다면 김정일군정대학은 그 자양분으로 주체전법에 유능한 연합부대 군사지휘관 양성을 기본 원칙으로 한다고 알려져 있다. 대학 설립 방침은 상술한 바와 같이 2020년 5월 당중앙군사위원회 제7기 제4차 확대회의 결정 사항에 의해 결정되었으며, 이에 따라 6월부터 2개월간 총정치국 주도하에 김일성종합군사대학에서 김정일군정대학으로 가는 전용 정문도 만들어졌다. 이 대학은 김일성종합군사대학과 같이 평양시 만경대구역 금성동에 위치해 있다. 김정일군정대학은 4개월간의 빠른 개편 과정을 거쳐 2020년 9월 육·해·공군 최고위급 지휘관을 양성하는 중앙군사대학으로 발전해 당창건 75주년 열병식에도 참가한 것이었다.

　이외에도 군사정치간부들의 양성 및 보수 교육을 담당했던 평양학원이 전신이었던 김일성정치대학도 있다. 2020년 10월 당창건 75주년 기념 열병식에서 김일성정치대학을 "인민군대 정치일군 양성의 원종장"으로 설명한 사실에서도 알 수 있듯이, 조선인민군 정치 장교를 양성, 재교육하는 최고의 군사교육 기관으로 평양시 형제산구역 서포동에 위치해 있다. 김일성종합군사대학은 군 고급 지휘 장교를, 김일성정치대학은 군 고급 정치 장교의 교육과 양성을 담당하고 있다. 교육 과정은 양성 과정과 보수 과정으로 구분되는데 4년제인 양성 과정은 3년 이상 복무한 병,

하사관 중에서 당성이 강하고 근무 성적이 우수한 자를 선발하여 초급 정치장교로 임용한다. 교과 과정은 혁명역사, 주체사상, 주체건군이론, 당정책, 주체전법, 전쟁사, 군사학 등으로 구성되어 있으며, 졸업생은 소위로 임관하며 최우수 졸업생에게는 특전으로 중위 계급이 부여된다. 또한 이 대학 졸업생들에게는 졸업기념 휘장이 수여되며, 김일성종합군사대학 졸업자들과 마찬가지로 군복에 패용토록 하여 긍지와 영예를 높여주고 있다. 이 대학의 학생 수는 약 1천여 명 정도로 추정된다. 이곳은 남한의 정훈 장교 교육, 양성 기관의 성격을 지닌다.

북한에는 군 관련 엘리트들을 양성하기 위한 20여 개의 군사대학과 군관학교, 정치대학 등이 있다. 가장 오래된 군사교육 기관인 강건종합군관학교(평양)을 비롯해, 김책공군대학(청진), 김정숙해군대학(함흥), 자동화대학(평양), 김철주포병종합군관학교(은산), 태천군관학교(태천), 최현군관학교(태천), 비행군관학교(경성), 고사포병군관학교(정주), 통신군관학교(함흥), 후방군관학교(박천) 등이 있다. 그러나 2020년 5월 당중앙군사위원회 제7기 제4차 확대회의에서 군사교육 기관 개편안이 논의된 만큼 이 대학들이 현재 그대로 명칭을 유지하고 있는지, 아니면 통합, 개편되었는 지는 검토가 필요하다.

question
016

우리가 베트남전쟁에 군대를 파병했듯이, 북한도 해외에 군대 파병 혹은 군사적으로 지원한 적이 있나요?

북한은 1930년대 김일성 주석의 만주지역 항일무장투쟁과 한국전쟁의 경험으로 인해 무력에 기반한 민족해방투쟁을 통해 자신들 주도의 한반도 통일 및 세계혁명을 꿈꿔왔다. 무력에 기반한 제국주의 식민지로부터의 해방을 의미하는 민족해방투쟁(national liberation struggle)이라는 용어에서도 알 수 있듯이 북한은 반제, 반미를 명분으로 군대 파병, 군수물자 지원 등 세계 각지의 무력 혁명을 지원했다. 그 이유는 북한은 피압박 민족으로 대표되는 식민주의자와 제국주의 간 대립을 중요 모순으로 보았으며 반제를 위해서는 반제 역량 간 긴밀한 협조가 필수적이라고 판단했기 때문이었다.

현재 북한이 유일하게 군사동맹을 맺고 있는 나라는 중국이다. 1961년 7월 10일부터 15일까지 당시 김일성 수상은 중국공산당 및 정부의 공식 초청에 의하여 중국을 방문하였다. 이 방문을 통해 북한과 중국은 1961년 7월 11일 북경인민대회당에서 김일성과 주은래를 각각 대표로 우호, 협조 및 호상 원조에 관한 조약을 체결하였다.

이 조약은 당시 동북아 안보 환경의 급격한 변화로 인한 양국 간 이해

조선민주주의인민공화국과 중화인민공화국 간의 우호, 협조 및 호상원조에 관한 조약

(제2조) 체약 쌍방은 체약 쌍방 중 어느 일방에 대한 어떠한 국가로부터 침략이라도, 이를 방지하기 위하여 모든 조치를 공동으로 취할 의무를 지닌다. 체약 일방이 어떠한 한 국가 또는 몇 개 국가들의 련합으로부터 무력 침공을 당함으로써 전쟁 상태에 처하게 되는 경우에 체약 상대방은 모든 힘을 다하여 지체 없이 군사적 및 기타 원조를 제공한다.
(제7조) 본 조약은 수정 또한 폐기할 데 대한 쌍방 간의 합의가 없는 이상 계속 효력을 가진다.

조약 조인식에 참가한 김일성 수상과 주은래 총리

출처: 외국문출판사, 『조중친선의 불멸의 력사』 (평양: 외국문출판사, 2022), p.74.

관계가 일치된 결과였다. 양국은 1961년 5월 남한에서의 군사 쿠데타, 한일 국교정상화 움직임과 그와 연동된 한·미·일 군사협력 강화 움직임, 베트남 지역에서의 미군의 군사적 개입 강화, 중·소 이념분쟁의 격화와 그로 인한 북·중·소 삼각동맹의 균열, 국제공산주의 그룹에서의 고립 등으로 인해 동북아에서 비우호적인 외교안보 환경이 조성되고 있다고 믿었다. 양국은 이 조약을 평화와 안전의 강력한 지주로 비유했으며, 북·중이 법·제도적으로 불패의 동맹을 맺었다고 평가했다.

제7조에 수정, 폐기에 대한 쌍방의 합의가 없는 이상 계속 효력을 가진다고 명시된 것과는 달리 이 조약은 20년마다 갱신되고 있다. 1981년과 2001년에 이어 2021년에도 갱신된 것으로 보인다. 중국의 반대에도 불구하고 북한이 핵·미사일의 고도화를 지속하자 이 조약에 외교안보적으로 부담을 느낀 중국은 조약 체결 50주년이 되던 해 조약 폐기 가능성까지 언급하기도 했다. 실제로 러시아는 1961년에 북한과 체결한 우호, 협조 및 호상 원조에 관한 조약에 대해 1995년 폐기 의사를 밝혔으며 1996년 조약이 종료되었다. 그 결과 2000년 2월 양국은 자동 군사 개입 조항이 삭제되고 경제·문화·기술 협력을 주 내용으로 하는 선린우호조약을 체결하였다. 종합해 보면, 1961년 7월부터 현재까지 북·중은 자동군사개입이 포함된 우호조약을 유지 중이며, 북·러는 1996년 폐기되었다.

북한은 중국과의 군사동맹 체결 외에도 해외 전쟁에 병력을 파병해 왔다. 북한은 베트남전쟁(The Vietnam War)을 전후로 세계 도처의 민족해방투쟁을 정치, 군사, 외교적 수단을 통해 지원했다. 북한은 1963년부터 영국의 말레이시아 정부 수립 지원을 계기로 촉발된 인도네시아-말레이시아 분쟁에 개입하였다. 북한은 인도네시아 대통령과 군부의 반영국 정책을 지지하였으며, 인도네시아에 군사적 지원을 제공하였다. 또한 세계에서 유일하게 인도네시아를 지원하기 위해 당시 최고인민회의 대의원들을 자원병으로 등록하기도 했다. 1964년 6월 평양에서 열린 아세아 경제 토론회에 참가했던 인도네시아 대표단장 페르디난드 룬투남비는 "영웅적 조선인민이 영국의 신식민지인 말레이시아를 분쇄하기 위하여 인도네시아 지원병과 함께 자기들을 지원병으로 등록하여 구체적 지원을 준 데 대하여 감사"를 표하였다.

북한은 1962년 10월 쿠바 미사일 위기(The Cuban Missile Crisis) 당시에도 쿠바를 경제, 군사적으로 지원하였다. 냉전기 핵전쟁이라는 가장 위험한 순간으로 기록된 쿠바 미사일 위기 당시, 미국 정부가 1962년 10월 21일 쿠바를 대상으로 해상 격리 조치를 발표하자, 북한은 이를 전쟁 행위와 내정 간섭으로 인식했다. 쿠바는 사회주의 국가들에게 군사적 지원을 요청하였으나 당시 소련의 영향력으로 인해 쿠바의 지원 요청을 대부분 거절하였다. 북한은 반제, 식민지 투쟁 등과 같은 쓰라린 경험을 공유하고 있는 작은 사회주의 국가인 쿠바가 미국으로부터 체제 생존의 갈림길에 놓여 있는 모습을 방관만 할 수는 없었다.

당시 김일성 수상은 쿠바 주재 북한대사관 직원들에게 전투 참가 의사를 쿠바 정부에 통보하도록 지시했으며, 유사시 동원될 수 있는 모든 준비를 갖추는 한편 유학생들은 민병대 전투에 직접 참여할 것을 지시하였다. 위기 발발 직후 북한은 자국 내 모범 생산 단위를 동원해 증산의 성과를 쿠바와 공유하고, 쿠바 인민의 경제적 자립을 촉진시키기 위한 대대적인 증산 및 경쟁운동을 통해 도덕적, 정신적 유대를 강화해 나갔다. 그 결과 쿠바는 1960년대 중반 북한과의 군사동맹 체결을 중요한 국가 전략으로 추진하였으나 현재까지 군사동맹 조약 체결에 관한 사실은 알려져 있지 않다. 1986년 3월 8일부터 11일까지 최초로 북한을 방북한 피델 카스트로(Fidel Castro)는 김일성 주석으로부터 매우 유리한 차관 조건을 얻어내는 동시에 10만 정의 자동소총과 수천만 발의 총알을 제공받기도 했다.

쿠바 미사일 위기 당시 북한의 대쿠바 경제적 지원 내용

No	생산단위	지원 내용	비고
1	룡성기계공장	트택터 원판 써레(농기구)	생산 중
2	북중기계공장	천장 기중기(길이 20m, 폭 4m, 15톤 운반 가능)	생산 중
3	대안전기공장	전기기계생산	생산 중
4	성진제강소	강철 및 압연 강제 700톤	제작 및 지원 완료
		강철 및 압연 강제	추가 지원을 위한 생산 중
5	희천공작기계공장	대중형 선반, 후라이스를 비롯한 각종 공작기계	제작 및 지원 완료
		10대 쎄바 생산	추가 지원을 위한 생산 중
6	조선민주청년동맹 및 조선학생위원회	선반 3대, 양수기 1대, 연필 1만 개	쿠바 현지에서 직접 전달

출처: "조선 인민은 쿠바 인민의 편에 확고히 서 있다-룡성기계공장에서 쿠바에 보낼 원판 써레를 생산," 〈로동신문〉, 1962년 11월 28일; "쿠바 민의 혁명 위업을 지원하는 붉은 지성-쿠바 인민에게 보낼 천장 기중기를 제작하고 있는 북중기계공장에서," 〈로동신문〉, 1962년 12월 5일; "쿠바 인민의 투쟁을 지원-성진제강소 강철전사들 쿠바에 보낼 압연 강재를 대량 생산," 〈로동신문〉, 1962년 12월 10일; "쿠바에 보낼 공작기계 생산을 끝냈다-희천공작기계공장에서," 〈로동신문〉, 1962년 12월 21일; "《〈플라야 히론 영웅 기념탑〉》 건립 기금으로 쿠바에 보내는 우리나라 청년 학생들의 지원 물자 전달식 하바나에서 진행," 〈로동신문〉, 1963년 1월 24일 기사를 종합해 저자가 직접 작성.

북한이 직접 전투 인원을 파견한 전쟁은 베트남전쟁이었다. 당시 북한은 1964년 8월 2일 통킹만 사건(Gulf of Tonkin Incident)으로 촉발된 베트남전쟁을 미국에 대한 베트남 인민들의 민족해방투쟁으로 판단했다. 동년 8월 6일 북한은 정부 성명을 통해 미국이라는 공동의 적에 투쟁하는 '한 가정의 형제'임을 강조하였다. 또한 남한 정부가 1965년 1월 8일 2천여 명 병력의 남베트남 파병을 결정하자 즉시 반발하여, 동년 1월 9일 정부 성명을 발표하고 남북한 국민 모두의 평화와 안전을 위협하는 전쟁범죄이자 민족적 모독 행위로 규정하며 베트남에 필요한 모든 지원을 아끼지 않을 것임을 선언하였다.

북한이 최초로 베트남전쟁에 전투병 파병을 밝힌 것은 1965년 3월 26일자 정부 성명(the statement of government)이었다. 북한은 이 성명을 통해 자신들은 베트남 인민들에게 무기를 포함한 모든 형태의 지원을 다할 것이며, 요청이 있을 경우 지원군을 파견하는 조치를 취할 것임을 공포하였다. 동년 7월 8일에도 정부 성명을 발표하고 남한이 베트남에 파병한 군대 규모에 비례해 자신들도 남베트남민족해방전선에 무기와 장비들을 지원할 것임을 천명하였다. 미국의 군사적 개입과 남한의 베트남전 참전은 베트남전쟁에 북한이 직접적으로 개입하게 된 계기가 되었다.

이러한 상황에서 북베트남과 북한은 공군 조종사와 교관 파견에 합의하였다. 1966년 9월 24일부터 30일까지의 반 티엔 둥(Van Tien Dung) 참모총장과 최광 총참모장 간 합의에 의해서 1966년 9월 30일 파병 관련 협정을 체결하고, 1966년 11월 공군 1차 부대, 12월 2차 부대, 1967년 초 3차 부대를 파견하였다. 합의문에는 북한 주민들이 미그-17 2개 중대(각 10대씩)와 미그-21 1개 중대(각 10대씩)로 구성된 북한 공군 연대 1개 중대 조종사를 지원하고, 베트남은 이 항공기와 북한 전단지에 필요한 모든 기술 장비와 정비, 물류 지원을 하도록 규정돼 있다. 합의문에는 북한 개별 항공사의 단계적 도착 계획표가 포함됐으며, 북한 또한 공군부대가 북베트남방공군사령부 지휘 통제하에 운용될 것이라고 명시했다.

북베트남의 한 장성은 1967년부터 1969년 초까지 총 87명의 북한 공군 요원이 북베트남에서 복무했으며, 그 기간 동안 북한 공군 조종사 14명이 사망, 미군 비행기 26대를 격추했다고 주장했다. 그러나 정보 부족으로 인하여 당시 파견된 북한 공군 조종사의 정확한 사망자 수는 파악하기 힘들다. 베트남전쟁 기간 중에 북한 조종사들 중 17명의 전투 영웅이 배출되었다. 베트남에 파견된 북한 공군 조종사들은 1969년 2월 베트남에서 최종 철수하였다. 1968년 12월 4일 베트남 노동당 중앙군사위원회 회의에서 1968년 말까지 베트남에 주둔한 외국의 부대와 전문가들을 처리하는 방안을 논의하고 북한 공군 조종사의 귀국을 최종 결정하였다. 1969년 2월 4일 호치민(Ho Chi Minh)과 팜판동(Pham Van Dong)은 북한 공군 조종사들이 귀국하기 직전 면담을 갖고 이들의 임무가 끝났다고 언급하며 감사를 표명하였다.

1965년부터 북한은 베트남과 경제, 기술적 원조를 제공할 데 대한 협정을 체결하였다. 당시 북한은 1965년부터 1973년까지 베트남에 총 4천 1백 8십만 루블(RUB) 상당의 무상지원을 제공하였는데, 특히 1965년에 1천 2백만 루블, 1966년 7백만 루블, 1967년 5백 30만 루블에 해당하는 전쟁, 원호물자들을 무상으로 제공하였다. 이때 3년간 제공된 무상지원액은 북한이 지원한 총액의 약 60%를 차지할 정도로 큰 규모였다. 이는 북한이 베트남전쟁 확전에 국력을 총동원해 베트남 혁명을 성공시키려 했다는 점을 시사한다. 북한 소설 〈운명〉에서는 1964년 8월 통킹만 사건 이후 1966년 6월 당시까지 북베트남에 제공한 무기와 탄약, 군수물자를 합쳐 북한 돈으로 대략 1억 7천 500만 원에 달한다고 밝히고 있다.

다른 한편으로 북한은 1960~70년대 반제, 반미항쟁의 주 무대 중 하나였던 중동지역의 제3세계 국가들에 대한 군사적 개입을 강화하였다. 북한의 목적은 ▲이들 국가로부터 세계혁명의 리더 그룹으로서의 위상 정립 ▲전쟁에 사용될 무기 거래 및 기술 협력을 통한 외화 획득 ▲북한군의 실전 능력 배양 ▲소련제 신무기에 대한 운용 기술의 노하우를 습득하기 위한 것이었다. 중동 아랍국가들의 반미, 반이스라엘 노선은 한반도에서 한미와 북한이 대립하고 있는 상황과 유사했다. 1967년 4월 이스라엘이 시리아를 아랍지역 무장 게릴라들의 기지로 인식, 무력으로 공격하자 이집트 나세르(Naaser) 대통령은 다음 날 대규모의 이집트 군을 시나이반도(The Sinai Peninsula)에 투입하여 이스라엘과 제3차 중동전쟁을 개시하였다. 이에 대해 북한은 이 전쟁의 원인을 미국의 사주를 받은 이스라엘에 있다고 판단하고 시리아에 전투기 조종사 25명을 즉시 파병하였

베트남전쟁기 북한의 대베트남 군사적 지원 내역

구분	(추정)시기	규모 및 활동
공군 전투부대	1966~1972	■ 1개 비행 연대 규모(조종사 60명, 지원 병력 40~50명) ■ 파병 전 기간 동안 연인원 1,000명 이상 파병 추정 ■ 총 4곳의 항공 부대 중 2곳의 비행기지에 주둔하며, 미군과 주요 산업 시설 방어적 차원의 공중전 실시 ■ 3~6개월 단위로 파병 병력 교체
심리전 부대	1966~1972	■ 초기 4명에서 시작, 최대 35명 수준으로 증가(참전 연인원 100명 이상 추산) ■ 전단 제작 및 살포, 심리전 방송, 한국군 납치, 베트콩에 대한 한국어 강습 실시
특수전 부대	1967~1975	■ 1967년: 1,000명의 '자원병 부대' ■ 1968년: 1개 정규군 대대 추가 ■ 1970년: 2개 정규군 대대 ■ 1975년 남베트남 패망 때에도 작전 지원
고사포 부대	1966~1972	■ 최소 2개 대대, 최대 2개 연대급 ■ 하노이 대공방어 지원
공병 부대	1964~1972	■ 2대 대대급 ■ 땅굴 건설, 도시 및 산업 시설 재건, 기술 자문
베트콩 훈련 지원	1965~1973	■ 연인원 약 800명 ■ 평양에 초청 게릴라 훈련 실시
물자 지원	1962~1975	■ 총기 10만 정, 군복 200만 벌, 의약품, 의료 기구, 식량, 뜨락또르 20대, 자동차 10대, 그에 따른 부속품 ○○상자 등 ■ 여러 대의 뜨락또르, 화물자동차 및 농기계

출처: 이신재 지음, 『북한의 베트남전쟁 참전』(서울: 국방부 군사편찬연구소, 2017), p.79; 김일성, 『위대한 수령 김일성 동지의 불멸의 혁명업적 19: 세계혁명의 새로운 길 개척』(평양: 조선로동당출판사, 2000), p.221; 한국학술정보 엮음, "THE PRESIDENT'S DAILY BRIEF_13_May_1965," 『CIA 기밀해제 총서(CIA's Declassified Documents) 21: 존슨 대통령 일일 보고서, 1965.4.6.』(파주: 한국학술정보, 2017), pp.268~269; "김일성 수상이 범문동 수상에게 보낸 선물 전달식 하노이에서 진행," 〈로동신문〉, 1962년 2월 12일; "남부 월남 사회단체들이 원호 물자를 보내 준 우리나라를 비롯한 각국 사회단체들에 사의를 표시," 〈로동신문〉, 1963년 3월 26일; "김일성 수상께서 호지명 주석에게 보내는 선물 전달식 하노이에서 진행," 〈로동신문〉, 1965년 8월 22일을 종합해 저자 작성. 여기서는 김상범의 박사학위 논문에서 재인용.

다. 또한, 1970년에도 북한은 200명의 탱크 승무원, 53명의 조종사, 140명의 미사일 기술자를 시리아에 추가 파견하였다.

아울러 1973년 제4차 중동전쟁이 또다시 발발하자 북한은 전쟁 주도국인 이집트에 공군 조종사, 공군 정비사, 그리고 지대공미사일 운용 요원 등 군용기 편대를 북한군 자체적으로 운용할 수 있도록 패키지화된 공군 전력을 보냈다. 또한 시리아에 전투기 조종사 약 30여 명을 파병하였으며, 1975년과 1976년에도 전투기 조종사 40명과 공군 교관 75명을 파병하였다. 시리아에 파병된 북한 조종사들은 주로 비행훈련 교육과 이스라엘을 상대로 전투 임무를 수행하기도 하였다. 북한은 이에 그치지 않고 전쟁이 끝난 후에도 전투기 조종사 2개 중대 규모와 탱크병 500명을 교체 파병하였으며, 추가적으로 군사 기술자 200명을 파견하여 방공·포병부대 등에서 군사 기술을 지원 및 전수하였다. 북한은 1976년까지 시리아에 총 1,500명의 군사요원을 파견한 것으로 알려졌다. 그러나 1976년 이후부터는 소련의 압력으로 약 40여 명의 전투기 조종사만 잔류시키고 나머지 병력은 철수하였다.

1962년 10월 쿠바 미사일 위기 이후 북한과 쿠바는 자주에 기반한 연대 외교를 강화해 나갔다. 그 결과 북한과 쿠바는 1970년대 중후반 사회주의 앙골라 정부의 민족해방투쟁을 경제, 군사적으로 지원하기 위해 또 다른 3각 외교 축을 형성하였다. 당시 북한은 앙골라에 4,000~8,000명의 군 병력을 파견하였으며, 앙골라 내 남서아프리카 인민기구(the South West African People's Organization: SWAPO)의 구성원들에 대해 군사훈련을 제공하였다. 또한 자이르(Zaïre)에 김홍순 조선인민군 부총참모장을 단장으로 하는 132명의 군사고문단을 파견하였다. 이들은 1개의 '카만욜리(Kamanyoly)' 사단을 만드는데 필요한 탱크, 다련장 로켓포, 고속정, 장갑차, 장거리포, 저격무기, 중장비 등 일체의 전력을 준비해 1년간 자이르군 '카만욜리(Kamanyoly)' 사단을 정예 부대로 무장시키는데 중추적인 역할을 하였다.

또한 북한은 1983년 4월 반제, 반미를 명분으로 남미 그레나다(Grenada)와 비밀 군사협정을 체결하였다. 이 협정에 따라 북한은 인민혁명정부(PRG)에게 1,200만 달러 상당의 무기와 탄약을 무상으로 제공하였다. 여기에는 자동소총 1000정, 경기관총 50정, 자동소총 및 경기관총 탄약 36만 발, 중기관총 30정과 탄약 6만 발, 로켓추진유탄발사기 50정과 탄약 500발, 수류탄 200개, 해군경비정 2척, 군복 6천 점, 배낭 6천 점, 초단파 무전기 5대 등이 포함됐다. 또한 1983~1984년까지 3천 2백 40만 달러를 군사비로 제공하기로 합의하였으나, 실제로는 그의 1/10 수준인 3백 20만 달러를 지원한 바 있다. 이것은 북한의 자주노선을 실제 구현할 수 있는 국력이 있음을 과시하는 의미가 있었다.

　이외에도 북한은 팔레스타인과의 유대와 연대감을 기반으로 팔레스타인 해방기구에 대해 군사적으로 지원하였다. 북한은 군사 및 테러훈련, 게릴라 무장투쟁 방법과 같은 전술 분야는 물론, BM-11 방사포와 관련 무기들을 제공하였다. 1980년 9월 이란-이라크 전쟁 발발 시부터 북한은 이란을 적극적으로 지원하였다. 1982년 당시에는 이란의 최대 군수물자 제공국이 되었는데, 구체적으로 보면 T계열 탱크 150대, 포병관제 품목 400여 점, 고사포 600문, 소형화기 12,000정, 그리고 대공미사일 등으로 광범위한 품목들이 대량 포함되었다.

　한 통계에 따르면 1982년도에 이란이 해외로부터 수입한 무기의 40%는 북한이 제공한 것으로 알려져 있다. 1980년부터 1982년까지 북한은 이란에 8억 달러 상당의 무기와 장비들을 공급하였고, 1984년에는 300여 명 규모의 군사고문단과 기술자를 이란에 파견하였다. 당시 북한과 이란과의 밀접한 군사외교 관계는 "1980년 9월부터 1983년 12월까지 북한은 이란에 약 10억 6천 2백 88만 달러어치의 무기를 수출하였는데, 이는 이란 정부의 무기 수입 비용의 약 40%를 차지하는 금액이었다. 북한은 이러한 무기 수출의 대가로 이란으로부터 석유를 공급받았다"라는 군사보고서를 통해서도 알 수 있다.

question
017

북한의 군복무 기간은 얼마나 되나요? 예비군 제도는 있나요?

북한은 「사회주의헌법」 제86조 "조국보위는 공민의 최대 의무이다. 공민은 조국을 보위하여야 하며 법이 정한데 따라 군대에 복무하여야 한다"를 통해 군복무를 규정하고 있다.

북한은 2003년에 제정한 「군사복무법」에 따라 전민군사복무제를 시행하고 있다. 전민군사복무제에 따라 군복무 기간은 남성은 10년, 여성은 7년이다.

단, 신체검사 불합격자, 성분불량자(반동 및 월남자 가족 중 친가 6촌, 외가 4촌 이내, 월북자, 형 복무자 등), 특수 분야 종사자 및 수혜자(인민보안성요원, 과학기술 및 산업 필수요원, 예술 및 교육 행정요원, 부모 고령의 독자 등)들은 정책적 이유로 징집에서 제외되고 있으며, 대학생은 2학년 재학 시 6개월간의 군부대 입소 훈련 후 예비역 소위로 임관하게 된다.

여성들은 군복무 관련 두 가지 특징이 있다. 첫째, 특수계층의 여군 입대이다. 최근 북한이탈주민의 증언에 의하면, 고급중학교 졸업 후 한 반 20명의 여학생 중 5명 정도가 군에 입대하며, 대부분은 경제활동, 대학 진학 등을 통해 군에 입대하지 않는다. 5명 중 일부는 북한 내 특수계층 출신자이며 신분 상승을 위해 입대한다. 둘째, 대학 진학 및 취업 실패로 인한 여군 입대이다. 5명 중 일부는 특수계층이며, 일부는 대학 진학 및 취업 실패를 한 학생들이며, 이들은 여군에 들어가 장기복무를 하는 경우도 있으며, 2년 정도 여군 복무 후 다시 기업소로 가거나 대학에 진학하는 경우도 있다.

 북한도 우리와 같은 예비군 제도가 있다. 북한의 교도대, 노농적위군, 붉은청년근위대가 대표적인 예비군이다. 교도대는 동원예비군 성격으로 17세부터 50세까지 남자, 17세부터 30세까지 미혼 여자들로 구성되어 있으며, 약 60만여 명으로 추정된다. 노농적위군은 지역예비군 성격으로 수도, 지방, 대학, 기업소 등에 17세부터 60세까지 남자, 17세부터 30세까지 교도대 미편성 여자들로 구성되어 있으며, 우리의 지역 민방위와 같은 구조로 형성되어 있다. 추정 인원은 약 570만여 명이다. 붉은청년근위대는 고등학교(고급중학교) 군사 조직으로 14세부터 16세까지 남녀로 구성되어 있으며, 약 100만여 명으로 추정된다.

 2023년 9월 9일 북한은 노농적위군을 위한 열병식을 진행했다. 북한은 2022년 말 COVID-19 상황을 공식 종료하고 2023년 중국 항저우아시안게임에 대규모 인원을 출전시키는 등 정상적인 대외활동을 재개하였으며, 더불어 국내 경제 발전을 도모하는 과정에서 노농적위군의 역할을 강조하고 있다.

question
018

북한은 핵보유국인가요?

"북한은 핵보유국(nuclear-weapon state)인가"에 대한 답을 위해서는 북한의 핵무장 현상과 지위에 대한 논의가 필요하다. 물론 북한은 6차례 핵실험에 성공했으며, 이를 통해 미국을 직접 타격할 수 있는 대륙간탄도미사일 시험 발사도 개발, 고도화시킴으로써 핵을 보유한 국가로 보는 것이 타당할 수도 있다. 이것은 2013년 9월 23일(현지시간) 벤 로즈(Ben Rhodes) 백악관 국가안보회의(NSC) 부보좌관이 "북한은 이미 핵무기를 가지고 있다"고 발언한 것과도 같은 맥락이다.

그렇다면 북한은 핵보유국일까? 국제사회는 북한을 핵보유국으로 공

북한 핵실험 일지 및 위력

구분	1차	2차	3차	4차	5차	6차
일자	2006.10.9.	2009.5.25.	2012.2.12.	2016.1.6.	2016.9.9.	2017.9.3.
지진파(mb)	3.9	4.5	4.9~5.2	4.8	5.0~5.2	5.7~6.3
추정위력(kt)	0.8	4	8~20	6~7	10~20	50~250

* 1945년 8월 6일 히로시마에 투하된 핵무기였던 리틀 보이(little boy)와 8월 9일 나가사키에 투하된 팻 맨(fat man)의 규모는 각각 15kt과 21kt였음.

식 인정하고 있는가? 결론부터 말하자면 북한은 핵보유국이 아니며, 국제사회도 이를 인정하지 않고 있다. 그렇다면 그 이유는 무엇일까? 국제사회는 핵확산금지조약(NPT)이 인정하는 합법적인 5개 국가, 즉 미국, 영국, 프랑스, 중국, 러시아를 제외하고는 핵보유국이라는 명칭 사용을 금지하고 있다. 그래서 핵무기 보유의 합법성 여부를 떠나 이외 핵무기를 가진 국가들은 '핵무장국'으로 지칭하고 있으며, 이 국가 그룹에 북한을 포함시키는 데는 이견이 없다. 핵무장국은 미국, 영국, 프랑스, 중국, 러시아, 인도, 파키스탄, 이스라엘 그리고 북한이다.

그렇다면 북한은 향후 국제사회로부터 핵보유국으로 인정받을 가능성이 있을까? 핵무장한 9개 국가를 NPT와의 관계에 따라 3개 그룹으로 분류할 수 있는데 첫째는 NPT가 합법적으로 핵보유국으로 인정하고 있는 그룹, 둘째는 처음부터 NPT에 가입하지 않고 그 틀 밖에서 핵무장한 인도, 파키스탄, 이스라엘 3개 나라, 셋째는 기존 NPT 회원국이었다가 핵개발 의혹이 불거지나 NPT를 탈퇴해 핵무장한 국가인 북한이 있다. 북한은 첫째, 둘째 그룹과도 법적 지위가 다르다. 북한은 국제사회에 핵보유국으로 인정해 줄 것을 요구하고 있지만 NPT 체제하에서 관련 규정을 개정하지 않는 한 북한을 핵보유국으로 인정하는 것을 불가능한 일이다. 또한 NPT 체제에서 새롭게 핵보유국 지위를 인정하는 것은 잠재적 핵무장국을 조장하고, 자신들의 권위와 정당성을 훼손할 수 있으며, 이러한 이유로 어떤 나라도 이에 동의하지 않을 것은 분명해 보이기 때문이다. 결론은 북한은 핵무장국이지만, 핵보유국은 아니며, 향후에도 인정받을 가능성은 매우 낮다.

핵보유국 지위 문제를 차치하더라도 현재 북한의 핵과 미사일 고도화의 수준은 어떻게 평가되고 있을까? 북한은 2021년 1월 제8차 당대회에서 국방 분야의 주요 과제로 ▲핵 기술 고도화 및 핵무기의 소형경량화 및 전술무기화 ▲핵 선제 및 보복 타격 능력 고도화 ▲극초음속활공

비행전투부 개발 도입 ▲핵잠수함과 수중발사 핵 전략무기 보유 ▲군사정찰위성 운용을 제시하였다. 이 결정에 의해 북한은 핵탄두 운송의 다양한 사거리 및 소형, 경량화된 신형 미사일 개발에 속도를 내고 있으며, 2023년 7월 현재 핵잠수함과 수중발사 핵 전략무기를 제외한 나머지 사업에 대해서는 실제 성과를 보이고 있는 것으로 평가된다.

한·미 정부는 2023년 1월~4월까지 역대 최다, 최대 강도의 한·미합동군사훈련을 실시하였는데, 북한은 이에 대응해 총 18회의 미사일 발사로 대응했다. 이 중 2월 18일(화성-15형), 3월 26일(화성-17형), 4월 13일(화성-18형), 7월 12일(화성-18형)으로 대륙간탄도미사일 고도화에 주력하고 있는 것으로 보인다. 그렇다면 북한이 핵, 미사일 고도화에 집중하고 있는 이유는 무엇일까? 먼저 김정은 위원장이 가지고 있는 북한의 지정학적 인식 때문이다. 김정은 위원장은 "자신들을 둘러싼 정세가 복잡한 것은 자신들이 큰 나라들 사이에 둘러싸여 있거나 그들 속에 끼여 있어서가 아니라, 자신들이 대국을 움직일 수 있는 전략적 요충지에 위치해 있기 때문"으로 인식하고 있다. 그가 말하는 전략적 요충지는 한반도가 역으로 주변 강대국들의 이익을 조율하고 자신들의 이익을 극대화시킬 수 있는 중요한 지점이라는 것을 의미한다. 북한은 체제 유지를 위해 핵무력 건설을 중단 없이 추진하는 것이 지정학적 특징을 활용할 수 있는 방법으로 인식·판단하고 있음을 보여준다.

둘째, 북한은 제8차 당대회에서 결정된 국방력 강화 노선 이행과 국제사회의 대북제재에 적극 대응한다는 의미에서 핵과 미사일 고도화에 더욱 집중하고 있다. 셋째, 중장기적으로는 대미 협상력을 강화해 나가려는 의도로 보이나 본질적으로는 자주외교를 위해 대외 전략적 자율성을 확장하려는 데 있는 것으로 보인다. 현재 북한의 핵 무력 운영 전략에 따르면 북한은 상대방이 나를 공격할 경우 나도 보복할 것이라는 '응징적 억지'를 명확히 하며 보복 타격 능력을 발전시키는 데 집중하고 있는 것으로 판단된다.

북한의 핵 무력 운용전략

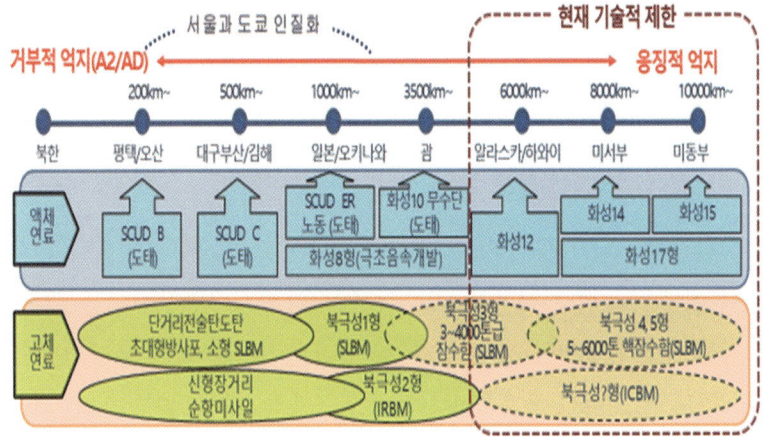

출처: 김동엽, "2023년 아시아 정세 전망-참을 수 없는 북핵 대응의 가벼움 혹은 담대함," 『아시아 브리프』, 제3권 제9호(2023년 1월 25일), p.2.

그렇다면 북한은 어떤 조건하에서 자신들의 핵무기를 사용할까? 북한은 2022년 9월 8일 김정은 위원장이 참가한 가운데 최고인민회의 제14기 제7차 회의를 개최하고 최고인민회의 법령 '조선민주주의인민공화국 핵무력정책에 대하여'를 채택하였다. 이 법령에는 자신들의 핵무기 사용 조건에 대해서 밝히고 있다. 이 법령에 따르면, 김정은 위원장은 "핵무기와 관련한 모든 결정권"을 가지며, 핵 무력 지휘통제 체계가 적대 세력의 공격으로 위험에 처한 경우 그들을 괴멸시키기 위한 핵공격이 자동적, 즉시 단행된다고 규정하고 있다. 북한이 말한 핵무기 사용 조건을 살펴보면 아래와 같다.

> "조선민주주의인민공화국은 다음의 경우 핵무기를 사용할 수 있다. 1)조선민주주의인민공화국에 대한 핵무기 또는 기타 대량 살륙무기 공격이 감행 되였거나 림박하였다고 판단되는 경우, 2)국가지도부와 국가핵무력지휘기구에 대한 적대세력의 핵 및 비핵 공격이 감행 되였거나 림박하였다고 판단되는 경우, 3)국가의 중요 전략적 대상들에 대한 치명적인 군사적 공격이 감행 되였거나 림박하였다고 판단되는 경우, 4)유사시 전쟁의 확대와 장기화를 막고 전쟁의 주도권을 장악하기 위한 작전상 필요가 불가피하게 제기되는 경우, 5)기타 국가의 존립과 인민의 생활안전에 파국적인 위기를 초래하는 사태가 발생하여 핵무기로 대응할 수밖에 없는 불가피한 상황이 조성되는 경우."

이 법령을 보면 북한은 핵무기 공격의 '감행'과 '임박'을 같은 의미로 인식하고 있다는 것을 알 수 있다. 이 법령은 북한은 핵 선제 공격, 김정은 위원장을 비롯한 국가수뇌부에 대한 군사적 타격, 국가 중요 전략 자산, 대상에 대한 공격 및 전쟁 주도권 확보를 위해 핵을 사용할 수밖에 없는 상황에서 핵무기를 사용할 것임을 공표한 의미가 있다. 여기서 중요한 것은 핵무기 사용 관련 일체 지휘권을 가지고 있는 김정은 위원장의 위협 인식과 신념이다. 이것은 감행과 임박을 같은 수준에서 고려하고 있는 그의 외교안보적 신념 체계에 의해서 핵무기가 사용될 수 있음을 보여준다.

마지막으로 이 법령은 첫째, 핵무기가 법·제도에 의해서 안전하게 관리, 통제되고 있다는 메시지를 인민들과 국제사회에 주는 의미가 있으며 둘째, 급변하는 외교안보 환경에 따라 자신들의 핵무기가 방어용이 아니라 공격용으로 사용될 수 있음을 보여준다. 그러나 본질적으로 자신들이 보유한 핵, 미사일과 지속적인 고도화 작업을 정당화시키는 의미가 있다.

question
019

북한이 핵실험과 미사일 시험 발사를 하면 국제사회는 어떻게 제재를 하나요?

북한이 핵실험과 미사일 시험 발사를 하면 국제사회는 유엔안전보장이사회(이하: 안보리)를 소집하여 북한의 무력 도발을 규탄하는 한편 대북제재 품목 및 항목을 결의하여 북한 및 유엔 회원국에 통보한다. 이에 따라 유엔 회원국들은 제재 대상으로 기재된 단체, 기업, 개인의 자산을 동결해야 하며, 금융 및 경제 거래를 해서는 안 된다. 주로 핵무기와 탄도미사일 개발을 위해 사용되는 품목들이 제재 대상에 포함되며, 이를 관장하는 주요 부서와 단체, 담당자에게도 제재가 부과된다. 이 밖에도 북한의 외화벌이가 무기 개발에 쓰이지 못하도록 해외 파견 노동자를 송환하는 조치를 취하고 있다. 그리고 최근에는 북한 전문 해킹조직의 암호화폐 탈취, 돈세탁, 이메일 계정 탈취를 통한 사이버 스파이 등 불법 자금 조달 행위를 막기 위해 웹사이트 도메인 주소를 압류하는 한편 이들을 제재 대상 리스트에도 추가했다.[124]

유엔 안보리 대북제재 결의

구분	원인	주요내용
제825호 (1993.5.11.)	북한의 NPT 탈퇴 (1993.3.12.)	북한에 NPT 탈퇴 선언 재고를 촉구
제1695호 (2006.7.15.)	북한 미사일 발사 (2006.7.5.)	북한의 도발을 규탄하면서 미사일 관련 물자·상품·기술·재원의 북한 이전 금지
제1718호 (2006.10.14.)	북한 제1차 핵실험 (2006.10.9.)	물적 규제(재래식 무기, WMD 관련 물자, 사치품 등), 금융 규제, 출입국 규제, 화물 검색 등 대북제재 조치
제1874호 (2009.6.12.)	북한 제2차 핵실험 (2009.5.25.)	기존 안보리 결의 제1718호에 화물 및 해상 검색 강화, 금융·경제 제재 강화, 무기 금수 조치 확대 등 강력한 추가 제재 조치 포함
제2087호 (2013.1.22.)	북한 장거리미사일 발사 (2012.12.12.)	기존 안보리 결의 제1718호 및 제1874호에 제재 대상의 확대, 금융 기관 활동 감시 강화, 대북 수출 통제 강화 등 추가적인 대북제재 조치
제2094호 (2013.3.7.)	북한 제3차 핵실험 (2013.2.12.)	제재 대상과 통제 품목 확대, 금융 제재, 화물 검색, 항공기 차단, 금수 조치(catch-all 시행 촉구 등) 분야에서 제재 조치의 실질적 강화
제2270호 (2016.3.2.)	북한 제4차 핵실험 (2016.1.6.) 및 장거리미사일 발사 (2016.2.7.)	북한의 수출입 화물 전수 검색 및 운송 봉쇄, 선박입항 및 항공기 영공 통과 금지, 금융 제재, 무역 제재(민생 제외), 핵·미사일 관련 전용 가능한 무기 금수 및 모든 물품 금수
제2321호 (2016.11.30.)	북한 제5차 핵실험 (2016.9.9.)	북한의 석탄 수출 상한제 도입, 북한의 수출금지 광물(은·동·아연·니켈) 추가 및 조형물 공급 판매 이용 금지, 회원국 금융 기관의 북한 내 사무소 및 은행계좌 개설 활동 금지, 회원국 내 북한 공관 규모 축소, 북한에 대한 항공기 및 선박 대여, 승무원 제공 금지(민생 목적 예외 조항 삭제), 제재 대상 개인 및 단체 추가, 북한과의 과학기술 협력 금지
제2356호 (2017.6.2.)	북한 탄도미사일 발사 (2017.10.15~)	핵, 탄도미사일 개발 관련 제재 대상 추가(개인 14명 및 단체 4개)
제2371호 (2017.8.5.)	북한 장거리미사일 '화성-14형' 발사 (2017.7.4.·28.)	북한의 석탄, 철, 철광석, 해산물 및 납, 납광석 수출 금지(원산지 무관), WMD 재래식 이중 용도 통제 품목 추가, 북한 해외 노동자 수를 결의 채택 시점으로 동결(제재위가 인도적 사유 결정 시 예외), WMD 개발 기여 가능한 대북 금융거래 금지 의무가 회원국을 통한 대금 정산(clearing of fund)에도 적용
제2375호 (2017.9.11.)	북한 제6차 핵실험 (2017.9.3.)	대북 원유 공급 제한(원유 공급량 현 수준 동결, 정제유 공급량 감축, 콘덴세이트(condensate) 및 액화천연가스(LNG) 공급 금지), 북한의 섬유 수출 금지(원산지 무관, 유예기간 90일), 북한 해외 노동자 신규 노동허

구분	원인	주요내용
제2375호 (2017.9.11.)	북한 제6차 핵실험 (2017.9.3.)	가 금지(계약기간 만료 시 연장 금지), 신규 기존 북한과의 합작 합영 사업 금지(120일 내 폐쇄), WMD 및 재래식 무기 이중 용도 통제 품목 추가, 선박 검색 강화, 제재 대상 추가: 개인 1명(박영식), 단체 3개(당중앙군사위, 조직지도부, 선전선동부), 제재위는 결의상 어떤 조치도 필요 시 사안별로 예외 조치 가능
제2397호 (2017.12.22.)	북한 장거리미사일 '화성-15형' 발사 (2017.11.29.)	유류 공급 제한 강화, 해외 파견 노동자의 24개월(2년) 이내 송환 조치, 수출입 금지 품목의 확대, 해상 차단 조치의 강화, 개인(16명) 및 단체(인민무력성)에 대한 제재 대상 추가 지정

출처: 국립통일교육원, 『2023 북한 이해』(서울: 국립통일교육원, 2023), p.151.

한편 안보리 상임이사국인 중국과 러시아의 '거부권 행사'로 북한에 대한 제재 조치가 실효성을 거두지 못하자, 안보리의 대북제재와는 별도로 독자적인 제재 조치를 시행하고 있다. 한국, 미국, 일본 등이 중심이 되어 북한의 무기 개발과 통치자금 조달을 막기 위한 대북 독자 제재를 추진하고 있다. 지금까지 우리 정부는 17차례에 걸쳐 개인 173명, 단체 142개를 독자 제재 대상으로 지정했다. 2010년 북한의 천안함 폭침에 대응한 「5.24조치」, 2016년 북한의 4차 핵실험에 대응한 「3.8조치」, 그리고 2016년 북한의 5차 핵실험에 대응한 「12.2 조치」 등 3차례의 독자 제재 조치를 발표하고, 교역·투자, 인적교류, 해운 등 분야 대북 독자 제재 조치를 공표했다. 아울러, 북한의 불법 사이버 활동 대응을 위해 사이버 분야 첫 제재를 발표하였으며(2023.2.10.), 북한의 군사정찰위성 개발에 대응하기 위한 대북 수출통제 조치이자 감시·정찰 분야에 중점을 둔 첫 제재로서 「인공위성 분야 북한 맞춤형 감시대상 품목」 목록(watch-list)을 공표했다.[125] 2023년 6월에는 북한 해킹 조직인 '김수키'를 세계 최초로 대북 독자 제재 대상으로 지정했다. '김수키'는 정찰총국 산하 조직으로 전 세계 정부·정치계·학계·언론계 주요 인사를 대상으로 사이버 공격을 감행해 탈취한 외교 정책 등 정보를 북한 정권에 제공하는 것으로 알려져 있다.[126] 한국 정부의 제재 조치는 국내의 「공중 등 협박 목적 및 대량살상무기 확산을 위한 자금 조달 행위의 금지에 관한 법률」과 「외국환거래법」에 따른 것으로 우리 국민과의 금융(가상자산 포함)거래와 외환 거래가 금지되고, 제재 대상자의 국내 자산은 동결된다. 그리고 제재 대상으로 지정된 제3국인의 경우 국내 입국을 금지하고 있다.

question
020

북한은 왜 계속해서 '적대시 정책' 폐기와 '이중 기준' 철회를 주장하나요?

북한은 체제 생존을 위해 안전보장의 CVIS(Complet, Verifable, Irevrsible, Security Guarnte)를 요구하고 있다. 즉, 김정은 정권을 지속할 수 있는 완전하고 검증 가능하며, 불가역적인 안전보장을 요구하는 것이다. 이를 위해 미국과 국제사회의 '대북 적대시 정책' 폐기를 주장하고 있다.

북한이 바라는 '체제 안전보장'이란 정치·경제·군사 등 모든 분야에서 미국의 '적대시 정책'이 사라지는 것을 의미한다. 구체적으로 평화협정체결, 한미연합훈련의 영구 중지, 북미 관계 정상화, 대북제재 및 테러지원국 해제, 미국의 핵우산 철폐, 주한미군의 완전 철수, 더 나아가 인권 문제 등 북한의 체제와 안전을 위협하는 시도로 의심되는 모든 정책과 언행이 포함 된다. 이 과정에서 김정은이 바라는 체제 안전보장이란, 핵무기는 그대로 보존하면서 일부 핵 시설을 폐기하는 방식으로 제재의 일부를 풀어, 침체된 북한 경제를 적정 수준으로 활성화해 세습통치 구조를 이어가는 것이다.[127]

이와 함께 북한은 국제사회가 자신들에게 '이중 잣대'를 적용하는 것에 대해서도 철회를 요구하고 있다. 북한의 정당한 무기 개발과 국방력 강화에 대해서는 '도발'과 '위협'으로 규정하여 각종 제재를 부과하면서, 한국과 미국의 군비 증강은 '대북 억제력'과 '안보 위협 해소' 차원이라고 하는 것은 공정하지 못하고 불합리하다는 것이다. 북한이 '이중 기준' 철회를 주장하는 이유는 핵 및 미사일 개발의 정당성을 확보하기 위함이다. 즉, 미사일 시험의 정당성 확보와 국방력 강화를 위한 목적으로 미국의 적대시 정책에 대한 대응 과정에서 추진되고 있다. 다시 말하면, 미사일 시험 발사는 자위적 국방력 강화 차원에서 시행된 주권 국가의 정당한 행위라고 주장한다. 북한 입장에서 동일한 상황과 관련해 자신들의 행동에만 문제를 제기하며 다른 기준을 적용하는 행태를 비난하며 이중 기준 철회를 요구한 것이다.

북한은 '적대시 정책' 폐기와 '이중 기준' 철회를 전략적으로 활용하고 있다. 첫째, 북한은 '적대시 정책' 폐기와 '이중 기준' 철회 요구를 북미 간 대화 재개의 조건으로 제시했다는 점이다. 2019년 2월 하노이 북미정상회담 결렬 이후 협상 테이블에서 철수한 북한은 「판문점 선언」과 「6·12 북미공동합의」에도 불구하고 미 핵전략자산의 한반도 전개, 대북 제재 유지 등 대북 적대적 행태가 지속되자, 한반도 내 안보환경의 변화가 없다고 판단하고, 먼저 한국과 미국이 '대화 분위기'를 조성할 것을 주장했다. 즉, 북한은 싱가포르 합의 이후 자신들이 선제적으로 취했던 관계 개선 조치에도 불구하고 합의를 이행하지 않는 미국에 강한 불신을 가졌던 것이다. 둘째, 핵과 미사일 개발을 미국의 군사적 위협에서 벗어나기 위한 자위적 차원의 국방력 강화 조치임을 주장하고 있다. 북한이 미사일 개발에 있어 중시하는 부분 중 하나가 '명분과 정당성' 확보이다. 미사일 개발의 명분을 이중 기준 적용을 통해서 찾고 있으며, 궁극적으로는 국제사회의 비난과 제재에서 벗어나고자 한다. 셋째, 미사일 개발은 2021년 제8차 당대회에서 수립한 '국방과학 발전 및 무기 체계 개발 5개년 계획' 의 관철을 위한 것으로 국방력 강화를 위해 이미 계획된 일정

이라는 입장이다.[128]

이처럼 북한은 자신들을 적대시하고, 군사적으로 위협하는 미국 때문에 무기 개발을 할 수밖에 없다고 강변한다. 게다가 국제 정세가 불안정하기 때문에 자위적 국방력 강화만이 자신들의 안전을 담보할 수 있는 것으로 판단하고 있다. 또한 북한에 대한 '적대시 정책'과 '이중 기준' 적용이 한반도 문제 해결의 기본 장애물로 인식하고 있다.

이를 종합하면, 자위적 국방력 강화의 정당성과 명분을 찾기 위한 '적대시 정책'과 '이중 기준'을 활용하는 북한의 군사 전략이 확연히 나타나고 있다. 김정은은 시정 연설에서 "적들의 책동으로 긴장·격화된 정세는 오히려 우리에게 군사력을 더 빨리 비약시킬 수 있는 훌륭한 조건과 환경 그리고 더 중요하게는 자위력 강화의 정당성과 그 우선적 강화의 불가피한 명분을 제공해 주는 것으로 되었다"며 무기 개발의 정당성을 주장했다.[129] 그리고 이를 "공화국의 국방성과 국방공업은 조성된 국면을 군력강화의 더없는 좋은 기회로 삼을 것이다."라고 밝히며 장기화하고 있는 대화 중단 국면을 활용해 국방력 강화를 지속해 나갈 것임을 시사했다.

question
021

북한과 친한 나라와 사이가 좋지 않은 나라들은 어디인가요?

북한은 전 세계에서 쿠바, 이란, 시리아, 베네수엘라 등과 함께 미국과 대적하는 소수의 국가로, 중국, 러시아, 쿠바, 베트남 등을 제외하면 친선 관계를 맺고 있는 국가가 손에 꼽힌다. 이는 북한이 전 세계 평화를 위협하는 핵무기와 대량 살상무기 개발 국가, 테러지원국, 인권 탄압 국가 등으로 분류되어 왔기 때문이다. 그럼에도 불구하고 국제사회에서 '왕따' 국가로 불리는 북한도 적극적인 외교 활동을 통해 세계 여러 나라들과 수교를 맺어 왔다.

북한은 1948년 9월 9일 정권 수립 이후 소련과의 첫 수교를 시작으로, 현재는 159개국(2023년 5월 기준)과 수교를 맺고 있는 것으로 알려지고 있다. 냉전 시기에는 사회주의 정치 체제와 이데올로기를 공유하는 폴란드, 체코슬로바키아, 루마니아, 헝가리, 불가리아 등 공산주의 진영 국가들과 수교를 체결했다. 1960년대 들어서는 열강 제국주의 국가의 식민 지배에서 벗어난 신생 독립국가인 알제리, 기니, 쿠바, 이집트, 콩고, 캄보디아, 우간다 등 제3세계 국가 및 비동맹 국가들과 수교를 맺으며 제국주의에 공동으로 대응해 나가는 동시에 새로운 관계 변화를 시도했다.

북한의 수교 국가

지역(수교국 수)	수교국(총 159개국)
아시아(25)	나우루·네팔·뉴질랜드·동티모르·라오스·몰디브·몽골·미얀마·바누아투·방글라데시·베트남·브루나이·스리랑카·싱가포르·아프가니스탄·인도·인도네시아·중국·캄보디아·태국·파키스탄·파푸아뉴기니·피지·필리핀·호주
미주(24)	가이아나·과테말라·그레나다·니카라과·도미니카(공)·도미니카(연)·멕시코·바베이도스·바하마·베네수엘라·벨리즈·브라질·세인트루시아·세인트빈센트그레나딘·세인트키츠네비스·수리남·앤티가바부다·자메이카·칠레·캐나다·콜롬비아·트리니다드토바고·페루·쿠바
유럽(48)	그리스·네덜란드·노르웨이·덴마크·독일·라트비아·러시아·루마니아·룩셈부르크·리투아니아·리히텐슈타인·몬테네그로·몰도바·몰타·벨기에·벨라루스·보스니아헤르체고비나·북마케도니아·불가리아·사이프러스·산마리노·세르비아·스웨덴·스위스·스페인·슬로바키아·슬로베니아·아르메니아·아이슬란드·아일랜드·아제르바이잔·알바니아·영국·오스트리아·우즈베키스탄·이탈리아·조지아·체코·카자흐스탄·크로아티아·키르기스스탄·타지키스탄·튀르키예·투르크메니스탄·포르투갈·폴란드·핀란드·헝가리
중동(16)	레바논·리비아·모로코·모리타니·바레인·아랍에미리트·알제리·예멘·오만·이란·이집트·카타르·쿠웨이트·튀니지·시리아·팔레스타인
아프리카(46)	가나·감봉·감비아·기니·기니비사우·나미비아·나이지리아·남수단·남아프리카공화국·니제르·라이베리아·레소토·르완다·마다가스카르·말라위·말리·모리셔스·모잠비크·베냉·부룬디·부르키나파소·상투메프린시페·세네갈·세이셸·소말리아·수단·시에라리온·앙골라·에리트레아·에티오피아·우간다·잠비아·적도기니·중앙아프리카공화국·지부티·짐바브웨·차드·카메룬·카보베르데·케냐코모르·코트디부아르·콩고·콩고민주공화국·탄자니아·토고

출처: 외교부, 『2021 외교백서』(서울: 외교부, 2021), p.325. 재구성.

1970년대 미국과 구소련을 중심으로 한 동·서 진영 간의 긴장 완화(데탕트, détente)로 냉전 양극 체제가 다극 체제로 변환되자, 북한도 국제 질서의 변화에 대응하기 위해 외교 다변화와 실리 외교를 추진하기 시작했다.

한편 1980년대 말 구소련의 몰락과 동구 유럽 사회주의 국가들의 붕괴로 촉발된 탈냉전 시기에 들어서는 경제난 극복과 체제 생존을 위해 미국, 일본 등 적대 국가들과의 관계 개선을 모색하기도 했다. 하지만 1994년 북한의 핵 개발 의혹(1차 북핵 위기)이 불거지며 수교로까지 이어지지는 못했다. 이후 2000년대 들어 전방위 외교를 통해 이탈리아, 호주, 필리핀, 영국, 독일, 스페인, 네덜란드, 아일랜드 등 18개 국가와 새롭게 수교를 맺으며 본격적으로 외교 관계를 확대하기 시작했다. 하지만 유럽 국가들이 북한의 인권 문제와 핵무기를 비롯한 대량살상무기(WMD, Weapons of Mass Destruction) 개발을 통한 각종 군사적 위협과 도발 문제를 제기하며 북한과의 수교에 적극적으로 나서지 않는 한편 기존의 수교 관계도 파기하는 상황에 이르고 있다. 더군다나 COVID-19 팬데믹(pandemic) 이후 국경을 폐쇄하고 북한이 평양에 체류 중인 외교 사절의 대외활동을 제한하면서 현재는 북한 내의 모든 서방 대사관들이 업무를 중단하며 북한의 외교적 고립과 단절이 심화되고 있다.

북한 주재 외국 공관 현황(2023. 5월 기준)

지역	구분	북한 주재 외국 공관(총 53곳)
아시아	대사관(13)	네팔·라오스·몽골·미얀마·방글라데시·베트남·싱가포르·인도·인도네시아·중국·캄보디아·태국·파키스탄
	총영사관(2)	선양·홍콩
	대표부	-
미주	대사관(5)	멕시코·베네수엘라·브라질·쿠바·페루
	총영사관	-
	대표부(1)	유엔
유럽	대사관(13)	독일·러시아·루마니아·벨라루스·불가리아·스웨덴·스위스·스페인·이탈리아·오스트리아·영국·체코·폴란드
	총영사관(1)	블라디보스톡
	대표부(2)	제네바·프랑스(일반대표부, 유네스코 겸임)
아프리카	대사관(10)	기니·나이지리아·남아프리카공화국·세네갈·앙골라·에티오피아·우간다·적도기니·콩고민주공화국·탄자니아

출처: 외교부 대북정책협력과, https://www.mofa.go.kr/www/wpge/m_4178/contents.do (검색일: 2023.8.5.)

통상적으로 수교를 맺은 국가 사이에는 자국민의 안전보장과 원활한 외교 활동을 위해 대사관, 영사관, 대표부 등의 재외 공간 설치가 가능하다. 북한도 현재(2023년 7월 기준) 총 53개국에서 외국 공관을 운영하고 있다. 이처럼 북한이 수교국 대비 재외공관 수가 많지 않은 것은 수교 국가의 현지 인력, 교민 수, 무역 규모, 예산 등이 적기 때문이다.

반면 북한 내 외국 공관은 24개국이 운영되고 있었으나, COVID-19 이후 이마저도 거의 폐쇄된 상황이다. 게다가 최근에는 해외 파견 노동자들과 함께 핵 및 미사일 개발 자금과 김정은 체제 통치 자금 마련을 위한 외화벌이, 밀수 등이 적발되며 외교관이 추방되거나 상대국과 외교 관계가 악화되는 상황도 발생하고 있다.

question
022

김정은시대 북한의 대표 외교 활동과 외교 노선은 무엇인가요?

북한은 1991년 9월 18일 열린 제46차 유엔 총회에서 남한과 동시에 가입하며 유엔의 150번째 회원국이 되었다. 냉전 시기 북한은 '하나의 조선'을 주장하며 남북 동시 유엔 가입 요구를 거부하기도 했었다.[130] 유엔이 대한민국정부 수립에 주도적으로 관여하고, 6·25전쟁 당시에도 북한을 침략자로 규정하며 한반도에 미군과 함께 유엔군을 참전시켰기 때문이다. 이에 따라 북한은 유엔에 적대감을 표출하는 한편 미국과 서방 자본주의가 주도하는 유엔의 권위와 기능을 인정하려 하지 않았다. 그럼에도 불구하고 북한은 냉전 시기 한국과의 체제 경쟁에서 우위를 점하기 위해 몇 차례 유엔 가입 신청도 했는데, 실제 가입 의사가 있었던 것은 아니고, 단순히 남한의 단독 가입을 막고 자신들의 정통성을 확보하기 위한 전략적 조치였다.

이에 따라 1970년대부터 유엔 총회를 비롯한 각종 유엔 회의 참석을 통해 고려연방제 등 그들의 통일 방안을 선전하는 한편 유엔사령부 해체, 외국 군대 철수, 유엔한국통일부흥위원단(UNCURK) 해체 등에 관한 결의안 제출에 관심을 두었다. 북한은 1970년대 초 중국의 유엔 상임이

사국 지위 획득을 계기로 국제 정세 변화에 빠르게 적응하며 1973년 6월 23일 '조국통일 5대강령' 발표를 통해 본격적으로 유엔 외교를 시작했다. 1973년 7월 유엔에서 옵서버 자격을 획득했고, 이어서 9월 5일에는 유엔 본부 상주 대표부를 설치했다.[131] 게다가 세계보건기구(WHO) 가입을 시작으로 유엔 산하·전문·독립기구 및 정부 간 기구에 가입하며 대유엔 외교의 외연을 확장해 나갔다. 하지만 탈냉전이 도래하며 북한의 외교적 고립과 경제난이 심화되자, 결국 1991년 남한과의 동시 가입을 통해 이를 타개해 나가고자 했다. 특히 1990년대 중반 이후 북한의 식량 상황이 급격히 나빠지자, 유엔 산하 국제기구를 통해 식량 지원을 위한 외교 활동을 전개하는 등 유엔 외교 활동으로 최대한의 이익을 확보하고자 했다.

최근 유엔에서 북한의 외교 활동은 주로 핵무기 및 미사일 개발의 정당성과 합법성을 주장하는 자리로 변모했다. 유엔은 북한의 핵 및 미사일 시험 발사 시, 이를 국제사회에 대한 위협, 도발로 규정하고 새로운 결의안을 발표한다. 북한은 이에 대한 대응조치로 이를 "자위적 차원의 국방력 강화를 위한 정당한 미사일 시험"이라고 유엔 연설을 통해 강변하는 형식이다. 또한 유엔은 대북 인권결의안을 채택하며 북한의 인권 탄압에 제재를 가하고 있다. 개별 국가 차원의 다양한 보고서 등 국제사

북한의 국제기구 가입 현황

(2023. 5월 기준)

구분	기구명	가입 연도
유엔 및 유엔 산하 전문·독립기구 (16)	국제연합(UN)	1991
	세계보건기구(WHO)	1973
	유엔식량농업기구(FAO)	1977
	만국우편연합(UPU)	1974
	유엔교육과학문화기구(UNESCO)	1974

구분	기구명	가입 연도
유엔 및 유엔 산하 전문·독립기구 (16)	국제전기통신연합(ITU)	1975
	국제민간항공기구(ICAO)	1977
	세계기상기구(WMO)	1975
	국제해사기구(IMO)	1986
	유엔공업개발기구(UNIDO)	1980
	세계지식재산기구(WIPO)	1974
	국제농업개발기금(IFAD)	1987
	세계관광기구(UNWTO)	1987
	제네바군축회의(CD)	1996
	유엔아태경제사회위원회(ESCAP)	1992
	유엔무역개발회의(UNCTAD)	1973
정부 간 기구(15)	아시아·아프리카법률자문기구(AALCO)	1974
	아시아·태평양지역식물보호위원회(APPPC)	1995
	아시아·태평양전기통신협의체(APT)	1994
	국제의회연맹(IPU)	1973
	FAO/WHO 국제식품규격위원회(CAC)	1981
	국제전기기술위원회(IEC)	2013
	지구환경금융(GEF)	1994
	상품공동기금(CFC)	1987
	국제이동위성기구(IMSO)	2013
	국제전기통신위성기구(ITSO)	2001
	국제수로기구(IHO)	1987
	인도양참치위원회(IOTC)	2012
	세계동물보건기구(OIE)	2001
	세계박람회기구(BIE)	2007
	국제철도협력기구(OSJD)	1956

출처: 외교부_남북한 국제기구 가입 현황, https://www.data.go.kr/data/3038030/fileData.do#layer_data_infomation (검색일: 2023.7.25.)

회 전반에서 북한 인권 실태와 이의 개선을 위한 권고 사항 등을 결의하고 있다.[132] 이처럼 북한은 유엔을 대북제재 결의안에 반대하거나, 이를 비난하는 연설의 장으로 활용하고 있다.

북한 외교정책의 기본 이념은 '자주·평화·친선'이다. 북한은 2010년 노동당 규약을 개정하면서 북한의 대남전략 목표를 '민족해방 민주주의 남조선혁명전략' 실현이라며 적화통일을 적시하고 있고, 2012년 개정한「헌법」전문과 2013년 4월 1일의「핵보유국법」을 통해 "핵보유국 지위를 공고히 한다"고 명시하고 있다. 김정은은 2013년 3월 31일 당중앙위원회 전원회의에서 '경제건설 및 핵무력건설 병진노선'을 새로운 국가 노선으로 선언하였다. 김정은은 이 국가 노선을 "핵무력을 중추로 하여 나라의 방위력을 철벽으로 다지면서 경제 건설에 박차를 가하여 사회주의 강국을 건설하기 위한 가장 정당하고 혁명적인 노선"이라고 규정하였다.[133] 이를 바탕으로 2017년까지 핵실험과 장거리미사일 실험을 진행하며 강경한 외교 전략을 추진하였다. 김정은은 북한 주민들에게 핵무장을 하게 되면 재래식 전력에 투입되는 국방비를 절감하게 되어 그 여력을 국가경제와 인민생활을 향상시킬 수 있다는 논리로 설득해 오고 있다.[134]

김정은 정권 출범 이후 북한 국가 전략의 핵심은 '경제-핵무력건설 병진노선'이었으며 2018년 4월 제7기 제3차 당중앙위원회 전원회의를 통해 해당 노선은 평화로운 국제환경 아래 경제 건설 총력 집중을 그 핵심으로 하는 '새로운 전략적 노선'으로 대체했다. 북한은 당중앙위원회 제7기 제5차 전원회의를 통해 2019년 한해를 정리하며, 미국의 대북 적대시 정책의 근본적 변화가 없음을 판단하고, 2020년 북한이 나아가야 할 방향으로 '정면 돌파' 노선을 채택했다.

이어 북한은 2021년 1월 개최된 제8차 당대회 당중앙위 제7기 사업총화보고에서 미국을 향해 '강 대 강, 선 대 선' 원칙에 따라 상대할 것이라고 밝혔다.¹³⁵ 제8차 당대회 개최 당시 북한은 대외 정세를 2020년 내내 대북제재가 더욱 강화되고 미국의 대북 적대시 정책의 근본적 변화가 나타나지 않을 것으로 판단했다. 그러면서 싱가포르 북미정상회담 합의 불이행과 미국의 시간 끌기에 대한 불만이 고조된 상황이었다. 그 속에서 북한은 COVID-19 확산, 경제난, 홍수 피해 등 이른바 '3중고'를 겪으며 국내 문제 해결에 집중할 수밖에 없었고, 이에 따라 관망적 자세를 유지했다. 미국 역시 COVID-19가 확산하고 대선 일정이 겹치며 북한과의 비핵화 협상에 신경을 쓸 여력이 없었다. 이와 같은 상황이 전개되자 북한은 당시 바이든 신 행정부의 정책 변화를 촉구하는 한편 관망적·유보적 자세를 취할 수 있는, 그리고 군사 전략의 유연한 대응과 협상 공간의 확보가 가능한 '강 대 강, 선 대 선'을 외교 노선으로 채택한 것이다.

한편 2021년 9월 29일 최고인민회의 제14기 제5차 회의 시정연설에서 김정은은 북한의 "자주권을 존중하고 우호적으로 대하는 세계 모든 나라들과 선린우호 관계를 발전시켜 나갈 것"이라는 기존의 외교 입장을 재차 확인하였다. 다른 한편으로 북한은 2022년 핵무력 정책을 법제화했다. 2022년 9월 7일부터 8일까지 개최된 최고인민회의 제14기 제7차 회의에서 채택한 「조선민주주의공화국 핵무력정책에 대하여」라는 법령을 통해 핵무기 선제 사용의 조건을 명시하였으며, 김정은은 시정 연설을 통해 "절대로 핵을 포기할 수 없다"고 단언했다. 더불어 2023년 9월 「핵무력 정책」 법령을 「헌법」에 명시하며 핵 보유 국가 의지를 분명히 했다.

그리고 2023년 6월 제8기 제8차 전원회의를 통해 대미 강경 기조를 유지하며 "행동 대 행동" 원칙으로 대응할 것을 예고했다. 반면 중국과 러시아와는 한층 강화된 전략적 협력 관계를 구축하며 북·중·러 밀착을 지속하고 있다. 특히 북한과 러시아는 2023년 10월 북·러 정상회담을 러시아의 보스토치니 우주기지에서 개최하며 군사적 협력을 확대했다. 그리고 2024년 6월에는 러시아 푸틴 대통령이 24년 만에 방북하여 "협정 당사자 중 한쪽이 침략당할 경우 상호 지원 제공"을 주요 골자로 하는 「포괄적전략동반자협정」을 체결하며, 군사동맹 조약에 준하는 협정을 맺는 등 결속을 강화했다.

question
023

북한도 우리와 같은 국가정보원, 통일부, 외교부와 같은 기관들이 있나요?

북한도 우리의 외교부와 같이 외교 실무를 담당하는 외무성이 존재한다. 북한 외무성의 주요 업무는 다른 국가들의 외교 관련 조직과 마찬가지로 타 국가와의 외교 관계 수립과 협정 체결, 재외공관 운영 등 국제관계에서 발생하는 주요 현안을 다루고 있다. 주로 외교적 주요 사안에 대한 대응을 책임지고 있으며, 정부 차원의 외교정책 수립과 실행을 전담하고 있다.

조직 구성은 지역국과 기능국이 분담하여 외교 업무를 담당하는 것으로 알려져 있다. 지역국에서는 각 국별로 담당 지역을 9개 권역으로 나누어서 전담하고 있다. 그리고 외무성 산하에 '군축 및 평화연구소', '미국연구소', '일본연구소' 등을 두고 주요 국가에 대한 외교 관련 연구를 수행하고 있다. 외무성 참사실은 대외 메시지를 발신하는 곳으로, 김정은과 김여정, 그리고 외교 관련 주요 인사들의 각종 성명과 담화 발표를 담당한다. 주요 대외성명 및 담화는 외무상 또는 제1부상이 발표하고 있으며, 외교 사안별·중요도에 따라 각 지역 담당자 또는 외무성 대변인이 성명을 발표하기도 한다.

한편 북한도 외교정책 수립 과정에서 독자적 정책 결정을 지양하고 관련 기관들과의 협의를 통해 결정하도록 되어 있다. 노동당 중앙위원회 국제사업부(국외 좌익 정당 간 협력), 최고인민회의 외교위원회(의회 간 외교 협력), 노동당 중앙위원회 통일선전부(해외교포사업 및 민간 차원의 협상과 교류 담당), 대외문화연락위원회(비정부 기관과의 협력), 외교단 사업총국(의전 및 감시 기능) 등과 협력 체계를 구축하고 있다. 이와 관련하여 북한은 외무성 내부에 대내외 사안별 집중 대응이 가능하도록 상무조를 조직·운영하여 해당 기관들과 공동으로 대응하는 시스템을 갖추고 있다. 대표적으로 핵 상무조, 북미 회담 상무조, 미사일 및 생화학무기 상무조, 큰물피해대책위원회, 인권 상무조, 판문점 군사정권위원회 운영 상무조 등을 운영하고 있다. 이들 조직은 관련 사안들을 제안서로 작성하여 최고통치자에게 보고하는 역할을 한다.

이처럼 북한은 외교 분야의 대표적 수행 기관인 외무성 외에도 당·정·군 내 다양한 조직 및 기관들을 두고, 이들 조직 간 협업과 유기적 관계 설정을 통해 외교 업무의 효율성을 극대화하고 있다.

국가보위성은 북한의 체제를 지탱하는데 있어 가장 핵심적인 역할을 하는 곳이다. 과거에는 북조선인민위원회 보안국(1947년) → 국가정치보위부(1973년) → 국가보위부(1982년) → 국가안전보위부(1993) 등으로 불리었다. 이후 2016년 6월 「헌법」 개정을 통해 국방위원회가 폐지되고 국무위원회가 신설되면서, 그 명칭을 국가보위성으로 개칭하고 국무위원회 산하의 직속 기관이 되어 현재에 이르고 있다.

국가보위성은 우리의 국가정보원과 비교되기도 하지만, 주요 역할과 기능은 체제 보위와 관련한 간첩 및 반혁명분자 색출, 주민들의 사상 동향 감시, 대남 정보 업무 등 체제 유지와 정권 위협 요소를 막는 역할을 담당하고 있다. 현재도 김정은 정권의 체제 존속을 위해 전방위적 감시, 색출 등 비밀사찰 업무에 집중하고 있다.

국가보위성은 당·정·군뿐 아니라 공장·기업소 단위에까지 파견되고 있고, 지방 조직까지 설치하여 전국적인 규모를 갖추고 있다. 국가보위성의 중앙기구는 국가보위상 아래 제1부상 및 부상 등이 있고, 정치국 등 기능별 부서들로 구성된 것으로 파악된다. 산하 행정 체계에 따라 각 시·도 보위부 및 시(구역)·군 보위부와 인민군 내 보위국을 두고 있다. 최말단 지방 조직으로는 농촌의 리 단위와 인민반까지 보위부원이 상주하고 있어 철저한 주민감시망을 갖추고 있다. 군대에는 중대급까지 보위부 요원을 파견하여 동태를 감시하고 있다. 또 대내적 노출을 최소화하기 위해 군부대 명칭을 사용하고 있다. 국가보위성의 군부대 명칭은 첫 숫자를 '1'로 시작하고 있으며, 북한의 언론매체에 등장하는 '조선인민군 제10215 군부대'는 국가보위성의 본부를 의미한다.

북한에는 대남사업을 담당하는 조직으로 조선노동당 산하 통일선전부가 있다. 통일선전부는 1978년 설립 이래 현재까지 남북회담, 경제협력, 해외교포·외국인 공작사업, 대남심리전 및 통일전선 공작사업 등 대남사업 전반을 관장해 오고 있다. 그리고 2000년대에 들어서는 남북한 정계, 사회계, 문화계, 종교계 등 각 단체 인사들로 구성된 민족화해협의회(민화협)라는 통일전선 단체를 구성하여 민간 부문에 대한 통일전선을 추진해 왔다.

한편, 통일전선부는 남한 관련 각종 정보 및 자료를 분석·연구하는 '조국통일연구원'을 운영하고 있다. 1954년 4월 제3차 당대회 결정에 따라 1959년 '남조선연구소'가 설립됐으며, 1978년 1월경 노동당 대남사업 담당 부서로 통일전선부가 생기면서 이 부서의 산하 단체로 흡수된 후 1990년경 현재의 명칭으로 바뀌었다. 연구원에는 원장과 부원장 아래 종합정세연구실을 비롯해 인물자료, 군사정책, 종합편집실 등을 두고 있으며 500~600명이 종사하고 있는 것으로 알려져 있다. 주요 임무는 ▲남한의 정치·경제·사회·군사 등 정세 연구를 통한 대남정책 자료 작성

▲남한 주요 인사 정보분석 및 평가 ▲미국·일본 등 한반도 주변 국가정책 수집과 연구 등이다.

한편, 통일부(2024.5.24.)는 북한이 최근 대남정책을 총괄해 온 '통일전선부' 명칭을 '노동당 중앙위 10국'으로 변경했다고 발표했다. 북한은 지난 2023년 말 개최된 당 중앙위 제8기 제9차 전원회의를 통해 '적대적 두 국가 관계', '민족'과 '통일' 개념의 부정 등 대남 정책의 근본적인 방향 전환을 결정했다. 명칭 변경을 통해 전원회의 결정 사항을 관철하는 한편 대남 공작 및 심리전 기능을 보다 강화한 것으로 보인다.

question
024

북한 학생들도 유학을 가나요? 간다면 주로 어디로 가나요?[136]

북한의 학생들도 여권을 가지고 합법적으로 유학을 간다. 하지만 단 0.1%의 엘리트만이 해외 유학을 갈 수 있다. 북한과 같이 폐쇄적이고 통제된 사회에서 체제 위험을 감수하고서라도 유학을 보내는 이유는 북한 당국도 현실을 인지하고 있기 때문이다. 즉, 북한 내 교육환경, 교육자료 등이 제한적인 것을 알고 북한에서 공부한 학생들과 외국에서 공부한 학생들의 실력 차이를 인정하기 때문이다. 따라서 체제 안정 차원에서 새로운 정보와 문물을 습득한 유학생들의 위험성을 알면서도, 유학을 통해 외국의 선진 문물을 학습하거나 선진 기술을 배워와 인민경제 활성화에 기여할 것을 요구한다.

북한에서 유학을 가기 위한 조건은 매우 까다롭다. 당과 국가에 대한 충성심이 크고 토대와 신분이 좋아야 하며 엘리트 계급에 속해야 가능하다. 신원조회를 위해 친인척 정보 6촌까지 작성해야 하며 조사만 4개월이 걸린다고 한다. 또한 그 대상은 엘리트 간부의 자녀들로 매우 제한적이며, 유학 지역과 전공 또한 조선노동당의 결정을 따라야 한다.

북한의 학생들이 유학을 가는 지역은 주로 독일 통일 이전의 동독, 폴란드, 러시아, 중국, 루마니아 등으로 북한과 수교를 맺거나 친선 관계에 있는 나라들로 한정되어 있다. 1980년대 주요 유학 국가는 러시아, 체코를 비롯한 동구권과 모잠비크, 에티오피아 등 아프리카 국가, 중국, 라오스 등 아시아 국가가 주류를 이루었다. 선발 조건은 실력보다는 출신 성분이 중요해, 실제 유학을 갈 수 있는 사람들은 당 고위 간부의 자녀나 이들의 친인척이 대부분이었다. 그리고 이들 유학생들은 철저한 감시와 통제를 받으며 생활했는데, 주재국 대사관에서 한 달에 두 번 '정치사상학습' 및 '생활총화' 교육을 받았고 3년에 한 번씩은 방학 기간 중 소환되어 정치 학습을 받았다.[137]

하지만 김정은 집권 이후 중국이나 러시아에서 개인 사업을 하며 부를 축적한 사업가들의 자녀들도 유학을 가고 있다. 또한 인재 중심 정책을 추진하면서 실력을 가장 우선순위에 두고 성적이 우수한 학생만 유학을 갈 수 있다. 김일성종합대학, 김책공업대학, 평양의학대학, 건설건재대학, 기계대학 등 평양 상위 10개 대학에서 1등을 해야 추천서를 받을 수 있고 유학의 기회가 주어진다. 가장 많이 파견하는 국가는 러시아, 중국, 독일, 루마니아 등이다. COVID-19 이전에는 북한의 유럽 유학생이 급증하여 2017년 기준, EU에서 거주증을 발급 받은 312명 중 175명이 교육을 이유로 거주증을 발급 받았고, 영국에서 105명, 독일 45명 등이 유럽식 제도와 문물 도입을 위해 유학을 갔다.[138]

북한의 유학은 국가 장학금을 받고 나가는 국비유학과 자비로 유학 비용 전부를 부담하는 자비유학으로 나누어져 있다. 과거 북한 경제가 그나마 좋았던 시기에는 선진 기술 습득을 위해 소련이나 동구권 등으로 국비유학을 많이 보냈다. 당시 유학생들은 고등학교 졸업생, 대학생, 군인 세 집단에서 3분의 1씩 골고루 선발되었고 1인당 한 달 용돈으로 200~300마르크씩 주고(동독 기준) 매일 식료품과 기숙사 제공 등 북한 당국에서 많은 지원을 했다. 하지만 1990년대 경제가 어려워지며 국비 유학생의 수는 감소하였고 자비유학생의 수가 증가하기 시작했다. 특히 2009년 김정은이 후계자로 등장하면서 자비유학의 기회를 확대하는 한편 기존에 유학을 가기 어려웠던 문과 대학생들에게도 유학의 기회를 주고 있다. 부모가 돈이 있고 실력이 있으면 자비로 유학을 보내기 시작한 것이다. 그리고 당에 충성 자금을 더 내면 자녀 추가도 가능하다. 단, 자비유학의 경우 유학을 나가는 부모 중 한 명이 같이 체류해야 하며 자비로 유학비용을 부담해야 허가해 준다. 한편 과거 북한 당국이 문과생들의 유학을 통제했던 이유는 주체사상만 배우던 문과생들이 밖에서 새로운 사상을 배우게 되면, 철학, 언어, 자본주의 경제 등 학생들이 변질할 가능성이 컸기 때문이다. 따라서 충성 교육을 더 많이 시키는 것으로 알려지고 있다.

　북한 유학생들은 자비유학을 선호한다. 국비유학의 경우 선발 조건이 까다롭고 통제가 매우 심하기 때문이다. 기숙사에 2~3명이 함께 거주해야 하고 외식도 어려운 것으로 알려져 있다. 또한 한 달에 600~800위안(중국) 정도의 충성 자금을 내야하는 것도 부담이다. 이처럼 국비유학생들의 열악한 환경과 자유가 제한적인 반면, 자비유학생들은 활동 반경이 넓다. 일주일에 한 번씩 생활총화를 하는 것을 제외하고는 여력이 되면 여행, 인터넷, 다른 학생들과의 교류도 가능하기 때문이다.

　하지만 최근에는 COVID-19로 인해 힘들게 유학 생활을 하게 되면서 유학생들의 이탈도 늘어나고 있다. 그리고 COVID-19 이후 폐쇄했던 국경을 개방하면서 유학생을 송환하려고 준비 중이다. 북한 보위성의 검열과 통제가 심해졌기 때문이다.

question
025

북한에서 외교관이 되려면 어떻게 해야 하나요?

　북한도 외교관이 되는 과정은 상당히 어렵고 소수의 엘리트 계층에게만 기회가 주어진다. 각 분야의 선발 기준에 부합하는 엘리트 인원이 선발되어 외교관 양성 과정 이수 후 해당 기관에 배치되어 외교 업무를 수행하게 된다.[139]

　북한의 외교엘리트 선발 기준에는 출신 성분이 최우선적으로 고려되며, 사실상 일반 계층은 선발되기 어렵다. 또한 별도의 채용 관련 선발시험 없이 비공식적인 추천과 심사로 진행된다. 이는 북한 사회의 폐쇄성이 반영된 결과라고 할 수 있다. 외교 엘리트를 배출하는 주요 대학은 평양외국어대학, 김일성종합대학 외국어문학부, 국제관계대학 등이 있다. 이는 외교 엘리트 선발 과정에서 어학 구사 능력을 가장 중시하기 때문이다.

　북한에서 외교관이 되기 위해서는 장기간 준비와 학습, 다양한 정치활동이 필요조건이라고 볼 수 있다. 외국어 전문대학 및 관련학과 졸업자 중 평가가 좋은 일부는 외무성 혹은 당 국제부로 바로 선발된다.[140] 북한 외교관의 채용 희망자는 신원조사를 받게 되는데 친인척 가운데 월남자 또는 반혁명분자가 있으면 탈락한다. 그 범위는 직계 8촌, 외가 4촌, 처가 8촌까지이다. 중앙당 간부1과에서는 추천자의 성적과 출신 성분을 검토하여 심사 절차를 진행한다. 선발 절차가 완료되면 외무성에 명단을 통보한다. 외무성은 명단에 오른 학생들을 대상으로 어학시험을 실시하여 연간 50~10명 내외의 외교관을 최종 선발한다. 소수의 특채 인원을 제외하면 대부분 이 과정을 거쳐 외교관으로 임용된다.

한편 망명 외교관의 언급에 따르면, 외교관 선발 과정에서 재외공관에 근무하는 외교관을 배치하기 위해 "평양외국어대학, 김일성종합대학 외문학부, 국제관계대학을 졸업한 우수자를 선발"했으며 "3개 대학의 재학생 중에 국가 유학생을 따로 뽑아 전공하는 어학별로 4년 정도 해당국의 어학 집중교육"을 진행했다고 한다. 유학이 끝난 뒤에는 본국으로 귀국해 "외국어, 정치 과목에 대한 시험과 사상검증에서 통과한 우수자들 중에서도 소수 인원인 10여 명만이 외무성과 당 국제부, 대외경제부 외교관으로 선발된다. 이때 선발되지 못한 인원은 대외경제무역, 정부 기관, 대외문화연락위원회에 배치"되고 "나머지는 부차적인 교육 기관인 대학교의 외국어 교육 기관과 내각성 산하 대외사업 지도원으로 파견된다"고 언급하였다.

북한 외교관이 선호하는 기관은 대체로 외무성, 대외문화연락위원회, 무역부 등 대외경제 관련 부서이고 외교단 사업총국, 관광총국 순이다.[141] 교육 프로그램은 별도의 집체 교육 없이 주로 소속 기관에서 이뤄진다. 다만, 별도의 교육이 필요할 경우에는 타 기관에 위탁하여 해당 과정을 이수할 수 있도록 한다.[142] 이처럼 북한의 외교 엘리트는 외교관으로서의 외국어 활용, 협상 능력과 함께 높은 당성과 충성심을 갖추어야만 가능하다.

CHAPTER 1 주

1 쥘리에트 모리요·도리앙 말로비크 지음, 조동신 옮김, 『100가지 질문으로 본 북한』(서울: 세종서적, 2018), pp.270-271.
2 국가정보원, 『북한법령집 上』(서울: 국가정보원, 2022), p.41.
3 정성장, "김주애의 등장, 4대 세습의 신호탄,?" 『피렌체의 식탁』(2023년 1월 11일), https://firenzedt.com/25564/ (검색일: 2023.7.10.)
4 오경섭, "북한의 4대세습과 김주애," 『통일연구원 Online Series CO23-10』 (2023년 3월 13일), p.2.
5 엄현숙, "북한의 후계자론과 김주애 공개에 관한 연구," 『북한연구학회보』, 제27권 제1호(2023), p.25.
6 "어린 딸을 내세워야 하는 김정은의 다급한 속내," 유튜브 주성하TV. https://www.youtube.com/watch?v=EtoNJD8-QHU (검색일: 2023.7.1.)
7 김유민, 『후계자론』(동경: 구월서방 번각, 1986), pp.7-11.
8 김유민, 위의 책, pp.18-21.
9 김유민, 위의 책, pp.60-68.
10 김재천, 『후계자문제의 이론과 실천』(출판처 불명, 1989), p.45.
11 김재천, 위의 책, p.43.
12 김유민, 위의 책, pp.86-87.
13 황장엽, 『나는 역사의 진리를 보았다』(서울: 한울아카데미, 1999), p.172.
14 김상범, "김정일의 권력 승계 과정에 대한 연구: 216의 정치상징화 지속과 북베트남의 교훈을 중심으로," 『한국과 국제정치』, 제37권 제2호(2021), p.112.
15 김상범, 위의 글, pp.91-151.
16 김상범, "김정일의 권력 승계 과정에 대한 연구: 1972년 12월 최고인민회의 대의원 선거의 정치적 의미를 중심으로," 『현대북한연구』, 제24권 제2호

(2021), pp.6-44.

17 정창현, 『곁에서 본 김정일』(서울: 토지, 1999), pp.121-122. 북한식 검증절차에 대한 자세한 내용은 pp.121-131을 참고.

18 엄현숙, 위의 글, p.8.

19 "조선로동당 규약 서문-조선로동당," 『로동신문』, 2011년 4월 12일.

20 김용현 책임편집, 『북한학 박사가 쓴 북한학 개론』(서울: 동국대학교 출판부, 2022), pp.51-55.

21 김성남, "경애하는 총비서 동지의 령도는 년대를 주름잡으며 인민의 리상을 꽃피우는 기적의 힘이다," 『로동신문』, 2023년 7월 2일.

22 "주체의 혁명적당건설사에 특기할 불멸의 대강-경애하는 김정은 동지께서 조선로동당 중앙간부학교를 방문하시고 기념강의를 하시였다," 『로동신문』, 2022년 10월 18일.

23 김용현 책임편집, 위의 책, pp.46-47.

24 김용현, 위의 책.

25 "김일성 가계도, 중국 외교부 직속 출판사 김일성 가계 이례적 보도," https://vvvvvvv.tistory.com/287 (검색일: 2023.6.11.)

26 성혜랑, 『등나무집』(서울: 세계를 간다, 2000), p.368.

27 김문태, "조선의 기니아의 기빈을 환영한다-기니아 공화국 대통령 부인 앙드레 투레 녀사 평양에 도착, 김일성 수상 동지와 부인 김성애 동지, 그리고 당과 정부 지도자들과 부인들이 비행장에서 마중하였다," 『로동신문』, 1965년 5월 1일; "친형제의 집에 찾아오신 것처럼 즐거운 나날을 보낼 것을 바란다-비행장에서 한 김성애 동지의 연설," 『로동신문』, 1965년 5월 1일.

28 "김성애 동지께서 녀맹중앙위원회일군들과 함께 조선인민군 녀성구분대를 방문," 『로동신문』, 1971년 2월 11일.

29 "노로돔 시하누크친왕과 모니크시하누크친왕부인이 김일성 수상 동지와 부인 김성애 동지를 의례 방문," 『로동신문』, 1970년 6월 16일.

30 "경애하는 수령 김일성 동지와 부인 김성애 동지께서 니꼴라에 챠우쉐스꾸 동지를 단장으로 하는 로므니아사회주의공화국 당및정부대표단을 환영하여 연회를 베푸시였다," 『로동신문』, 1971년 6월 10일.

31 "김성애 동지가 이오씨프 브로즈 찌또대통령의 부인과 상봉하였다," 『로동신문』, 1975년 6월 7일.

32 전정환·송봉선·이영진·서유석, 『김정은시대의 북한인물 따라가 보기』(서울: 도서출판 선인, 2018), pp.52-54.

33 통일부 북한정보포털. https://nkinfo.unikorea.go.kr/nkp/trend/viewTrend.do (검색일: 2023.6.11.)

34 성혜랑, 앞의 책, pp.357-377.

35 전정환·송봉선·이영진·서유석, 앞의 책, p.65.

36 정영, "김정일의 여인들과 김정은," 『자유아시아방송』, 2011년 12월 20일. https://www.rfa.org/korean/in_focus/jongilwomen-12202011131415.html (검색일: 2023.6.12.)

37 "북, 김정은 생모 고영희 베일 벗었다〈마이니치〉," 『연합뉴스』, 2012년 6월 10일. https://www.yna.co.kr/view/AKR20120610008400073 (검색일: 2023.6.10.)

38 전정환·송봉선·이영진·서유석, 앞의 책, p.67.

39 전정환·송봉선·이영진·서유석, 앞의 책, pp.68-69.

40 전정환·송봉선·이영진·서유석, 앞의 책, pp.68-69.

41 김경탁, "김정일 권력대행자 장성택, 킹메이커?," 『Break News』, 2009년 2월 16일. https://breaknews.com/sub_read.html?uid=96527&section=sc1 (검색일: 2023.6.14.)

42 전정환·송봉선·이영진·서유석, 앞의 책, pp.70-72.

43 전정환·송봉선·이영진·서유석, 앞의 책, p.74.

44 전정환·송봉선·이영진·서유석, 앞의 책, p.84.

45 "경애하는 김정은 동지께서 새로 조직된 모란봉악단의 시범공연을 관람하시였다," 『로동신문』, 2012년 7월 9일

46 "경애하는 김정은원수님 모시고 릉라인민유원지 준공식 성대히 진행," 『로동신문』, 2012년 7월 26일

47 통일부 북한정보포털. https://nkinfo.unikorea.go.kr/nkp/theme/viewPeople.do (검색일: 2023.6.13.)

48 "존경하는 리설주녀사께서 당과 정부의 간부들과 함께 제31차 4월의 봄 친선예술축전에 참가한 중국예술단의 공연을 관람하시였다," 『로동신문』, 2018년 4월 15일.

49 Christian von Soest & Julia Grauvogel, "Identity, procedures and performance: how authoritarian regimes legitimize their rule," *Contemporary Politics*, Vol. 23, No. 3(2017), pp.289-291.

50 쥘리에트 모리요·도리앙 말로비크 지음, 조동신 옮김, 앞의 책, pp.99-100.

51 "조선로동당중앙위원회, 조선로동당중앙군사위원회, 조선민주주의인민공화국 국방위원회, 조선민주주의인민공화국 중앙인민위원회, 조선민주주의인민공화국 정무원 결정서-위대한 수령 김일성 동지를 영생으로 모습으로 길이 모실데 대하여," 『로동신문』, 1995년 6월 13일

52 "우리 당과 인민의 위대한 수령 김일성 동지를 영생의 모습으로 모신 《《금수산기념궁전》》개관식 엄숙히 거행-조선민주주의인민공화국 국방위원회 위원장이시며 조선인민군 최고사령관이신 김정일 동지께서 당과 국가의 지도간부들과 함께 개관식에 참석하시였다," 『로동신문』, 1995년 7월 9일

53 통일부 국립통일교육원, 『북한지식사전』(서울: 통일부 국립통일교육원, 2021), p.116.

54 "위대한 령도자 김정일 동지께서 당과국가, 군대의 지도간부들과 함께 금수산기념궁전을 찾으시여 위대한 수령 김일성도잊께 경의를 표시하시였다," 『로동신문』, 1997년 1월 2일

55 신혁, "금수산기념궁전지구가 더욱 훌륭히 꾸려진다." 『로동신문』, 1997년 7월 3일

56 "우리 당과 인민의 위대한 령도자 김정일 동지께 조선민주주의인민공화국 대원수칭호를 수여함에 대한 결정," 『로동신문』, 2012년 2월 15일

57 "금수산기념궁전을 《《금수산태양궁전》》으로 명명함에 대한 공동결정 공표, 조선인민군 륙해공군 장병들의 례식 엄숙히 거행," 『로동신문』, 2012년 2월 17일

58 "주체의 최고성지 금수산태양궁전 개관식 엄숙히 진행," 『로동신문』, 2012

년 12월 18일

59 통일부 국립통일교육원, 위의 책, pp.116-117.

60 "사회주의헌법 수정보충안과 금수산태양궁전법을 채택함에 대한 보고,"『로동신문』, 2013년 4월 2일

61 "태양이 떠올린 인민의 보금자리-보통강강안다락식주택구 터전에 깃든 가슴뜨거운 사연을 전하며,"『로동신문』, 2021년 5월 8일

62 "경애하는 김정은 동지께서 보통강강안다락식주택구건설사업을 현지지도하시였다,"『로동신문』, 2021년 8월 21일

63 "위대한 김일성 동지와 김정일 동지께 금수산태양궁전을 찾아 미국 구글회사대표단 경의 표시,"『로동신문』, 2013년 1월 10일

64 이 부분은 2019년 북한「헌법」상 최고인민회의와 최고인민회의 상임위원회 관련 내용을 정리, 보완한 것임을 밝힌다.

65 김효정, "북최고인민회의 선거 종료…김정은 2기 권력집단 주목,"『연합뉴스』, 2019년 3월 10일. 여기서는 https://www.yna.co.kr/view/AKR20190310030052504?input=1179m (검색일: 2023.6.1.)

66 임상순·김병욱·신봉철·최영일,『남북한 출신 학자들이 함께 쓴 남북한의 삶, 만남, 평화 이야기』(서울: 박영사, 2023), pp.114-115.

67 임상순·김병욱·신봉철·최영일, 위의 책.

68 임상순·김병욱·신봉철·최영일, 위의 책, pp.116-117.

69 "우리 장군님은 전설적 위인: 666,"『로동신문』, 1999년 7월 2일; "제649호 선거구,"『민주조선』, 2003년 7월 2일. 여기서는 김상범, "김정일의 권력 승계 과정에 대한 연구: 1972년 12월 최고인민회의 대의원 선거의 정치적 의미를 중심으로,"『현대북한연구』, 제24권 제2호(2021), pp.15-25, pp.38-39에서 재인용.

70 조선로동당출판사,『대중정치용어사전』(평양: 조선로동당출판사, 1964), p. 428.

71 김일성, "인민정권을 더욱 강화하자-조선민주주의인민공화국 최고인민회의 제6기 제1차회의에서 한 연설(1977년 12월 15일),"『김일성전집 65』(평양: 조선로동당출판사, 2006), p.408.

72 조선로동당출판사, 『대중정치용어사전』, p.178.

73 조선로동당출판사, 위의 책.

74 김일성, 위의 글, pp.408-409.

75 서은철, "당일군들이 지녀야 할 어머니다운 사랑," 『로동신문』, 2023년 5월 28일

76 김철룡, "수령에 대한 충실성은 우리 당의 당풍이고 전통이다," 『로동신문』, 2023년 5월 29일

77 임상순·김병욱·신봉철·최영일, 앞의 책, p.109.

78 헌법재판소 2021.1.28. 선고 2020헌마264, 681(병합)전원재판부 결정.

79 김정일, "부르죠아민주주의의 반동적본질과 기만성에 대하여-김일성종합대학 학생들과 한 담화(1962년 10월 26일)," 『김정일전집 5』(평양: 조선로동당출판사, 2013), pp.404-406.

80 강진규, "북한, 입법, 행정, 사법 3권 분립은 허황한 반동," 『NK경제』, 2018년 10월 16일. 여기서는 http://www.nkeconomy.com/news/articleView.html?idxno=546&replyAll=&reply_sc_order_by=I (검색일: 2023.6.3.)

81 통일부 국립통일교육원, 앞의 책, pp.707-708.

82 정창현, 『곁에서 본 김정일』(서울: 토지, 1999), pp.144-145.

83 통일부 국립통일교육원, 위의 책.

84 현성일, "북한노동당의 조직구조와 사회통제 체계에 관한 연구-당내 유일사상 체계 확립 10대 원칙을 중심으로," (한국외국어대학교 외교안보학과 석사학위논문, 1999), pp.43.

85 현성일, 위의 글, pp.37-38.

86 "조선민주주의인민공화국 국무위원회 정령," 『로동신문』, 2020년 8월 14일

87 성기중·윤여상, "북한의 선거제도와 투표 행태 분석," 『한국동북아논총』, 제26집(2003), p.156.

88 과학백과사전출판사, 『조선말대사전 증보판 2』(평양: 과학백과사전출판사, 2017), p.1306.

89 성기중·윤여상, 위의 글, p.159.

90 법무부 통일법제데이터베이스. https://www.unilaw.go.kr/bbs/

selectBoardArticle.do# (검색일: 2023.6.7.)

91 성기중·윤여상, 위의 글, p.164.

92 국가정보원, 앞의 책, pp.80-91.

93 성기중·윤여상, 위의 글, pp.169-170.

94 "조선민주주의인민공화국 도(직할시), 시(구역), 군인민회의 대의원선거에 선거자의 99.98% 참가," 『로동신문』, 2019년 7월 22일

95 위의 신문, p.166.

96 국가정보원, 앞의 책, pp.80-91.

97 "경애하는 최고령도자 김정은 동지께서 도·시·군인민회의 대의원 선거에 참가하시였다," 『로동신문』, 2019년 7월 22일

98 정서영, "올해 지방인민회의 선거 앞두고 그간 대의원들 사업 총화," 『DAILY NK』, 2023년 3월 6일. 여기서는 https://www.dailynk.com/20230306-3/ (검색일: 2023.6.8.)

99 정창현, 앞의 책, p.133-137. 이 부분은 김용현 책임편집, 앞의 책, p.66에서 재인용

100 국가정보원, 앞의 책, pp.77-87.

101 "위대한 김정은 동지의 혁명사상으로 철저히 무장하자! 새시대 5대당건설 로선해설-당중앙의 유일적령도 체계확립의 리상적인 목표," 『로동신문』, 2023년 6월 27일

102 "조선로동당 제8차대회에서 조선로동당규약개정에 대한 결정서 채택," 『로동신문』, 2021년 1월 10일

103 이 부분은 김용현 책임편집, 앞의 책, pp.66-68에서 재인용

104 최일복, "주체의 사회주의법치국가의 본질과 특징," 『김일성종합대학학보-력사, 법률』, 제64권 제3호(2018), p.106.

105 "당원들은 당규약의 요구대로 살며 투쟁하자-자각적인 준법기풍을 확립해야 한다," 『로동신문』, 2023년 5월 27일

106 최일복, 위의 글, pp.107-108.

107 임상순·김병욱·신봉철·최영일, 앞의 책, pp.118-119.

108 사회과학출판사, 『조선말대사전 증보판 4』(평양: 사회과학출판사, 2017),

p. 1433.

109　국가정보원, 앞의 책, pp. 509-510.

110　국가정보원, 위의 책.

111　국가정보원, 위의 책, pp. 342-344.

112　국가정보원, 위의 책, p. 227.

113　국가정보원, 위의 책, p. 238.

114　류지성, "최근 북한입법의 변화 분석," 『북한법연구』, 제28권(2022), pp. 235-237.

115　통일부 국립통일교육원, 앞의 책, pp. 400-401.

116　통일부 국립통일교육원, 위의 책.

117　"북한에도 119가 있을까," 대한민국 정책브리핑 홈페이지. https://www.korea.kr/news/cardnewsView.do?newsId=148850151 (검색일: 2023.6.9.)

118　천소람, "미국은 911, 한국은 119…북한의 응급 번호는?," 『자유아시아방송』, 2023년 5월 22일. https://www.rfa.org/korean/news_indepth/publichealth-05222023072350.html (검색일: 2023.6.8.)

119　국가정보원, 앞의 책, p. 174.

120　국가정보원, 위의 책, pp. 176-177.

121　국가정보원, 위의 책, p. 179.

122　"조선로동당 중앙위원회 제7기 제20차 정치국 확대회의 진행," 『로동신문』, 2020년 11월 16일.

123　"〈신소청원〉의 내용과 그 배경." http://world.kbs.co.kr/service/contents_view.htm?lang=k&board_seq=413553 (검색일: 2023.6.10.)

124　"美 재무부, 北해킹조직 김수키·개인 8명 제재," https://www.yna.co.kr/view/AKR20231201007000071?input=1195m (검색일: 2023.12.1.)

125　외교부, 대북 독자 제재, https://www.mofa.go.kr/www/wpge/m_25834/contents.do (검색일: 2023.11.20.)

126　"정부, 북한 해킹조직 '김수키' 세계 첫 독자 제재," https://www.korea.kr/news/policyNewsView.do?newsId=148915866 (검색일: 2023.12.1.)

127　"[한반도미래포럼] "北 '체제 보장'과 '안전보장' 구분해야"," http://www.

wikileaks-kr.org/news/articleView.html?idxno=60442 (검색일: 2023.5.29.)

128 박형준, "조선노동당 제8차 대회 이후 북한의 대미 담화 연구," 『한국동북 아논총』 제27집 제1호, (2022). p109. ; 박형준, "북한의 대외정세 인식과 국방력 강화에 관한 연구," 『동북아연구』 37권 2호, (2022), p.138.

129 박형준, "북한의 대외정세 인식과 국방력 강화에 관한 연구," 『동북아연 구』 37권 2호, (2022), p.139.

130 북한이 주장하는 '하나의 조선' 주장은 '남조선혁명론'의 관점에서 남한을 미국이 강제 점령한 식민지로 규정했고 통일이란 한반도에서 미국을 내쫓 고 민족을 해방시키는 것이었다. 따라서 남북한은 '조선'의 기치 하에 하 나의 국가이기 때문에 남북관계는 민족내부의 문제이며 외국은 '조선문제' 에 개입하거나 간섭하지 말라는 논리로 출발했다. 북한정보포털, https:// nkinfo.unikorea.go.kr/nkp/term/viewKnwldgDicary.do?dicaryId=11 (검색 일: 2023.11.15.)

131 김계동, 『북한의 외교정책: 벼랑에 선 줄타기외교의 선택』 (서울: 백산서 당, 2002), p.320.

132 한동호, "북한인권 국제사회 논의 동향과 과제," 『Online Series』 CO 20-05, 2020.

133 전봉근, 『비핵화의 정치』 (서울: 명인문화사, 2020), p.278.

134 북한정보포털, 탈냉전시기 외교활동, https://nkinfo.unikorea.go.kr/nkp/ overview/nkOverview.do (검색일: 2023.7.31.)

135 "우리 식 사회주의건설을 새 승리에로 인도하는 위대한 투쟁강령 조선로 동당 제8차대회에서 하신 경애하는 김정은 동지의 보고에 대하여," 『로동 신문』, 2021년 1월 9일

136 탈북 유학생 유튜브 참조, "북한의 단 0.1% 엘리트 해외유학생, 그들은 누구인가?," https://www.youtube.com/watch?v=XpZM8-e6btU (검색일: 2023.11.21.)

137 북의 체코유학생, 김은철과 조승군, 『북한』, 1989년 5월호, p. 138.

138 "북한 지난해 유럽 장기유학생 급증한 반면 노동자는 급감," https://www. mk.co.kr/news/politics/8113131 (검색일: 2023.11.23.)

139 전인찬, 「김정일시대 북한 외교엘리트 연구: 교육, 충원, 배치, 통제」 북한대학원대학교 석사학위논문, 2016, p.46.
140 전인찬, 위의 글, p.42.
141 이종석, 『새로 쓴 현대 북한의 이해』 (서울: 역사비평사, 2002), pp.374-375.
142 현성일, 「북한의 국가전략과 간부정책의 변화에 관한 연구」 경남대학교 대학원 박사학위논문, 2006, p.130.

CHAPTER 2

평양타치와
새마을운동

question
026

북한도 국가예산이 있나요?

　북한에도 우리와 같은 국가예산이 있다. 정확하게는 국가재정제도에 따라 재정수입과 재정지출 규모에 따라 1년 동안 사용할 예산계획을 수립하는 제도다. 북한은 매년 1월 우리의 국회에 해당하는 최고인민회의에서 전년도 예산집행실적을 평가하고 당해 연도 국가예산계획을 수립한다.

　예산수입은 우리의 세금에 해당하는데 ▲거래수입금 ▲국가기업리득금 ▲협동단체리득금 ▲고정재산감가상각금 ▲부동산사용료 ▲사회보험료 ▲국가재산판매가격편차수입 ▲집금수입, ▲특수경제지대수입 ▲기타수입 등으로 충당된다. 그중에서 가장 중요한 수입은 ▲거래수입금 ▲국가기업리득금으로 전체 수입의 85% 가량을 차지한다. 거래수입금은 우리의 부가가치세, 국가기업리득금은 법인세에 해당한다.

　김정은 체제 10년 동안 국가예산계획의 가장 큰 변화는 2020년부터 예산수입과 지출이 모두 대폭 감소했다는 점이다. 줄어든 수입만큼 지출이 감소한 것이다. 2020년 글로벌 COVID-19 팬데믹이 발생하면서 북한은 국경을 봉쇄하고 국가무역을 중단했다. 대외경제 네트워크가 차단되면서 국가예산도 동시에 감소했다.

국가예산 수입과 지출 계획

(단위: %)

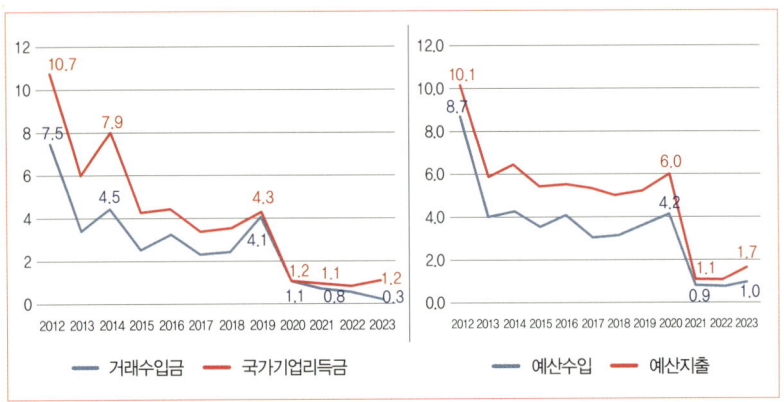

출처: 북한 최고인민회의 발표 자료

국가예산계획은 투자에 해당하는 ▲인민경제, 지출에 해당하는 ▲인민시책 그리고 ▲국방비로 구성된다. 인민경제 부문 지출은 농업, 공업, 과학기술, 건설 등 예산을 투자해 부가가치를 창출하는 가장 중요한 항목으로 구성된다. 인민시책 부문은 교육, 보건, 사회보장 등 우리의 복지예산으로 주민생활을 지원하는 지출 항목을 형성한다. 국방비도 주요 예산지출 항목에 해당한다.

최근 주목할 만한 예산지출 항목의 변화는 농업 부문 지출을 전년대비 14.7% 대폭 증액한 것이다. ▲식량증산과 ▲살림집건설 등 농촌발전에 예산을 집중 투입한다는 것인데, 김정은 체제 10년을 기점으로 민생 분야에 대한 북한 당국의 정책적 관심이 높다는 점을 반영한 것으로 보인다.

한편 농업 부문 예산증액은 과거 부문별로 예산을 대폭 증액한 사례가 다수 발견된다는 점에서 특별한 사례로 볼 수는 없다. 2014년에는 평양청춘체육관 건설 등 체육 부문에, 2016년은 류경안과병원 등 건설 부문

국가예산 지출 계획 추이

(단위: %)

연도	증가율	인민경제(투자)							인민시책(지출)					국방비
		농업	수산	경공업	기간공업	과학기술	기본건설	산림	교육	보건	사회보장	체육	문학예술	
2012	10.1	9.4	9.4	9.4	12.1	10.9	12.2		9.2	8.9	7.0	6.9	6.8	15.8
2013	5.9	5.1	5.1	5.1	7.2	6.7	5.8		6.8	5.4	3.7	6.1	2.2	16.0
2014	6.5	5.1	5.1	5.2	5.2	3.6	4.3		5.6	2.2	1.4	17.1	1.3	15.9
2015	5.5	4.2	6.8	5.1	5.0	8.7	9.6		6.3	4.1		6.9	6.2	15.9
2016	5.6	4.3	6.9	4.8	5.2	13.7	7.5		8.1	3.8		4.1	7.4	15.8
2017	5.4	4.4	6.8	4.5	8.5	2.6	7.2		9.1	13.3		6.3	4.6	15.8
2018	5.1	5.5	5.5	5.5	7.3	4.9	4.9		5.9	6.0		5.1	3.0	15.9
2019	5.3	5.7	5.7	5.7	8.7	6.6			5.5	5.8		4.5	4.1	15.8
2020	6.0	7.2	7.2	7.2	9.5				5.1	7.4		4.3	5.8	15.9
2021	1.1	0.9	0.9	0.9	1.6				3.5	2.5		1.6	2.7	15.9
2022	1.1	2.0	2.0	2.0	0.7				2.6	0.7		0.8		15.9
2023	1.0	14.7			1.0	0.7	0.3		0.7	0.4		0.1	0.3	15.9

출처: 북한 최고인민회의 발표 자료

* 2014년 체육: 평양청춘체육촌 건설, 종목별경기장과 체육인 숙소 서산호텔 건설 등
* 2016년 건설: 백두산영웅청년 3호발전소 건설, 류경안과병원 등 15개 건축물 건설 등
* 2017년 보건: 평양치과위생용품공장 건설, 제약공업 현대화 등
* 2023년 농업: 식량증산, 농촌건설 예산증액

에, 2017년에는 제약공장 건설 등 보건 부문에 예산을 집중 투입한 다수의 사례가 있기 때문이다. 국가적 수요에 따라서 개선과 보완이 필요한 부문에 예산을 배정하고 있다.

식량증산을 위한 예산이 대폭 늘어나면서 농업용 관개 시설 보강, 농기계 공급, 종자개량과 비료증산 등 식량 자급을 위한 정책이 속속 등장하고 있다. 북한의 관영 언론에 따르면 2023년 9월 기준으로 전국의 농

업 관개 시설이 대폭 개선되었고, 농기계 1만 대 이상을 생산해 농장에 보급했다고 보도하고 있다.

   또한 증액된 예산중 농촌살림집 건설이 눈에 띄는데, 2021년 노동당 제8차대회에서 정책을 수립하고 전국의 농촌에 주택을 건설하고 있다. 우리의 새마을운동이 북한에서 벌어지고 있는 것이다. 2021년부터 5년 동안 매년 평양에 1만 세대, 함경북도 검덕광산지구에 5천 세대 이상의 살림집을 공급하는 것과 별도로 농촌지역에 살림집이 건설 중이다. 이러한 변화는 김정은 체제 등장 이후 가장 두드러진 산업으로 건설업을 꼽는 이유이기도 하다.(북한식 새마을운동 참조)

question
027

북한에도 은행이 있나요?

북한에도 다양한 기능을 수행하는 은행이 영업 중이다. 은행의 종류는 우리의 한국은행과 같은 역할을 하는 조선중앙은행, 우리의 민간은행과 유사한 기능을 하는 상업은행으로 구분할 수 있다. 상업은행은 다시 국가상업은행, 지역상업은행, 외국투자은행 등 설립 목적과 기능에 따라 역할을 달리한다.

화폐 발권과 통화조절 기능 등 사회주의계획경제, 즉 국가경제관리 전반을 중앙집중적으로 관리한다. 주요 역할은 ▲화폐 발권 및 통화를 조절한다. 현금계획, 재정계획 등 계획으로 화폐 유통을 조절한다. 화폐는 국가경제계획에 따른 생산에 기초해 발행한다. ▲상업은행 등 금융 기관의 예금돈자리(결제 계좌)를 개설하고 예금은 금융 기관 사이의 결제, 지불준비금 등에 이용한다. ▲사회의 모든 고정재산(자산, 건물, 기계설비 등)을 통제하고 재산 가치를 평가한다. ▲재정계획에 따른 국가예산의 수입과 지출을 집행하고 관련된 제도를 수립한다. ▲국가 전체의 금·은 등 귀금속을 중앙 집중적으로 관리한다.

2004년 「중앙은행법」, 2006년 「상업은행법」 제정과 함께 각각의 역할이 분리되었다. 기존에는 하나의 중앙은행 체계 안에서 발권과 통화조절, 예금과 대부 업무를 다같이 수행하던 은행 체계를 중앙은행과 상업은행 체계로 분리하고 은행의 기능과 역할을 전문화하는 체계로 이행되었다. 따라서 중앙은행은 유일한 발권 은행이며, 통화조절의 중심으로서의 기능과 역할을 전문적으로 수행하게 되었으며 예금과 대부 업무는 상업은행이 수행하게 되었다.[143]

중앙은행과 상업은행의 역할 분리

	역할
중앙은행	▲화폐발권 ▲통화조절 ▲금융 기관 계좌개설 및 대부 ▲환전 및 환율관리 ▲귀금속관리 ▲채권발행 및 등록 ▲고정재산 등록 등
상업은행	▲예금 ▲대부 ▲계좌개설과 관리 ▲국내결제 ▲대외결제 ▲외화거래 ▲신용확인 및 보증 ▲채권 발행 및 거래 ▲귀금속 거래 ▲고정재산 등록 ▲환전 ▲은행카드 업무(2015년 개정법 추가) ▲기타 승인 업무 등

출처: 북한 「중앙은행법」, 「상업은행법」 2015년 개정법

　북한에서 상업은행이 설립되고 활동을 시작한 것은 2006년 「상업은행법」이 제정됨에 따라 국가의 재정 영역과 민간의 금융 영역으로 이원화된 은행 체계(two-tier banking system)로 전환되었다.[144] 고난의 행군 이후 시장활동이 늘어나고 달러, 위안 등 외화 사용이 증가했다. 경제활동이 국가의 계획경제 범위를 넘어 확장되면서 시장과 계획이 공존하는 경제 체제가 반영된 새로운 금융 체계를 필요로 했기 때문이다.

　「상업은행법」에 따른 업무는 13가지로, 예금, 대부, 돈자리(계좌) 개설과 관리, 국내결제, 대외결제, 외화교환, 신용확인 및 보증, 채권 발행 및 거래, 귀금속 거래, 고정재산 등록, 환전, 은행카드 업무(2015년 개정법 추가), 기타 승인 업무 등이다.

　북한의 상업은행은 무역 등 대외금융 업무를 주로 수행하는 국가 상업은행과 국내의 민간 금융 업무를 담당하는 지역 상업은행으로 구분되며,

최근 북한의 은행 체계(2016년 기준)

구분		종류	설립기준 및 역할
조선 중앙 은행	국가 상업은행	무역은행, 고려상업은행, 대성은행, 조선통일발전은행, 일심국제은행 등 수십 개	종전의 대외결제 등 외화 업무를 담당했던 외화 전문 은행
	지역 상업은행	평양시은행, 평안남도은행 등 12개	도(직할시 및 특별시 포함) 단위에서 최근에 신설한 은행
	외국 투자은행	(합영은행) 조선합영은행, 오라은행, 대동신용은행, 하나은행, 대성신용개발은행, 조선대중화인민은행, 제일신용은행 등 수십대 (외국인은행) 대동강은행, 두만강은행, 중화상업은행 등 (외국은행지점)	「외국투자은행법」에 근거한 은행

출처: 김민정 외, 「김정은시대 북한의 금융제도 변화: 북한 문헌 분석을 중심으로」, 서울: 한국은행, 2021.

별도로 외국 투자은행으로 합영은행과 외국인은행으로 나뉜다.

「상업은행법」 제정과 함께 북한 금융제도의 또 다른 변화가 나타났다. 사적 영역, 특히 시장 활동의 증가와 화폐 유통이 증가하면서 2010년 전자결제 카드 '나래', 2015년 '전성'이 도입되면서 개인의 현금 사용을 통한 거래 활동이 공식 영역에서 본격적으로 나타났다.

2010년 조선무역은행이 발행한 나래카드는 외화를 은행 계좌에 충전해서 사용하는 일종의 직불카드이다. 결제시스템이 구축된 외화 상점에서 카드를 사용하면 충전된 외화가 국정환율로 계산되어 원화로 결재된다. 2015년에는 조선중앙은행이 발행한 전성카드는 나래카드와는 다르게 북한 원화를 충전해 사용한다. 전성카드는 은행 간 무현금결제, 광복지구상업중심, 마식령스키장, 문수물놀이장, 옥류관, 청류관 등 국영 서비스 기관에서 사용이 가능하다. 이들 외에도 내국인이 북한 원화를 결제할 수 있는 고려카드, 나선경제특구 내에서만 사용이 가능한 선봉카드가 황금의삼각주은행에서 발행되었다고 알려진다.

북한의 신용카드

	나래카드	전성카드
발행처	조선무역은행	조선중앙은행
발행년도	2010	2015
충전화폐	외화 충전	내화(원) 충전
결제화폐	북한 원화(국정환율 적용)	북한 원화
사용처	외화 상점	국영 상점
카드형태		

출처: 김민정, 「최근 북한 금융제도에 대한 이해」, 한국은행, 2021.
그림 출처: 〈조선의 오늘〉

question
028

북한도 무역을 하나요?

　북한도 무역을 한다. 북한의 대외무역 규모는 2014년 무역총액 76억 달러를 최고치를 기록했고, 2018년을 기점으로 규모가 축소되고 있다. 특히 2021년에는 7억 1천만 달러로 가장 낮은 무역 규모를 기록했다. 대외무역에 영향을 미치는 가장 중요한 요소는 대외환경 변화다. 2018년과 2021년은 각각 북핵 문제 발 대북제재와 글로벌 COVID-19 팬데믹이 주요 원인으로 지적된다. 대북제재의 영향으로 수출 및 수입품목이 줄어들면서 수출량을 중심으로 무역 규모가 축소되었고, 2020년 COVID-19 팬데믹이 발생하자 북한은 국경을 봉쇄하고 대외무역을 전면 중단했다. 필수 수입 품목 등 매우 제한적인 무역이 진행된 결과 사상 최대의 무역량 감소를 기록했고, 최근 무역 규모가 점진적으로 늘어나고 있는 추세다.

　북한 무역의 특징은 수입 규모가 수출보다 큰 특징을 가지고 있다. 따라서 만성적인 경상수지 적자를 기록하고 있다. 그 이유는 대부분의 저개발 국가들에서 공통적으로 나타나는 현상으로 대외 경쟁력이 높은 상품이 부족하기 때문이다. 따라서 주요 수출 품목은 철광석, 석탄, 수산물 등 1차 상품이 상당 부분을 차지한다. 그러나 2016년까지 섬유의류,

북한 대외무역 추이

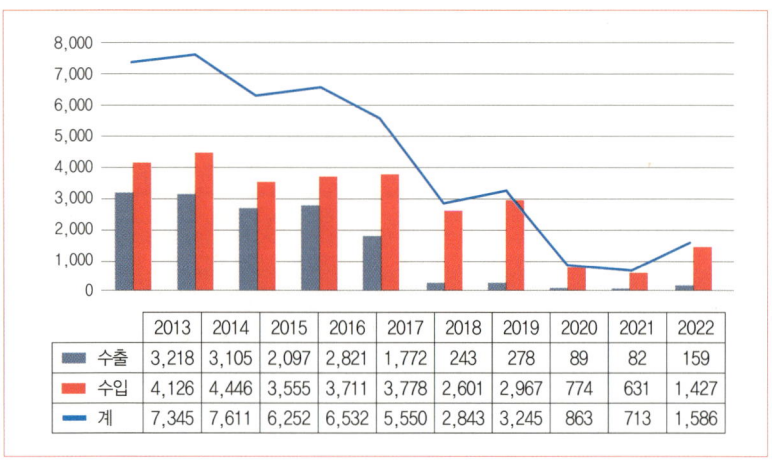

(단위: 백만달러)

	2013	2014	2015	2016	2017	2018	2019	2020	2021	2022
수출	3,218	3,105	2,097	2,821	1,772	243	278	89	82	159
수입	4,126	4,446	3,555	3,711	3,778	2,601	2,967	774	631	1,427
계	7,345	7,611	6,252	6,532	5,550	2,843	3,245	863	713	1,586

출처: 중국해관 통계
주: 남북교역은 제외.

가발 등 경공업 임가공품목이 주요 수출품으로 등장했지만, 대북제재와 COVID-19 영향으로 수출길이 막힌 상태다. 한편, 수입 품목은 매우 다양한데, 밀가루, 대두유 등 생필품, 질소비료와 박막비닐 등 농자재, 기계부품 및 화학 소재류 등 시기별로 수입량을 달리한다. 주목할 만한 품목으로는 2021년 이후 전국적으로 주택건설 붐이 나타나면서 건재류의 종류 및 수입량이 꾸준히 늘어나고 있다.

　남한은 북한의 주요한 대외무역 파트너였다. 2000년 제1차 남북정상회담 이후 2007년 제2차 정상회담 시기까지 남북 교역은 꾸준히 확대되었다. 교역 규모가 증가하면서 일반 교역, 임가공-위탁가공교역, 개성공단 등 교역 및 경제협력 방법도 다변화되었다. 2007년 남북 교역은 일반 교역 21.6%, 임가공 16.3%, 개성공단 24.5%, 금강산관광 등 기타 경협이 37.6%로 분할되어 진행 되었다.

분야별 남북경협 비중 추이

(단위: %)

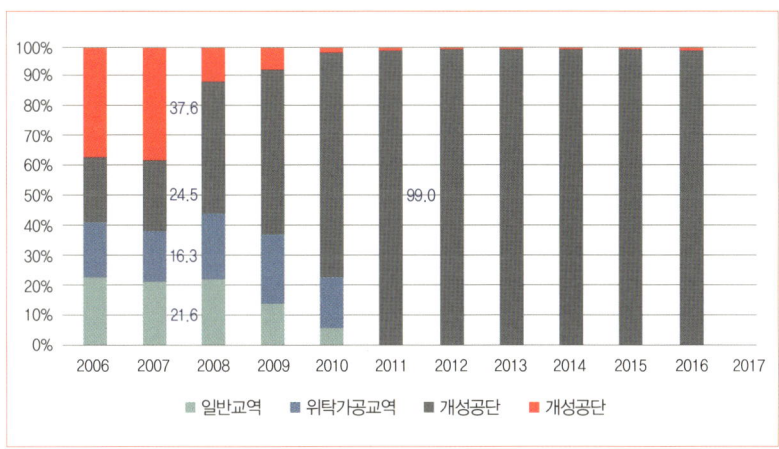

출처: 통일부, 『월간 남북교류협력동향』, 각 연도

    2008년 금강산관광 중 박왕자씨 피살사건으로 금강산관광 사업이 중단되었고, 2010년 천안함사건 발생과 5.24조치로 일반 교역과 임가공 교역이 문을 닫았다. 2016년 북한 핵문제를 이유로 개성공단이 폐쇄되면서 남북 교역은 전면 중단되었다. 한편 섬유의류업 중심으로 진행되던 남북한 임가공 교역이 2010년 중단되면서 대부분의 물량이 중국으로 이전되었다. 이른바 풍선효과가 나타난 것이다.

    북한의 대외무역 파트너에도 주요한 변화가 나타났다. 먼저, 1994년 제1차 북핵 위기를 시작으로 북한 핵문제가 자주 발생하면서 제3국 무역 파트너가 감소하기 시작했다. 둘째, 대외경제 주요 파트너였던 남한과의 교역이 중단되었다. 셋째, 결론적으로 제3국과 남한의 빈자리를 중국이 대체했다.

    제2차 남북정상회담이 열렸던 2007년 북한의 대외 교역 파트너는 중국 41.7%, 남한 37.9%, 제3국 20.4%의 무역 비중을 유지했다. 그러나

북한의 대외경제 관계 파트너 비중 변화 추이

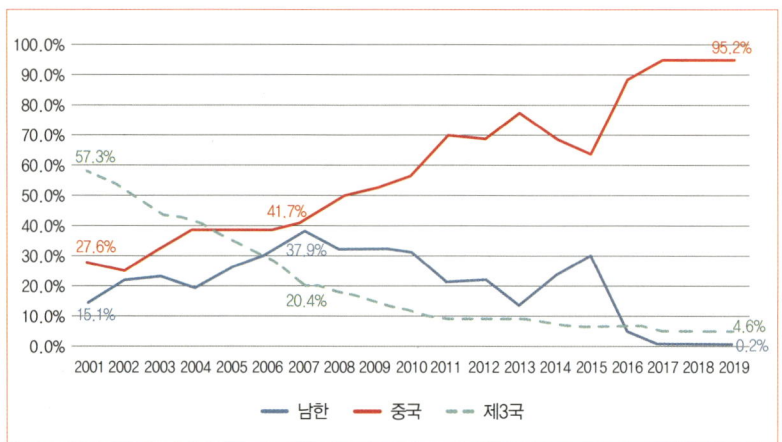

출처: 통일부, 『월간 남북교류협력동향』; KOTRA, 『북한의 대외무역동향』, 각 연도

2006년 북한의 1차 핵실험 이후 제3국의 대북 무역 비중이 급격하게 감소했고, 2007년 이후 남북 교역이 감소하면서 대중 무역 비중은 갈수록 증가했다. 최근 러시아와의 관계가 좋아지면서 대러 무역이 강화될 가능성이 높아졌다.

question
029

북한에도 경제특구가 있을까요?

김정은 체제 등장 이후 북한의 상징적인 대외경제 정책은 '경제특구와 경제개발구'정책이다. 특히 경제개발구 정책은 북한 전 지역을 균형적으로 발전시키기 위한 김정은시대의 대표적인 경제정책이라고 할 수 있다.

2000년대 북한의 대외 경제정책은 「신의주특별행정기본법」, 「라선경제무역지대법」, 「개성공업지구법」 등을 제정하면서 국가가 직접 운영하는 중앙급 경제특구 확대 정책을 추진했다. 이와 함께 2013년 「경제개발구법」을 제정하고 지방급 경제특구 정책을 추진하고 있다.

북한은 「경제개발구법」 제1조에서 경제개발구의 사명을 "대외경제협력과 교류를 발전시켜 나라의 경제를 발전시키고 인민생활 향상에 이바지한다"고 규정하고 있다. 2013년 3월말 김정은 위원장이 '각 도를 자체의 실정에 맞는 경제개발구를 내오고 특색 있게 발전'시켜야한다고 주문한 이후 「경제개발구법」을 제정하고 같은 해 11월 신의주경제특구와 13개 지방급 경제개발구를 지정했다.

이후 2014년 6월에는 최고인민위원회 상임위원회 정령을 통해 '원산-금강산국제관광지대'를 발표하고, 같은 해 7월에는 6개의 경제개발구를 추가 지정하는 등 경제개발구 설립을 지속적으로 추진하고 있다. 2015년

1월에는 13개 지방급 경제개발구 개발 총 계획이 수립되었고, 2015년 10월에는 함경북도 경원경제개발구, 2017년 12월에는 평양시 강남군 고읍리에 강남경제개발구를 신설했다. 북한의 경제개발구는 2021년 4월 함경북도 무산군의 무산수출가공구를 마지막으로 총 28개다. 그중에서 김정은 체제 등장 이후 새롭게 지정된 경제특구와 경제개발구는 25개다.[145]

북한의 특구·개발구별 주요 산업 업종(2023년 기준)

경제특구/개발구			주요 산업 및 업종
중앙급 경제개발구	원산 금강산국제관광지대		관광 휴양 치료
	라선경제무역지대		원자재공업 조선업 장비공업 첨단 기술산업 경공업 서비스업 현대농업
	황금평 위화도경제지대		정보 관광 휴양 현대농업 경공업
	금강산국제관광특구		관광 휴양
	신의주국제경제지대		물류 방직 광산기계 선박
	강령국제록색시범구		금융 과학 관광 농업 무역
	은정첨단기술개발구		소프트웨어 생명공학 공업기술
	진도수출가공구		조선업 철강업 금속업 유리업 사기공업 수산업
지방급 경제개발구	경제 개발구	압록강	현대농업 관광휴양 무역
		혜산	수출가공 현대농업 관광휴양 무역
		만포	현대농업 관광휴양 무역
		청진	금속가공 기계제작 경공업
		경원	전자제품 수산물가공 정보산업 피복가공 식료품가공 관광업
		강남	(농축산지구) 육종 사료생산 농업설비 (공업지구) 첨단제품개발 임가공
	공업 개발구	위원	광물자원가공 목재가공
		청남	탄광 현대농업
		흥남	보세가공 화학제품 건재
		현동	정보산업 경공업 광물자원 활용

경제특구/개발구		주요 산업 및 업종
지방급 경제개발구	수출가공구 송림	수출가공 창고보관업
	와우도	수출가공 조립업 무역 주문가공
	무산	수출가공
	농업개발구 숙천	현대농업 과일가공업 식료업
	북청	과일종합가공 축산업 수산가공업
	어랑	농축산기지 채종 육종
	관광개발구 온성섬	골프장 수영장 경마장
	청수	기초화학 비료화학 채굴 관광휴양
	신평	휴양 체육 오락
	무봉	백두산관광 관광상품

출처: 차명철, 『조선민주주의인민공화국 주요 경제지대들』, 평양: 외국문출판사, 2018. 수정보완
개성공업지구(제조업·식료업·전기·전자·금속·기계)는 개발구에서 제외.

　　최근 북한이 발표한 경제개발구는 중앙급 개발구 8개, 지방급 개발구 19개 등 총 28개가 지정되어 있다. 지방급 경제개발구는 유형별로 종합적 개념의 경제개발구를 비롯해, 공업개발구, 농업개발구, 관광개발구, 수출가공구, 첨단기술개발구 등으로 구분된다. 종합적 개념의 경제개발구는 평안북도 신의주시의 압록강경제개발구와 자강도의 만포, 함경북도의 청진과 경원, 양강도의 혜산 등 5개가 지정되었다. 공업개발구는 중공업과 경공업 분야의 각종 제품을 생산하는 공장들과 그 시설, 즉 하부구조 시설들과 창고 등이 집중 배치되어 수입 대체, 수출 지향, 산업구조 개선형의 공업 생산이 함께 진행되는 개발구이다. 자강도 위원, 강원도 현동, 함경남도 흥남, 평안남도의 청남개발구 등이 공업개발구에 해당한다. 그 외에 농업개발구, 관광개발구, 수출가공구 등이 지정되었다. 북한은 특히 첨단기술개발구를 강조하고 있다. 과학 연구와 생산 공정을 결합한 경제개발구로 과학기술 발전과 선진 기술의 도입, 기술무역의 발

출처: 차명철, 『조선민주주의인민공화국 주요 경제지대들』, (평양: 외국문출판사, 2018)

전, 지식경제시대의 경제일꾼 양성 등을 촉진시킬 수 있게 한다고 설명하고 있다. 평양시 은정첨단기술개발구가 대표적이다.

경제개발구 정책의 목표는 무엇보다 전국토의 경제개발구화 혹은 개발구의 전국적 확산을 지적할 수 있다. 이는 기존의 북한 외곽 5개 경제특구 개발을 통한 점(點) 개방에서 선(線) 개방 방식으로 개발 지역을 확대한 것으로 중국의 경제개발구 정책을 벤치마킹한 것으로 해석된다. 이외에도 지방급 경제개발구의 경우, 지방정부 주도와 개별 기업소 참여로 개발을 허용함으로써 적극성과 자율성을 부과했다는 평가이다.

북한이 최근 경제개발구에 국력을 집중하게 된 주요 배경은 기존 경제특구 정책이 실질적인 성과를 내지 못하고 있기 때문에 외자유치와 지방경제 발전을 촉진하기 위한 과감한 정책의 필요성 때문으로 평가할 수 있다.

북한은 1980년대부터 합영·합작 정책 등 대외개방과 외자유치 정책을 추진해 왔음에도 불구하고 핵과 미사일 개발 등 외교적 고립이 가중되는 상황에서 경제정책 추진 동력을 마련하기 위한 의도에서 경제개발구 정책을 선택한 것으로 보인다. 따라서 경제개발구 정책은 2014년 이른바 '5.30조치'를 통한 내부 경제개혁 조치를 동력으로 대외경제 개방을 추진하는 김정은시대의 투 트랙 경제 발전 정책이라고 할 수 있다.

북한은 경제특구 및 경제개발구 정책을 외자유치의 유력한 수단이라는 점을 숨기지 않는다. 2015년 당시 김천일 국가경제개발협회 처장은 경제개발구 사업을 책임지고 있는 "대외경제성에서는 조선 방문의 초청과 현지 참관 등 여러 나라 정부, 비정부, 민간급 단체들과의 협력, 교류 사업을 다양한 형식과 방법으로 폭넓게 진행하여 경제개발구사업의 활성화를 위한 토대를 갖추어나갈 것을 구상했다"고 밝히고 있다.[146] 또한 경제지대 개발 전문가 양성을 위해 김일성종합대학, 인민경제대학, 원산경제대학 등에 경제지대개발 전문학과를 설치하고,[147] 각종 박람회, 전시회 등을 통해 투자설명회를 개최함으로써 외국자본 유치를 추진했다. 그러나 북한 핵문제로 경제개발구 개발은 중단된 것으로 알려진다.

question
030

북한 정부기구 간에도 칸막이 행정이 있나요?

　북한의 최고 정책 결정기구는 5년마다 개최하는 조선노동당 당대회다. 최근 2021년 소집한 조선노동당 제8차대회에서 김정은 위원장은 "단위특수화와 본위주의"를 "혁명의 원수, 국가의 적"으로 간주하고 "전면적인 전쟁"을 선포했다.[148] "단위특수화"는 권력 기관이 특별한 권력을 행사하는 현상이고, "본위주의"는 기관 이기주의를 지칭하는 것이었다. 즉 사회주의 국가의 통일적이고 계획적인 국가 운영을 가로막는 기관들 사이의 눈에 보이지 않는 특권의식과 이기주의, 그리고 칸막이를 비판하고 제거하겠다는 의지를 표현한 것이다.

　국가 기관 사이의 이기주의와 특권화 현상은 1990년대 중반 '고난의 행군', 즉 국가적 위기 상황에서 국가관리시스템에 구조적 변화를 일으켰는데, 이른바 선군정치의 영향이었다. 선군정치는 위기에 처한 중요한 국가 기간 산업을 군대나 당의 주요 기관이 떠맡거나, 가동이 중단된 공장기업소의 운영에 개입하는 방식의 비정상적인 경제시스템을 만들어냈다. 당·정·군 등 주요 권력 기관이 기관, 기업소 등 특수 단위를 운영하면서 사회주의 중앙관리시스템을 무력화시킨 것이다.

　따라서 "단위특수화와 본위주의"를 통제하고 국가관리시스템을 정상화하기 위한 조치가 필요했는데, 먼저, 국가적인 검열 기능을 강화해 권력 기관과 당간부 이기주의를 통제하고, 둘째, 통일적인 사회주의 계획경제관리시스템을 구축하기 위해 내각의 권한을 강화하는 것이었다.

첫째 국가 검열 기능 강화를 위한 직접적인 조치는 당중앙검사위원회 위상을 격상[149]시키는 것이었다. 당 중앙검사위원회와 검열위원회를 통폐합해 '당의 중앙집권적 규율' 강화를 시도했다. 당 중앙검사위원회는 5년 전 제7차 당대회와는 비교할 수 없는 막강한 권한이 부여되었다. 위원회 구성원이 전원 교체 되고, 위원회의 위상이 격상되었다. 인적 물갈이를 통해 이완된 분위기를 쇄신하고, 위원회 15명 전원이 당중앙위원회 중앙위원으로 선임되었다.[150] 특수한 권력 기관을 통제하고 검열하기 위해서는 검열 기구의 권한 역시 강력해야 했기 때문이다.

당 중앙검사위원회 소속의 실질적인 검열 기관인 중앙검찰소의 권한도 강화되었는데, 먼저, 사법체계 정상화와 권력 기관에 대한 통제 권한이 강화되었다. 국가보위성, 사회안전성 등 권력 기관의 자의적인 '수사-처벌' 기능을 제한하고 '수사-기소'의 정상적인 사법체계를 복원함으로써 권력 기관의 비공식적 일탈행위에 대한 제도적 통제를 강화한 조치였다. 둘째, 비법 기관에 대한 합법적 통제 기능이 부여되었다. 이를 통해 중앙계획경제시스템에서 이탈한 당-정-군의 '단위특수화와 본위주의'에 대한 합법적인 검열과 통제 권한이 확대된 것이다. 중앙검찰소장 우상철은 2021년 2월 회의(당 중앙원회 제8기 제2차전원회의)에서 권력 감독 기관의 책임자로는 이례적으로 "경제계획 수립과 집행 과정에서 법적 통제를 강화"하고, "내각의 주도적 역할에 제동을 거는 일체 행위를 철저히 제어·제압"할 것을 다짐했다. "특히 특수의 울타리를 처놓고 법의 통제 밖에서 사회주의경제관리질서를 란폭하게 위반하는 단위(특수단위, 저자강조)들에 대한 법적 감시를 공격적으로, 련속적으로 드세게 진행하는 것과 함께 경제일군들이 사회주의원칙을 량심적으로 지키고 당의 경제정책을

당 중앙검사위원회의 권한 강화

	제8기 제1차 전원회의 (2021.1.10.)	제7기 제1차 전원회의 (2016.5.10.)
당 중앙위 검열위원회	▶중앙검사위원회와 통합	▶위원장: 홍인범 ▶1부위원장: 정명학 ▶부위원장: 리득남 ▶위원: 김영환·김금철·김용선·김명철
당 중앙 검사위원회	▶위원장: 정상학 ▶부위원장: 박태덕, 리히용 ▶위원: 리경철·박광식·박광웅·전태수·정인철·김성철·장기호·강윤석·우상철*·장광봉·김광철·오동일	▶위원장: 최승호 ▶부위원장: 박명순 ▶위원: 김경·황철식·김용철·리영익·김명훈·계영삼·조정호·계명철·장정주·포희성·정봉석·최권수·허광욱
겸직	① 위원 전원 당중앙위원회 위원 ② 정상학: ▶비서국 비서 ▶정치국 위원 ③ 박태덕: ▶규율조사부 부장 ▶정치국 후보위원 ④ 우상철: ▶중앙검찰소장 ▶정치국 후보위원	① 당 중앙검사위 17명 위원 전원 당 주요직 겸직 없음 ② 검열위원회 7명중 ▶당 중앙위원 2명 (홍인범·김금철) ▶당 중앙위 후보위원 1명(정명학)

＊ 주: 당중앙위원회 제7기 제1차, 제8기 제1차 전원회의 등 인사 결과 기준

진심으로 받들어나가도록 준법교양을 강화하여 국가경제관리 체계와 질서를 침해하는 위법 요소들을 미연에 방지하겠다"고 선언했다.[151]

당 검열기구의 강화를 통한 '특수단위와 본위주의'와의 전쟁선포와 함께 국가경제의 유일적 관리 주체로서 내각책임제가 강화되었다. 내각중심제의 강화 목적은 경제 엘리트들의 실무 능력에 기반한 경제 재건과 이를 위한 통일적인 계획경제시스템 구축이었다.

내각책임제를 강화하기 위한 조치 역시 내각의 권한과 위상을 격상시키는 것이었다. 김정은시대 내각의 권한 강화는 내각총리의 위상 변화와 함께 시작되었다. 2012년 김정은 집권기 이전 내각총리의 위상은 당 중앙위원회 후보위원이었다. 2013년 이후 내각총리의 위상이 급격히 변화했다. 2016년 제7차 당대회를 기점으로 내각총리는 ▲최고 권력 기관인 정치국 상무위원(김정은 위원장 포함 5명 중 1명) ▲국무위원회 부위원장(김정은

내각의 권한 강화

	김정일시대	김정은시대
내각총리 지위	△ 박봉주 내각총리 – 내각총리(2003~2007) – 당 중앙위 후보위원(1980~2013)	△ 박봉주 내각총리 – 내각총리(2013~2019) – 정치국 위원(2013~2016) △ 박봉주·김재룡·김덕훈 내각총리 – 정치국 상무위원(2016~2020) – 국무위원회 부위원장(2016~2020) – 당 중앙위 위원(2016~2020) – 당 중앙위 부위원장(2019~2020)
경제시찰 방식	최고지도자 '현지지도' 동행	내각총리 독자 '현지료해'[153] 진행
내각위상	당 〉 내각	당 〉 = 내각

출처: 〈로동신문〉

위원장 포함 14명 중 1명) 등 국가 최고위직에 포진하면서 내각과 당의 균형추 역할이 부여되었다.

내각의 권한이 더욱 강화된 것은 2021년 제8차 당대회 이후였다. 우리의 행정부와 해당하는 북한의 내각은 약 50여 개 부서로 구성되어있다. 50여 개 부서의 책임자인 내각상 50여 명이 전원 당중앙위원회에 선임되었다. 내각으로서는 과거에 경험해 보지 못한 파격적인 조치였다. 권력 기관의 특권에 대해 국가경제관리 기구로서 내각의 실질적인 권한을 행사하고, 기관 이기주의와 싸워 경제를 발전해야 하는 임무가 주어진 것이었다.

2021년 1월 새롭게 구성된 내각에 맡겨진 구체적인 역할은 '현실적' 계획수립과 집행이었다. 내각상들은 김정은 위원장이 "나라의 경제사업을 통채로 맡겨"주었으며, 그 믿음을 기초로 "내각이 나라의 경제사령부로서 경제사업에 대한 내각책임제, 내각중심제를 제대로 감당"할 것이며, 향후 5년의 경제계획을 통해 "국가적인 자력갱생, 계획적인 자력갱생, 과학적인 자력갱생"을 실천할 것을 다짐했다.[153] 더불어, 국가의 경제관리 통제를 강화하기 위해 "지금 우리 내각일군들은 당대회가 제시한 과업을 결사관철하기 위해 잡도리를 단단히(내각부총리 전현철)"하고, "축적된 경험을 일반화하여 나라의 전반적인 경제 부문에 적용(내각국장 조용덕)"하며, "경제관리를 개선하는데서 불필요한 수속절차와 승인제도를 정리하고 간소화(국가계획위원장, 부총리 박정근)"할 것을 약속했다.[154]

'고난의 행군'이라는 국가 존립의 위기를 경험한 북한이 김정은식의 새로운 국가관리시스템을 구축할 수 있을지는 여전히 미지수다. 당-정(내각)-군의 경쟁관계는 현재진행형이기 때문이다.

question
031

북한에도 파리바게트가 있나요?

　북한에서 가장 인기 있는 음식은 빵, 국수와 같은 밀가루로 만든 음식이다. 2022년 12월 평양의 대표적 음식점인 평양면옥에서 밀가루음식전시회를 개최했다. 밀가루를 원료로 만든 50여 종 1,500여 가지의 음식과 가공품들이 전시되었는데, 북한에서는 처음 열리는 전시회였다.[155]

　전시회에는 금컵체육인종합식료공장, 경흥은하수식료공장, 운하대성식료공장, 금성식료공장, 고려식료가공공장, 릉라식료공장 등 내노라하는 식료공장 및 서비스기업 70여 곳이 참여했다. 빵, 피자, 햄버거 등 전시된 밀가루음식은 방송과 언론매체를 통해 주민들에게 여과 없이 보도됐다. 그만큼 밀가루.제품에 대한 주민들의 수요가 높다.

　주민들의 밀가루음식에 대한 관심은 갑자기 나타난 현상이 아니다. 밀가루와 관련된 흥미로운 데이터 두 가지를 살펴보면 이러한 현상을 이해하는데 도움이 된다.

　지난 2022년까지 6년 동안 북한이 수입한 밀가루 총량은 65만 8천여 톤이다. 같은 기간 수입한 쌀 31만 5천여 톤과 비교하면 두 배가 넘는다. 한편, 장마당의 밀가루 가격 변동은 더 드라마틱하다. 2022년 1월말 1만원(kg/북한원)하던 것이 14개월만인 2023년 2월말에는 2만으로 약 100%

북한의 밀가루음식 전시회

출처: 밀가루음식 전시회, 〈조선의 오늘〉, 2022년 12월 15일. https://dprktoday.com/photos/22220 (검색일: 2023.8.10.)

시장 쌀·옥수수·밀가루 가격: 2022년 1월~2023년 9월

(단위: 1kg/북한원)

자료: 신의주, 평성, 정진시장 월말 가격

상승했다. 같은 기간 쌀 1kg은 5,000원에서 26% 상승한 6,300원에 거래되었다. 남한에서 거래되는 일반적인 쌀 1kg의 가격은 밀가루의 2.5배 이상 높게 거래되는 현상과 비교하면 북한 주민들의 밀가루 사랑을 확인할 수 있을 정도다.

한편, 북한이 자체 생산하는 밀 생산량이 늘어나고, 수입량이 지속적으로 증가하면서 최근 북한 시장의 밀가루 가격은 대폭 하락하고 있다. 그럼에도 불구하고 쌀 가격과 비교하면 여전히 높은 가격을 유지하고 있다.

2021년 11월 세계적인 학술 저널 『네이처푸드(NATURE FOOD)』에 흥미로운 연구결과가 발표됐다. 현재와 같이 대기 중 온실가스 농도가 유지된다면, 세기말에 글로벌 옥수수 생산량은 24% 감소하고, 밀 생산량은

기후변화에 따른 글로벌 곡물 생산구조 변화

출처: Jonas Jägermeyr et al. Climate impacts on global agriculture emerge earlier in new generation of climate and crop models, NATURE FOOD, VOL.2, NOVEMBER 2021.
* 주1. ■ 2014년 추정결과, ■ 저탄소 시나리오, ■ 고탄소 시나리오
* 주2. Climate Model, [예시, GFDL-ESM4: 프린스턴대학 지구물리유체역학연구실(GEOPHYSICAL FLUID DYNAMICS LABORATORY, GFDL) 지구시스템모델 4(Earth System Model version 4, ESM4)]
* 주3. Crop Model, [예시, ACEA, 옥수수 종자]

17% 증가한다는 것이다.

특정 작물의 생산량이 20% 이상 변동성을 보인다면 국제적으로 심각한 식량문제를 초래할 수 있다는 경고와 함께 연구결과를 발표한 곳은 미국 항공우주국 NASA의 고다드연구소(Goddard Institute for Space Studies, GISS)로 콜롬비아대학교 지구연구소(Columbia University Earth Institute)와 제휴해 지구의 기후변화를 추적하고 있는 가장 권위 있는 연구 기관 중 한 곳이다.

북한도 '재해성 이상기후'에 대응해 발빠르게 식량정책을 전환했다. 대표적인 정책이 옥수수는 줄이고 밀 재배 면적을 확대하는 것이다. 김정은 위원장도 지난 2021년 9월 옥수수를 줄이고 밀 재배 면적을 늘리자고 주문했다. 후속 조치로 같은해 12월 소집된 회의에서 '세계농업발전 추세'에 맞게 주민들의 주식을 기존의 쌀과 옥수수에서 쌀과 밀가루로 대체한다고 밝혔다. 글로벌 기후변화에 대응해 작물 구조를 전환하겠다는 의지를 분명히 한 것이다. 옥수수 대비 밀, 보리의 유리한 생물학적 특성을 충분히 고려해 주민들의 선호에 맞는 백미와 밀가루 중심의 식생활을 보장하고, 밀 증산을 통해 식료공업, 경공업 원료의 자립 체계를 강화하겠다는 것이다.[156]

파리바게트 같이 전국 어디서나 찾아볼 수 있는 우리 빵가게와는 달리 북한은 지역의 거점 식료공장이 생산하고 배급하고 판매하는 방식으로 밀가루 제품을 공급하고 있다.

question
032

북한에도 스마트팜이 있을까요?

2023년 10월 북한은 대규모 온실남새(채소)생산용 영양액비료공장을 준공했다. 평안남도에 위치한 순천화학련합기업소가 액비료 생산공정을 준공함으로써, 2023년 준공을 목표로하는 평양의 강동온실농장을 비롯해 북한의 서부지역 채소 전문 생산농장들이 생산성을 끌어올리는데 중요한 계기를 마련하게 되었다.

북한은 최근 통합생산시스템이 완비된 대규모 온실농장을 건설하고 오이, 토마토, 고추, 배추 등 채소류를 대량 생산하고 있다. 일종의 스마트팜이 건설되고 있는 것이다. 2019년 10월 중평온실농장 건설장을 현지지도하면서 김정은 위원장이 모든 도에 대규모 온실농장을 하나씩 짓겠다는 계획을 밝힌 이후 함경북도에 중평온실농장, 함경남도에 련포온실농장이 건설되어 채소를 생산하고 있다. 평양에는 2023년 준공을 목표로 강동온실농장이 건설 중이다.

먼저 건설된 중평온실농장은 2019년 12월 함경북도 경성군 중평지구에 전체 면적 200정보(약 200만㎡, 여의도 면적의 약 2/3) 규모로 조성되었다. 준공 2년만인 2022년 12월에 연간 생산계획을 완수하고, 함경북도의 상업봉사망과 청진시, 초등학교 중등학교에 신선한 채소를 정상적으로 공급했다고 알려진다.[157] 한편, 2023년 8월에는 국가과학원의 도움을 받아

1,000㎡ 온실에 원통형 남새 재배 장치를 설치해 채소 시험 재배에 성공하기도 했다.

2022년 10월 함경남도 함주군에는 전체 면적 310만㎡(여의도 290만㎡) 규모의 련포온실농장을 준공했다. 2023년 2월에는 첫물 채소를 수확해 함흥 시민들에게 공급했고, 4월에는 토마토, 오이, 배추 등을 인근 대규모 공장에 공급했는데, 주요 대상은 룡성기계련합기업소, 흥남비료련합기업소, 국가과학원 함흥분원 등이다. 5월에는 매일 수십 톤의 배추, 오이, 토마토 등 온실채소를 생산했는데, 흥남비료련합기업소와 2.8비날론련합기업소에서 영양액비료를 충분히 공급해 주었기 때문이라는 것이다.

세 번째 대규모 온실농장인 강동온실농장이 2023년 2월 착공했다. 부지 면적 약 280만㎡이며 위치는 중평과 련포와 같이 군용비행장 부지를 농장 부지로 전용하고 수백 동의 온실을 건설 중이다. 강동온실농장은 이전 온실농장보다 지능화, 집약화 수준이 강화되었으며, 동시에 대규모

련포온실농장

자료: 련포온실농장 조업, 〈조선의 오늘〉, 2023년 2월 15일

축산기지가 조성되고 있다. 2022년 초부터 시작된 강동군 축산기지 공사는 1단계 공사를 마치고 2단계 공사를 추진 중이며 1,300여 동의 살림집과 생산건물, 염소우리, 건초창고, 사료저장고 등이 배치될 예정이다.[158]

중평과 련포온실농장이 준공과 함께 채소를 대량 생산할 수 있었던 배경에는 비료 등 농자재 공급과 생산 과정을 통제하는 통합생산시스템과 같은 운영체계의 영향이 크다고 할 수 있다. 채소를 전문적으로 생산하는 온실농장은 액체비료 공급 능력이 생산량을 좌우한다. 중평과 련포온실농장에는 흥남영양액비료공장과 2.8비날론련합기업소에서 생산되는 액체비료가 공급되고 있다. 중평온실농장이 준공하지 1년만에 흥남비료련합기업소 내에 액체비료를 전문적으로 생산하는 영양액비료공장을 새로 건설하고 비료를 생산하고 있다.

한편, 최근 준공해 액체비료 생산을 시작한 순천화학련합기업소는 2023년 준공 예정인 평양의 강동온실농장과 서부지역 채소 전문농장에 비료를 공급할 계획이다. 이례적인 현상은 강동온실농장이 준공되기 전에 액비료생산공장이 먼저 준공해 조업을 개시했다는 점이다. 채소생산에 국가의 정책적 관심이 그만큼 높다는 사실을 반영하고 있다. 비료 제조 및 생산 기술은 국가과학원 함흥분원 무기화학연구소 등 연구 기관이 다양한 영양액비료 제조 기술을 개발해 농장에 보급하고 있다.

액비료공장 건설

	액비료 생산 단위	준공	공급 대상
서부 지구	순천화학련합기업소	준공 로동, 2023.10.5.	강동온실농장(2023 준공예정) 등 평양 등 남새전문농장
동부 지구	흥남비료련합기업소 흥남영양액비료공장	준공 로동, 2020.9.11.	중평온실농장(2019.12.4. 준공) 련포온실농장(2022.10.10. 준공) 남새전문농장
	2.8비날론련합기업소	련포온실농장 액비공급, 로동, 2023.5.26.	

중평온실농장 통합생산관리시스템

자료: 중평지구 남새바다, 목란 youtube (검색일: 2022.12.3.)

한편, 수백여 동의 온실을 관리하고 생산성을 높이기 위해서는 농장의 통합생산관리시스템이 필수적이다. 중평온실농장은 준공 1년 만에 국가과학원 현대화연구소 공업정보1연구실, 전자일용품연구실 등의 지원으로 에너지관리프로그램 및 지능형 온실관리체계를 완성해 보급했다.[159]

련포온실농장의 통합생산관리시스템은 이전보다 개발 수준이 높아졌다. 2023년 6월 국가과학원 현대화연구소는 련포온실농장의 지능형 통합생산체계 구축을 위해 "10여 종에 수천 대에 달하는 《설봉》계열의 공업용 전자제품들과 《흰구름》계열의 공업용 쏘프트웨어를 이용해 강력한 보안기능을 갖춘 첨단 수준의 성능 높은 분산형 조종체계 《미래102》가 모든 분조종소들에 도입, 몇 개 나라의 독점물로 되어 있던 분산형 조종체계를 비롯하여 첨단 수준의 공업정보 제품들을 기어이 우리식으로 개발하고 국산화했다"고 밝히고 있다.[160] 한편, 강동온실농장의 통합생산관리시스템은 기존의 온실농장보다 "지능화, 집약화 수준이 더 높은, 한 세대 더 발전된 온실농장"을 예고하고 있다.[161]

중평련포남새온실농장의 정보화: 지능형 통합생산체계 구축

	중평남새온실과 양묘장	련포남새온실농장
준공	2019.12.	2022.10.
위치 및 공급지역	- 함경북도 경성군 중평지구 - 함경북도 일대 공급	- 함경남도 함주군 련포지구 - 함경남도 일대 공급
규모	- 전체면적, 200정보(약 200만 m²)	- 세계 최대규모[163] - 전체 면적, 310만m²(여의도 290만m²) - 온실 면적, 280만m²
구성	- 온실구역, 양묘장구역 - 반궁륭식 2중박막 수경온실 300동, 토양온실 20동 - 590세대 살림집	- 온실동수: 852동 - 수경:토양온실 비율 6:4 - 반궁륭식 2중박막 수경온실 604동 - 반궁륭식 2중박막 토양온실 230동 - 궁륭연결식 박막 토양온실 16동 - 양경사면연결식 유리수경온실과 토양온실 각 1동 - 1,000여세대 살림집
정보화	- 종합적인 기계화, 정보화 실현 - 종합생산지령실의 영양액공급과 온습도조절 기능 구축, 통합생산체계에 의한 경영관리와 온실남새농사의 과학화, 집약화 수준 강화[164] - 지능형 온실관리 체계 완성	- 국가과학원 현대화연구소, 지능형통합생산 체계 구축(로동, 2023.6.17.) - 지능형통합생산 체계 구축을 위해 10여종에 수천 대에 달하는 《설봉》계열 공업용전자제품들과 《흰구름》계열 공업용쏘프트웨어 이용 - 강력한 보안기능을 갖춘 첨단수준의 성능높은 분산형조종 체계 《미래102》가 모든 분조종소들에 도입 - 이것은 몇개 나라의 독점물로 되여있던 분산형조종 체계를 비롯하여 첨단수준의 공업징보제품들을 기어이 우리 식으로 개발하고 국산화한 결과

question
033

최근 북한식 새마을운동이
진행되고 있다는 것이 사실인가요?

2022년 9월 북한 최고인민회의(우리의 국회)는 「농촌발전법」을 제정했다. 법률의 제정 목적은 ▲농촌의 비약적 발전과 아름답고 문명한 농촌, 그리고 ▲농업 발전을 통해 주민들의 생활환경과 문화 휴식 조건을 개선하기 위해 법률을 제정했다는 것이다. 「농촌발전법」은 북한식 새마을운동의 종합판인 셈이다.[164]

「농촌발전법」에 수록된 구체적인 국가정책은 2021년 1월 제8차 노동당대회에서 제기되었다. '농촌경제와 지방경제 발전, 인민생활 향상'을 위해 농촌에서 '노동자와 농민간의 차이, 공업과 농업간의 차이, 도시와 농촌간의 차이'를 없애기 위한 목표를 제시했다.

2021년 1년 동안 농촌발전정책은 '새시대 농촌혁명강령'이라는 이름으로 체계화되었다. 농촌발전 10개년계획 추진을 위한 주요 정치회의를 소집되고 사업이 추진되었는데, 북한의 최고권력기구인 제8차 당대회에서 제기된 정책이 ▲제1차 시·군당 책임비서강습회(2021.3.4~7) ▲최고인민회의 제14기 제5차회의 「시군발전법」 제정, 김정은 위원장 시정연설(2021.9.29.) ▲제5차 3대혁명선구자대회의 김정은 위원장 서한(2021.11.18.)

▲제8기 제4차 전원회의(2021.12.27~31)에서 정책의 추진 주체, 범위, 방법 등이 구체적으로 제시되었다. 이어서 농촌 건설에 필요한 시멘트공급을 위한 ▲「시·군건설세멘트보장법」(2022.1.29.) 제정 ▲「농촌발전법」(2022.9.7.)을 제정하면서 '북한식 새마을운동' 추진 계획이 완성되었다.

2021년 12월 확정된 '새시대 농촌혁명강령'의 구체적 정책사업은 ▲농업 부문(식량증산) ▲(지방)공업 부문 ▲(살림집)건설 부문 ▲국토관리(치산치수) 부문 ▲교육 부문 ▲보건 부문 등 6대 정책 과제이다. 6대 과제는 10년 동안 단계적으로 추진해 식량문제를 완전히 해결하고, 농촌의 생활환경을 획기적으로 개선하겠다는 것이다.

가시적인 성과는 살림집 건설에서 두드러지게 나타난다. 살림집은 단독, 다세대, 아파트 등 다양한 유형으로 건설되었다. 「시·군건설세멘트보장법」이 제정된 이유도 살림집 건설에 필요한 시멘트를 안정적으로 공급하기 위한 조치였다. 언론보도에 등장하는 살림집 건설 실적에 따르면 2022년 이후 준공 실적이 급증했다.[165]

농촌살림집 건설

자료: 강원도 농촌살림집 새집들이, 〈아리랑메아리〉 www.arirangmeari.com (검색일: 2023.7.25.)

특히 살림집 건설 정책을 본격적으로 추진하면서 2021년 착공해서 2022년 본격적으로 준공 실적이 증가하기 시작했다. 2023년 상반기 실적은 더욱 가파르게 증가하고 있는데, 건설 노하우와 자재 공급 능력이

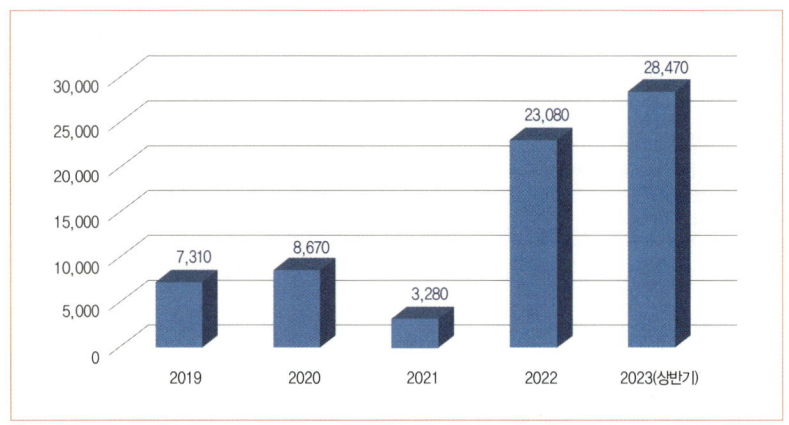

출처: 동국대 북한학연구소, 「북한 임산물 교역 동향 분석 및 남북교류협력 방안」, 국립산림과학원 용역보고서, 2023. 9. pp. 107-108.
* 주: 「로동신문」, 「조선중앙통신」, 「조선중앙방송」 등 북한 언론보도 기준 살림집 건설 추정.

향상되었기 때문이다. 지역별·유형별 분포를 살펴보면, 인구밀도가 상대적으로 높은 평양시에는 고층아파트를 중심으로 살림집이 건설되었고, 나머지 지역은 단독주택, 다세대주택이 주로 건설되었다.

한편, 농촌지역의 지방공업단지가 전국적으로 건설되고 있다. 시범단지인 강원도 김화군 지방공업단지가 착공 1년 만에 ▲식료공장 ▲옷공장 ▲일용품공장 ▲종이공장을 준공하고 조업을 개시했다. 김화군은 2020년 여름 태풍 피해가 심각했던 지역인데, 피해 복구와 함께 강원도 지역의 생필품을 생산하는 공업단지를 조성하는 전화위복의 상징이 된 곳이다.

그 외에도 지방의 자연재해를 대비하기 위한 ▲치산치수사업(10개년계획)을 비롯해 ▲교육사업(지방교육 시설 건설 및 교육환경 개선) ▲보건사업(기초의료시설 개선) ▲식량증산정책이 지역별로 추진되고 있다.

김화군 지방 공업단지 준공(2022년 6월)

자료: "김화군의 새모습," 『금수강산』, 평양: 오늘의 조국사, 2022년 12월호, p.46.

question
034

북한의 우유는 평양우유인가요?

2023년 10월초 북한 언론은 국가가 전국의 "탁아유치원 년령기의 모든 어린이들에게 하루도 빠짐없이 정상적으로 젖제품(유제품)"을 공급하고 있다고 보도했다.166 새로운 육아정책 실시 2년 만에 성장기 어린이를 위한 유제품 생산 및 공급의 정상화를 선언한 것이다. 김정은시대의 '인민대중제일주의' 정치 방식을 인민들의 실생활에 적용하기 위한 또 다른 사업이 진행되고 있다.

2021년 6월 북한 당국은 당중앙위원회 제8기 제3차 전원회의에서 김정은 위원장은 국가예산의 부담이 크더라도 어린이의 양육 조건을 보장하는 것이 "국가의 최중대 정책이고 최고의 숙원"임을 강조했다. 따라서 "성장발육에서 탁아소, 유치원시기가 제일중요한 년령기"에 "전국의 어린이들에게 젖제품을 비롯한 영양식품을 공급"할 것을 주문했다.167

'새로운 육아정책'이 결정된 이후 8개월 만에 최고인민회의는 「육아법」을 제정했다. 「육아법」이 가장 중점을 두고 추진한 사업은 유제품 생산과 공급체계를 구축하는 것이었다. 국가에서는 시, 군에 유제품 생산기지를 조성하는 사업을 전개했다. 해당 지역의 어린이 수에 맞는 유제품 수요를 계산해 필요한 젖소 및 염소목장과 사료 공급을 위한 초지 조성

> **「육아법」(2022.2.7. 제정)**
>
> **제2조 육아사업의 기본원칙**
> 국가는 어린이영양식품의 생산 및 공급 체계를 정연하게 세우고 모든 어린이들에게 젖제품을 비롯한 영양식품을 무상으로 정상적으로 공급하며 가장 훌륭한 양육조건을 보장
>
> **제6조 국가보장 식료품**
> 젖제품(유제품), 소금, 물고기, 다시마, 과일, 암가루(이유식)를 국가에서 계획적으로 생산 공급
>
> **제7조 지방보장 식료품**
> 고기, 알, 남새, 당과류, 기초식품 등은 지방에서 계획적으로 생산, 공급

어린이 젖제품

출처: 『조선』, (평양: 조선화보사, 2021), 7월호, pp.60~61.

등 후속 조치를 추진했다. 국가설계총국과 농업위원회 축산설계연구소는 목장건설을 위한 표준설계안을 작성하고 있고, 한덕수평양경공업대학 등 연구 기관에서는 신젖(요구르트), 젖가루(분유) 생산 설비 제작을 위한 설계도면을 작성해 모든 도에 배포했다. 또 식료공업성(현재는 지방공업성)은 젖가루 생산 설비를 제작해 각 지역에 공급하는 체계를 구축했다. 농근

맹 등 사회단체는 농촌에서 더 많은 젖소와 염소를 길러 젖제품의 생산을 늘리기 위한 사회주의경쟁운동으로 사업을 측면 지원했다.

최근까지 북한의 어린이 영양상태는 국제기준에 미치지 못하는 것으로 알려지고 있다. 2021년 5월 유엔아동기금(UNICEF)과 세계보건기구(WHO), 세계은행(WB)이 공동으로 발간한 '2021 아동 영양실조 추정치-수준 및 동향' 보고서에 따르면, 북한의 5세 미만 아동 발육부진 비율이

2023년 육아정책 주요 동향: 유제품 생산 동향

월	주요 동향
5	함경남도, 흥상 젖소목장과 인흥 젖소목장, 보리싹 사료로 소젖 생산 확대
5	평안북도, 모든 시·군에 염소목장 건설 및 개건 현대화 공사 끝내고 수백 개의 농장에 분무건조식 젖가루 생산 설비를 갖춘 젖가공실 조성
6	함경북도, 120여 대 젖가루 생산 설비 제작 설치
6	함흥시 청년염소목장, 염소젖 생산 전년대비 1.5배 증산
6	평안북도, 백 수십 대의 분무건조식 젖가루 생산 설비를 제작해 도안의 농장, 공장, 기업소들에 설치하고 여러 지역의 염소목장 건설도 결속
7	평안북도 삭주군, 새 방목지에 염소목장 건설
7	함경북도, 풀판 조성과 우량품종 염소 확보 주력
8	강원도, 젖제품 운반 능력 강화
8	성, 중앙 기관 시·군 염소목장 조성 지원 정보산업성-무산군 염소목장, 외무성-평양시 구빈 축산농장, 보건성-철산군 염소목장, 대성은행-북청군 염소목장, 사회안전성-장풍군 염소목장, 후원 단위-항구구역 염소목장 등
9	함경북도, 신젖 생산 설비 수백 대 제작 설치
9	함경북도 농포 젖소목장, 개건 현대화 공사 마감 단계
10	평안남도, 후탄 젖소목장 건설
11	함경남도 단천시, 목장 건설
11	량강도 혜산시 젖소목장 건설
11	황해북도, 황주 젖소목장 건설
11	평안북도, 수백 동의 공동 축사

2020년 기준 18.2%인 총 317,800명으로 추정했다. 남한의 2.2%, 41,700명과 비교하면 7배 이상 차이가 나는 수치다. 보고서에 따르면 북한의 어린이 영양상태 지표가 소폭 개선되고 있지만, 여전히 발육부진, 저체중 비율이 상대적으로 높다는 것이다.

이러한 상황을 타개하기 위한 육아정책이 추진되고 있는데, 정책의 우선 과제는 유제품 생산과 공급 능력 확대이다. 2021년부터 추진되고 있는 어린이 유제품 생산공급사업은 크게 두 가지 방향으로 전개되고 있다. 먼저 염소와 젖소의 축산 기반을 강화하고 둘째, 생산된 젖을 활용해 유제품을 가공 생산하는 사업이 동시에 진행되고 있다. 도·시·군 등 행정 단위를 중심으로 목장을 새로 건설하거나 기존 시설을 개선하는 작업이 지속되고 있다. 2023년에만 평안북도, 황해북도, 함경북도, 량강도 등 도급 젖소목장이 새로 건설되었다. 이렇게 건설된 목장이나 인근에 유제품 가공 시설과 설비를 조성해 해당 지역 어린이들에게 유제품을 공급하고 있다. 그 결과 2023년 10월 전국적으로 유제품을 매일 공급 중인 것으로 알려진다.

새로운 육아정책, 즉 유제품 공급정책은 첫째, 북한의 지속가능한 발전을 뒷받침하는 '건강한' 인구 재생산과 미래의 성장 잠재력을 구축하기 위한 것이며 둘째, 김정은시대의 정치 방식인 '인민대중제일주의'을 구현하기 위한 사업이며 셋째, 어린이의 '후견인'으로서 '어머니당'과 '어버이수령'의 역할을 강화함으로써 '사회주의대가정'을 회복하여 체제 결속을 꾀하기 위한 정책으로 해석할 수 있을 것이다.[168]

question
035

북한에서 과학기술 정책을 담당하는 정부, 기관은 어디인가요?

　북한 과학기술 정책은 인민경제(민수경제)와 연계되는 일반 부문과 "제2 경제(군수경제)"로 불리는 국방 부문의 투 트랙으로 이루어져 있다. 1960년대 초반부터 군수 부문을 일반 부문과 분리하여 우선순위를 두고 국방과학을 집중 육성해 왔다. 따라서 두 부문은 정책 방향 및 정책 결정체계, 연구 및 행정체계와 기관 구성도 상이하다.

　일반 부문은 통상적 북한 정책체계와 같이 당-내각-지역-단위 순서로 정책 위계가 구성된다. 당중앙위원회 과학교육부가 정책 방향을 결정하면, 내각의 과학기술위원회가 발전 방향, 도달 목표, 실행 방도 등을 구체화하여 '과학기술 발전전략'을 수립한다. 북한 「과학기술법」에 따르면, 정책과 연구개발은 지식경제강국 건설을 위해 '과학기술-생산(경제) 결합', '과학기술 발전에 기초한 첨단산업 창설' 등의 원칙을 견지하고 국가의 경제적 필요를 긴밀하게 반영해야 한다.

　당 과학교육부를 거쳐 국가과학기술위원회에서 구체화된 정책은 국가과학원, 각 급 연구 기관, 내각 각 성 및 산하 연구 기관으로 하달된다. 국가과학원 등의 중앙 연구 기관은 부문별 과학기술 발전전략을 작성하고 내각의 비준을 받는다. 또한 국가과학기술위원회와 국가과학원 등은 각 개별 단위에 전달할 과학기술 발전계획 작성지도서를 만들어 각 기관, 기업소, 단체에 배포한다. 기관, 기업소, 단체는 당과 내각, 국가과학원에서 설정한 정책 방향, 구체적 발전전략 및 지침서에 준거하여 당해 연도 계획과 전망 계획을 작성하고 그에 따라 연간 연구를 수행한다. 당해 연도 계획과 전망 계획은 연구 주제의 중요성 및 연구비 지원처에 따라 국가 과제, 기관 및 기업소 과제로 분류하여 작성한다. 개별 기관의 정책 실행은 「과학기술법」에 따라 월별, 분기별, 항목별로 일정한 평가를 거치며, 계획 달성 실행률에 따라 연구 수행에 대한 사업비 등의 지원 규모에도 영향을 미친다.

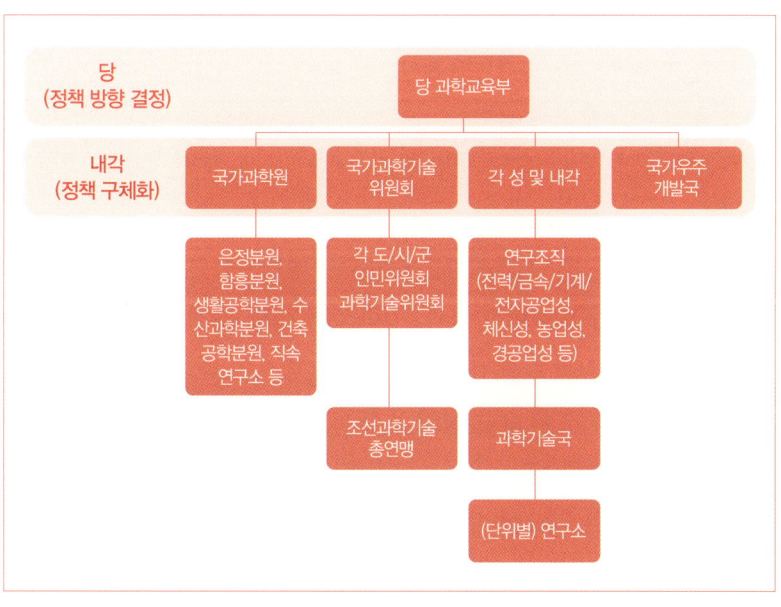

과학기술 정책 및 연구 결정·실행 체계(일반 부문)

출처: 저자 작성.

국가과학원은 각 급 연구 기관의 행정·연구 지도 기관으로 가장 큰 규모의 연구·행정 기관이기도 하다. 국가과학원은 정책 실행 및 발전전략 수립에 있어서 과학기술위원회의 지도를 받지만, 과학기술위원회의 하위 기관이 아니라 지위가 동등한 내각의 성급 기관이며, 연구 체계에서는 가장 최상위 기관이다. 국가과학원은 1952년 12월 1일 종합연구 기관으로 창립되었다가 인문·사회 부문과 군수 부문이 독립하면서 자연과학·공학 특화 연구 기관으로 자리를 잡았다.

군수 부문의 경우 당 중앙군사위원회 및 당 군수공업부의 정책 결정에 따른다. 제8차 당대회에서도 군수공업 부문은 별도로 협의회가 개최되었다. 군수 부문은 일반적 내각이 아니라 소위 "제2의 내각"으로 불리는 '제2경제위원회'의 지도를 받는다. 1960년대부터 두 부문이 분리된 이후, 정확한 관계 법령이나 기관을 공개하지 않기 때문에 일반 부문과 달리 전략, 계획 등의 정확한 체계는 알 수 없다. 다만, 당 군수공업부 산하에 실무 총괄 부서인 국가항공총국, 원자력총국, 미사일총국 등을 두고 각 총국 산하에 각종 위원회와 연구원, 연구소, 분소가 갖춰져 있다. 군수 부문은 재정, 계획, 연구개발, 총화, 생산, 공급, 분배, 대외무역의 모든 활동이 독자 체계를 갖추고 있다. 또한 필요한 에너지, 자재, 자금 등도 우선 지원받는다. 「원자력법」 제43조는 "국가계획 기관과 과학기술행정지도관리 기관, 로동행정 기관, 전력공급 기관, 재정 기관, 은행 기관을 비롯한 해당 기관은 원자력 부문에 필요한 로력과 기술 자료, 전력, 설비, 연료, 자재, 자금 같은 것을 우선적으로 보장"하며 "다른데 돌려쓸 수 없다"고 규정하고 있다.[169]

국가과학원이나 일반 공장, 기업소는 필요에 따라 '일용' 등의 명칭을 붙이고 군수 과학기술 및 생산 등에 참여해야 한다. 다만, 김정은 위원장 집권 이후 군수공업 성과를 민수로 이전하려 하고, 김책공업종합대학이나 김일성종합대학에서 국방과학 연구에 참여하거나 '국가비상설우주과

원자력총국 조직도(추정)

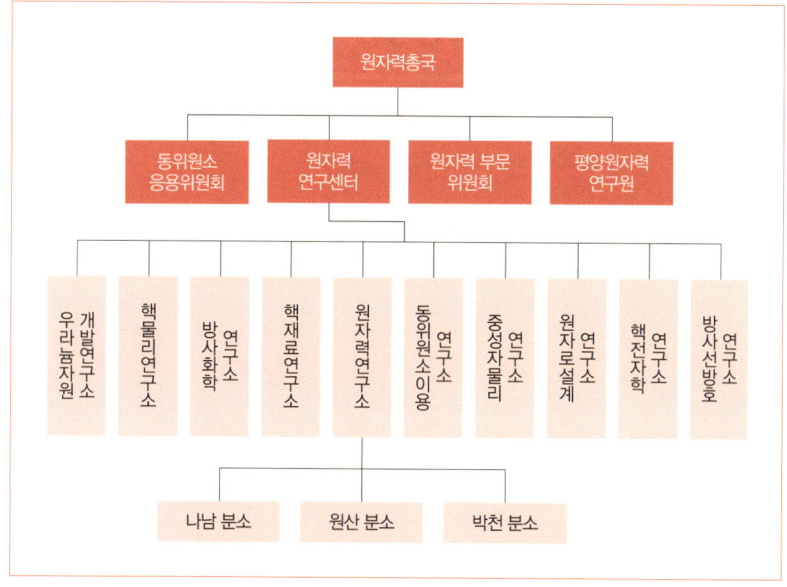

출처: '과학기술 행정 및 연구 체계,' 북한정보포털 홈페이지
https://nkinfo.unikorea.go.kr/nkp/overview/nkOverview.do (검색일: 2023.12.16.)

학기술위원회'처럼 두 부문이 명확히 구분되지 않는 영역에서 협력하는 등의 움직임이 포착된다.

question
036

북한의 핵, 미사일 기술을 이용해서 주민생활에 필요한 생필품을 만들 수는 없나요?

군수 우선 정책이 60여 년 이상 지속되다 보니, 민수 부문과 군수 부문의 격차는 크게 벌어졌다. 이에 따라 북한 당국은 최근 군수 부문의 성과를 주민생활과 직결되는 경공업 및 농업 부문에 적용하려는 조치를 취하고 있다. 이러한 '민수전환'은 여러 가지 방법이 있는데 연구개발에서 예산이나 인적 지원을 이전하는 경우, 군수 시설 이전, 군수공장에서의 민수 제품 생산, 군수 기술의 민수 응용(Spin-off), 군수품 생산 종료 후 민수제품 생산 등이 있다.[170]

대표적 사례로, 중평남새온실농장은 관리 상태가 디지털화되어 화면에 표시된다. 이 농장은 김정은 위원장이 2018년 여름 함경북도 경성군 중평리 공군비행장 현지지도에서 군 주도로 30만 평 온실농장 및 양묘장 건설을 지시하면서 건설되었다. 그 이후 2019년 12월 완공되었으며, 김정은 위원장이 2022년 1월 함경남도 함주군 련포비행장에 방문하여 중평남새온실농장과 유사한 대규모 온실농장을 건설하도록 지시하여 같은 해 10월 련포온실농장이 완공되었다. 이외에도 "조선노동당 제7차 대회에 인민군대가 드리는 선물"로 불린 조선인민군 제122호 양묘장은 자동화 시설을 갖추고 전국 수림화 및 원림화를 위한 민수전환에 참여하고 있다.

　군수 부문에서 생산한 민수제품은 1983년 11월 설립된 평양시 '창광상점'에서 판매되어왔다. 창광상점은 2015년 미래과학자거리에 지상5층, 지하1층의 대규모 건물을 신축하여 각종 그릇, 어린이 장난감, 각종 생활용품, 의류, 전자제품 등을 판매하고 있다. 2015년부터 홀수 해마다 군수 부문에서 생산한 민수제품 품평회를 개최하여 어린이 유모차, 주방용품, 가전제품 등의 각종 민수제품을 전시하였다.

　2022년 9월 25일 황해도 해주에서는 전국 군수공장들이 생산한 이동식 벼 탈곡기 1500대, 소형 벼 수확기 2,500대, 옥수수(강냉이) 탈곡기 500대, 토양관리기계 1,000대 등 5,500대를 추수 현장에 전달하였다. 그날, 해주광장에 주민들이 한복과 양복을 입고 모였으며 당정치국 상무위원 및 위원, 내 부총리 등이 참여하는 등 대대적 전달식이 개최되었다. 김정은 위원장은 군수공장에서의 민수제품 생산을 독려하는데, 2015년 5월에는 인민군 제810군부대 산하 석막대서양연어종어장과 낙산바다연어양어사업소를 시찰하면서 "어깨춤이 절로 난다"고 극찬하였다.

　군수 부문에서 발전시킨 CNC 등 무인화 기술과 정밀기계공업 기술 역시 민수공장 생산라인에 적용되고 있다. 2014년 11월 김정은 위원장은 인민군 산하 식품공장인 '2월20일공장'을 찾아 자동화, 무인화, 무균화 공정에 대해 전체 공장의 현대화 본보기를 삼으라고 하였다. 이후, 맥주 생산으로 유명한 만경대경흥식료공장이 2015년 2월 완공되면서 "조선인민군 2월20일공장의 모범을 따라 배우겠다"[171]고 했다. 특히 CNC는 북한 당국이 군수의 민수전환을 가장 활발하게 하는 분야 중 하나로, 본보기 공장인 평양기초식품공장, 평양양말공장, 대동강과일가공공장, 평양밀가루가공공장 등이 자동화를 추진한 바 있다.

　COVID-19 이전인 2018년 김정숙제사공장의 경우 컨베이어 벨트에 실린 누에에서 실을 뽑고, 평양류원신발공장에서는 축구화를 부착하면 기계가 자동으로 축구공을 차고 그 사용감 데이터를 컴퓨터에 기록하는 수준인 것으로 파악된다. 또한 북한 당국은 2018년 가을 대동강식료공장이 전체 생산라인의 설비 현대화를 마쳤다고 언급한 바 있다.[172]

민수전환의 또 다른 사례로는, 2018년 김정은 위원장이 묘향산 의료기구공장 현지지도에서 시설 관리가 제대로 되지 않았다면서 현대화를 지시하며 "보건 부문 전반이 동면을 너무 오래한다 (중략) 보건 부문의 천리마는 이 공장에 먼저 보내주겠으니 한번 천리마를 타고 날며 우리나라 보건 부문, 의료기구 공업 부문을 선도해 보라"고 하였다. 이 때 말한 천리마가 바로 인민군인 것으로 파악되는데, 해당 공장은 인민군이 투입된 현대화를 2020년 완성한 바 있다. 이외에도 2019년 개장한 양덕군 온천관광지구 스키장 리프트 등의 설비를 군수공장에서 생산하였다.

question
037

북한 주민들 사이에 유행하는 가전제품은 무엇인가요?

배급제가 작동하던 시절에는 '5장(이불장·양복장·책장(책상)·찬장 혹은 장식장·신발장) 6기(TV·냉장고·녹음기·세탁기·선풍기·재봉기)'를 갖추는 것이 경제적 지위의 척도였다. 주요 기념일에 선물로 지정되는 상품을 국영 상점에서 국정가격으로 사거나 직장에 할당된 구매 카드를 이용할 수 있었으나, 물건이 귀했다. 주로 당간부, 해외에 친척이나 연고를 둔 부유층 등만 외화 상점에서 외화를 주고 구하거나 해외 파견되었던 사람들이 귀국할 때 구매하여 들여온 가전제품(주로 일본산, 러시아산, 중국산 TV)을 구할 수 있었다.

그러나 시장화 이후에는 한국산을 비롯하여 다양한 산지의 다양한 가전제품이 수입되고 있으며, 북한에 수입되어 '현지화'되기도 한다. 주방가전으로는 쿠쿠(말하는) 밥솥, 전기주전자, 냉온정수기, 믹서기, 계절가전으로는 전기장판, 온수매트, 에어컨, 영상가전 및 PC로는 TV, DVD플레이어(노트텔), 노트북, 음향가전으로 증폭기(노래를 크게 틀 수 있는 기계), 헤어드라이어 및 고데기, 다리미 등이 있다. 또한 비싼 가격이긴 하나, 휴대폰이 큰 인기를 끌고 있으며 학생과 청년층에서 특히 보유 선망이 크다.

북한에서 가장 중요한 가전제품 중 하나는 전력 공급을 도와주는 변압

평양 거리와 건물의 태양광 패널

출처: 『조선』, (평양: 조선화보사, 2021)

기와 배터리이다. 가정용 전력 공급이 불안정하고 또 지역 편차가 있지만 전반적으로 사정이 열악하여 보조기기들이 필요하다. 변압기는 불안정하고 낮은 전압을 승압하고 일정하게 유지시켜 준다. 배터리는 건전지와 다른 충전식 대형 대용량 전지로 자동차 등에 내장되어 있던 것을 분리한 것이다. 전력이 공급될 때나 전력이 잘 들어오는 공장에 부탁하여 축전한 후, 필요할 때마다 배터리에 연결하여 전력을 사용한다.

2010년대 후반부터는 태양에너지를 이용한 태양광 패널을 통해 배터리를 사용하는 가구들이 증가하고 있다. 가정용 태양광 패널과 배터리, 변압기 모두 고가이고 생활필수품이기 때문에 도난당하지 않도록 잘 관리해야 하는 가전제품이다. 태양광 패널은 대체로 중국산이며, 일조량에 따라 다르나 날씨가 맑을 경우 가정용 패널을 통해 일몰 후 3~4시간 전등을 켜고, TV(혹은 TV보다 전력소모가 낮은 노트텔)를 1~2시간 정도 시청 가능하며 휴대폰을 충전시키는 정도의 전력을 얻을 수 있다. 학교, 기업, 공공 기관 역시 전력 공급 외에도 개별 단위마다 태양광 패널을 활용하여 전력을 사용한다. 북한 주민들이 쓰는 태양광 패널은 한 세트 당, 시간 당 약 50W 안팎의 전력을 충전 가능한 제품으로 추정되며[173] 부유할수록 여러 개의 패널, 고용량 패널을 사용하거나 자체 발전기를 사용하기도 한다.

따라서 평양이나 대도시의 부유층에서는 에어컨, 냉장고 등의 사용이 크게 어렵지 않다. 2022년 화려한 입주식을 거친 경루동 '호화살림집' 내부에는 벽걸이 TV, 에어컨, 환한 LED 전등 등이 포착되기도 한다. 음악과 영화를 즐기는 북한 주민들의 정서를 고려하여, 하나음악정보센터 부설 하나전자는 DVD가 부착된 입체형 TV와 노래방 기기를 출시한 바 있다.

북한이탈주민 대상 설문 조사에서 재북 당시 보유했던 가전제품 비율 1위는 TV였다. 2010년대 이후 휴대폰과 컴퓨터가 큰 인기를 끌고 있지만, TV는 오랜 기간 필수가전이자 매우 인기 있는 가전으로 자리잡아왔다. 최고지도자가 일반 살림집이나 최전방 군인 가족 현지지도 시, 기념일 선물 등으로 TV를 주기도 한다. TV와 노트북의 중간 형태로 노트북처럼 작은 사이즈에 CD나 USB 영상을 재생할 수 있는 "노트텔(DVD플레이어)" 역시 인기를 끌었다.

TV에 이어서는 태양광 패널, 전기밥솥, 컴퓨터(주로 노트북)의 비율이 높으나 반면 세탁기나 냉장고의 보유 비율은 40%에도 미치지 못한다. 이는 다른 가전들이 일시적이고 낮은 전력 공급을 필요로 하는 것과 달리 세탁기와 냉장고는 비교적 긴 시간 높은 전력을 요구하기 때문에 보유 비율이 높지 않다. 전력이 충분히 공급되지 않아 실제 용도로는 사용하지 못하더라도 '5장 6기'라는 말처럼 집에 이러한 가전제품을 갖춰두는 것이 '잘 사는 집'의 징표로 활용되기 때문에 상품에 대한 관심과 수요가 크다. 또한 세탁 기능 대신 탈수 기능만 사용하고 크기가 작은 냉장고를

북한이탈주민의 재북 당시 가전제품 보유 비율

(단위: %)

항목	TV	냉장고	태양광 패널	전기밥솥	세탁기	컴퓨터
비율	90.8	35.8	72.5	59.6	23.9	45.0

출처: 김학재 외, 『북한사회변동 2020』, 경기: 서울대학교 통일평화연구원, pp. 60-61.

사용하는 등 주민들 나름의 방법으로 저전력 상황에서 지혜롭게 가전을 사용한다. TV와 같이 영상을 시청할 수 있으면서 화면이 작고 전력 소모 역시 비교적 낮은 '노트텔'처럼, 북한 주민들의 전자제품 수요와 환경적 조건에 따라 현지화 된 특유의 가전제품들 역시 꾸준히 개발되어 시장에 유통되고 있다.

question
038

북한에서 과학자가 되려면 어떤 과정을 거치나요?

북한에서 과학기술인이 되는 방법은 여러 가지이지만, 고급중학교까지는 전공이나 계열 구분이 없다. 일반중학교에 수학반, 과학반 등의 학급이 있고 영재학교인 1중이 있지만 본격적인 전공교육은 고급중학교 이후부터 시작된다. 다만, 2023년 6월 전원회의에서 보통교육에서부터 문과, 이과, 예술, 체육, 기술 분야 등으로 전공을 나누어 과학기술인재를 더 많이 키워내도록 대대적 교육구조 재편에 관한 이야기가 대두된 바 있어 향후 추이를 지켜볼 필요가 있다.

첫째, 일반 고급중학교를 졸업한 뒤 바로 직장 배치를 받거나(대부분의 여학생), 군입대 후 직장 배치를 받아 일하면서 소속 직장과 연계된 공장대학(농장대학, 어장대학)이나 대학 원격학부에 입학하는 것이다. 추천을 받아 대학에 입학하여 전업학생으로 전환할 수도 있으나 그 사례가 많지 않다. 북한은 공업을 중요하게 생각해 왔기 때문에 노동자 교육을 위해 다수의 공장대학을 설립하고 운영해 왔다.

둘째, 일반 고급중학교나 1중학교 졸업 뒤 3~4년제 직업 기술대학(전문학교의 후신), 4년제 이상의 대학(종합대학, 부문별 대학, 지역별 대학) 등 고등교육

2019년 국제대학생프로그래밍대회(ICPC) 8위(은메달) 김책공업종합대학 학생팀

출처: "조국번영의 래일을 앞당겨 가는 조선청년들", 인스타그램@dprk_today, 2020년 9월 1일

기관에 진학한다. 졸업반이 되면 내각 교육성에서 각 지역 및 학교마다 '쁘뜨(할당)'를 부여하고, 이에 맞춰 대학에 진학한다. 가령, '올해는 A도 B시 C학교에 김일성종합대학 3명, 김책공업종합대학 5명' 이런 식으로 전국 단위에서 학생을 모집하는 '중앙대학'의 할당량을 주는 것이다. 중앙대학이 아닌 일반(지역)대학으로는 도 별로 각 1개 이상의 의학대학, 공업대학, 농업대학, 사범대학 등이 있다. 이러한 대학은 도내 학생을 시험 및 지망에 따라 선발하여 지역 인재로 양성하고 졸업과 함께 도내 직장에 배치한다.

학생들은 각 학교 입학을 위해 예비시험과 본 시험을 봐야 하며, 성적뿐만 아니라 출신 성분과 부모의 경제력 등을 종합하여 학교, 학생, 학부모, 지역 인민위원회 담당 부서의 협의가 이루어져야 진학 여부가 결정된다. 다만 국가과학원에 소속된 리과대학은 졸업 후 국가과학원 연구사로 진학 성분이나 기타 조건보다는 성적을 가장 중요하게 평가하는 편이다. 남학생은 졸업 후 군복무를 10년 마치고 '제대군인'으로 대학에 진학하기도 한다. 북한은 공업 지향 국가답게 이공계열 중심의 대학 구조를 지니고 있다. 아래 〈표〉를 살펴보면 전체 대학의 절반 이상이 이공계열임을 알 수 있다. 의약과 농수산은 물론 교육계열에도 과학 및 수학 교육전공이 있음을 고려하면 사실상 이공계열 대학이 압도적이라고 볼 수 있다.

중앙대학은 그 규모나 체계가 지역대학보다 잘 갖추어져 있고 당 및 내각 차원에서의 관심이 크기 때문에 지역대학보다 좋은 대학으로 평가받는다. 다만 2000년대 이후 학비와 생활비가 적지 않게 들기 때문에 가족을 떠나 외지로 가야하는 경우에는 지역 대학에 가는 것 보다 비용이 크다는 단점도 있다. 사범대학을 제외하고, 과학기술 부문을 포함한 대학 분포는 다음 〈표〉와 같다.

북한 대학의 부문별 분포

전공	종합	인문	사회	교육	공학	농수산	자연	의약	예체능	합계
수	1	1	13	34	143	47	2	17	13	271

출처: 조정아·이춘근·엄현숙, 「'지식경제시대' 북한의 대학과 고등교육」, 서울: 통일연구원, 2020. p.81.

북한의 지역별 중앙대학 및 지역대학

	중앙대학	지역(일반)대학
평양	김일성종합대학	김보현대학(농수산)
	김책공업종합대학	평양시의학대학
	리과대학	평양의사재교육대학
	평야건축대학	평양컴퓨터기술대학
	평양과학기술대학	
	평양교통운수대학	

	중앙대학	지역(일반)대학
평양	평양기계대학	
	평양농업대학	
	평양의학대학	
	평양출판인쇄대학	
	한덕수평양경공업대학	
평안남도	평성석탄공업대학	리수복순천화학공업대학
	평성수의축산대학	온천제염공업대학
		평성공업대학
		평성농업대학
		평성의학대학
평안북도	피현국토관리대학	신의주경공업대학
		신의주농업대학
		신의주의학대학
		평북공업대학
황해북도	계응산사리원농업대학	강건사리원의학대학
	사리원지질대학	사리원고려약학대학
		사리원공업대학
		황북공업대학
황해남도		김제원해주농업대학
		재령대학(농수산)
		해주경공업대학
		해주의학대학
		황남공업대학
함경남도	함흥수리동력대학	함흥건설대학
	함흥약학대학	함흥경공업대학
	함흥화학공업대학	함흥농업대학
		함흥수리동력대학
		함흥약학대학
		함흥의학대학
		함흥콤퓨터기술대학

	중앙대학	지역(일반)대학
함경북도	청진광산금속대학	청진경공업대학
		청진농업대학
		청진의학대학
		함북공업대학
강원도	원산농업대학	원산의사재교육대학
	원산수산대학	원산의학대학
		조군실원산공업대학
자강도	희천공업대학	강계공업대학
		강계농림대학
		강계농업대학
		강계의학대학
양강도	혜산농림대학	량강공업대학
		혜산의학대학
나선시	라진해운대학	
남포시	남포수산대학	남포공업대학
		남포농업대학
		남포의학대학
개성시	-	개성농업대학
		개성의학대학

출처: 조정아·이춘근·엄현숙, 「'지식경제시대' 북한의 대학과 고등교육」, 서울: 통일연구원, 2020, pp.82-95. 재구성.

과학기술 부문 대학교육은 평양 및 도 소재지 종합대학의 자연 및 공학 계열 학부, 전문 공업대학, 의학대학 등에서 이루어진다. 대학 졸업에는 학위가 아닌 '기사(전문가)' 자격이 주어지며 졸업과 동시에 간부과 직장 배치를 받는다. 보통교육만 수료하면 노동과에서 직장 배치를 받지만, 대학 졸업자는 일반 노동자가 아닌 (예비)'민족 간부'라는 오랜 정책 지침에 따른 것이다. 연구사, 의사 등 급수가 있는 직업·전공일 경우 가장 낮은 수준의 급수를 받는다.

셋째, 졸업 후 박사원과 연구원(우리의 대학원)에 진학하면 학사(준박사, 우리의 석사에 해당)와 박사학위 과정이 있다. 박사원과 연구원은 대학뿐만 아니라 국가과학원, 의학과학원, 농업과학원 등의 대규모 기관 및 산하 연구소에 부설되어 있다. 학위는 학교가 아니라 최고인민회의 산하 학위학직수여위원회가 수여한다. 학위를 받은 후에는 대학에서 교원(교수)으로 일하거나 연구 기관에서 연구사로 일하게 된다. 「과학기술법」에 따라 과학기술 발전에 기여하는 논문을 발표하거나 성과를 내야 학위를 취득할 수 있는데, 큰 공장 및 기업소에서 실험을 통해 성과를 인정받아야 하며 학위학직수여위원회가 선정한 학자들로부터 심사를 받아야 한다.

넷째, 특별히 수학이나 과학 부문 영재로 인정받았거나, 1중학교를 우수한 성적으로 졸업하면 군복무를 면제받고 김일성종합대학, 김책공업종합대학, 김정은국방종합대학, 미림대학 등에 진학한 뒤 바로 군수 부문에 배치되기도 한다. 김정은국방종합대학은 원래 강계공업대학에서 국방대학으로 이름을 바꾸었다가 2016년 김정은국방종합대학으로 개칭되었고 전자공학, 금속공학, 화학재료공학 등의 학부를 두고 있다. 미림대학과 김정은국방종합대학은 전체 졸업생이 군수 분야로 배치된다. 입학부터 제2경제 부문으로 편입되는 셈이다.

question
039

북한에도 노벨상 수상자가 있나요?
북한에도 과학기술인을 위한 병역특례나
고액 성과급 제도가 있나요?
발명이나 특허를 내면 돈을 많이 벌 수 있나요?

김정일 위원장 집권 시기부터 과학기술인 포상제도와 병역특례가 기틀을 갖추기 시작해 김정은 위원장 집권 이후에는 한층 강화되었다. 과학 및 수학 영재의 경우 전민군사복무제에 따른 10년간의 군복무를 면제받는 대신 국방과학 연구 기관 및 군수공업 생산 현장에 배치되어 군 장교로 근무한다. 관련하여 「과학기술법」에서는 직장 배치 및 근무와 관련하여 과학기술과 관련이 없는 사회적 과제나 노동에 동원시키지 못하도록 규정하고 있다. 다만 과학기술인들은 국가과학기술위원회의 지도 아래 조선과학기술총연맹이 조직하는 '2·17 과학자·기술자 돌격대(7·1 과학자·기술자 돌격대'의 후신)', '4·15 기술혁신 돌격대' 등에 참여하여 생산 현장에 정기적으로 파견되어 기술혁신, 현장 문제 해결 등에 투입된다.

북한은 1990년대 후반부터 과학기술 중시 정책을 적극 전개하면서, 사회 전체가 과학기술인을 우대할 뿐만 아니라 각 기관, 기업소, 단체가 과학기술인들의 연구와 생활 조건을 보장해야 한다고 강조한다. 또한

「과학기술법」에 따라 과학기술상, 명예 칭호를 비롯한 표창은 물론 "과학기술 성과를 이룩하였거나 선진 과학기술 자료를 수집하여 국가에 리익을 준 공민"에 대한 기관, 기업소, 단체의 상금 및 물질적 평가 등을 규정하고 있다.[174] 포상제도의 경우 학직(명예칭호), 공훈과학자 및 인민과학자 등의 칭호제도가 있다. 오랜 기간의 근무 경력 및 공로를 인정한 경우 원사를 수여하는데 최고인민회의 상임위원회 학위학직 수여위원회에서 부여한다. 원사가 가장 명예로운 칭호라고 할 수 있는데, 「과학기술법」 제64조에 따라 원사와 후보원사는 자기 소속 부문의 과학기술 발전에 주도적으로 참여하고 유능한 인재들을 양성할 의무를 가진다.

과학기술 성과를 연구 개발하여 현장 도입에 기여하면 상금을 받을 수 있다. 「과학기술성과도입법」 제37조 및 39조에 따라[175] 성과 도입 및 개발 단위에서는 반드시 기여자에게 포상해야 하며 심의등록 기관에서도 그 성과가 국가망에 등록된 경우 과학기술인의 공로 수준에 따라 상금을 줄 수 있다. 특출한 경우 명예칭호, 훈장, 메달 수여도 가능하다.

다만, 직무 수행 중 발생한 발명권 및 특허권은 기관, 기업소, 단체가 소유하고 그 이용 과정에서 얻어진 이익 일부를 발명가에게 분배한다. 북한 당국이 국가적 차원에서 발명가를 우대하도록 법적으로 권고하고 있긴 하나, 특허권 등록 3년 초과 후에는 발명 행정 기관이 발명·특허권자의 동의 없이 제3자에게 강제이용허가를 내줄 수 있다. 대신 이 때, 발명·특허권자는 일정한 보상을 받을 권리가 있다.

과학기술인에게 주는 최고의 상은 '국가 최우수 과학자·기술자상'으로, 매년 상반기에 전년도 우수 과학기술인을 표창한다. 김정일의 생일을 붙여 제정한 '2·16 과학기술상'이 2010년대에는 과제, 단체뿐만 아니라 개인에게도 주어졌으나 2020년대 이후에는 과제나 단체만 받는 추세이다.

북한에서는 연구 수행이 개인 단위가 아니라 보통 실장을 중심으로 성

역대 북한 WIPO상 수상자들 중 여성·기업체·학생·부부 등의 수상 내역

분야	개발 제품·기술	수상자	수상자 소속	특이사항
생화학	천연생물활성제(녹색유기미량원소복합비료)	유선옥(2·16 과학기술상 및 공훈과학자)	국가과학원 식물학연구소	중년 여성
생화학	불로초 배양물을 이용한 노화방지영양액	김흥원(부소장, 공훈과학자, 교수, 박사)	신의주화장품공장 봄향기 연구소	공장 부설 연구소
생화학	식물성장촉진제	권석훈(실장), 한도숙(연구사)	낙원 연운기술교류사	기술 제품 개발 및 판매업체, 부부 수상
의약학	골다공증 치료제 리세드로네이트(risedronate) 합성 기술, 뼈흡수 억제제	김성운(부원), 장영만(공훈과학자, 박사, 부교수)	김일성종합대학 첨단과학기술교류사, 자연과학연구원	대학 부설 기술교류사와 연구원, 2차례 수상
건축	기념탑 붉은기폭의 3차원 곡면공간 돌붙이기공법	전형수(실장), 김철혁(박사원생), 홍성혁(설계원), 방철민(학생)	평양건축종합대학, 혁명사적지건설관리국, 김책공대	학생, 대학원생, 일반 설계원, 전문 연구사 공동수상
식품	고려인삼밀가루	오광원(사장), 김철건(과장), 강성수(부원)	조선장수무역회사	산업체 임직원 공동 수상

출처: 저자 정리.

립되는 연구실(집단) 단위이다. 때문에 연구 성과에 대한 칭찬이나 표창도 대표인 실장(연구책임자, PM)에게 주어진다. 위 〈표〉의 '2·16 과학기술상' 및 '국가 최우수과학자, 기술자' 수상자들인 김광호, 임성진, 유선옥 역시 '실장' 직함을 지니고 있으며, 비날론으로 잘 알려진 리승기 역시 제자들과 연구팀을 대표

2·16 과학기술상 및 WIPO상 수상자 유선옥

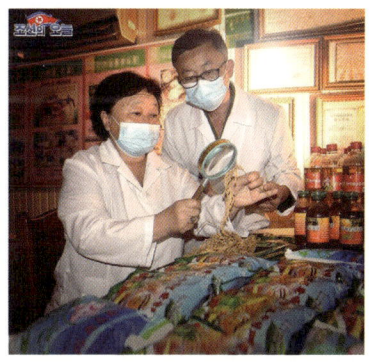

출처: "지칠 줄 모르는 탐구와 헌신으로 - 국가과학원 식물학연구소 실장 공훈과학자 유선옥", 인스타그램@dprktoday, 2023년 5월 31일

하여 연구책임자인 리승기가 많은 표창과 고위직을 얻은 바 있다.

  북한에서 아직 노벨상 수상자가 나오지는 않았지만, 1974년 가입한 세계지식재산권기구(WIPO)상을 수여받은 과학기술인들이 있다. WIPO상 수상 추이를 살펴보면, 화학 및 생물학 부문에서의 성과가 뚜렷하며, 대다수의 실장급 남성 중견 과학기술자와 함께 여성 과학기술인, 박사원생 및 학생, 기업소 및 공장 사무원 등도 수상 경력이 있다. 또한 북한 당국이 목표하는 바 중 하나인 과학기술 제품의 개발 및 상용화에 부합한 수상이 여러 차례 이루어졌다.

question
040

북한에도 랩실(lab)이 있나요?
삼성, LG 같은 첨단 기술 기업이 있나요?

    북한은 구조적으로 삼성, LG, 애플, 테슬라 같은 독보적 글로벌 하이테크 기업이나 스티브 잡스·일론 머스크와 유사한 스타 과학기술-경영인이 등장하기 어렵다. 독립적 회사나 사설 연구 기관을 허용하지 않고 개인만의 독창적, 주도적 경영도 허용하지 않기 때문이다. 또 원천 기술을 보유하고 있지 못하고 대북제재로 수입수출 제한이 있는 것도 원인이다. 또한 중앙 연구 기관들은 창의적 기술 개발 및 자유로운 판매보다는 중단기 계획과 정책적 요구에 부합한 활동을 해야 한다.

    그러나 2010년대부터 각 기관, 기업소, 공장의 자립경영이 일정 부분 보장되면서 최근에는 중앙집권적 방식을 일부 유지하면서도 크고 작은 단위들이 시장 수요에 따라 수익을 창출하고 있다. 대학, 기관, 기업소, 공장 등은 수익금을 국가에 상납하고 자체적으로 상품 및 기술을 연구개발하고 판매(서비스)할 수 있다. 앞서 언급한 국가과학기술위원회 주최 국제 및 국내 과학기술 전람회 등에서 기술과 상품을 홍보하고 실제 판매도 이루어진다. 이를 위해 공장, 기업소, 기관뿐만 아니라 대학 및 기관 산하에도 '기술 교류사'들이 설립되었다.

국가과학기술위원회는 과학기술 정책을 구체화하는 동시에 각종 과학기술 부문 전시회, 축전, 박람회 등의 기획 및 개최도 담당한다. 이러한 행사는 각 기관, 기업소, 공장, 대학 등이 보유한 기술·상품 등을 북한 안팎 시장에 유통시켜 재화 생산과 경제 발전을 촉진하려는 목적을 지닌다. 이에 따라 COVID-19 이전에는 다양한 국제 과학기술 전람회가 평양에서 개최되었고, 특히 다양한 중국 업체와 북한의 각 생산 및 연구 단위들이 서로 상품을 전시하고 교류하였다.

국가과학기술위원회 외에도 기술·제품 부문별로 전시회 주최 실무를 담당하는 기관이 별도로 존재하는 것으로 파악된다. 가령, '룡마과학기술전람사'는 2017년 1월 5일 설립되었는데 2017년의 '평양국제가구 및 건재 부문 과학기술전시회', 2018년 '평양국제건강 및 체육과학기술전시회'를 주최한 기관이다.[176] '조선의 무역' 홈페이지에서 소개되는 것으로 보아 의료기구, 가구, 건재 부문, 체육과학 등의 기술 토론, 지식상품 유통, 전시품 판매 등의 무역거래에 초점을 두고 있는 것으로 보인다.

2019년 국가과학기술위원회는 북한 내부 기술 거래 플랫폼 '자강력'을 신설하여 기관, 기업소, 공장들이 기술 서비스 및 자료를 거래할 수 있도록 연계하고 있다. 이 사이트는 모란봉기술무역회사가 각 도별로 지사를 두고 운영하고 있으며 전자결제와 제품 배달, 학습실, 기술 제품의 심의 및 발전에 관한 정보 제공도 한다. 기술 제품 전시장, 학습실, 성과자료 전시실, 기술 제품 심의장, 입찰전시장, 제품 운송 봉사 등의 카테고리가 있고 학습실에는 전람회, 실무자료 일람, 토론실, 전문가 토론실 등의 코너가 마련되어 있다. 또한 김일성종합대학, 김책공업종합대학 등에 교류사, 기술원 등을 설치하여 제품을 개발하고 생산, 판매할 수 있도록 하고 있다. 군수공업 부문, 국가과학원 및 각 성 연구 기관·연구소 등에서도 제품 개발·생산·판매 등이 활발하며 기업 단위 거래, 일반 주민 대상 상품·서비스도 제공하고 있다.

question
041

북한에도 『Nature』와 같은 국제 학술지가 있나요?

　북한에도 동료평가를 거치는 여러 학술지가 있으며, 김일성종합대학 학보처럼 권위를 지닌 대표적 학술지부터 세계 학문 동향에 따른 신생 학술지까지 다양한 학술지가 발간되어 왔다. 그러나 아직까지 『NATURE』 같은 세계적 권위의 학술지는 찾아보기 어렵다. 우선 게재되는 북한 내부 논문들이 국제적으로 인정받기 어려운 수준들이 많다. 여기에는 구조적 원인이 있는데, 연구자가 자유롭게 해외 성과에 접근할 수 없기 때문이다. 북한 당국은 해외 학술 성과를 연구자가 인터넷을 통해 직접 접근할 수 있도록 허용하지 않고 '통보' 기관이 해외 성과를 정리하여 선별한 일부만 연구자들에게 선별하여 제공하도록 규제해 왔다. 일부 극소수 연구자들과 학생만 사전 승인 하에 정해진 시간 동안 정해진 사이트 내에서만 인터넷을 사용할 수 있다. 국제적 학술지를 운영하기에도, 또 국제적 수준의 논문이 배출되기에도 원활하지 못한 상황이다.

　2019년에는 북한 유학 중인 중국 학생 2인이 『법률연구』라는 북한 학술지에 논문을 각각 1편씩 게재한 바 있다. 그러나 아직 과학기술 부문 북한 학술지에 외국인의 논문은 게재된 바가 없다. 반면 북한 과학기술

시기별·분야별 북한 과학기술인의 국제학술지 논문 게재 추이

출처: 최현규·노경란, 『북한 과학자의 국제 학술논문(SCOPUS) 분석 연구: 2007~2016』, 대전: 한국과학기술정보연구원, 2016, p.7.

인의 국제 학술지 논문 게재는 비교적 활발하다. 한국과학기술정보연구원 조사에 따르면, 2005년부터 2015년 사이 SCI 260건, 2007년부터 2016년 SCOPUS 549건이 게재 되었고 SCOPUS 기준 국제 학술논문 5편 이상의 북한 과학자는 34명이며 기관은 44개로 김일성종합대학 43%, 김책공업종합대학 22.6%, 국가과학원 12%, 리과대학 8.6%를 차지하였다.[177] 또한 북한 과학자의 국제 학술 협력국은 주로 중국 및 독일과의 협력이 전체의 90% 이상일 정도로 국가 편향이 강하게 나타나 전반적 글로벌 네트워크는 취약하다. 북한 연구진 단독 연구는 11.3%이나, 2014년 이후에는 북한 연구자 단독 논문이 대폭 증가하고 주로 공학 분야(제어 및 시스템 공학, 전기전자공학), 컴퓨터 과학, 물리, 수학, 화학 등의 기초 부문이 활발하게 발표된 것으로 나타났다.[178]

북한의 핵실험에 따른 UN 안보리 대북제재 항목 중에는 공학 부문과 연관된 내용이 많다. 따라서 북한 유학생이 체류하던 여러 국가에서 2010년대 후반, 유관 전공의 북한 학생을 귀국 조치하거나 전공을 변경

북한 및 중국 과학기술인이 협력하여 게재한 국제 학술지 논문

출처: 'sciencedirect' 홈페이지 https://www.sciencedirect.com/science/article/abs/pii/S0272884221034180 (검색일: 2023.12.2.)

하도록 하였다. 그러나 중국과의 과학기술 협력은 개인 간의 형태로 지속되고 있는 것으로 보인다.

위의 그림은 재료공학계 SCI, SCOPUS 저널 『Ceramics International』 48권 4호 4782~4786쪽에 게재된 논문이다. 저자 사항을 살펴보면 2022년 북한 연구자 2인(김책공업종합대학 나노물리공학 연구소 홍성철, 김일성종합대학 물리학부 우성범)이 중국 선양 동북대학 소속 연구자 2명이 공저자로 포함되어 있다. 제1저자 홍성철은 반도체 부문 연구를 지속해 왔던 것으로 파악되는데, 이 논문 주제 역시 고온에서 전기저항을 0으로 만들어 고용량 전류의 손실을 최소화하는 기술과 관련된다. 이 공동 연구는 그 주제가 첨단 재료공학을 다룬다는 점에서 유엔 안보리의 2016년 대북제재 결의 2321호에 어긋나는 것이라는 비판이 제기되었으나, 별다른 조치 없이 게재를 완료하였다.

question
042

북한에도 네이버 쇼핑, 키오스크, 삼성페이(애플페이) 등의 플랫폼과 시스템이 있나요?

평양의 음식점, 카페를 중심으로 '키오스크'와 유사한 무인형 영업 관리 시스템 등이 도입되고 있다. 옥류관에서는 이용자가 식사를 마치고 결제할 때, 서비스 및 음식 만족도 평가를 집계하고 종업원들의 서비스 횟수, 서비스 속도, 손님 수 등도 관리하여 경영 평가에 반영하고 있다. 2021년 1월 6일 〈조선의 오늘〉에 따르면, 태블릿 PC 화면 옆에 카드 태그 스팟이 있고 여기에 카드를 접촉하면 "오늘의 국수맛이 어떻습니까? 오늘의 봉사가 어떻습니까?" 등의 질문이 나타나서 이용자들이 답변을 선택하도록 되어 있다.[179]

방북여행자 SNS에 따르면, 2015년 평양 창전거리 '해맞이 커피'에서는 태블릿 PC로 주문하는 사진을 볼 수 있다.[180] 커피 메뉴와 가격, 사진이 표시되어 있고 종업원이 태블릿을 가져다 주고 가져 가는 형태이다. 2013년 방북한 한 여행객도 해당화관에서 태블릿 PC로 메뉴를 주문했다고 한다.[181] 또한 다음 〈사진〉에 나타나듯 북한 지하철 안내 및 결제 시스템, 공공장소의 터치형 안내판 시스템, 전자결제 카드 등도 상용화 단계에 접어들었다.

평양 봉화역 내 터치형 안내판

출처: 『조선』, (평양: 조선화보사, 2021)

전자결제의 경우, 북한에도 삼성페이, 애플페이, 카카오페이 같은 모바일 결제 앱이 있다. 평양정보기술국에서 2018년 만든 '울림'인데, 2020년 울림 2.0이 출시된 것으로 보도된 바 있다. 1.0에서는 중앙 기관 이상 단위에서 발급한 카드, 즉 전성, 나래 카드만 사용할 수 있었는데 2.0에서는 무역 기관이 발급한 카드도 등록할 수 있게 되어있다고 한다.[182] 또한 1.0은 인트라넷이나 앱 등 온라인 내에서의 결제만 가능했는데 2.0은 오프라인 상점에서 직접 결제도 가능해져 사용범위가 확대되고 다양성 또한 증가했다.

2005년 처음으로 IC 현금카드를 발행하였고(동북아은행 합자) 2010년 조선무역은행 '나래' 현금카드, 2011년 고려은행 '고려' 카드를 발급하기 시작했다. 2015년부터 전자상거래 시스템 '옥류'를 개설하면서 '나래' 카드 전자결제 시스템도 구축하였다. 2020년 10월에는 카드가 없어도 결제 가능한 '전성' 전자지불 체계를 도입했다고 발표하였는데, 이는 울림 2.0에

북한 전자결제 카드 현황

버전	울림 1.0		울림 2.0		
카드 이름	전성	나래	고려	금길	선봉
발급 은행	조선중앙은행	조선무역은행	고려은행	조선대성은행	황금의삼각주은행
출시 연도	2015	2010	2011	2016	2015
화폐 종류	원화	달러 등 6개	원화	외화	위안화
사용자 국적	내국인	내외국인	내국인	내외국인	내외국인
사용처	내화상점	모든 상점	외화상점	외화상점	나선특구
결제 형태	선/직불	선불	직불	선불	선불

출처: 손광수, "북한의 금융정보화와 전자결제법 함의," 『KDI북한경제리뷰』, 2023년 2월호, p.50.

서 전성카드로 오프라인 결제가 가능하게 한 것을 의미한다.[183] 사용 경험이 있는 북한이탈주민에 따르면, 외화거래가 많아 계산이 복잡한데 잔돈이 발생하지 않고 거래내역도 남지 않는다는 점에서 주민들이 선불카드 방식을 선호한다고 한다.

모바일 결제와 관련하여, 2021년 「전자결제법」이 채택되었는데, 이 법의 1조에는 "현금류통량을 줄이고 무현금류통량을 늘이며 화폐류통을 원활히 하는데 이바지 한다"고 그 목적을 규정하였다.[184] 이 법에 따르면, 전자결제 수단은 컴퓨터, 금융카드, 카드결제기, 휴대폰, 자동현금출납기(ATM) 등으로 정의된다(2조). 또한 전자결제에는 금융 서비스 요금이 적용되며 '울림' 시스템은 송금과 충전 금액의 1~2%에 해당하는 수수료를 납부해야 한다.[185] 따라서 모바일 거래의 내역이 공개될 뿐만 아니라 일정 금액은 중앙으로 흡수된다. 만약 정해진 수수료를 어기면 10만 원에서 50만 원 사이의 벌금을 내야한다.

북한의 온라인 쇼핑몰은 2006년 락원백화점이 '광명' 사이트를 개설하면서 시작되었고 휴대폰과 전자결제 시스템이 확산되면서 온라인 시장도 함께 성장했다. 북한에서 가장 활성화 된 쇼핑몰은 2016년부터 연풍상업정보기술사가 운영하는 '만물상'이다. 화장품, 의류, 신발, 가방, 식료품, 의약품, 전자제품, 가구 등의 실물 상품을 구매할 수 있고 식당, 영화관, 열차 및 항공권, 관광상품도 예약 및 구매할 수 있다. 지역별 식당 소개, 회사 정보, 온라인 상점 가상견학, 여행상품 및 항공권 예매 등이 가능하다. 또한 최근 경제 정보 및 의견교환, 식료품 주문 등이 가능한데, 북한 당국은 이전의 온라인 쇼핑몰에는 없었던 기능이 만물상에서 시작되었다고 홍보한 바 있다.[186] 2017년 기준 100여 개 공장, 기업, 단체와 7만여 명의 개인이 가입했다고 하며 매일 6만여 명이 접속한다고 한다. 2019년 〈로동신문〉에 따르면 온라인 결제, 착불, 당일배송 등의 서비스가 가능하다고 한다.[187] 2021년 8월 9일 〈로동신문〉은 만물상에 재자원화 관련 교류마당(게시판)을 신설하여 재자원화에 관해 이용자들이 서로 문답할 수 있도록 포털처럼 공간을 마련하였다.[188] 또한 만물상은 모바일 버전과 자체 결제카드 역시 운영하고 있으며 연풍상업정보기술사는 '만물상' 브랜드를 붙인 일종의 PB(private brand) 상품으로 액정 TV와 USB도 생산 및 판매한다.[189]

2015년부터 서비스 중인 인민봉사총국의 '옥류'는 음식배달이 가능하며 해당화관 및 창전구역 해맞이 식당 등의 예약과 반조리 식품 등의 구입을 매개한다. 주문하면 인민서비스총국 산하 운송사업소에서 직접 상품을 구매자에게 배달해 준다고 한다.

이외에도 2019년에는 과학기술 서비스 시장을 위한 '자강력' 사이트가 운영되기 시작했다. 평양광명정보기술사 '실리전자상점'은 판매자, 관리자, 고객 각자의 시스템이 다르며 판매자가 판매 물품에 맞게 홈페이지를 별도로 구성할 수 있다. 또한 나래, 금길, 실리, 신용 등의 전자결제 체계를 모두 이용할 수 있으며 예약 판매, 할인, 묶음 구매 등을 통해 시간과 돈을 절약할 수 있도록 홍보한다.[190]

2020년 12월 기준 총 22곳(은파산, 내나라전자백화점, 락원백화점, 평양제1백화점, 상연, 앞날, 광신, 신기, 봄향기, 자강력, 참빛, 전자공업성직매점, 전자제품관리국, 조선우표사, 아리랑, 기상정보, 진달래, 목란, 울림) 등이 있어[191] 유형 상품, 기상 정보와 기술, 서비스 등의 무형 상품도 판매한다.

question
043

북한에서 판매하는 휴대폰 종류는 무엇인가요? 북한에서도 아이폰을 쓸 수 있나요?

북한은 2010년대 초반 피쳐폰의 경우 주로 ZTE, 화웨이의 피쳐폰을 OEM하여 상표만 바꾸어 생산하고 2013년부터 '아리랑' 브랜드 스마트폰(지능형손전화기)을 생산, 판매하기 시작하였다. 스마트폰 역시 2013년부터 2010년대 중반까지는 중국산 휴대전화를 재조립하거나 상표만 바꾸는 정도였으나, 2010년대 후반부터는 자체 생산이 가능한 것으로 파악된다. 하드웨어와 부품은 중국산 및 대만산(특히 CPU)을 사용한다.

북한 내에서 판매되는 모든 스마트폰과 태블릿은 대다수가 안드로이드 체제를 사용하며, 북한 당국의 검열시스템이 내장되어 있다. 이 검열 기능은 조작이나 '참매', '비둘기' 등으로 알려진 외부 파일 변환 프로그램을 통해 보안을 뚫고 우회할 수 있으나 상시적으로 길가에서 단속반이 휴대폰을 검열하는데다가 적발될 경우 엄벌에 처해지기 때문에 매우 조심스럽게 설치된다. 또한 기본 설치되어 있던 앱이 아닌 경우에는 인증 파일을 설치해야만 사용할 수 있고 인증 파일이 없으면 자동 삭제된다. 일반 주민은 인터넷에 접속할 수 없고 2010년대 중후반부터 휴대폰에 Wi-fi 기능이 탑재되었으나 인트라넷인 '광명' 네트워크나 '미래' 네트워

지하철역에서 휴대폰 중인 주민

출처: 『조선』, (평양: 조선화보사, 2023)

크 정도만 접속 가능하다.

북한에서 가장 대표적인 휴대폰 브랜드는 아리랑정보기술교류사의 '아리랑' 시리즈와 '평양타치'라고도 부르는 '평양' 시리즈로 여러 버전이 업그레이드되어 출시되었으며, 만경대정보기술교류사의 '진달래' 역시 꾸준히 시리즈별로 출시되었다. 북한에서도 진달래 7, 평양 171, 마두산 217S처럼 시리즈에 숫자를 붙이며 간혹 영문 알파벳도 숫자와 함께 조합하여 붙이기도 한다. 2010년대 후반에는 '푸른하늘', 광야무역회사 '길동무', 보통강새기술개발소 '철령' 등이 출시되었고, 2020년대 들어 마두산 시리즈, 소나무 시리즈, 삼태성 시리즈가 판매되고 있는 것으로 파악된다. 아웃도어형 '릉라도', '삼지연'에 이은 '묘향' 태블릿이 출시되었다.

아리랑은 아리랑정보기술교류사가 2013년부터 5월11일공장에서 생산을 시작한 스마트폰이다. 2017년 출시한 아리랑 151은 고급형 스마트폰으로 안면인식과 음성인식 등의 기술을 갖추고 있으며 다양한 복제 앱이 탑재되었다. '고무총 새'는 앵그리버드, '사탕맞추기'는 캔디크러시, '고속조약'은 소닉, 북한 주민들이 즐겨하는 주패놀이, 큐브 맞추기 등의 게임과 함께 사무처리 앱에는 '문서편지프로그람 word', '표계산프로그람 Excel' 등의 오피스 프로그램 매뉴얼이 탑재되어 있고 PDF 저장 및 읽기가 가능하다.[192] 이 외에도 아리랑 152는 151의 보급형으로 알려져 있다. 아리랑 161에는 키보드 및 마우스 연결, 원격 TV 조종 기능이 추가 되

아리랑171 홍보 사진

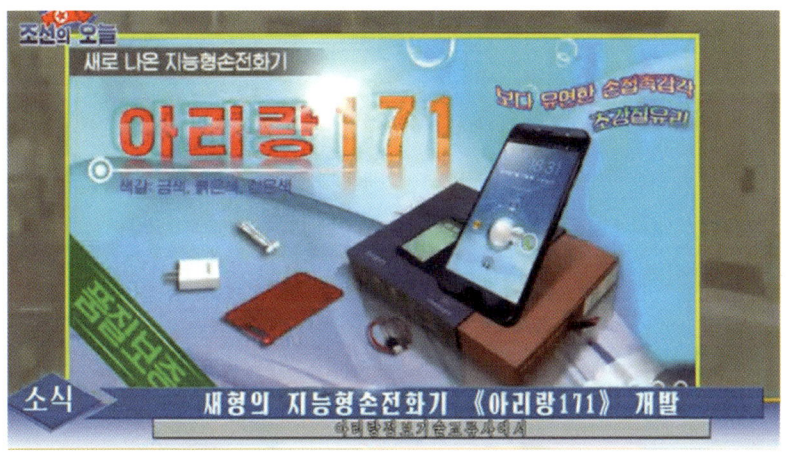

출처: "호평받는 새형의 지능형손전화기《아리랑171》,"〈조선의 오늘〉, 2018년 3월 30일. https://dprktoday.com/news/31834 (검색일: 2023.12.2.)

었다. 또한 전면 홈버튼이 사라졌고 후면에 지문인식 버튼이 생겨 5개의 지문 등록이 가능하였다. 이후 업데이트 된 아리랑 171이 2018년 출시되었다. 이 외에도 아리랑은 무드등 겸용 블루투스 스피커 등을 출시하여 휴대폰과 연결할 수 있도록 상품화하였다.

평양 시리즈는 '아리랑'을 출시하는 아리랑정보기술교류사가 판매하기 시작하여 2404, 2417, 2418, 2419(2017년 출시), 2423, 2425, 2428 등과 태블릿인 평양 3404가 출시되었다. 평양 2423은 2019년 출시된 휴대폰으로 체콤기술합영주식회사에서 생산하였다. 패키지를 개봉하면 보험증권, 이어폰, 충전기 등이 동봉되어 있다. 휴대폰 사이즈와 무게는 아이폰X와 비슷하지만 보다 얇다. 휴대용 플래시, 시력보호(블루라이트 차단) 기능이 있으며 와이파이 및 블루투스 기능도 탑재되어있다. 기본 앱으로는 백두산 총서(혁명전통 학습 총서), 공세(신문집자 열람 프로그램, 로동신문등), 영어-A로부터 Z까지(영어공부 앱), 내 아이폰 찾기와 비슷하며 위치확인 및 경보음 발생이 가능한 '금방울 1.0(손전화기분실경보프로그람)', 다양한 오락 등을 담고 있는 '나의 길동무 4.1' 등이 탑재되었다.[193]

평양 2417부터는 전자결제 '울림' 앱 사용이 가능해졌고 2017년 출시된 평양 2419부터는 지문인식 기능이 탑재되었다. 2019년 출시된 평양 2425 역시 체콤기술합영회사 이름으로 판매되었다. 적외선 카메라를 사용한 얼굴 인식기능이 있고 무선충전 기능이 도입되어 무선충전 패드가 패키지에 포함되었다. 기기는 대만 CPU 등을 활용하고 중국산 부품을 조립하여 제조한 것으로, 우리와의 기술 격차는 1~2년 정도로 추정된다.[194]

만경대정보기술사가 자체 개발했다고 선전하는 '진달래' 시리즈는 2017년 아이폰과 비슷한 외형의 안드로이드 체제를 사용하는 '진달래 3'를 출시하였다. 이후 업그레이드를 통해 진달래 6, 진달래 7 등을 생산하였으며 2020년의 진달래 7에는 팝업카메라, 후방카메라 2개, 베젤리스, AMOLED 등의 기능이 포함되었다. 무지개 4.0 진달래 전용 조작체계(안드로이드 9.0)를 사용했다고 알려져 있으며 음성인식에 의한통보문, 사무처리, 주소록, 기록장 문자입력 기능, 내국어 문자인식 및 자동문서 작성, 사진화상 가공 기능, AI 및 VR 기술에 기반한 음성 및 지문인식, 얼굴 식별 등의 기술이 포함되었다.

만경대정보기술사에 따르면, 김일성종합대학, 김책공업종합대학 출신 박사, 석사 등을 영입하여 북한 내 여러 연구 단위들과 함께 유무선통신 제품, 자동화 생산체계, 생체식별 기술 등을 생산하여 세계시장 수요도를 고려한 상품을 생산하고 있다고 한다.

2023년에는 진달래 400과 보급형 진달래 9가 출시되었고 진달래 400에는 안드로이드 11.0(무지개 6.0) 시스템이 적용되어 지난 진달래 7보다 업데이트 된 버전인 것으로 파악된다. 진달래 9는 안드로이드 7.0으로 무지개 4.5 버전이다.

전자공업성 산하 푸른하늘연합회사가 생산하는 스마트폰 브랜드는

'푸른하늘'이다. 푸른하늘 전자제품 공장에서 2019년 베젤리스 모델 H1을 출시하였다. 3차원 초고속 얼굴인식, 지문인식 보안 기능이 있으며 무게가 있고 큰 충격에 안전한 편이라고 홍보되었다. 또한 정보처리 속도가 빠르고 근거리 초점 효과 등의 사진 기능이 있다.

마두산경제련합회가 생산한 마두산 217은 2022년 출시되었다. 2023년에는 마두산 222가 출시되었으며 후방카메라가 4개 부착되었다. 측면 지문인식 기능이 적용되었으며 191 및 195 번호의 Sim 2개를 장착할 수 있다. 기본 플래시 256GB, RAM 8GM, 안드로이드 12.0체제를 사용한다. (마두산 경제연합회: 신의주 개발을 위한 무역회사로 북한 당국에 따르면 여러 생산 단위와 지사를 두고 있다. 신의주는 중국 단동과 가깝고 도로교통, 전기, 통신 인프라가 잘 갖춰진 국제 경제지대인데 마두산 경제연합회가 신의주의 종합개발권을 소유하고 있다. 마두산은 평안남도 안주시의 지명으로 북한의 혁명사적지 중 한 곳이며 '제2의 백두산'으로 선전되어 왔다.)

북한 '판형콤퓨터(태블릿)'의 대표 모델은 '삼지연'으로 '조선콤퓨터중심(KCC)'이 생산을 시작하였다. 최초의 태블릿 PC는 아침콤퓨터합영회사(당시 아침판다합작회사)의 '아침'으로 이 회사에서는 태블릿뿐만 아니라 모니터, 노트북, 모니터 일체형 컴퓨터, 랩탑, 다양한 사이즈의 태블릿 등도 생산하며[195] 2022년 10대 최우수 정보기술기업으로 선정되었다.

평양정보기술국(평양기술총회사, 평양정보센터) '아리랑' 역시 태블릿으로 2012

삼태성: 20~30대 개발자들이 주축인 전승 에코&테크무역회사에서 개발한 휴대폰으로 AI 등의 최신 기능과 후면 카메라 2개, 전면 카메라 1개가 내장되어 있다.
릉라도: 2023년 룡성무역회사가 '릉라도' 기종을 출시하였으며 아웃도어에 적합하게 내구성 및 방수 기능이 있다고 홍보되었다.
소나무: 북새전자기술사는 마두산경제련합회처럼 노래방 기기 등을 제조하는 곳이다. 통신 기능이 있는 스마트 TV를 출시하였다.

년부터 출시되었다. 2013년에는 룡악산 정보기술교류소의 '룡흥'을 비롯하여, '노을'(노을기술합작회사), '울림(평양기술총회사)' 태블릿이 출시되었다. 2015년 팡제회사의 '묘향'이 출시되었으며 터치스크린 및 TV시청 기능이 추가되었다.

애플 아이폰, 갤럭시, 중국의 화웨이, 샤오미, OPPO 등도 북한 내에서 사용되고 있다. 특히 아이폰은 메시지(i-message, 통보문) 검열 등에 강한 보안 탓에 인기가 많다고 한다. 2018년 평양 남북정상회담에서 김여정 부부장이 소지했던 휴대폰은 대만 HTC 제품으로 추정되었고, 김정은 위원장 역시 애플 아이폰과 대만 HTC를 사용하는 모습이 포착되었다.

인터넷 트래픽을 기준으로 휴대폰 제조사와 운영 체제 데이터를 분석하는 Statcounter 데이터베이스에서 검색해 보면, 아래 〈그림〉처럼 외부

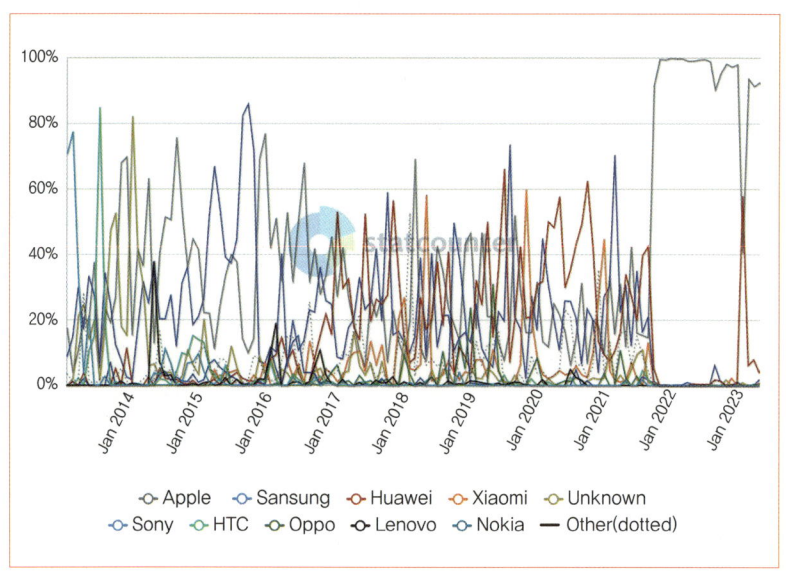

Statcounter에 집계된 북한에서의 인터넷 접속 휴대전화 종류

출처: Statcounter 홈페이지 https://gs.statcounter.com/vendor-market-share/mobile (검색일: 2023.10.2.)

방문자를 감안하더라도 북한 내부에서 아이폰과 iOS 사용율이 적지 않음을 추정할 수 있다. 초기 2013년에는 노키아, HTC가 많았으나 이후 중국 휴대폰이 다수를 차지하고 2022년부터는 애플 아이폰이 압도적 비율을 차지하는 양상이 나타난다.

북한이탈주민에 따르면, 갤럭시 등의 한국 휴대폰은 대만, 중국, 아이폰에 비해 휴대전화에서 표기하는 언어를 이해하고 사용하기 쉽기 때문에 인기가 있고 값도 비싼 것으로 알려져 있다. 다만, 검열에 걸렸을 경우 아이폰 소지보다 더 심한 처벌을 받을 수 있기 때문에 상표는 지워서 사용한다고 한다.

question
044

북한의 로봇, AI 기술은 어떤 수준인가요? 대표적 AR·VR 프로그램은 무엇인가요?

북한은 1980년대부터 생산 공정 자동화 및 전자(계산기)화와 관련하여 로봇에 관심을 보여 왔다. 바둑 프로그램 '은별'은 1998년부터 국제대회에서 총 5회 우승한 바 있고 김일성종합대학의 자동번역 프로그램 '룡남산' 역시 대표적 AI 프로그램이다. 2010년대 후반부터는 휴대폰에 AI 기술을 도입하였을 뿐만 아니라 도안전시회, 로봇전시회 등을 통해 로봇, AI 등의 기술 확장에 힘쓰고 있다. 해외 AI 연구를 참고하고, 금속 레이저 절단 등 생산현장 맞춤형 딥러닝 기술 적용, 위조지문 인식 기술, 항공보안용 안면인식체계 도입 등이 진행되고 있다.[196] 2019년 11월에는 제29차 전국정보기술성과전시회에서 김일성종합대학 정보기술연구소가 AI 스피커 '지능고성기'를 선보여 음성인식을 통해 에어컨, TV, 조명 등을 자동 조종하는 일종의 '지능살림집(스마트 홈)' 시스템을 선보였다. 2023년 4월 국가산업미술전시회에서는 휴대폰과 연계한 자율주행 유아차 실물이 전시되고 무인 트랙터, 무인 벼수확기, 부인농약분무기 등 AI 기반 농기계 도안 등도 발표되었다.[197]

2019년 전국 로봇 부문 과학기술성과전시회-2019의 모습

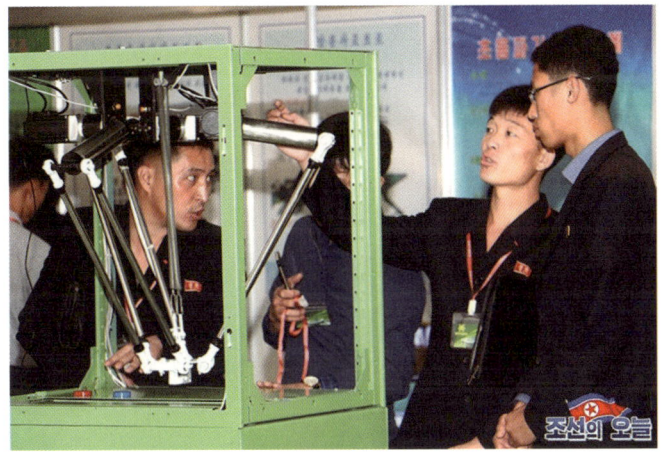

출처: "전국로보트부문 과학기술성과전시회-2019중에서", 인스타그램@dprk_today, 2020년 9월 29일

    2021년 11월 2일 조선중앙텔레비전 보도에 따르면 평양교원대학에서는 교육용 로봇을 개발해 예비교원들인 대학생들이 소학교 및 유치원 어린이들에게 가상 수업을 할 수 있도록 활용한다. 또한 실제 부속 초등학교(소학교) 수업에 투입하는데, 대학생들이 초등학생들과 로봇 설계 및 제작 과정을 함께 하면서 초등학생들에게 영어회화, 음악, 주산을 동시에 교육하기도 한다.[198] 이는 2020년부터 기존 개발된 로봇을 발전시킨 것으로 음성인식, 화상인식 등의 AI기술을 도입한 것이다.[199] 유사한 기술수준의 방역용 로봇 역시 2022년 "전국 방역보건 부문 과학기술 발표회 및 전시회"에 출품되었다. 이외에도 다음 그림과 같은 로봇청소기, 촬영로봇, 무인 운반차 및 무인창고 등이 선보였다. 2016년부터 김일성종합대학과 김책공업종합대학을 중심으로 대학생 로봇축구경기대회를 개최하고 2019년에는 규정도 만들었다.[200]

    다만 자율주행, 이미지촬영 및 판독 등의 기능이 없어 높은 수준의 로

봇이라 보기 어렵다는 의견도 있다. 대북제재로 센서 등 하드웨어 수입이 어렵고 김정은 위원장이 김정일 위원장 대비 로봇보다 군수에 집중하고 COVID-19 이후 원격 분야 투자만 증가했다는 견해도 존재한다.[201]

AR과 VR은 원격 교육을 선도하는 김책공업종합대학을 중심으로 강의 배경에 다양하게 활용되고 있다. 또한 각급 소학교 등의 영어교육과 과학교육 등에도 기자재를 활용하고 있다. 삼흥경제정보기술사가 개발한 '신비경'은 실물 카드 교구를 화면에 갖다 대면 자동으로 해당 카드에 있는 동물이 나타나 먹이사슬 등을 재현하는 프로그램이다. 삼흥경제정보기술사는 지도 앱 '길동무', 오락문화 앱마켓과 유사한 '나의 길동무' 등을 개발하여 2017년 10대 최우수 정보기술기업 중 하나로 선정되었다.

김일성종합대학 첨단과학연구원 정보기술연구소에서 AR 모래게임기 '모래놀이' 등을 개발하고, 청류경제기술사에서는 영어의 별(음성인식 기술을 이용한 읽기, 청취, 가상현실 회화환경, 어휘 학습, 문장 받아쓰기), 신비한 별(공간 도형의 3차원 현시), 자랑별(실시간 영상 합성), 속셈의 별(소학교 수학 학습 지원), 반짝별(소학교 국어

룽라립체률동영화관에서 4D 영화를 즐기는 주민들

출처: "(소개편집물)행복의 웃음소리에 비낀 복무자의 모습- 룽라립체률동영화관," 〈조선중앙TV〉 https://www.youtube.com/watch?v=Z03qwfdZjzg (검색일: 2023.12.10.)

학습 지원) 등 AR, VR 기반 교육 프로그램을 개발하였다.[202]

이외에도 2013년 9월부터 능라도에 '릉라 립체률동영화관' 4D 영화관을 개장하고 원산, 신의주, 평성, 남포 등 12곳에도 이를 증설한 바 있다. 김정은 위원장이 첫 '입체율동영화관' 개장 전에 직접 4D 안경을 쓰고 움직이는 좌석에 앉아 이를 관람한 바 있다. 또한 릉라유희장에 '거울집' VR체험관이 있어 내부 전체에 거울을 설치하고 여기에 영상을 투사하여 '소년장수', '다람이와 고슴도치' 등 유명 만화영화의 인물들이 입체적으로 나타나는 공간이 있다.

2019년에는 전국정보화성과전람회에 콘솔게임기가 출품되었다. 조선4·26만화영화촬영소에서는 2022년 12월 '호동왕자와 낙랑공주'를 3D 애니메이션으로 재제작하여 영화관에서 상영하였고 목련광명기술사가 VR 체험게임, 영화, 입체영상 등을 도입하고 있다. 2020년 당창건 75주년 행사에서는 "빛의 조화-2020 조명 축전을 개최하여 입체영상을 연출하고 가상현실 오락 게임공간을 설치하였다.[203]

question
045

북한에도 전기차 '테슬라'가 있나요?

　세계적 추세가 친환경 전기차로 전환되면서 북한도 전기자동차 개발에 힘쓰고 있다. 북한 내부에서 차량 이동량이 증가하고 있는 만큼 관심이 크다. 최근 마두산경제연합회가 2023년 4월 평양 화성지구에 전기자동차 쇼룸을 열고 중국회사 BYD의 차량을 전시하기 시작했다.[204] 중국판 '테슬라', 그러니까 중국산 전기승용차를 북한에서 목격할 수 있다는 뜻이다. 북한은 중국과의 경제협력을 통해 전기차를 도입할 생각인 것 같다. 마두산경제연합회는 2018년 북한 당국이 신의주 국제경제지대 종합 개발을 위해 설립한 회사로 부동산, 관광, 가공무역, 증권금융 및 첨단기술산업까지 신의주에 유치하여 국제도시로 만들 목적을 지닌다.[205]

　내연 기관용 휘발유와 경유는 외국에서 수입해야 하고 또 가격이 비싸다. 이런 이유에서 북한 당국은 재생에너지에 관심이 많았고 방중 행사 때 재생에너지 관련 기술에 관심을 두고 중국 산업 현장을 방문한 바 있다. 북한에서 그간 전기차는 '축전지차'로 불려왔는데, 우리가 생각하는 승용차가 아니라 골프장이나 동물원에서 사용하는 전기충전식 오픈형 카트를 의미한다. 그러므로 승용전기차 쇼룸을 열었다는 것은 그만큼 전기차에 대해 보다 더 적극적으로 상용화를 모색하겠다는 의도로 해석된다.

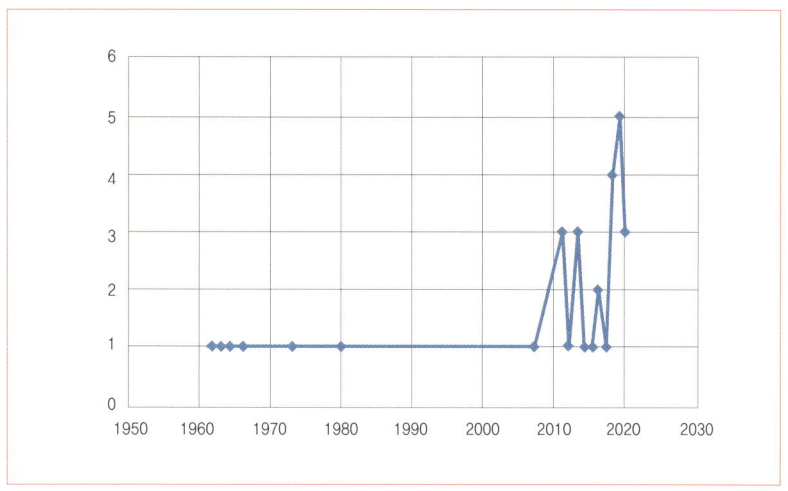

〈로동신문〉 '축전지' 기사의 연도별 추이

출처: 저자 작성.

    북한은 2000년대부터 본격적으로 충전식 대형 배터리 개발에 힘써 왔고 2011년 중앙동물원에 수입산으로 추정되는 축전지차가 도입되었다.[206] 축전지는 로켓(발사체)부터 주민 일상생활에 이르기까지 전력 공급이 원활하지 않은 북한에서 중요한 제품이기 때문에, 2010년대 김정은 위원장 집권 이후에는 축전지 관련 해외 동향에도 크게 관심을 갖고 대학 및 국가과학원 등 연구 기관과 대동강축전지 공장을 중심으로 기술 개발을 시도하고 있다. 〈로동신문〉에 등장한 '축전지' 기사 추이 역시 배터리에 대한 관심사를 잘 보여준다.

    2023년 4월 마두산 경제연합회가 화성지구에 전기자동차 전시장을 개설하기 전까지 그간 북한의 축전지차는 주로 관광 및 레저용에 국한되어왔다. 2017년 재미 언론인 진천규 기자가 방북했을 때, 중앙동물원의 "축전지차"는 어른 1,000원, 어린이 500원의 요금을 받고 운행하는 개방형이었다.[207] 2020년 5월 11일 〈로동신문〉에 평양시 여객운수종합기업

소에서 원산갈매해안관광구에서 사용할 노란 축전지차를 수십 대 생산했다고 전한 바 있다.[208]

다만 이러한 카트는 탑승시간이 길지 않고 개방형이기 때문에 문을 개폐하고 유효 탑승시간이 훨씬 긴 승용차보다 제작이 용이하고 배터리 요건도 까다롭지 않다. 이런 측면에서 실제 테슬라 같은 승용차량보다 전동카트에 초점을 두고 생산하고 있는 것으로 판단된다. 카트 생산 기술력 역시 아직 안정화에 이르지는 못한 것으로 추정되는데, 김정은 위원장이 현지지도 시 탑승하는 카트가 중국산인 것으로 미루어보아 완전한 국산화 수에는 미치지 못한다고 한다.[209]

전기자동차는 고성능 2차전지가 핵심기술인데, 전지 생산을 위해서는 리튬, 코발트 등의 희토류(희귀한 금속류, rare earth element. 총 17종) 원료가 필요하다. 북한 내 희토류 매장량이 상당한 것으로 알려져 있는데, 미 지질조사국(USGS)이 2019년 2월 발표한 바에 따르면 북한에는 경량 희토류 자원이 풍부한 것으로 추정되고, 품질이 좋은 희토류들이 평안북도 철산에

2022년 평양시산업미술전시회 출품 전기차 도안

출처: 〈조선의 오늘〉, 2022년 2월 23일

매장되어 있어 중국이 북한 태양광발전소에 투자하고 그 대가로 중국 기업에 희토류 채굴권을 부여하는 방안을 검토한 바 있다.[210] 북한 당국 역시 2015년 3월 상당한 매장량 규모를 자랑한 바 있다.[211] 그러나 희토류는 탐사, 발굴, 정제련, 가공에 많은 비용과 기술을 필요로 하기 때문에 북한 단독으로 사업하기는 어렵다. 또한 대북제재로 협력사업 추진도 어려운 상황이다.

당장 상용화할 만한 기술이나 자원은 부족하지만, 북한 당국은 포기하지 않고 소형 전기자동차 디자인 개발 등에도 힘쓰고 있다. 2018년 9월 5일 개최된 '중앙산업미술전시장'에 소형 전기자동차 도안이 선보였는데 승차 인원 2명에 청소 솔 4개가 부착된 4륜 미니 자동차 형태였다. 민속공원, 유원지 관람용으로 표기되어 있고 최대속도는 시속 40km, 최대중량 300kg이다.[212]

김정은 위원장은 집권 초기부터 넓은 규모의 공장 및 기업소, 공원, 주택·관광단지 등을 현지지도할 때 전동 카트를 이용했다. 건강이상설이 돌기도 하였으나, 건강이 악화되어 보행이 어려울 때만 이용했던 김정일 위원장과는 달리 김정은 위원장은 빈번하게 카트에 탑승한다. 또한 김정일 위원장보다 김정은 위원장이 대규모 건설 사업을 더 많이 추진하며 현장에서도 이곳저곳을 둘러보는 스타일이기 때문에, 차량보다는 탑승이나 관찰 등 여러모로 훨씬 용이한 개방형 카트를 이용하는 것으로 추정된다.

북한의 놀이공원에도 범퍼카가 있는데 '전기자동차'라고 부른다.[213] 반면, 우리가 '전기자동차' 혹은 '(골프) 카트'라 부르는 형태의 승용차는 '축전지차'로 부른다. 다만 2023년 4월 마두산경제연합회가 전기자동차 전시장을 운영하기 시작한 만큼, 앞으로 북한에서 '전기자동차'의 사전적 의미 또한 추가되지 않을까?

대표적 축전지공장으로 대동강축전지공장 외에도 개성, 사리원, 신의주, 원산 등에 축전기공장이 있고 이 외에 소규모 공장이 지역마다 분포하고 있다. 전기자동차에 사용하는 고품질의 기술집약적 배터리를 아직 기대하기는 어려운 상황으로, 납으로 된 저효율 배터리를 주로 생산하며, 고효율의 리튬이온 배터리는 중국산을 재가공하거나 조립하는 수준이라고 한다.[214] 배터리는 물론 제조에 필요한 금속 및 제품 역시 대북제재 결의2397호 해당 품목이다.

question
046

북한에서도 네비게이션(GPS)으로 길을 찾을 수 있나요? 북한은 독자적 (통신)위성 기술을 갖고 있나요?

　북한 주민은 네비게이션을 주로 휴대폰 앱 형태로 사용한다. 2017년 삼흥정보기술교류소가 앱 '(도시길안내프로그람) 길동무1.0'을 출시하면서, 스마트폰과 태블릿 PC에서 네비게이션 기능을 활용할 수 있게 되었다. 이전에는 중국산 휴대폰에서 위성항법시스템, 곧 우리가 흔히 'GPS'라 부르는 기능을 사용하지 못하게 한 상태로 북한 상표를 붙여 판매했는데, 길동무 앱 출시 이후에는 이 기능을 활용하여 대중교통 길찾기, 도보 길찾기, 주변 상업 및 편의 시설 찾기, 도착시간 및 경로 안내 등의 서비스가 가능해졌다. 다만 커버리지가 평양시 중심이었다가 2023년 4월 기준, 길동무3.5에서는 전국 도시로 확대되고 평양 역시 경루동 등의 새로운 지도정보가 업데이트 된 것으로 파악된다.[215] 동 및 인민반 검색, 식당 및 목욕탕 등 주제별 시설 검색, 주변 검색, 거리측정, 시설 전화번호 제공 및 전화연결, 위치 문자(통보문)전송 기능 등이 있다.

　또한 상평정보기술교류소의 '평양안내1.0'은 평양 시내 식음료 상점 및 과학, 교육, 문화, 보건, 체육 시설 정보와 도로 네트워크 분석 기반 경로 안내를 제공한다. 또한 상점 및 기관 전화번호, 과학기술 및 경제

길 안내 프로그램 '길동무 1.0'

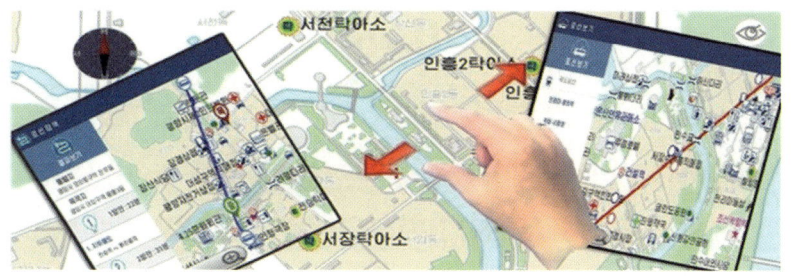

출처: "길안내봉사프로그람《길동무》1.0 개발," 〈조선의 오늘〉, 2017년 9월 5일
https://dprktoday.com/news/24008 (검색일: 2023.12.2.)

정보, TV 편성표, 생활상식 등을 제공하며 전국정보화성과전람회 2016 출품한 바 있다.

이 외에도 삼흥정보기술교류소가 차량용 네비게이션 앱 '지름길'을 선보였는데, '길동무'와 달리 북한의 행정구역과 도로를 보다 넓게 표시해 주고 경로 정보를 제공하고 있다. 또한 거리, 소비 연료, 시간, 연비 등의 정보를 화면에 표시해 주기도 한다.

두 앱 모두 3차원 지도 구현, 자기 위치의 블루투스 및 문자 전송 등을 지원한다. 삼흥경제정보기술사는 법규정 열람프로그램 '의무', 도서·오락 등의 문화 포털 앱 '나의 길동무', 조선말 대사전 프로그램 '새세기 다국어사전', '새세기 조선말 대사전' 등이 있다. 특히 새세기 다국어사전은 파파고 번역기처럼 간단한 문장 등을 촬영하면 즉시 번역이 가능하다고 홍보되고 있다. 삼흥경제정보기술사는 북한에서 손꼽히는 앱 개발 단위라고 할 수 있다.

다만, 위성항법시스템(속칭 GPS) 이용 앱의 경우 실시간 교통정보를 반영하거나 아주 세밀한 위치까지 나타내기는 어렵다. 이 기술은 위성과 신호를 주고받는 시간이 있기 때문에 3G등의 통신망과 Wi-fi 등의 보조 기술이 반영되어야 실시간 적용이 가능하다. 그러나 북한 내부용 인트라넷 연결 요금이 비싸고 평양이나 일부 대도시 외에는 커버리지 수준이 높지 않기 때문에 실제 도로교통 정보나 구체적 위치를 보여주는 데에는 일정한 한계가 존재할 수밖에 없다. 그러나 사전에 프로그램이나 지도 데이터를 다운로드 받으면 조금 느리더라도 위치 정보를 사용할 수는 있기 때문에 네비게이션 앱을 활용할 수 있다. 대충 어느 도로에서 어디를 거쳐 어느 도로로 간다는 경로 설정에 도움이 될 수 있다.

북한에 카카오택시나 우버와 같은 택시 호출 특화 앱이 있는지는 아직 확인되지 않고 있다. 다만 위에서 언급한 길동무 3.5버전에 자기 위치에서 택시를 호출할 수 있는 기능이 추가된 것으로 파악된다. 흥미로운 것은 길동무 앱 출시 이전에는 원래 2km 운행에 2달러 기준이었던 택시요금을 안내판이 없는 경우 운전수가 짐작 계산하여 올려 받았는데, 앱 출시 이후에는 손님들이 길동무 앱으로 거리를 산출해서 택시비용을 계산하기 시작했다고 한다.[216] 특히 '평양 2426' 스마트폰에 길동무 앱이 기본 탑재되어 출시되면서, 택시운전수들이 길동무 앱을 켜고 운행하기 시작했다고도 한다. 전화로 호출하는 콜택시의 경우 2014년 평양 기준 대동강여객운수사업소에서 전자카드결제기, 주행거리 표시 장치 등을 갖추고 있다고 보도된 바 있다.[217]

북한은 위성을 '광명성'으로 명명하고 여러 차례 발사하였으나, 실제 2기만 궤도에서 공전하고 있으며 사실상 신호를 주고받지 못해 위성으로서의 본래 기능을 상실한 것으로 알려져 있다. 다음 표는 북한 당국이 주장하는 위성 발사 내용을 정리한 것이며 북한 당국은 2012년 12월 광명성-3 2호기 발사 성공 후 준 군사조직인 '국가우주개발국'을 설립한 뒤 위성종합관제지휘소 등을 두고 있다. 광명성-3 2호기와 광명성 4호기는 궤도에 진입하여 공전하였고 송수신 신호나 내역은 공개되지 않아 사실상 '죽은 위성'으로 불려왔다. 2023년 7월에는 광명성 4호가 궤도를 이탈하여 대기권에 진입하였으며, 지구로 낙하해 소멸했다는 보도도 등장

북한의 위성발사 내역

발사일자	위성의 북한식 이름	발사체의 북한식 이름
1998.8.31.	광명성-1호	백두산(대포동1호)
2009.4.5.(2006.7.4 추가)	광명성-2호	은하-2호(대포동2호)
2012.4.13.	광명성-3 1호기	은하-3호 1차
2012.12.12.	광명성-3 2호기	은하-3호 2차
2016.2.7.	광명성-4	광명성 호
2023.11.21. (2023.5.31, 2023.8.24. 실패)	만리경-1	천리마-1형

출처: 저자 작성.

하였다.[218] 이외에도 세 차례의 시도 끝에 2023년 11월 군사정찰위성 '만리경 1호'를 '천리마 1호'에 탑재하여 궤도에 안착시켰으나, 정찰위성으로서의 역할을 하기에는 해상도가 낮고 위성 대수도 적어 기술적 한계가 상당한 것으로 판단된다. 따라서 북한의 위성은 종류를 불문하고 독자적 임무 수행하기 어려운 수준으로 파악된다.

통신위성의 경우 공산권 통신협정 체결에 따른 INTERSPUTNIK 회원국으로서 구소련 국내 위성을 임차한 서비스를 이용하고 있으며[219] 2001년 145번째 Intelsat 회원국으로 가입하였으나[220] 백업 위성 정도로 사용하며 중국의 China Unicom을 제한적 인터넷 경로로 활용하고 있다. 2022년 기준, 우리 정부는 북한의 조선중앙방송이 중국의 Chinasat12 위성 1개 채널을 임대하여 아시아 전역, 유럽, 호주, 아프리카 등에 방송을 송출한다고 보고한 바 있다.[221]

'길동무' 앱이 위성항법시스템을 사용하지만, 다른 나라의 위성을 활용할 가능성이 높다. 위성항법시스템은 이론상 최소 3개의 위성이 필요하고 상용을 위해서는 1개의 위성이 더 필요하다. 그러나 방금 언급한 것처럼 궤도를 돌기만 하는 위성 조차 2기(2023년 7월 이후 1기)로 확인되고,

정찰위성은 목적이 다르기 때문에 북한 자체 위성항법시스템을 갖추었을 확률은 매우 낮다. 북한이 어느 위성항법시스템(global navigation satellite system, GNSS)을 활용하는 지는 아직 명확하게 알 수 없다. 다만 위성항법시스템의 원조격인 GPS가 미국 소유이므로 중국의 베이더우, 러시아의 GLONASS 등이 유력해 보인다.

question
047

북한에도 인강(인터넷 강의)이 있나요?

　북한은 2000년대부터 김책공업종합대학을 중심으로 온라인 원격 교육과 관련한 기술 및 체계 개발을 진행하였고 2010년 최초로 황해제철연합기업소 노동자 40여 명을 대상으로 원격 교육을 시작하여 2015년 첫 졸업생을 110여 명 배출하였다. 또한 2015년부터 김일성종합대학, 평양건축종합대학, 평양석탄공업대학 등 중앙대학을 중심으로 노동자 대상 원격 교육을 확대하였다.

　2023년 5월 기준, 약 13만여 명의 노동자가 원격 교육을 받고 있다고 보도된 바 있다. 이러한 노동자 재교육체계는 1950년대부터 시작된 것으로 알려져 있는데, 온라인 방식 도입 전에는 '통신교육' 혹은 '공장대학' 등의 형태로 일과가 끝난 저녁시간에 강의를 듣는 형태로 이른바 "일하면서 배우는 교육체계"로도 불렸다. 김정은 위원장 집권 이후에는 IT 및 정보화, '전민과학기술인재화' 정책을 적극 추진하면서 기존의 노동자 재교육의 방법을 원격 교육으로 전환하였다. 이에 따라 2020년 4월 「원격교육법」을 채택하고 "교수자와 학생이 대면하지 않고 정보통신기술과 수단을 리용하여 진행하는 먼거리 교육 형태"로 원격 교육을 정의하면서 "사회의 모든 성원들이 일하면서 고등(대학)교육을 받을 수 있는 정연한 원격 교육체계" 보장의무가 국가에 있음을 명시하였다.

원격 교육은 종합대학 및 중요 부문별 대학(중앙대학)에서 원격 교육학부를 두고 시행하며 대학에 원격 교육학부를 설치·폐지하는 권한은 대학이 아닌 중앙에 있다. 다만 원격 교육은 기관, 기업소, 단체 등 직장의 추천이 있어야 가능하고 추천은 기간 제한이 없으나 추천은 일정한 절차를 거치는데, 대학입학 문건을 작성하고 인민위원회를 경유하여 대학에 제출한다.

대학은 입학 심의를 거쳐 학생의 입학을 수용하며, 학생은 타 대학 및 전공으로의 이전이 가능하나 1년 이상 이유 없이 학습을 중단하면 제명된다. 원격 대학을 졸업하면 졸업장을 받고 박사원 등으로 진학할 수도 있다. 각 공장, 기업소, 기관 등은 과학기술 보급실을 마련하고 원격 교육 장비를 갖추어야 하며, 영세하여 시설 마련이 어려울 경우 각 시·군 미래원이나 도 과학기술도서관 등을 이용한다. 원격 대학 외에도 과학기술전당의 과학기술 보급실 네트워크에 망라되어 자료 검색, 온라인 강의들을 접할 수 있다.

이외에도 COVID-19 시기, 김책공업종합대학에서 2017년 개발한 앱 '최우등생의 벗(2.0)'을 통해 초급 및 고급 중학교, 영재학교인 제1중학교에서 교원과 학생 각각이 학년 및 과목별로 수업을 복습하고 평가할 수 있다. 장·절을 선택하여 복습할 수 있고 평가 후 채점하여 오답을 정리해주기도 하며, 게임 형식으로 구성되어 있고 학부모가 학생의 학습 상태를 확인할 수도 있다. 수학, 물리, 화학, 생물, 자연과학, 국어, 역사, 지리 등 과목별로 교재, 참고자료 등을 열람할 수 있다.[222] 소학교 학생들에게 수학, 자연, 영어, 음악 과목에 대한 위한 동영상 및 자료 제공, 게임 기능을 가진 앱으로 '방울꽃'도 있다. 영어 학습 지원 '무지개', 수학 학습 지원 '날개' 등의 과목별 프로그램이 있어서 입체적으로 학습 내용을 보여주고 다양한 확인 문제와 채점 시스템을 제공한다.

고등교육 기관의 경우, 인터넷 사용이 제한적으로나마 가능한 평양과학기술대학교에서는 스카이프를 통해 원격 수업이 가능하다. 그러나 대다수 대학은 대학 인트라넷을 통해 수업 및 시험을 진행하였다. 일찍부터 원격 교육을 시행한 김책공업종합대학은 실시간 강의, 질의응답, 토론, 과제 점검 등을 온라인(인트라넷)으로 수행하고 기숙사에 인트라넷 네트워크를 구축하였다. 김일성종합대학의 경우 COVID-19 통제 기간 동안 기숙사 입사생들은 기숙사 학습실에 구축된 인트라넷에서 학년별로 컴퓨터, 고등수학, 외국어 등의 과목 경연을 하고 이 성적이 온라인 게시되었다. 자가 통학생들은 원격 교육학부의 인트라넷을 통해 멀티미디어로 외국어 교육을 받았다고 한다.

CHAPTER 2 주

143 강경희,『발권 및 통화조절방법론』(평양: 과학백과사전출판사, 2019)

144 「중앙은행법」은 「상업은행법」이 제정되기 2년 전인 2004년 9월 제정되었다.

145 남한에 조성된 산업단지는 국가급 47개, 지방급 1,236개를 포함해 전체 1,283개가 운영 중이다. 한국산업단지공단 www.kicox.or.kr (검색일 2023.9.10.)

146 『조선신보』, 2015년 2월 23일

147 『통일신보』, 2015년 9월 26일

148 "조선로동당 중앙위원회 제8기 제2차전원회의에 관한 보도," 『로동신문』, 2023년 2월 12일

149 이하 내용은 김용현 책임편집『북한학 개론』(서울: 동국대학교출판부, 2022), pp.237~252. 참조

150 조선로동당 중앙위원회 위원(위원 및 후보위원 포함) 250명(중앙위원 140여 명, 후보위원 110여 명)은 북한 최고의 파워엘리트 집단이다. 2021년 이전까지 중앙위원회 구성원중 위원회의 위원장 등 2명이 중앙위원, 1명이 후보위원회에 속해 있었다.

151 "조선로동당 중앙위원회 제8기 제2차전원회의에서, 중앙검찰소장 우상철 동지의 토론," 『로동신문』, 2021년 2월 11일

152 '현지료해'는 내각총리, 국무위원회 부위원장, 총정치국장 등이 최고지도자의 '현지지도'와 별도로 독립적으로 경제현장을 방문하는 행사로, 북한 고위 간부들의 활동이 언론에 보도된 것은 1967년 2월 최용건, 김일, 박금철, 김광협의 군부대방문 보도가 마지막이다. 북한 언론에 '현지료해'라는 이름으로 다시 등장한 최초의 사례는 "내각총리 최영림 동지 희천발전소 건설사업 료해," 『로동신문』, 2011년 2월 28일; "내각총리 최영림 동지 북부지구의 여러 부문 사업 현지료해," 『로동신문』, 2011년 4월 5일. 진희관·

진희권, "김정은시대의 '현지료해' 연구−내각총리와 총정치국장의 현지료해 분석을 중심으로," 『21세기정치학회보』 제25집 3호, 2015년 9월 참조

153 실질적인 내각책임제가 약속된 것으로 보인다. "조선로동당 총비서이신 경애하는 김정은 동지께서 최고인민회의 제14기 제4차회의에서 새로 임명된 내각 성원들을 만나시고 기념사진을 찍으시였다," 『로동신문』. 2021년 1월 19일

154 "최고인민회의 제14기 제4차회의에 제기한 내각사업보고," 『로동신문』, 2021년 1월 18일

155 "밀가루음식전시회를 돌아보고," 『로동신문』, 2022년 12월 15일

156 리성영, "현시기 농업 부문에서 알곡생산구조를 바꾸는데서나서는 중요문제," 『사회과학원학보』 (평양: 사회과학출판사, 2022), 1호, pp.15−18.

157 "중평온실농장에서 년간 남새생산계획 완수," 『로동신문』, 2022년 12월 13일; "중평온실농장에서 갖가지 남새를 대대적으로 생산, 인민들에게 정상적으로 공급," 『로동신문』, 2023년 3월 14일

158 "강동군 종합축산기지 1단계공사 결속, 2단계공사 본격적으로 추진," 『로동신문』, 2022년 9월 8일

159 "80일전투목표를 어김없이 수행하도록 당적지도를 심화시키자−대중발동의 묘술을 찾아쥐고," 『로동신문』, 2020년 12월 15일. "(국가과학원 현대화연구소) 공업정보1연구실, 전자일용품연구실 등 여러 연구실의 과학자들도 에네르기관리프로그람을 개발하고 중평남새온실농장의 지능형온실관리 체계를 완성한것을 비롯하여 80일전투기간에 높은 실적을 기록하였다."

160 "과학연구 기관들은 자기 분야의 발전을 책임지자," 『로동신문』, 2023년 6월 17일

161 "강동온실농장건설 착공식 진행," 『로동신문』, 2023년 2월 16일

162 "북한에 건설된 세계 최대 규모 온실, 연포온실농장," 『자주시보』, 2022년 11년 23일. "기존 세계 최대 온실단지는 네덜란드의 애그리포트(Agriport) A7으로, 8개 농장이 211만㎡ 규모로 유리온실로 구성된 농장이다."

163 "중평온실농장에서 년간 남새생산계획 완수," 〈조선의 오늘〉, 2022년 12월 13일

164 우리의 새마을운동은 기본정신인 근면·자조·협동을 통해 낙후한 농촌의 근대화, 지역의 균형적인 발전, 그리고 농촌주민들의 의식개혁을 목표로 1970년부터 시작된 범국가적인 지역사회발전운동이다.

165 건설은 착공시점과 준공시점을 구분해서 통계를 처리해야 한다. 2022년 준공실적은 상당부분 2021년 착공에 따른 준공 실적으로 분석해야 한다.

166 "어머니당의 은정을 젖줄기로 하여 우리의 미래는 무럭무럭 자란다-새로운 육아정책의 실시와 더불어 만사람을 격동시킨 가슴뜨거운 사연들을 되새기며," 『로동신문』, 2023년 10월 1일

167 "조선로동당 중앙위원회 제8기 제3차전원회의 3일차 진행," 『로동신문』, 2021년 6월 18일

168 정은미, 「육아법을 통해 본 김정은 정권의 육아정책」, 통일연구원 온라인 시리즈, 2022.3.23. CO 22-07

169 『조선민주주의인민공화국 원자력법』, 『북한법령집 上』 (서울: 국가정보원, 2022), p.787.

170 최은주, "북한의 군수경제: 경제적 파급효과와 민수전환의 가능성," 『KDI 북한경제리뷰』, 2022년 9월호, p.110.

171 "톺아보기 41) 군의 자원, 기술을 활용한 북한의 경제 발전 시도", 『NKTechTV』, 2022년 12월 20일, https://www.youtube.com/watch?v=8339Bs7tAg4 (검색일: 2023.12.10.)

172 윤진, "달라진 北 경공업…축구화 검수까지 '기계화'," 『KBS』, 2018년 11월 28일

173 박서강, "전력마저 자급자족…北 접경마을서 태양광 패널 관측," 『한국일보』, 2017년 10월 19일, https://www.hankookilbo.com/News/Read/201710190419161585 (검색일: 2023.12.10.)

174 『조선민주주의인민공화국 과학기술법』, 『북한법령집 下』 (서울: 국가정보원, 2022), p.500.

175 『조선민주주의인민공화국 과학기술성과도입법』, 『북한법령집 下』 (서울: 국가정보원, 2022), p.509.

176 '조선의 무역,' http://www.kftrade.com.kp/index.php/trade/detail/

177 최현규·노경란, 『북한 과학자의 국제학술논문(SCOPUS) 분석 연구: 2007-2016 (대전: 한국과학기술정보연구원, 2016)

178 위의 책.

179 "옥류관에서 경영활동의 과학화 실현", 〈조선의 오늘〉, 2021년 1월 6일. https://dprktoday.com/news/49878 (검색일: 2023.12.10.)

180 DPRK360 페이스북. https://m.facebook.com/dprk360/photos/ordering-coffee-at-the-sunrise-caf%C3%A9-in-pyongyang-northkorea-everydaydprk-dprk-py/309827769141058/?_se_imp=15pFBfCaR4hxHzUxZ (검색일: 2023.12.10.)

181 "Tablet PC menus, Volkswagon taxis in Pyongyang." 『The Korea Times』, 2013년 11월 12일. https://www.koreatimes.co.kr/www/nation/2023/02/511_146102.html?utm_source=fa (검색일: 2023.12.10.)

182 문동희, "북한판 위챗페이 '울림 2.0' 출시… QR코드로 간편결제," 『Daily NK』, 2020년 11월 4일. https://www.dailynk.com/20201104-3/ (검색일: 2023.12.10.)

183 문동희, 위의 글.

184 "조선민주주의인민공화국 전자결제법," 『북한 법령집 下』(서울: 국가정보원, 2022), p.442.

185 손광수, "북한의 금융정보화와 전자결제법 함의," 『KDI북한경제리뷰』, 2023년 2월호, p.50.

186 "인기를 모으는 전자상업홈페지《만물상》," 〈조선의 오늘〉, 2016년 11월 12일. https://dprktoday.com/news/15784 (검색일: 2023.12.10.)

187 "북한 온라인 전자상거래 동향," KOTRA 홈페이지, 2022년 5월 30일. https://dream.kotra.or.kr/dream/cms/news/actionKotraBoardDetail.do?pageNo=3&pagePerCnt=10&SITE_NO=2&MENU_ID=1250&CONTENTS_NO=1&bbsGbn=247&bbsSn=247&pNttSn=194668&recordCountPerPage=10&viewType=&pStartDt=&pEndDt=&sSearchVal=&pRegnCd=&pNatCd=&pKbcCd=&pIndustCd=&sSearchVal= (검색

일: 2023.12.10.)

188 윤금찬·리충성, "국가망을 통해 본 기술교류 사업," 『로동신문』, 2021년 8월 9일

189 "관심을 모으고있는 전자상업홈페지," 〈조선의 오늘〉, 2019년 2월 14일 https://dprktoday.com/news/37319 (검색일: 2023.10.1.)

190 "호평받는 전자상업봉사 체계−실리전자상점," 〈조선의 오늘〉, 2018년 5월 17일. https://dprktoday.com/news/32595 (검색일: 2023.12.16.)

191 양승진, "[리얼북한] '광명망' 쇼핑사이트는 모두 22개," 『시사주간』, 2020년 12월 4일. http://www.sisaweekly.com/news/articleView.html?idxno=33381 (검색일: 2023.10.1.)

192 "인민 갤럭시폰? 베일 벗은 북한 김정은 스마트폰 '아리랑 151'," 강진규의 디지털 허리케인, 2017년 9월 6일. https://www.dihur.co.kr/1470 (검색일: 2023.10.1.)

193 "북한 최신 스마트폰 '평양2423' 리-뷰," 『한겨레 TV』, 2019년 3월 13일

194 "[북한이 궁금해] 최신 스마트폰 평양2425 단독 공개, 유튜브 MBCNEWS, 2019년 9월 21일. https://www.youtube.com/watch?v=rZ2fUax4K_8&t=330s (검색일: 2023.12.16.)

195 "호평받는 《아침》전자제품들, 〈조선의 오늘〉, 2017년 9월 5일. https://dprktoday.com/news/23442 (검색일: 2023.10.1.)

196 강진규, "음성인식, 딥러닝 응용까지 북한 인공지능기술의 현주소," 『남북경협뉴스』, 2019년 8월 23일. http://www.snkpress.kr/news/articleView.html?idxno=122 (검색일: 2023.10.1.)

197 최희선, "[시선의 확장] 스마트 농업에 눈 돌린 북한 산업미술, 식량난 해결에 도움 줄까?," 『news1』, 2023년 4월 15. https://www.news1.kr/articles/5016448 (검색일: 2023.10.1.)

198 북한 초등학교 교실에 로봇선생님 등장, 『연합뉴스』 2021년 11월 2일. https://www.youtube.com/watch?v=Ko5XE7gkbrw (검색일: 2023.10.1.)

199 강진규, "북한 평양교원대학, 교육용로봇 업그레이드 추진," 『NK경제』, 2020년 5월 8일. http://www.nkeconomy.com/news/articleView.

200 강진규, "북한 로봇축구대회 2016년 시작…규정은 2019년 만들어," 『NK 경제』, 2020년 6월 11일. http://www.nkeconomy.com/news/articleView. html?idxno=3172 (검색일: 2023.10.1.)

201 박수윤, "북한, COVID-19 방역용 '로봇' 공개…둥근머리에 빨간눈 깜빡," 『연합뉴스』, 2022년 11월 25일. https://www.yna.co.kr/view/AKR20221124158800504 (검색일: 2023.10.1.)

202 강진규, "북한, AR·VR 기술 적용 교육 프로그램 개발," 『NK 경제』, 2020년 6월 11일. http://www.nkeconomy.com/news/articleView.html?idxno=3171 (검색일: 2023.10.1.)

203 김정근, "조명축전으로 '3D' 선보인 북한…가상현실 게임도 즐긴다," 『news1』, 2020년 11월 19일. https://www.news1.kr/articles/?4122765 (검색일: 2023.10.1.)

204 Colin Zwirko, "North Korea reveals first electric car showroom on new skyscraper street," 『NKPRO』, April 28, 2023, https://www.nknews.org/pro/north-korea-reveals-firs-electric-car-showroom-on-new-skyscraper-street/ (검색일: 2023.10.1.).

205 박수윤, "북한, 20년 전 무산된 '신의주 경제특구' 재시동 거나," 『연합뉴스』, 2022년 8월 25일. https://www.yna.co.kr/view/AKR20220824154900504?input=1195m (검색일: 2023.10.1.)

206 "중앙동물원구내에 사랑의 축전지차가 달린다," 『민주조선』, 2011년 10월 21일

207 진천규, "[평양은 지금] 중앙동물원 '축전지차'," 『news1』, 2017년 11월 21일. https://www.news1.kr/photos/view/?2830927 (검색일: 2023.10.1.)

208 최수복, "새형의 관광용축전지차 생산," 『로동신문』, 2020년 5월 11일

209 김주영, "김정은은 카트 마니아? 북한 '1호 카트'에 담긴 의미," 『한국일보』, 2020년 7월 9일. https://www.hankookilbo.com/News/Read/A2020070718170003484?did=NA (검색일: 2023.10.1.)

210 Jaewon Chung, "The Mineral Industry of North Korea in 2019," June 2023.

https://pubs.usgs.gov/myb/vol3/2019/myb3-2019-north-korea.pdf (검색일: 2023.12.16.) p.14.2.

211 "세계 전기차 시장과 북한의 전기차 개발," 『RFA』, 2021년 2월 22일. https://www.rfa.org/korean/weekly_program/c27dac8c-d480c5b4bcf4b294-bd81d55c-bb3cac00/priceindex-02222021093149.html (검색일: 2023.12.16.)

212 강진규, "[사진] 북한의 전기차, 고속철 디자인은?," 『NK경제』, 2018년 9월 23일. http://www.nkeconomy.com/news/articleView.html?idxno=452 (검색일: 2023.12.16.)

213 겨레말큰사전남북공동편찬사업회, 『미리 만나는 겨레말 작은사전』, 서울: 겨레말큰사전남북공동편찬사업회.

214 김경원, "북한의 배터리 이용 현황," 『Weekly KDB Report』, 2020년 9월 14일. p.8.

215 문동희, "北 내비 '길동무 3.5', 최신 지도 데이터·택시 호출 기능 업뎃," 『Daily NK』, 2023년 4월 18일. https://www.dailynk.com/20230418-3/ (검색일: 2023.10.16.)

216 손혜민, "북, 스마트폰용 내비게이션 앱 첫 선… "택시 바가지 요금 차단"," 『RFA』, 2020년 11월 20일. https://www.rfa.org/korean/in_focus/nehm-11202020095705.html (검색일: 2023.10.16.)

217 "[사진]'평양에 콜택시가?', 『news1』, 2014년 7월 7일. https://news.mt.co.kr/mtview.php?no=2014070716418281805 (검색일: 2023.12.16.)

218 조성진, "북한 광명성4호, 대기권 재진입 후 '소멸'…잔해 전소돼 민간 피해 없을 것," 『VOA』, 2023년 7월 4일. https://www.voakorea.com/a/7162880.html (검색일:2023.12.16.)

219 'Member-Countries', intersputnik 홈페이지, https://intersputnik.int/about/countries/ (검색일: 2023.12.16.)

220 백용대, "북한위성통신 현대화, 이동통신 확대 개통 추진," 『디지털 타임스』, 2003년 8월 26일. https://n.news.naver.com/mnews/article/029/0000038974?sid=111 (검색일: 2023.12.16.)

221 과학기술정보통신부 중앙전파관리소, "2022년 위성방송 현황조사," 2022.12.; 위성전파감시센터 위성관리과, "2020년도 위성방송 현황조사," 2020.12

222 김지현, "원격강의부터 외국어 경연까지⋯ 北 대학도 온라인 강의 열풍," 『한국일보』, 2020년 3월 30일. https://www.hankookilbo.com/News/Read/202003301083325547 (검색일: 2023.12.16.)

CHAPTER 3

살림집과
뽀뿌라싹눈대장염피막알약

question
048

북한 주민은 아플 때 어디에 가서 약을 사나요? 대표적인 대학병원은 어디인가요?

북한은 「인민보건법」(조선민주주의 인민공화국 인민보건법) 2조에 따라, "튼튼한 자립적 민족경제와 국가의 인민적인 보건시책"에 기반한 "완전하고 전반적인 무상치료제"를 표방해 왔다. 그러나 잘 알려져 있듯, 1990년대 중반 이후부터는 의료 체계에 많은 변화가 발생했다. 우선 제도적 상황을 살펴보면, 무상치료제란 검사, 진단, 진찰, 치료, 수술, 출산, 상담, 접종, 입원 등에 대한 모든 서비스가 무료임을 의미한다. 의료 기관에서 직접 주는 약은 무료지만, 의사의 처방전을 받아 약국에서 의약품을 수령하거나 경상·경증인 경우 진찰 없이 환자 스스로 약국에서 구매할 경우 약은 '국정가격'으로 구매할 수 있다. 약국은 당국의 허가를 받은 의료인만 개업할 수 있고 의약품은 중앙과 각 도·시 인민위원회 의약품관리소의 감독 아래 유통된다.

북한 의학은 예방을 기본으로 하는 '사회주의 의학'을 지향하며 '의사담당 구역제'를 둔다. 모든 가구는 '호(가구) 담당 의사'와 연계되어 있어 일상에서의 건강관리 도움을 받고 아플 때는 근거리의 진료소를 찾아간다. 호 담당 의사는 보통 일반 의사는 아니지만 그에 준하는 '준의사'로서 경증 및 기초 질환에 대한 처방과 처치 등을 시행하고 상급 의료 기관 진료 의뢰 등을 한다. 또한 위생선전, 보건위생 관리감독을 한다. 다태아를 임신하였거나 다자녀 가족에게도 전담 의사가 배정된다. 병세가 호전되지 않으면 우리처럼 진료 의뢰서를 발급받아 상급 병원을 찾아간다. 의료 기관에 차수를 매기지는 않으나, 마을 진료소부터 평양의 중앙종합병원에 이르기까지 규모와 진료과목 등에 있어서 차이가 있다.

북한 의료 기관 체계

비교	의료 기관	진료 전문과	의사 및 병상
1차	진료소	리/동 진료소: 주로 준의, 전문과 없음	1~2명/0~2
		종합진료소: 내과, 외과, 일부 소아과	4~5명/0~5
	리 인민병원	내과, 외과, 소아과, 산부인과, 고려치료과, 구강과, 이비인후과	10명 이내/5~20
2차	시·군·구역 인민병원	내과, 외과, 소아과, 산부인과, 고려치료과, 뢴트겐과12), 구강과, 이비인후과, 피부과, 안과, 신경과, 실험과(혈액검사실), 물리치료과, 결핵과(3예방원), 간염과(2예방원)	50명/100~500
3차	도 인민병원	내과(순환기·소화기·호흡기), 복부외과, 수지외과, 정형외과, 흉부외과, 신경외과, 소아과, 산부인과, 고려치료과(동의과), 뢴트겐과, 구강과, 이비인후과, 피부과, 안과, 신경과, 물리치료과, 비뇨기과, 마취과, 기능회복과(회복치료과), 기능진단과, 병리진단과, 종양과(일부), 두경부외과(일부)	200명/800~1200
4차	대학 및 중앙 종합 병원 (평양의학대학병원, 김만유 병원, 조선적십자종합병원 등)	내과(순환기·소화기·호흡기), 복부외과, 수지외과, 정형외과, 흉부외과, 신경외과, 소아과, 산부인과, 고려치료과(동의과), 뢴트겐과, 구강과, 이비인후과, 피부과, 안과, 신경과, 물리치료과, 비뇨기과, 마취과, 기능회복과(회복치료과), 기능진단과, 병리진단과, 종양과(일부), 두경부외과(일부)	400명/1000안팎
특수	평양 및 도	결핵병원, 간염병원, 만성병원, 구강원 (평양 류경안과종합병원, 옥류아동병원, 고려의학종합병원, 류경구강병원 등)	

출처: 보건복지부, 한국국제보건의료재단·서울대학교 의과대학 통일의학센터 공저, 『2019 개정판 북한 보건의료 백서』(서울: 한국국제보건의료재단, 2019), p.51. 재구성.

대학병원이나 평양의 중앙급 종합병원에는 하급 의료 기관의 의뢰서를 지참해 진료를 요청할 수 있지만, 지인이 있거나 인맥을 동원해서도 빠르게 진료를 볼 수 있다. 이러한 최상급 의료 기관은 하급 기관에 비해 의료 설비들이 비교적 잘 갖춰져 있고 진료과 역시 분화되어 있으며 병상 규모도 크다. 이 외에도 회령산원, 평양산원 등 여성전문병원 '산원'이 대도시에 있어서 임신과 출산을 지원한다. 평양산원에는 여성암 및 유선종양센터 등이 있다. 또한 북한에서는 세쌍둥이 이상의 출산을 국가적 길조로 여기기 때문에 헬리콥터로 산모를 평양산원에 실어 나르고 출산을 국가적으로 축하해 주기도 한다. 평양 문수거리는 '병원촌'으로 불릴 만큼 평양산원, 류경치과병원, 옥류아동병원, 류경안과종합병원, 고려의학 종합병원, 류경치과병원 등이 군집해 있다.

예방의학과 함께 나타나는 북한 의료의 또 다른 특징은 증명된 민간요법을 적극 권장하며, 생약과 침술 중심의 '고려의학', 즉 우리의 한의학과 유사한 전통의학을 높이 평가해 현대 서양의학과 융합한다는 점이다. 이는 서구 의학이 요구하는 현대식 합성 의약품 생산 능력이 갖춰지지 않은 1950~1960년대부터 지속된 것으로, 각 지역에서 쉽게 얻을 수 있는 천연 약재를 적극 활용하고 적시에 치료 효과를 보기 위한 조치였다고 평가할 수 있다. 「의료법」 제31조에 따르면 "고려약료법, 침료법, 뜸료법, 부항료법 같은 고려의학적 방법과 약수, 온천, 감탕 같은 자연 인자를 환자 치료에 널리 받아들"이도록 규정하고 있다.

그러나 시장화 이후 보건의료인에게도 배급제가 보장되지 않고, 많은 경우 병원들 역시 자립적으로 운영해야 한다. 때문에 법률이나 북한 당국이 언급하는 '무상치료'의 명시적 내용과 의료 현장에서의 현실은 지역이나 이용자 개인에 따라 다양한 격차를 보이며 평양과 비평양, 대도시와 중소도시, 도시와 농촌 사이에서의 양상이 상당히 다르다. 보통은 의사에게 '인사차림' 등의 현물이나 현금성 답례를 하는 것이 일반화되었고, 병원에서 의약품과 입원 시의 환자복, 침구, 식사 등을 공급해 주어야 하는 경우에도 환자가 스스로 모든 것을 조달해야 하는 경우가 대다수이다. 현대 의학에서는 의약품이 중요한데, 치료나 처방은 무료라고 해도 의약품 값이 비싸고 입원 시 제반 비용 역시 부담스러워 평양에서도 일부 소수 사례를 제외하면 '전반적인 무상치료'라고 보기 어렵다. 다만, 북한 당국은 대북제재에서도 예외사항인 보건의료 부문의 인도적 지원을 지속 수용하면서 개선을 시도하고 있다. 특히 북한 당국은 각종 치료기기 및 제약 공장 정상화 및 신제품 개발 등에 집중하고 있다. 이와 관련하여 COVID-19 직전까지 어린이 건강의 날, 세계 금연의 날, 세계 헌혈의 날, 세계 모유수유 주간, 세계 에이즈의 날 등 국제 보건의료 행사를 개최하였다.

그래서 대다수 주민들은 아프면 의사나 약국을 찾아가기보다 급체, 감기, 타박상, 두통, 피부질환 등의 경증에는 스스로 진단하여 민간요법을 많이 활용한다. 증상이 완화되지 않을 경우 의료인이 아니거나 전직 의료인이었던 마을 사람 중에 침이나 주사를 잘 놓는 사람을 찾아가기도 한다. 시장화 이후에는 공인된 약국(약 매대)을 찾아가 의료인에게 증상을 설명하고 시장가격에 의약품을 구매하여 복용 및 사용하는 일이 많다. 공식 의약품 관리 체계에서 누락된 약품들, 중국산 밀수 의약품, 비공인 시설에서 제조 및 합성한 약품 등이 공인받지 않은 약 매대에서 판매되는 일도 잦다. 경제적 여유가 있다면 실력이 있다고 소문난 의료인을 찾아가거나 집으로 불러서 진료와 처치, 수술 등을 받는다.

약에 대한 사전을 약전이라고 한다. 북한 '조선약전'에는 생경한 이름의 고려약이 많다. '재배산삼불로약술'은 재배산삼, 영지버섯, 사탕, 오가피, 삼지구엽초 등을 넣고 담근 술로 보약, 허약, 신경쇠약, 건망증, 고혈압, 저혈압, 동맥경화, 간염, 음위증(발기부전), 월경장애, 관절염 등에 사용한다. 불로초의 '불로', 즉 늙지 않는 술을 약으로 삼는다는 뜻이다.

룡흥제약공장 생산 모습

출처: "의약품 생산을 늘여간다—룡흥제약공장에서", 인스타그램@dprktoday

곰열주사약은 곰열(웅담)+주사약의 조합으로 간질병에 사용한다. 뽀뿌라싹눈대장염피막알약은 뽀뿌라싹눈(포플러나무 새순)을 대장염 등에 쓰는 피막알약(위에서 녹지 않게 연질이나 막을 가미한 알약)이라는 뜻이다. 이렇게 '주원료+적응기전(기질)명+약'을 조합해서 이름을 만든다.

question
049

북한에도 금연 정책이 있나요?

　북한에서 흡연은 남성의 오랜 문화로 여겨져 왔다. 1960년대까지는 여맹 기관지 『조선녀성』 표지에 여성 흡연 장면이 등장할 정도였으나, 점차 여성 흡연은 지양하고 남성 흡연은 당연시하는 분위기가 형성되었다. 김정은 위원장이 현지지도에 나설 때마다 흡연하는 모습이 자주 포착되기도 하는데, 북한에서 담배는 남성의 권력과 지위를 상징하는 물품으로 확인되어 왔다. 많은 북한이탈주민의 견해에 따르면, 남성들은 학생 때부터 흡연을 배우며 성인 남성 중에서 비흡연자는 예외적일 정도로 체감상 흡연자가 비흡연자보다 훨씬 많다. 또한 북한에서 담배는 인사차림처럼 화폐를 대신하여 쉽게 주고받는 대표적 현물이기도 하다.

　북한 당국은 '세계 금연의 날' 등 국제보건기구의 지원을 받은 행사들을 통해 북한 내 금연문화 확산을 위한 여러 가지 사업을 전개하며 법률 제정, 금연 교육, 금연 상담, 금연 보조제 및 영양제 생산과 판매, 세계 금연의 날 국제 토론회 등을 개최하였다.

　김정일 위원장이 2000년대 초반 금연을 시도하면서 2005년 「담배통제법」이 제정되었다. 법적으로는 공공장소 흡연이 불가하였으나 북한이탈주민의 증언을 들어보면 별다른 규제는 없었다고 한다. 2010년대 중반부터 흡연의 위험성, 금연 필요성 등을 다룬 신문기사가 등장했지만 큰 변화는 없었다. 2016년 개정된 「담배통제법」을 살펴보면, 3조와 4조에는 금연 및 흡연율 감소를 위한 국가정책과 필요성이 명시되었다. 또한 담배 포장에 담배의 해로움에 대한 경고문, 니코틴, 타르, 일산화탄소 함량 설명문을 잘 보이게 표기할 것(12조), 담배에 사람의 흥미를 끄는 장식 및 표기를 하지 말 것(13조), 담배는 지정 상점 및 매대에서만 판매하며 자동판매기를 설치 할 수 없고 미성인과 학생에게는 판매하지 않음을 게시할 것(22조), 미성인 및 학생 흡연 금지와 학부모 및 교육 기관의 학생 및 미성인 통제(24조, 30조), 무연담배 및 전자담배의 수출입 금지(25조), 공공장소, 혁명사적지, 어린이보육교양 시설 및 교육 시설, 의료보건 시설, 사무실 및 실내 작업장, 대중교통 및 정류소, 산림보호구 및 동식물원, 화재사고 발생 가능 장소 등에서의 흡연 금지(28조) 등의 규제 사항 정도가 적시되었다.[223]

 북한 당국이 금연정책을 적극적으로 추진하면서 2020년에는 금연연구보급소가 인트라넷에 금연1.0 사이트를 개설하였고 오프라인에서 흡

금연연구보급소

출처: "금연연구보급소에서", 인스타그램@dprk_today, 2020년 12월 13일

연자를 대상으로 니코틴함량을 측정한 뒤 금연 교육, 금연 상담을 제공하기 시작했다고 한다. 또한 금연 영양알(보조제), 장명첨단의료용개발교류소에서 판매하는 금연보조제 니코틴 반창고 등을 보급하고 결명자차, 가시오가피차 등의 건강음료를 생산하는 것으로 알려졌다. 같은 해 11월「금연법」이 채택되었다. 이 법은 2005년 신설되고 2016년까지 개정된「담배통제법」을 발전, 보완시킨 법률로, 금연에 대한 국가전략, 흡연율 조사, 과학연구, 금연 마크 및 건강위험 경고그림 설치 의무화, 거리에서의 흡연 금지, 담배 수입의 높은 관세 부과, 금연질서 위반에 대한 벌금 및 노동교양처벌 등을 강화하였다. "담배를 피우는 사람이 무안을 당할 정도로 담배의 해독성을 처참하게 형상한 각종 건강위험 경고그림을 게시하여야 한다"는 조항이 추가되었고[224] 거리에서의 흡연 금지, 담배의 독성과 미성년자에게 판매하지 않는다는 게시물 부착, 담배 광고 및 선전 금지, 담배 모방 장식물(장난감) 및 식료품의 생산·수입·판매 금지, 외국 무연 담배 및 전자담배 수입 금지, 해외 수입 담배 및 원료 대상 고관세 부과 등의 내용도 포함되었다.

금연질서 위반시에는 벌금부터 노동교양, 경고, 임금삭감, 영업중지 및 폐업 등 다양한 처벌이 가해지는데, 법률에 따르면 노동교화나 노동단련급 이상의 처벌을 주지는 않는다. 벌금은 높은 편이지만 법률의 강제성이 아주 크지는 않다. 개별 주민 외에도 기관, 기업소, 단체의 경우 처벌 대상이 되는데 흡연 장소를 정해진 대로 마련하지 않으면 벌금 10만 원, 담배 판매 광고 및 사람의 흥미를 끄는 장식 등을 했을 경우 10~50만 원이다. 미성년자와 학생에게 담배를 판매한 경우가 150만 원으로 벌금 금액이 가장 높다. 금연에 대한 정책적 의지가 강해지긴 했으나 완전히 흡연을 금지시키는 정도는 아니며, 학생이나 미성년자에 대한 금연 규율은 한층 강화된 것으로 판단된다.

question
050

북한에서는 어떻게 의사, 간호사가 되나요?

　북한에서는 보건의료인력을 '보건일군'이라고 부른다. 2017년 기준, 북한의 의사는 인구 1,000명 당 3.5명이고 간호사는 4.5명이다. 우리나라는 2017년 인구 1,000명 당 의사 2.8명이었다가 2022년 3.2명으로 증가한 바 있다.[225] 다만 북한은 위생의사, 준의(호 담당 의사) 등이 포함되기 때문에 우리와는 통계 기준이 다르다.

　우리나라는 고소득이 보장된다는 관념 아래 의·치·한의대 및 전문대학원 진학이 큰 인기지만 북한에서 의료인은 존경의 대상일 수는 있어도 고소득을 보장 받기는커녕, 일반 의사들은 생계를 유지하기도 어려운 경우가 많다. 또한 북한 당국이 의사나 간호사에게 수혈할 피가 모자라면 헌혈을, 피부 이식이 필요하면 직접 자기 피부를 떼어주었던 소수 사례를 전체 의료인이 따라 배워야 할 '정성', 곧 이상적인 태도라고 선전한 만큼 희생이 크게 강조되는 직업이기도 하다.

　북한이탈주민들의 증언에 따르면, 고난의 행군 이후에는 의사가 자비로 환자 치료에 소요되는 약품을 구입하였는데 이후 환자가 약품비용을 지불하지 못하는 일도 많다고 한다. 간호사의 경우 간호대학이 없고 2년제 간호(원) 학교에 그치며, 현장에서는 의사 지원, 환자 돌봄, 청소 및 소독 등의 위생 관리 전반까지 책임져야 한다. 배급이 사실상 없고 전력, 의약품, 진단기기 등의 의료 환경도 부족하여 의료인의 기술과 역할 부담이 훨씬 크다. 물론 의례상 현물 등을 감사 인사로 받기도 하지만 공식적으로 허용되거나 규정된 것이 아니라서 개인에 따라 생활수준의 편차도 크다. 때문에 의대 진학의 수요는 고소득보다 생명을 살리는 직업이라는 윤리적 존경, 가족들의 진료가 용이한 측면 등에서 발생한다. 그래서 부모의 경제력이 넉넉한 경우에 한해서는 의학대학 진학을 선호하고 입학을 위해 경쟁하는 분위기가 형성되어 있다. 간호(원) 학교는 의대를 지망하였다가 여러 가지 사정으로 대학 진학이 어려워졌거나, 공부를 잘하지만 가정형편이 어려웠던 여학생들이 진학하는 경우가 많다.

북한 보건의료 인력의 구분

구분	보건의료인력	교육 기관		기간	비고
고등(상급) 보건일군	의사	의학 대학	임상학부	7년	- 졸업 후 3년마다 급수시험 - 준의사는 의대 통신학부 7년 재학 후 의사자격
	구강의사		구강학부		
	고려의사		고려의학부		
	위생의사		위생학부	6년	
	체육의사		체육의학부		
	약제사	의학대학 약학부 및 약학대학		4년	
	고려약제사				
중등(중급) 보건일군	준의(사)	의학전문학교		4년	임상과
	보철사				구강과
	제약기사(조제사)				약학과
보건 노동자	간호사	간호(원) 학교		2년	- 졸업 후 3년마다 급수시험
		간호원 양성반		6개월	

출처: 유혜현 외, 「남북 보건의료 교류협력 방안 연구-의약품을 중심으로」, 2021 서울특별시의회 연구용역 최종보고서, p.25. 재구성.

북한의 의사는 7년간 대학에서 교육을 받은 (일반)의사, 구강(치과)의사, 고려(한)의사, 체육의사, 6년간 교육받은 위생의사가 있다. 위생의사는 인민위원회 및 산하 위생방역 기관에서 위생, 보건, 의료 전반에 대한 행정 및 기술 지도 역할을 수행한다. 세관 등의 식료품 유통에 관한 점검, 위생 방역 상태 지도 및 점검, 전염병에 관한 제반 행정 등을 담당한다. 체육의사는 스포츠의학 및 재활의학을 비롯하여 체육과 관련한 건강의 진료, 연구, 행정을 다룬다. 특히 북한 당국은 '체육의학'을 통해 체육의사가 「체육법」에 따라 과학적 체육선수 훈련(25조), 체육기초과학 발전(34조) 등에 기여할 것을 명시하고 있다. 일반 의사 역시 행정 부문에서 일할 수 있는데 북한에서는 「의료법」 제35조에 따라 "의료사고나 로동능력 상실 정도를 과학적으로 확증"하기 위한 "의료감정"제도가 있어서 의사의 전문성을 요구한다.

경루종합진료소와 의료봉사 중인 평양의학대학 학생들

출처: 〈조선의 오늘〉, "담당세대들을 찾아서", 인스타그램@dprktoday, 2022년 6월 24일

그러나 의사는 개인 병원을 공식적으로 차릴 수 없고, 「의료법」 제24조에 따라 의대를 졸업해도 의료 기관에 근무하지 않으면 환자 치료를 할 수 없다. 다만 만성적인 약품 부족으로 인해 2010년대 이후 북한 당국이 의사와 약사 등에게 약국 개업을 허락하여 약국 개업은 가능하다. 전공에 따라서 기초의학의 경우 대학교원이나 의학과학원 등의 전문 연구 인력으로, 임상의학의 경우 각 과로 배치된다.

의사가 되려면 예과 1년을 거친 후 의대의 임상학부, 치과의사는 구강학부, 한의사는 고려의학부, 체육의사는 체육의학부, 위생의사는 위생학부를 졸업해야 한다. 의대는 각 도 소재지 및 김형직군의대, 평양과학기술대학 의대 등 12곳이 있다. 단독 고려의학대학은 없고 대신 의학대학마다 고려의학부를 두고 동일하게 7년을 공부하도록 하고 있다. 의사 자격 시험은 없으나 재학 중 과목마다 기말 시험을 통과해야 하고, 의대 졸업 시험은 국가 보건성에서 주관하는데 까다롭다고 한다. 의사 시험에 합격하면 고려의사 및 약제사 자격도 부여받는다. 또한 의사 급수가 있어서 자격을 취득한 이후에도 3년마다 정기적으로 시험을 보고 급수를 유지하거나 승급해야 한다. 「의료법」 제46조에 따라, 의료기술 발전을 목적으로 보건성 및 각 지역 보건지도 기관에서 '전문의사인정위원회'를 조직하고 의사의 급수 자격을 관리한다. 전문의 제도는 없으나 의학대학에 '전문반'이 있다. 의사 외에도 연구사 등이 급수가 있는 전문직이다.

약사는 약제사라 부르며 의대 약학부나 함흥약대에서 6년을 공부해야 한다. 고려약사는 고려의사와 마찬가지로 의학대학 약학부 및 약학대학에 고려제약과가 설치되어 있어 이를 졸업하면 된다. 약대는 보통 의대 하위 학부로 있으며 고려약사는 의학대학 약학부와 약학대학에 고려약학과를 두고 있다. 독립된 전문 약대로는 함흥약학대학, 고려약 제약 기사(생산 및 자원 보호증식) 양성을 위한 사리원고려약학대학(4년제) 등이 있다. 별도의 자격시험 없이 졸업과 동시에 약사 면허자격증을 부여한다. 약제사는 「의약품관리법」에 따라 의약품감정일군(제18조), 의약품생산일군(제12조)이 될 자격이 있다.

의약품 생산의 경우 법률상 개인이 할 수 없고 생산허가를 받은 기관, 기업소, 단체가 진행하며 이때 약제사와 제약기사만 기술일군으로 참여할 수 있다. 의사와 마찬가지로 공식 약국 개업이 가능하다. 제약기사는 조제사를 의미하며 약제사가 조제와 제제 모두 가능한 반면 제약기사는 약사의 지시 아래 조제만 가능하다. 제약기사는 각도 11개 의학전문학

북한 의약학 대학

소재지	의학대학	약학대학
평양	김일성종합대학 평양의학대학	약학부
	김형직군의대학(*대학병원 없음)	약학부
	평양과학기술대학 의학대학	약학부
평남 평성	평성의학대학	약학부
평북 신의주	평북종합대학 의학대학	약학부
함북 청진	청진의학대학	약학부
함남 함흥	함흥의학대학	약학부
	–	함흥약학대학(6년제)
황북 사리원	황북종합대학 강건의학대학	약학부
	–	사리원고려약학대학(4년제)
황남 해주	해주의학대학	약학부
남포	남포의학대학	–
자강 강계	강계의학대학	약학부
강원 원산	원산의학대학	약학부
양강 혜산	혜산의학대학	약학부

출처: 유혜현 외, 「남북 보건의료 교류협력 방안 연구—의약품을 중심으로」, 2021 서울특별시의회 연구용역 최종보고서, p.27. 재구성.

과 약학과를 졸업한다. 의학대학과 약학대학 졸업생들은 3년간 병원 및 약국, 제약공장 등에서 소조생활을 하고난 이후 배치를 받는다. 병원, 약국, 제약공장, 의약학 연구소, 보건성 및 산하 정책 관련 기관, 각 지역 인민위원회 등에 배치된다.

간호대학은 없고 시의 간호(원)학교(2년제)에서 지역 간호사를 양성한다. 또한 지역별로 인력이 부족할 경우 병원 근무 유경험자를 단기 교육하는 6개월 양성반(양성소) 등이 있다. 자격시험은 없지만 1급부터 6급까지 급수제도를 운영하기 때문에 3년마다 의사와 마찬가지로 급수시험에 응시해야 한다.

의사와 간호사 외에도 의학전문학교에서 4년간 공부하면 임상과에서는 준의, 구강과에서는 보철사, 약학과에서는 조제사가 될 수 있다. 준의는 의학전문학교 의학부 졸업 후 1년에 지정된 날짜만큼 통신, 야간, 원격 교육을 받으면 의사가 될 수 있다. 다만 준의는 의사보다 처방 대상 기간이 짧고 독약, 극약, 마약 등의 향정신성 약물 처방과 수술 집도가 불가하다. 이 외에도 조산원이 있어서 의학전문학교를 졸업한 후 출산을 돕는다.

수의사는 평성수의축산대학에서 양성한다. 수의학부 뿐만 아니라 축산학, 가금학, 통신학부 등이 있다. 개별 동물병원은 없고 축산업 관리를 위한 목적으로 인민위원회 산하에 축산 담당 기관이 있어서 수의사들이 근무한다. 장마당 유통 육류관리, 전염병 관리 등을 담당한다.

question
051

북한에서는 전염병이나 가축전염병을 어떻게 극복하나요?

1990년대 경제난 이후 전력 부족과 상하수도 시설 노후화 및 미비 문제로 여름철 수인성 전염병 발병이 잦고 가축 구제역 등도 빈번하게 발생해 왔다. 많은 경우 발생 지역을 폐쇄하고 이동을 차단하여 발병 확산을 방지한다. 또한 해당 지역에 인민위원회 등 및 보건의료 관련 기관에서 비축해 두었던 소독약이나 약품 등을 투입하여 추가 감염을 막고 치료를 시행한다. COVID-19 이후에는 평양 화장품공장을 통해 손소독젤 및 손세척젤 등을 생산한 바 있다.

백신이나 약품 모두 넉넉하지 않은 경우가 많아 사실상 환자나 가축주가 전염병의 예방과 치료 등을 자체적으로 해야 한다. 다만 COVID-19가 시작된 후 북한 당국은 2021년 「수입물자소독법」을 채택하고 비상방역기간 여부와 상관없이 모든 수입물자를 자연방치 및 소독할 것을 의무화하였다. 또한 2020년 8월 「비상방역법」을 제정하고 기존의 「전염병 예방법」을 두 차례 수정·보충하여 비상방역체계 및 주안점 등을 법률에 명시하였다. 「전염병 예방법」 상, 전염병 중에서도 사망률과 노동능력상실 비율이 높은 병은 특수전염병으로, 사람과 동물이 함께 전염될 경우 인

방역 현장과 체온 제한 포스터

출처: "작업현장에 대한 소독을 더욱 철저히-선교 편직공장에서", 인스타그램@dprktoday, 2022년 5월 28일

수공통성전염병으로 규정한다.

「전염병 예방법」상[226] 최우선적 조치는 전염원의 "적발, 격리"이며 다음으로 차단과 예방접종을 시행한다. 심각한 경우 1급, 특급, 초특급 등의 분류에 따른 비상방역조치 등이 시행된다. 이 밖에는 비상설 인민보건지도위원회와 에이즈통제위원회 등을 필요에 따라 조직할 수 있다.

인민보건지도위원회는 중앙과 도(직할시), 시(구역), 군에 조직하며 중앙 인민보건지도위원회 위원장은 내각총리, 보건사업과 관련된 위원회 및 성급 내각, 인민보안 기관, 검찰 기관, 검열 기관, 근로단체의 간부들이 포함된다. 각 단위 인민보건지도위원회 역시 군의 책임자나 고급 간부를 위원장으로 하며 유관 기관 및 기업소, 인민보안 기관, 검찰 기관, 근로

「전염병 예방법」상 상황별 대응 체계 및 방법

최우선 조치	전염 전파 방지	면역력 향상	악성 및 특수 전염병(1급, 특급)	초특급 비상방역
전염원 적발 및 격리	전염 경로 차단	예방접종	비상방역	최대 비상방역

단체의 간부들이 포함된다. 이때 보안 기관과 검찰 기관 등의 사법, 경찰이 포함된다는 것이 특징이다.

위생방역 기관들은 역학조사, 검병, 보균자조사 체계를 가동하며 전염병 환자와 동거인, 보균자, 인수공통 전염병에 걸린 동물들을 조사하고 관리하는 임무를 맡는다. 또한 해외 유입을 차단하고 외부세계의 전염병 동향을 감지하기 위해 위생방역 기관과 중앙대외사업지도 기관, 중앙국경검역지도 기관을 비롯한 해당 기관들은 해외 전염병의 역학 상황을 중앙보건지도 기관에 보고하고, 중앙 기관은 이에 대해 선제적 조치를 취할 의무가 있다. 주민들은 증상이 있을 때 신고를 할 의무가 있으며, 'COVID-19 방역승리'를 선포한 이후인 2022년 8월에도 북한 당국이 주민들에게 재유행 위험에 따라 스스로 검진을 받도록 권고한 바 있다.[227]

전염병 확진자와 의심 환자의 입원실이나 집 앞에는 이를 알리는 표시를 하여야 하며, 해외에서 6개월 이상 체류하고 귀국할 경우 에이즈 및 각종 전염병 검사를 1차로 국경검역 기관에서, 2차로 위생방역 기관에서 시행해야 한다. 전염병에 오염된 것으로 추정되는 물건은 소독해야 하며 전염병이 발생한 기관, 기업소, 단체는 운영과 영업이 정해진 기간까

북한의 비상방역체계

1급	악성전염병이 우리나라에 들어올 가능성이 있어 국경 통행과 동식물, 물자의 반입을 제한하거나 우리나라에서 악성전염병이 발생하여 발생 지역에 대한 인원, 동식물, 물자류동을 제한하면서 방역사업을 진행하여야 할 경우
특급	악성전염병이 우리나라에 들어올 수 있는 위험이 조성되어 국경을 봉쇄하거나 우리나라에서 악성전염병이 발생하여 국내의 해당 지역을 봉쇄하고 방역사업을 진행하여야 할 경우
초특급	주변 나라나 지역에서 발생한 악성전염병이 우리나라에 치명적이며 파괴적인 재앙을 초래할 수 있는 위험이 조성되어 국경과 지상, 해상, 공중을 비롯한 모든 공간을 봉쇄하고 집체모임과 학업 등을 중지하거나 우리나라에서 악성전염병이 발생하여 국내의 해당 지역과 린접지역을 완전봉쇄하고 전국적인 범위에서 보다 강도 높은 방역사업을 진행하여야 할 경우

출처: 「조선민주주의인민공화국 비상방역법」, 『북한법령집 下』(서울: 국가정보원, 2022), p.807.

지 중지될 수 있다. 또 잦은 수인성 전염병과 장내성 전염병을 예방하기 위해 상시 물 주변에 해충이 생기지 않도록 관리해야 하며 인민위원회의 도시 관리 부서와 기관, 기업소, 단체는 오물장 및 화장실 등을 자주 소독하도록 하고 있다.

북한에서 비상방역이란 "전염병 위기로 하여 국가의 안전과 인민의 생명안전, 사회경제생활에 커다란 위험이 조성될수 있거나 조성되었을 때 국가적으로 신속하고 강도 높이 조직·전개하는 선제적이며 능동적인 방역사업"으로(동법 제2조) 정의되며, 그 구분은 다음과 같다.

특히 비상방역이 선포된 이후에는 중앙인민보건지도위원회에 인민무력 기관, 조선인민군 총참모부, 국가보위 기관, 중앙대외사업지도 기관, 중앙무역지도 기관, 중앙체신지도 기관 등의 간부까지 포함함으로써 사실상 '비상방역지휘력량'의 강제력과 인력을 확충한다. 중앙인민보건지도위원회는 중앙비상방역지휘부를 조직하고 동 지휘부는 내각, 국방성, 조선인민군 총참모부, 중앙급 보위·검찰·사회안전·군수·특수단위, 국가계획 기관, 중앙대외사업지도 기관, 유관 성, 중앙 기관, 의료 기관의 책임일군들을 포함한다. 군경의 역량이 한층 강화되는 한편 방역에서 군대의 임무 또한 커진 셈이다. 군대의 방역 참여는 봉쇄, 검열뿐만 아니라 군대 내의 군의 부문에서의 인력 및 물자 투입과도 직결된다.

중앙의 지도를 받아 지역 비상방역지휘부에서는 분과 및 기동소조 조직이 이루어진다. 신속기동방역조(전염병 환자 및 의심환자를 방문하여 역학조사, 임상진단, 역학조사 담당), 봉쇄조(전염병이 의심되는 사람이나 감염물질 주변을 봉쇄), 치료조(감염자를 격리병동 및 격리장소로 후송하며 감염자와 격리자들에 대한 치료)가 있는데, 군경(조선인민군 총참모부와 국가보위 기관, 사회안전 기관)이 봉쇄와 차단 경비 등의 업무를 담당한다.

COVID-19 비상방역은 2022년 5월 12일 최대 비상방역체계였다가 91일 만인 8월 10일 '긴장 강화된 정상 방역체계'로 하향 전환되었다.

COVID-19 기간 동안 군의(군의관)의 기여에 대해 2022년 8월 18일 북한 당국은 4.25문화회관에서 전국비상방역총화회의를 개최하고 인민군 군의관들에게 표창 및 상을 수여하였다. 또한 전국적으로 군대의 역할이 '군민일치'를 이루는 것이라고 선전하기도 했다. 이 표창 수여식에서 김정은 위원장은 "당중앙이 믿을 것은 인민군대 군의 부문 뿐"이었으며 "만점짜리 작전"이었다고 극찬하면서 "우리식의 야전치료 방법"을 발전시키라고 강조하였다.[228] 다음 선전화 역시 비상방역체계 이행에서의 군의 역할이 크다는 것을 시각적으로 강조하고 있다.

평양의 경우 비상방역 기간에 출입이 '극력 제한' 되며 경비와 집중단속이 강화된다. 북한은 최대 비상방역체계가 가동된 2022년 5월에 평양을 봉쇄했다가 8월 10일 정상 방역체계로 전환한 후, 겨울철 호흡기 질환자가 증가하자 2023년 1월 25일부터 5일간 다시 한 번 '특별 방역 기간'을 설정하고 평양을 봉쇄하였다. 또한 1일 4회 체온을 측정하여 보고하고 증상이 나타나면 평양 친선병원에 통보하고, 외교관들의 업무처리와 물품 주문은 전화와 북한 당국의 수거·배달을 활용하라고 하였다.

비상방역의 최고 단계는 '최대 비상 체제'로, 「비상방역법」은 "국가와 인민의 안전에 치명적이며 파괴적인 재앙을 초래할 수 있는 위험이 조성된 경우 취하는 가장 높은 단계의 국가 비상방역 조치"라고 규정하였다. 국경, 전방, 지상, 공중, 해상을 완전 봉쇄하고 전체 주민에게 의학적 감시를 실시간 진행하는 단계이다.

「비상방역법」에 따르면, 비상방역 기간에는 북한 내에 있는 외국인 역시 당국의 비상방역 조치에 '절대 복종'할 의무를 갖고 운전사와 승무원에게는 환기, 소독, 마스크 착용자만 탑승, 탑승객 손소독 및 체온 측정, 의심 환자 탑승 거부 등의 법적 임무를 수행해야 한다. 대중교통에서의 방역은 접경지역 봉쇄와 더불어 COVID-19 종결을 선언한 후에도 강조하였다.[229]

북한 외무성에서 평양 주재 외국 대사관에 보낸 특별 방역 기간 종료 공문

출처: 주평양 러시아대사관 페이스북, 2020년 1월 30일 캡처(https://www.facebook.com/photo/?fbid=2100446000129178&set=pb.100064724167328.-2207520000)

    비상 방역질서 위반에 대한 법적 처벌은 매우 상세하며 가볍게는 벌금부터 최고 사형까지 무겁다. 외국인은 추방할 수 있으며 마스크 미착용자는 5,000원 이내의 벌금을 내야 한다. 방역 규정을 어기고 다수가 모여 '술판, 먹자판을 벌리거나 유희, 오락 등을 하였을 경우'에도 1만 원 이상 5만 원 이하의 벌금을 물도록 한다. 또한 상품값을 급격하게 인상시키거나 대량 사재기하여 시장가격을 올릴 때, 역학확인서를 위조했거나 밀매했을 때는 5만 원 이상 10만 원 이하의 벌금을 내야 한다. 이러한 벌금 조치는 강력한 통제나 처벌보다는 다소 느슨하면서도 주민들이 상황에 맞게 개인 방역의 의무를 하도록 계도하는 정책적 의도로 해석된다.

question
052

북한은 여전히 살림집(주택)을 국가가 공급하나요?

　북한은 국가 부담으로 주택을 건설하고 공급·보장해 주는 것을 법적 의무로 명시하고 있다.[230] 북한의 「살림집법」(2021년 수정)에 의하면 주택 공급은 국가의 의무사항이고 여전히 국가가 주택 공급의 주체이다. 최근 김정은 시기에도 국가에 의한 주택 공급 사업이 어느 때보다 활발하게 이뤄지고 있다.

　북한은 1952년 내각결정 제197호를 통해 "전재로 인하여 주택을 잃은 인민들을 위해" 평양시 및 각 도에서 그들의 주택을 신축 또는 수축하는 데 필요한 모든 방조를 국가에서 할 것을 결정하며 주택공급에 관여하기 시작하였다. 한국전쟁이 끝난 1954년부터는 사회주의 국가 건설을 본격적으로 진행하며 국가가 독점적으로 주택의 설계 및 시공, 자재 공급을 담당하고 주택을 무상으로 공급하기 시작하였다.[231]

　주택은 법적·제도적 조치에 따라 공급되고 있다. 이미 1972년 「사회주의 헌법」 제26조에 "국가는 도시와 농촌의 차이, 노동계급과 농민의 계급적 차이를 없애기 위하여 협동농장들의 생산 시설과 농촌문화주택을 국가 부담으로 건설하여 준다."고 명시하였다. 또한 1978년 북한이 제정한 「로동법」 제69조에는 "국가는 근로자들에게 쓸모 있는 문화적인 살림집과 합숙을 보장한다."고 명문화하여 도시 근로자 및 농민들의 주택을 국가 부담으로 공급하기로 하였다. 특히 2010년 「수도 평양시관리법」을 제정하여 평양시민을 위한 살림집 건설에 대한 법적 근거를 따로 명시하고 평양시 주택건설을 특별한 추진사항으로 명문화 하였다. 이에 따라 평양시와 도시 근로자의 살림집, 합숙소, 농촌문화주택 건설은 모두 국가가 건설하는 것이 의무사항이 되었다.[232]

주택은 국가에서 정한 일정한 기준에 따라 일괄적으로 공급된다. 우리나라처럼 별도의 저축에 가입할 필요도 없고 마음에 드는 아파트를 청약할 필요도 없다. 그냥 신청서에 도장을 찍은 후 기다리면 된다. 대도시의 중간 간부급 이상의 주민들은 보통 방 2~3칸짜리 아파트를, 일반 주민들은 방 1~2칸짜리 연립주택을, 그리고 농민들은 보통 방 1~2칸의 농촌 단독주택을 배정받아 살고 있다. 물론 전기세, 물세, 관리비 등은 집의 크기에 따라 달리 내야 한다. 이를 '주택 사용료'라고 부르는데, 노동자나 사무원들이 사용하는 주택 사용료는 생활비 지출액의 0.3% 수준이며 연료비 및 기타 사용료를 포함해도 세대 당 생계비의 3% 내외이다.[233]

북한 당국이 주택 공급의 주체가 되면서 국가가 공급하는 무상 주택은 혜택이기도 하지만, 주민들 입장에서는 족쇄가 되기도 한다. 사회주의 시기 국가가 공급한 주택은 개인에게 사용권만 있을 뿐이지, 주택의 증·개축 및 처분권과 상속권이 주어지지 않았다. 이런 가운데 국가의 계획과 지원 아래 건설된 주택은 1960년대부터 1990년대에 이르기까지 낡고 오래되어 불편함을 가중시켜 왔다. 북한의 주택은 낡고 오래되었을 뿐 아니라 북한 경제가 악화되면서 신규 주택 건설을 추진하지 않아 주택 부족 문제도 악화되어 왔다.

북한 당국의 통계조사에 따르면 주택보급률은 99.8%이지만, 재고 주택 중 연립주택이 43.9%로 가장 많고 평균 주택 규모는 61.1㎡이며, 집

안에 수도가 설치된 세대는 도시지역 89.5%, 수세식 화장실이 설치된 도시지역 비율은 66.3%로 수치상 한국의 1990년대와 유사한 수준으로 파악된다.[234]

1990년대 경제난 이후 북한에도 부동산 시장이 등장하기 시작하였다. 공식적으로 주택을 사거나 팔 수는 없지만 암묵적으로 매매 거래가 이뤄지기 시작한 것이다. 경제난 이후 주택의 무상공급체계가 붕괴되면서 시장이 생기기 시작했고, 이후 부동산 시장도 형성된 것이다. 북한에서 주택 거래는 '입사증'을 사고파는 형태로 이뤄지는데, 입사증은 집을 사용할 수 있는 권리 문서이며, 집을 중개하는 업자를 '집데꼬'라고 부른다.[235]

북한에서 주택 거래가 가장 활발한 곳은 평양, 그리고 신의주를 비롯한 중국과 접경지역에 위치한 큰 도시이다. 평양에선 주로 미국 달러로, 접경지역에선 중국 위안화로 거래가 이뤄진다. 2018년 기준 평양의 고급 아파트 가격은 약 25만 달러가 넘는다고 알려져 있다.[236] 우리 돈으로 약 3억 원 정도 한다는 이야기이다. 평양의 중심지는 대동강 기슭의 중구역과 평천구역이며 보통강구역과 모란봉구역도 전기, 수도, 교통, 교육 인프라가 갖춰져 고급 주택구역을 형성하고 있다.[237]

2019년 이후 천정부지로 치솟던 북한의 대도시 집값은 확연히 하락하는 추세를 보이고 있다. 유엔의 대북제재 효과가 나타나면서 무역이 위축되고, COVID-19 팬데믹 영향으로 경기가 둔화된 까닭이다. 그리고 현재 북한 당국은 평양시 5만 세대 살림집 건설을 추진하고 있다. 이미 송신·송화지구 1만 세대 살림집이 완공되어 입주를 완료하였으며(2022.4), 화성지구 1단계 1만 세대, 2단계 1만 세대 공급도 완료하였다(2023.4). 국가가 공급하는 주택은 대규모 단지로 구성된 호화로운 아파트로 이뤄지고 있어 향후 주택 거래는 더욱 활발해질 것으로 전망된다.

황해북도 황주군 장천리 농촌살림집

출처: 『금수강산』 2023년 1호, p.60.

평양 다락식주택

출처: 『금수강산』 2022년 6월호, P.28.

question
053

북한에도 1인 가구가 있을까요?

　북한에도 1인 가구가 있다. 그러나 매우 미미한 편이다. 북한의 주택 공급 기준은 가구를 단위로 하기 때문이다. 북한의 주택분배제도의 기본 원칙은 1세대 1주택 배정이다. 부모 세대 구성원이었던 자녀 세대가 결혼을 하면 가구 분리를 할 수 있고, 독립 세대를 구성하여 주택을 배정받을 수 있다. 그러나 주택 공급이 부족해 신혼부부의 경우 4~5년을 기다려야 주택 배정을 받을 수 있다. 때문에 특별한 경우를 제외하고 1인 가구는 존재할 수 없고, 반대로 한 주택에 2가구가 사는 동거 가구가 증가하고 있는 추세이다.

　1인 가구는 1인이 독립적으로 취사, 취침 등 생계를 유지하는 가구를 의미한다. 현대사회는 부부와 미혼자녀로 구성된 전형적인 가족 형태의 비중이 점차 감소하는 한편, 한부모 가족, 다문화 가족, 1인 가구, 이혼 및 재혼가족, 비혼·동거 가족 등 가족 형태의 다양화가 진행되고 있다.

　한국 통계청이 발표한 2022년 인구주택총조사 결과에 따르면 현재 한국의 총가구는 2천 238만 3천 가구이며, 이 중 1인 가구 수는 750만 2천 가구로 매년 꾸준한 증가세를 보이고 있다.[238] 2022년 기준 4인 가구보다 1인 가구의 비중이 더 높은 것이 한국의 현실이다. 전통적인 가족공

CHAPTER 3　살림집과 뽀뿌라싹눈대장염피막알약　**277**

동체 사회가 빠르게 해체되고 개인 사회로 다양한 분화가 이뤄지고 있다는 징표인 것이다.

한국여성정책연구원의 조사에 따르면 1인 가구의 형성 요인은 결혼의 지연(만혼), 이혼, 사별 등 결혼에 대한 가치관 변화가 가장 큰 요인이 된다.[239] 따라서 20~30대 청년 1인 가구가 급증하고 우리 사회의 고령화 지수가 높아짐에 따라 70대 이후 혼자 사는 노인들의 증가가 1인 가구 증가의 또 다른 원인이 되고 있다.

반면, 2008년 현재 북한의 총인구는 2천 405만 명으로 5백 89만 가구이며, 가구당 평균 인원수는 4.09명이다.[240] 북한의 가구는 4인 가구를 중심으로 대부분 3~5인 가구에 집중되어 있으며, 4인 가구의 비중이 35.8%로 가장 높다. 그리고 5인 가구가 19.6%, 3인 가구가 20%로, 전체 가구의 75% 이상이 3~5인 가구로 구성되어 있다. 따라서 현재 북한의 중심적인 가구 구성은 부부가 결혼을 하여 자녀를 두었거나 또는 부모를 모시고 살아가는 형태라고 할 수 있다. 이 중 북한의 1인 가구는 10만 가구에도 미치지 못하며, 전체 가구의 약 1.7% 정도로 파악된다.[241] 북한도 전통적인 대가족 사회에서는 벗어나고 있지만 현재 한국 사회와 같은 1인 개인 가구의 급속한 증대 현상과는 큰 차이가 있는 것으로 보인다.

북한은 1990년대 경제난 과정에서 극심한 사회변화를 겪었다. 그 결과 1인 가구와 관련한 문제가 발생하기 시작했다. 부모를 잃고 시장 주변에서 생계를 연명하는 꽃제비, 자식들에게 의탁할 수 없는 무연고 노인 등이 대표적이다. 따라서 북한 당국은 2014년부터 보호자가 없는 아동을 위해 육아원, 애육원 등 아동보호 시설을 건설하기 시작했고,[242] 전국을 떠도는 60세 이상의 노인 부랑자들을 국가 시설인 양로원에 입소시켜 돌보는 사업을 전개하고 있다.[243] 즉, 북한의 1인 가구는 사회취약계층이며, 국가는 이들을 집단 가구 형태로 전환시켜 국가 시설로 입소시키는 방향으로 1인 가구 문제를 해소하고 있다. 북한이 집단주의 사회라

북한 가구 규모별 가구 구성

	가구 수			가구 비중		
	전체	도시	농촌	전체	도시	농촌
1인	99,166	60,852	38,314	1.68	1.70	1.66
2인	751,285	456,032	295,253	12.76	12.74	12.79
3인	1,175,267	730,101	445,166	19.96	20.40	19.29
4인	2,106,989	1,325,647	781,342	35.79	37.03	33.86
5인	1,155,739	673,392	482,347	19.63	18.81	20.90
6인	456,436	250,636	205,800	7.75	7.00	8.92
7인	101,289	54,294	46,995	1.72	1.52	2.04
8인	41,300	28,672	12,628	0.70	0.80	0.55
계	5,887,471	3,579,626	2,307,845	100	100	100

출처: DPRK Central Bureau of Statistics, 「DPR Korea 2008 Population Census National Report」 (Pyongyang: DPR Korea, 2009)

는 것을 다시 한 번 알 수 있는 정책이다.

반면, 북한의 가구 형태 중 동거 가구 증가가 사회적으로 큰 문제가 되고 있다. 증가하는 인구 수에 맞게 신규 주택 공급이 제대로 이뤄지지 않아 세대 분리를 해야 하는 가구원들이 어쩔 수 없이 좁은 집에서 함께 살아야 하는 현실이 문제가 되고 있는 것이다. 과거 북한의 동거살이는 상황이 여의치 못해 한시적으로 함께 사는 공동체 문화의 일부였다. 그러나 현재 북한의 동거살이는 우리의 전세나 월세와 같이 일정 값의 집세를 내야 하는 형태로 변화하고 있다. 아이러니하게도 북한의 가구형태는 집단주의 이데올로기를 바탕으로 형성되었지만, 가구 원들의 가치관은 물질주의, 개인주의 형태로 변화하고 있는 현상이 나타나고 있는 것이다.

"이제 60년대, 70년대 북한 사회주의 체제가 작동할 때는 나름대로 좋은 집이든 나쁜 집이든 하나씩 지어서 준 것만은 사실입니다. 그러나 이제 북한사회주의가 경제적으로 붕괴되면서 90년대 고난의 행군 후에는 돈이 모든 것을 지배하다 보니까 노동당의 역할은 축소되고 돈주 신흥부자들의 역할이 증대되면서 나름대로 부동산 분야에도 사적인 건설과 분양이 진행되다 보니까 지금은 돈 위주로 돈을 많이 낸 사람이 좋은 집을 가지고 그렇지 않은 사람은 나쁜 집도 차려지지 못하고 오히려 좋은 집에 가서 이제 동거살이(전세나 월세 사는 것)를 하고 그러죠."[244]

question
054

북한에도 저출생·고령화 현상이 있나요?

　해방 직후인 1946년 기준, 북한 전체 인구는 약 926만 명이었으나 전쟁 직후 1953년에는 약 849만 명으로 감소하였다.[245] 전쟁으로 인구가 감소하자 북한 당국은 출산장려정책을 펼쳤고, 다음 〈그림〉처럼 출산율이 증가하여 합계출산율이 3명에서 4.5명 사이로 오르게 되었다. 그러자 이번에는 식량 수급 및 부양 문제가 대두되었고, 여성노동력 활용 필요도 컸기 때문에 1970년대 초반까지는 만혼(남성 30세, 여성 27세 이상)이 권장되었다가 1970년대 후반부터 본격적인 출산억제정책이 시작되어 1970년대 중반부터는 합계출산율이 인구 유지 수준인 2명대에 접어들었다.

　출산억제정책은 1980년대까지 지속 강화되었는데, 1~2자녀를 권장하고 피임 및 임신중절을 적극 허용하였다. 1990년대 중반에는 혼인 연령을 하향 조정(남성 26세, 여성 24세)하고 중절 수술을 금지하였으며, 다자녀 가정에 배급 및 주택 우선 배정 등의 특혜를 주는 등 급격한 인구 감소를 막고자 하였으나,[246] 합계출산율은 반등하지 않고 보합과 하락을 거듭하여 1980년대 후반에는 2명 미만으로 감소하였다. 북한의 출산장려정책은 지속되고 있으나 합계출산율 하락은 지속되어 2023년 기준 1.79명으로 집계된다.

북한의 합계출산율 추이

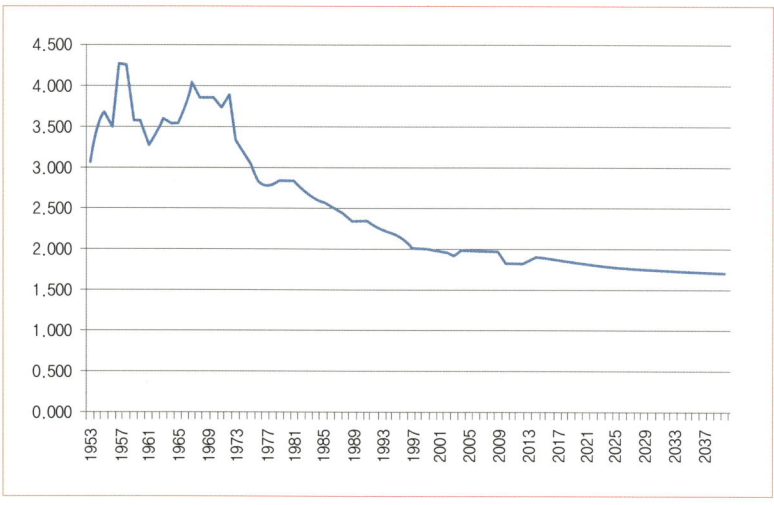

출처: 통계청 북한통계, "합계출산율," 『KOSIS 북한통계』, https://kosis.kr/statHtml/statHtml.do?orgId=101&tblId=DT_1ZGA283&conn_path=I3 (검색일: 2024.04.14.)

북한 당국 역시 심각한 저출생을 위기로 인식하고 있는데, 김정은 위원장은 2023년 연말, 10년 만에 어머니 대회를 개최하고 직접 연설을 통해 "출생율 감소를 막아야 하며, 어린이 보육 교양에도 당국과 어머니들이 협력하여 노력해야 한다"고 언급한 바 있다. 이는 1990년대 중반부터 경제난과 함께 국가 배·공급 시스템이 제대로 작동하지 않게 되자, 양육의 어려움으로 출산 기피가 확산된 것과 밀접한 관련이 있다.

반면 북한도 기대수명이 증가하고 있다. UN 및 북한의 조선중앙통계국, 한국 통계청 자료에 의하면 북한도 2035-2040년 사이 초고령 사회에(총인구의 20% 이상이 65세 이상) 진입할 예정이다.[247]

소자녀화, 초고령사회 진입은 북한뿐만 아니라 세계적으로 많은 국가들이 겪고 있는 사회적 현상이기도 하다. 특히 출산율 감소는 사회 전반의 구조적, 인식적 문제이기에 출산을 장려하는 정책만으로는 해결되기 어렵다. 향후 북한의 출생율 반등 역시 쉽지 않을 전망이다. 따라서 북한 당국이 어떻게 고령인구 증가에 대응하며 노동인구 및 징병(군사)인구 문제를 해결할지 지켜볼 필요가 있다.

question
055

평양시민이 되기 위한 조건은 무엇인가요?

　평양시는 북한의 수도이자 사회주의 혁명의 성지로 매우 특별한 정치적 위상을 지니고 있다. 평양시민이 되기 위한 특별한 조건을 내세우고 있지 않지만, 평양시민이 갖춰야 할 여러 도덕과 관습은 집단주의 정신, 사회주의 애국주의, 공중도덕의식 함양, 준법교양, 일상생활 예절 함양 등을 기준으로 항시 강조되고 있다. 또 평양시민이 될 수 있는 방법은 제한적인 반면, 평양시민이 될 수 없는 많은 예시는 북한이탈주민들로부터 전해 들을 수 있다.

　평양시는 인구 약 3백만 명에 19개 구역 2개 군으로 구성된 북한 최대의 도시이다. 평양시는 자연지리적 조건이 우수하여 넓은 평야 지대에 위치하며 도시 중심에는 대동강이 흐르고 있다. 낮은 구릉과 산으로 둘러싸여 있어 도시가 자리하기에 최적의 조건을 갖추고 있다. 평양시는 고조선의 마지막 수도였던 왕검성이 있었던 지역이며, 427년부터 668년까지 고구려 도읍지 평양성이 위치했던 곳이기도 하다. 예전에는 낮은 지대의 특성상 홍수 피해가 잦았으나 보통강 관개공사를 실시한 이후 홍수 피해는 적어지고 농업이 발달하는 등 행정중심지로서 우월한 지리적 위치를 갖추게 되었다.[248]

북한은 한국전쟁이 휴전 상태에 돌입한 1952년부터 본격적으로 평양시 건설을 진행하였다. 평양시 도시계획과 평양시를 구성하고 있는 건축물들의 면면을 살펴보면 이곳에 거주하는 사람들의 직업과 생활을 상상해 볼 수 있다. 즉, 평양시에 위치한 건축물들이 평양시 주민들의 근무지이자 생계 터전이라 생각하면 될 것이다.

　평양시에는 북한을 대표하는 공장기업소들이 있다. 평양 00공장이라는 '평양' 명칭의 산업 시설들은 모두 국영 기업소로 북한을 대표하는 1급 기업소들이다. 평양방직공장, 평양기계공업공장, 평양화력발전소, 평양룡성담배공장, 평양대동강텔레비전수상기공장, 평양화장품공장, 평양아동식료품공장, 평양종합인쇄공장, 평양자전거공장 등등 이곳의 노동자들은 사회주의 프롤레타리아로서의 자부심을 가지고 있으며, 국가적 혜택 속에 삶을 영위하고 있다. 주지하다시피 북한은 노동자 국가를 지향하고 있다. 김일성종합대학 교수보다도 산업전사 즉, 애국적 사회주의 노동자가 더 대우 받는 사회이다.

　평양시는 사회주의 혁명의 수도로서 각종 사회주의 사상교육 기관 및 교양 기관이 위치하고 있다. 금수산태양궁전을 비롯하여 인민문화궁전, 조국해방전쟁승리기념탑, 당창건기념탑, 주체사상탑, 만수대의사당, 평양개선문, 3대혁명전시관, 인민대학습당 등이 대표적이다. 사회주의 사상교육 기관에는 사상교육을 담당하는 혁명 인재들이 근무하며, 평양을 방문하는 국내외 관광객을 대상으로 북한의 혁명역사를 교양하는 업무를 담당하는 교양원들이다.

　다양한 극장 및 문화예술, 체육 시설들도 있다. 평양대극장, 만수대예술극장, 평양교예극장, 평양국제영화관, 조선예술영화촬영소, 김일성경기장, 평양체육관, 5월1일경기장, 양각도축구경기장 등이 대표적이다. 평양의 문화체육 시설들은 북한을 대표하는 문화예술인 및 체육인들이 이용하며 국가를 빛내는 역할을 수행하고 있다. 즉, 평양시에는 혁명가

집안의 교양원, 문화예술인, 체육인들이 다수 거주하고 있는 것이다.

그리고 평양시는 북한 사회주의 교육의 상징이자 대표적 교육 기관이 응집되어 있다. 김일성종합대학을 비롯하여 김책공업종합대학, 김형직사범대학, 국제관계대학, 김원균평양음악대학, 평양교원대학, 평양의학대학, 평양과학기술대학, 평양외국어대학, 금성정치대학에 이르기까지 대표적 인재 양성의 산실들이 모여 있다. 또한 김정숙탁아소, 창광유치원, 평양제1중학교, 만경대혁명학원 등 중등교육 기관들도 있다. 이 밖에도 평양시에는 국외 무역 기관과 대사관, 안보와 치안관련 공공 기관들이 집중되어 있으며 국내외 관광객들을 대상으로 하는 호텔, 상업 시설들도 잘 발달해 있다. 이들 기관은 모두 북한을 대표하여 상품서비스를 제공하는 곳으로, 이곳에서 근무하는 개개인 역시 북한을 대표한다는 강한 이데올로기로 무장되어 있다고 해도 과언이 아니다.

평양시는 이처럼 북한을 대표하는 사회주의의 상징 도시이다. 평양시에 거주하는 평양시민들은 북한 주민들이 갖고 있는 공민증에 더하여 평양 시민증을 발급받는다. 북한은 「공민등록법」의 규정에 따라 '17세 이상의 조선민주주의인민공화국 인민'을 대상으로 공민증을 발급하고 있다. 우리의 주민등록증과 같은 개념이다. 그런데 평양시민은 여기에 더해 1997년부터 특별히 평양시민증을 발급받음으로써 다른 지역 주민과 차별을 두고 있다. 평양시민증은 지역의 인민보안 기관에 거주등록 신청을 하고 이름, 성별, 출생일, 출생지, 거주지 등 개인정보를 기록한 후 발급받게 된다.[249]

1998년에는 평양시민을 대상으로 한 「조선민주주의인민공화국 평양시관리법」을 제정했다.[250] 총 6장 제53조로 이루어진 「평양시관리법」 제1조에는 "평양은 주체의 성지이고 조선인민의 심장이며 조선민주주의인민공화국의 수도이다."라고 명시하고 있다. 제5조에는 "평양시의 환경을 개선하고 인구 집중을 막는 것은 수도 관리에서 나서는 기본 요구이다."

라고 하여 평양시 인구의 적정 수준 유지를 법적으로 통제하고 있다. 제 32조에는 "평양시민은 언제나 시민증을 가지고 다니며 고상한 정신도덕적 풍모를 지니고 국가의 법질서를 엄격히 준수하며 정책 관철에서 모범이 되어 수도시민으로서의 영예를 지켜야 한다. 평양시민이 국가의 법질서를 엄중하게 어겼을 경우 평양시민증을 회수한다."고 되어 있다. 따라서 평양시민들은 ①정신도덕적 풍모 ②법질서 수호 ③정책 관철에서 모범 ④수도 시민의 영예를 고수해야 하며, 이를 어길시 평양시민증을 회수당하고 평양시에서 추방된다. 주기적으로 북한은 평양시의 적정 규모 유지를 위해 평양시민증 단속을 진행하며, 평양에서 발생한 비사회주의적 행위의 가담자, 연루자를 평양시에서 추방한다.

이런 까닭에 북한 주민 모두가 평양시에 살고 싶어 하는 것은 아니다. 평양시에 살기 때문에 주어지는 혜택도 많지만, 평양시에 살기 때문에 감내해야 하는 사회적 통제도 많기 때문이다.

김정은 시기, 북한에는 대규모 아파트 건설이 몇 년째 진행되고 있다. 평양시 주민들은 퇴근 이후 아파트 건설 현장에 동원되기가 일쑤다. 몇 해 전 전국적으로 수해가 발생했을 때는 수해지원복구투쟁에 참여하라는 당국의 명령에 따라 몇 달씩 수해 지역에 내려가 일손을 돕기도 했다. 각종 지원금과 후원금 명목의 돈을 걷기도 한다. 단정한 옷차림은 필수이며, 평양시 안에서는 그 어떤 비법적 활동에 연루되어서는 안 된다. 평양살이가 행복하기만 할지 의문시 되는 까닭이다.

question
056

북한 사람들은 로또에 당첨되면 무엇을 할까요?

북한에도 로또가 있을까? 있다. 북한에서도 복권이라 부른다. 복권 발행의 역사도 오래되었다. 다음 〈사진〉에서 보듯, 북한은 한국전쟁 중인 1951년에도 군수물자와 군자금 확보를 위해 '조국보위복권'을 발행한 적이 있었다. 이는 전국 박물관 소장품을 아카이빙 해 놓은 'e 뮤지엄'에서 확인할 수 있다. 가로 11.0㎝ ×세로 7.3㎝ 크기의 제1회 조국보위복권은 당시 100원으로 발행되었다. 이후 복권 발행은 한동안 중단되었다가, 1980년대에 이르러 주민들의 생활문화를 향상시킨다는 의미로 체육복권을 발행하기 시작하였다. 재미교포이자 방북작가인 신은미씨에 의하면, 체육복권은 1~2년에 한 번씩 발행하곤 하는데 특이한 점은 당시 복권에 당첨되면 현금을 받는 것이 아니라 TV, 재봉기, 이불 등 현물을 지급받는 방식이었다고 한다.

우리와 같은 복권은 1991년 '인민복권'이라는 이름으로 시행하였다. 인민복권은 "인민들의 문화 정서 생활을 흥성케 하며 나라의 사회주의 대건설과 통일거리 건설에 재정적 보탬을 준다."라는 목적으로 발행되었다. 조선 돈 액면가 50원짜리 1천만 매가 발행됐는데, 당첨금은 1등 1만 원(2천 매), 2등 5천 원(4천 매), 3등 1천 원(2천 매), 4등 5백 원(1만 매), 5등 1백

북한의 복권

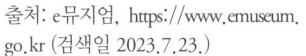
출처: e뮤지엄, https://www.emuseum.go.kr (검색일 2023.7.23.)

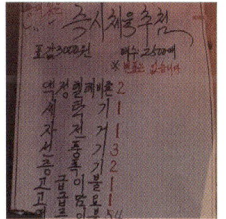
출처: 신은미 방북사진 중 체육복권 관련 사진자료, 〈오마이뉴스〉 2014년 8월 24일

원(2백만 매)로 시행되었다. 첫 추첨은 1992년 3월 25일 인민문화궁전에서 '인민복권전국추첨회' 주관 아래 TV 생중계로 진행되었고, 평양신문을 비롯한 각 지역 신문에 당첨자 명단이 공개된 후 4월부터 지역 은행과 저금소에서 당첨금이 지급되기 시작하였다.[251]

북한은 경제난 이후 국가가 재정 자금을 확충하기 위해 2003년 인민생활공채라는 이름의 5000원, 10000원, 100원 짜리 공채를 발행하기도 하였다. 2003년 3월 26일 개최된 최고인민회의 제10기 제6차 회의에서 "여유자금을 효과적으로 동원, 이용하기 위해" 공채 발행을 결정하고, "공채의 인민적 성격은 나라의 화폐 유통량을 계획적으로 조절해 통화의 안정성을 보장하는 것"이라며 시장경제 활성화에 따른 인플레이션 발생을 억제하기 위한 목적으로 발행하였다.

당시 인민생활공채 구매사업을 전국적으로 실시하였는데, 공채 발행 후 당첨된 공채의 상환금 반환 시기가 10년 이후였기 때문에 공채 구매를 주민들에게 강제적으로 집행하였다. 10년이 지난 2013년, 원금의 200배에 달하는 당첨금이 주어졌다고 하지만, 당첨 사실을 확인하긴 어려운 실정이다.[252]

우리와 달리 북한에서 발행하는 복권은 일확천금을 가져다 주진 않는다. 북한 주민들에게 일확천금의 자본을 취득할 수 있는 기회는 오직 '시장경제활동'이다. 시장이라는 자본주의식 상품유통 관계가 등장한 뒤, 북한 주민들의 시장경제활동은 당국의 개입 없이 스스로가 돈을 축적 소유할 수 있는 새로운 기회를 주었다. 물론 시장경제활동을 한 모든 사람들이 부를 축적할 수 있는 것은 아니다. 누군가는 장사를 시작할 수 있는 초기 비용이 없고, 장사의 품목을 잘못 설정하여 손해를 보기도 하고, 장사를 잘 해 놓고도 이윤을 따지지 못해 원금 보장도 못받는 시장 실패자가 되기도 한다.

반대로 시장경제활동이 새로운 돈벌이의 기회로 작동하여 혼자벌이에서 가족벌이로, 가족벌이가 주변 지인들까지 포함하는 작은 가족 수공업 단위로 확대 성장하며 많은 돈을 번 사람들도 있다. 이른바 '돈주'라고 한다.[253] 북한에서 시장경제활동으로 급작스럽게 돈을 번 돈주는 그야말로 우리식 '로또'에 당첨된 사람들과 같다.

북한에서 갑작스레 큰돈을 번 사람들은 무엇을 어떻게 소비할까. 오랜 시간 북한이탈주민을 면담해 온 연구자의 경험에 의하면 북한 주민들은 시장경제활동을 통해 돈을 벌면 가장 먼저 먹는 문제와 의류 및 집안 가재도구를 구매한다. 또한 먹거리를 다양화·고급화하고, 외식을 자주하면서 치장을 위해 의류 구매를 위한 소비활동을 활발히 한다. 음식도 집에서 만들어 먹다가 시장 인근에서 사서 먹고, 식당을 이용하고, 더 나아가 중국식 레스토랑에 가서 외식을 하는 등 최상급 소비를 한다.

먹는 문제를 해결하고 나면 자녀교육에 투자하기 시작한다. 자녀의 예체능 활동을 지원하거나, 상급 학교 진학을 위한 사교육에 투자한다. 또 자녀들의 문화·오락생활을 위해 게임기, 컴퓨터, 핸드폰 등의 전자기기를 구매하고, 기성품 옷까지 구매하는 등 전반적인 문화 수준을 향상시키는 소비활동에 진작한다.

그런 후 큰돈을 벌게 되면 주택을 구매한다. 장사가 원활한 곳으로 주택 교환(매매)을 하여 이사를 가거나, 수공업이 용이한 시외 근교의 넓은 땅으로 집을 옮겨 인테리어를 시작하게 된다. 주택 구매와 리모델링, 인테리어는 동시적으로 활성화되는 영역이다. 2018년 기준 평양시 이외의 도시에서 화장실 한 칸을 리모델링 하는데 드는 비용은 300달러 정도이다.

북한의 주택은 공공주택이 많고 화장실 시설이 집밖에 있는 경우가 많다. 따라서 북한 주민들이 주택을 개조하게 되면 화장실을 집 안으로 들이고 수도 시설을 갖추어 사적 생활이 가능한 공간으로의 리모델링을 진행한다.[254]

최근에는 북한 주민들의 높아진 생활수준과 욕구를 반영하여 평양시 아파트들이 방 4칸 규모의 중대형 평수들로 건설되고 있다. 입식 부엌과 좌식 소파 생활이 가능하도록 하고, 가족 구성원의 사적 생활이 보장될 수 있는 방식으로 건설되고 있다. 이런 평양시 아파트는 10만 달러에 이르기까지 한다. 그야말로 '로또'에 당첨되지 않고는 평범한 사람들이 거주할 수 없는 곳이다.

평양시에 건설되는 고급 아파트들이 화려한 조명을 달고, 넓어지고 높아지는 만큼 북한 주민들의 아파트에 대한 선호와 욕망도 높아질 것으로 생각된다. 한국이나 북한이나 대도시의 중대형 아파트가 '로또' 당첨자들만이 구매할 수 있는 품목이 되고 있다는 점에서 서로 닮아 있다는 사실이 씁쓸하다.

question
057

북한에도 러시아워(교통체증)가 있나요

평양시에도 교통체증이 있다. 우리와 같은 정도의 교통체증은 아니지만 1990년대 이전 시기에 비해 확실히 차량이 늘고, 시내 교통 및 운송 서비스 수단이 증가하고 있다. 특히 개인 차량 보다는 출퇴근용으로 운행하는 차량이 많기 때문에, 출퇴근 시간에 집중적으로 통근용 차량이 증가함으로써 교통체증이 발생한다. 또 이를 타기 위해 사람들이 길게 줄서 있는 모습도 곳곳에서 확인할 수 있다. 그러나 평양시 이외 지역은 아직 대중교통이 발달하지 않아 자전거를 타거나 도보로 이동하는 사람들이 더 많은 편이다.

교통의 발달은 사람과 물자의 이동 등 '움직임'과 밀접한 관련이 있다. 북한과 같은 사회주의 국가들은 도시를 설계할 때부터 '움직임'을 최소화하고, 주어진 공간에서 노동과 거주, 휴식과 재생산을 할 수 있도록 계획적으로 도시 공간을 구획하였다. 이른바 직장과 주거를 근접시킨다는 직주근접(職住近接)의 원칙이다.

실제 사회주의 시기 북한 주민들은 이동이 매우 제한되는 삶을 살았다. 거주 지역 내의 학교를 다니고, 인근의 공장·기업소에서 근무하며, 지역 내 의료 시설, 문화 시설, 상품봉사 시설을 이용하면서 도보로 가능한 삶을 살았다.²⁵⁵ 따라서 도시와 지역 모두 교통 시설이 발달하지 않았으며, 급하게 이동을 해야 할 사무가 생기면 회사 차량이나 부대 차량을 이용하는 등 시내 교통이 미비한 상황에서 생활했다. 또한 지역 간 이동은 기차가 주요 운송수단이었기 때문에 기차역을 중심으로 교통망이 구축되어 있다.

이러한 직주근접 원칙은 1990년대 경제난 이후 붕괴되었다. 직장에서는 노동자들에게 임금을 지급할 수 없었고, 노동자들과 그의 가족들은 생계부양을 위해 시장에서 장사 활동을 해야만 했다. 그런데 시장경제활동은 사람들의 많은 (이동)움직임을 요구한다. 돈을 벌기 위한 시장 활동인 상품 생산과 판매, 유통, 소비의 과정은 주어진 거주 지역 안에서만 해결할 수 없기 때문이다. 이때부터 다양한 운송수단이 발달하고, 비공식 운송시스템이 작동하기 시작했다. 우마차, 손수레, 자전거, 오토바이, 회사 차량, 부대 차량에서부터, 이동이 많은 지역 내 혹은 지역 간의 개인택시, 장거리버스 등 '서비차'들이 출현하기 시작한 것이다. 그리고 개인 및 소규모 운송회사가 지역 내, 또는 지역 간 운송서비스를 제공하며 돈을 버는 전문 회사 집단으로 성장하였다. 2000년대 이후 도시의 중앙역 앞에는 운송서비스를 제공하는 '터미널'과 같은 공간이 생겨났고, 택시비와 장거리 버스비 등이 가격을 형성하며 운수서비스 시설로 발전하였다.²⁵⁶

사설 교통 시설이 증가하자 2012년부터 김정은체제는 평양시 및 주요 도시의 시내 교통 문제를 해결하기 위해 운송 수단들을 현대화하고 있는 중이다. 2018년에는 김정은 위원장이 직접 "인민들이 낡아빠진 대중교통 수단을 이용하며 불편을 느끼고 거리에 택시들이 점점 늘어나는 것을 볼 때마다 마음이 무거웠다."라며 대중교통 수단을 현대화할 것을 강조하였다.²⁵⁷

이에 평양시는 선도적으로 지하철을 현대화하고 신형 무궤도전차를

북한의 대중교통

출처: "새형의 무궤도전차설계가 완성되기까지," 〈조선의 오늘〉, 2019년 4월 8일

개발하였으며, 2층 버스 및 개인택시, 공항리무진 등을 포함한 새로운 대중교통체계를 수립하였다. 이 외에 평성시, 원산시, 신의주시, 청진시 등에서도 무궤도전차를 중심으로 대중교통체계를 현대화하고 있는 중이다.

현재 북한 평양시 대중교통은 위 〈사진〉과 같이, 2019년 평양시여객운수종합기업소가 제작한 새 형의 려객뻐스와 '평양-191형' 2층뻐스, 그리고 '평양-192'형 교통뻐스가 있다. 또한 2020년부터 새 형의 무궤도전차(궤도가 없는 전차)와 궤도전차(궤도가 있는 전차)를 주요 도시에 보급하고 있다.

북한은 석유 자원이 부족하기 때문에, 휘발유를 사용하는 버스나 택시보다 전기로 움직이는 무궤도전차를 중심으로 대중교통체계를 수립하고 있다. 또한 도시 교통 증대로 인한 공해 발생과 환경오염 문제에 대처하기 위해서 무궤도전차 운영을 시내교통의 중심 체계로 삼고 있다. 그러나 전기 부족으로 무궤도 및 궤도 전차의 배차 간격은 매우 긴 형편이다. 또 도시 주민들의 출퇴근 시간에만 집중적으로 운행하고 있어 출퇴근 시간에는 교통체증이 아닌 '교통지옥'을 겪게 된다. 자연스럽게 휘발유 버스가 증가할 수밖에 없는 현실이다.

최근 북한은 전기 부족을 대체할 태양빛 에너지를 동력으로 한 버스를 여객 운수에 이용하고 있다. '내 나라 제일로 좋아' 버스는 100와트 빛전

지판 32개와 축전기 50개, 95kg짜리 직류 전동기를 설치해 충전된 전원으로 움직이는 태양열 버스이다. 남포시 과학기술위원회가 설계한 이 버스는 남포시 여객 손님들을 적게는 70명, 많게는 140명까지 태우고 시속 40km의 속도를 보장할 수 있다고 한다.[258]

 도시를 가르는 새 형의 버스가 도입되어 평양시 경관을 더욱 현대적으로 연출하고 있다. 그러나 여전히 평양시 이외의 지역에서는 자전거와 도보 이동이 일반적이다.

question
058

북한이 자랑하는
대표적인 건축물은 무엇인가요?

북한 건축물의 주인은 국가이다. 자본주의와 달리 건물의 입지 선정부터 규모와 크기, 기능과 역할, 상징과 활용까지 국가가 모든 것을 선정한다. 자본주의 건축물과 달리 실용성보다는 국가의 상징성이 우선시 되고, 체제의 우월성을 과시하는 화려하고 웅장한 건축물들이 도심 곳곳에 배치되어 있다.

북한은 사회주의 이념을 통치 이데올로기로 삼고 있고, 사회주의적 사실주의를 문학예술 및 건축의 우월한 창작 방법으로 삼고 있다.[259] 또 구소련 및 동유럽 사회주의 국가들이 보편으로 따르고 있는 사회주의적 사실주의 건축 양식을 받아들여 북한식 사회주의 유토피아를 꿈꾸었던 혁명적 지향을 건축 양식으로 표현하고자 했다. 예를 들면 배치 및 평면 구성은 중심 축선과 좌우 대칭을 강조하고 있으며, 층고를 높이거나 크고 넓은 육중한 기둥을 세우면서 건물의 수직선을 강조하는 방식이다. 특히 수직선을 강조한 건축물을 도심 한 가운데 세워 혁명을 위하여 끊임없이 투쟁하는 '인민대중의 신념과 의지'를 상징하거나, '인민의 위대한 승리', '사회주의 역사 기념', '주체사상 찬양' 등을 표현해 왔다.[260] 1990년대까

사회주의 북한의 상징물

출처: '기념비', 〈조선의 오늘〉, https://dprktoday.com/tourist/68 (검색일: 2023.11.30.)

지 북한은 사회주의 주체이념을 형상화한 만수대 언덕의 김일성 동상과 김일성광장 맞은편의 주체사상탑을 대표적 상징물로 삼아 왔다.

주체사상탑은 김일성의 70회 생일에 맞추어 1982년 4월 15일 완공되었다. 높이는 170m로 세계에서 두 번째로 높은 상징탑이다. 주체사상탑 내부 150m까지 엘리베이터가 설치되어 있으며, 이를 타고 전망대에 오를 수 있다. 주체사상탑 전망대에 오르면 대동강을 끼고 펼쳐지는 평양시 시내의 전경이 한 눈에 보이며, 한복을 곱게 차려 입은 여성 해설사가 북한의 혁명역사와 주체사상의 우월성에 대해 입이 마르도록 칭송하는 해설을 하곤 한다.

그러나 김정은시대에 이르러 북한의 대표적인 건축물은 '화려하고 높은 초고층의 아파트'로 변화하고 있다. 대동강변을 따라 높낮이가 다른 아파트와 아파트 사이사이에 배치된 다양한 외형의 공공시설물, 유원지,

평양의 초고층 아파트 건축군

출처: 『조선』(평양: 외국문출판사, 2022), 7월호

문화 시설들이 평양시의 선경문화를 자랑하는 새로운 건축물로 등장하고 있다. 건축이 그 사회의 정치, 경제, 역사, 문화 등의 수준과 성격을 반영하는 것이라면 김정은시대의 건축물은 새로운 문명에로의 변화, 더 나은 삶의 욕구, 통치 체제의 안정과 지속 등을 지향하는 새로운 건축물의 등장으로 해석할 수 있다.

또 이전 시기와 달리 김정은시대의 건축물은 개개 건축물의 상징성보다, 중심 거리를 끼고 형성되는 대규모 아파트 군락의 경관을 상징 건축물로 내세우고 있다. 스카이라인을 강조하고 있는 것이다. 대표적으로 2012년 창천거리 아파트, 2016년 려명거리 아파트, 2021년 보통강강안다락구아파트, 2021년 송신·송화거리 아파트, 2022년 화성구역 아파트, 2023년 화성구역 2단계 아파트와 서포지구 아파트 등등이 그것이다.

김정은 위원장은 유독 초고층 아파트를 강조하고 있다. 마치 건물의 높이가 평양의 발전 정도를 나타낸다는 듯 점차 높아지는 추세를 보인다. 2015년에는 미래과학자거리에 53층 아파트를 짓더니 2017년에는 려명거리에 70층 아파트를 세웠다. 그리고 2022년에는 송화·송신거리에 80층짜리 초고층 아파트를 상징 건물로 수립하였다. 현재 80층 아파트는 북한에서 가장 높은 살림집 건물이다.

북한의 매체는 "창공 높이 터져오르는 축포를 형상하며 아아하게 치솟은 꽃잎 모양의 80층 건물의 멋스럽고 웅건한 모습"을 일컬어 "인민의 만복과 리상과 꿈이 찬란한 현실로 펼쳐지고 있는 위대한 변혁의 새 세상을 환희롭게 그려주고 있다"고 선전한다. 이를 김정은 통치자의 '인민대중제일주의', 즉 주민들의 삶과 생활을 가장 중요하게 여기는 통치 철학이 반영된 건축물이라고 칭송하는 것이다. 최고지도자의 치적 선전 도구로 초고층 아파트가 활용되고 있는 셈이다.

여기서 우리가 눈여겨보아야 할 또 다른 건축물이 있다. 북한 당국이 내세우고 있진 않지만 1990년대 경제난 이후 주민들 스스로가 만들고 당국이 허가하면서 세워진 '시장'이란 상징 건축물이다. 현재 북한 전역에 약 500여 개의 시장이 설립되어 있다. 시장의 넓이와 규모는 지역마다 차이가 있지만, 거의 모든 지역에 상설 도소매 시장이 건립되어 있다. 초고층 아파트는 평양시에만 있지만, 상설 도소매 시장은 북한 주민들의 발길이 닿는 곳 어디에나 건설되어 있다.

초고층 아파트만큼 화려하고 웅장하지 않지만 북한의 시장은 국가 체제와 제도, 사회 이념과 질서라는 거대한 틀 안에서 인간의 삶이 어떻게 그를 꿰뚫고 그 속에 중첩되는가를 탁월하게 보여 주는 건축물이라 할 수 있다.

question
059

북한의 도시 여행은 어디가 좋을까요?

북한을 여행한다면 역시 도시 여행이 우선일 것이다. 지방 곳곳은 아직 관광 인프라가 발달하지 못하여 여행이 불가능하거나 불편이 예상되기 때문이다. 북한의 몇몇 도시들은 이미 관광객 유치를 위해 상품 개발이 이뤄지기도 했고, 여행 테마에 따라 2박3일부터 일주일 이상의 여행코스가 개발되어 있기도 하다. 다만 일반 관광객들의 개별 관광은 불가능하고, 북한의 여행사를 통한 단체 코스 관광만이 가능한 상태이다.

과거에는 북한의 조선국제여행사(KITC)가 독점적으로 북한 관광을 주관했지만, 현재는 조선국제태권도여행사(KITTC), 조선국제청년여행사(KIYTC), 평양고려여행사 등 다양한 여행사들이 생겨나고 있다. 그리고 북한 관광을 진행하는 해외 여행사도 있다. 중국의 고려 투어스(Koryo Tours), 스웨덴의 코리아 컨술트(Korea Konsult), 영국의 주체여행사(JTS)가 대표적이다. 김정은 시기부터 관광산업을 적극 활성화 시키기 위해 설립된 해외 여행사들이다. 또한 〈조선 관광〉, 〈조선의 오늘〉 등 온라인 사이트 등지에서 북한의 여행 관광지를 소개하고 있으며,[261] 〈고려항공〉 홈페이지를 통해 항공권 예약도 가능하도록 웹사이트를 구축해 놓았다. 비자 발급은 사전에 여행사를 통해 신청해야 하며, 북한 당국은 새해맞이관광,

열차관광, 건축관광, 자전거투어, 가을철 마라톤대회 등 다양한 관광 상품을 출시하며 외화벌이를 위한 해외 관광객 유치 노력을 벌이고 있다.

수도 관문: 평양시

자율 여행을 할 수 없다는 점에서 한계가 있지만 평양시, 개성시, 묘향산, 백두산, 금강산, 남포시, 원산시, 라선시 등은 조선국제여행사와 연계된 지역 여행사를 통해 여행이 가능한 곳들이다. 먼저 북한 여행의 대표 도시는 평양시이다. 평양시는 한국에서도 이미 많은 관광객이 다녀온 곳이고, 해외 여행객들도 가장 먼저 북한 땅에 발을 들이는 곳이다. 북한은 2015년 평양 순안국제공항을 리모델링하고 제2청사를 새로 건설하였다.[262] 국제선은 고려항공이 베이징(중), 선양(중), 블라디보스토크(러)를 운항하며, 국내선은 부정기편으로 원산(갈마), 청진(어랑), 삼지연, 선덕(함흥) 공항으로 운행을 하고 있다.[263] 순안국제공항에서부터 평양 시내까지 공항리무진을 운행하고 있으며, 최근에는 고려항공 측에서 택시도 운행하는 것으로 알려져 있다.

평양 순안공항의 국제선 스케줄

노선	항공사	운항회수(왕복기준)	기종
평양(FNJ)~방콕	고려항공	주 1회(화)	TU-204
평양~베이징	고려항공	주 3회(화목토)	TU-204
	에어차이나	주 2회(월목)	B737
평양~심양	고려항공	주 2회(수토)	TU-154
평양~블라디보스톡	고려항공	주 1회(목)	IL-18

출처: OAG Flight Guide Worldwide 2009.10월 기준, "평양 순안공항의 국제선 스케줄," https://blog.naver.com/ijcho99/140098230866 (검색일: 2023.12.5.)

평양시는 잘 알려져 있듯 양각도 혹은 고려호텔이 대표적인 숙소이고, 최근에는 서산호텔, 류경호텔(105층)이 개건 현대화를 마치고 영업을 시작하였다. 대표적인 관광지로는 김일성광장, 주체사상탑, 과학기술전당, 릉라유원지, 문수물놀이장, 대성백화점, 옥류관, 청류관, 평양백화점, 만경대 등이 있다.

김정은 시기에 와서 평양시 야경을 즐기거나, 대동강 뱃놀이(무지개호)가 가능해졌고, 공원 및 유원지 인근에서 포장마차 먹거리도 즐길 수 있도록 허용하고 있다. 또한 다양한 맛집들이 생겨서 커피숍은 물론 이탈리아 음식, 햄버거집, 대동강수산물식당과 같은 대형 요리집도 이용할 수 있다. 또한 돌고래쇼를 보거나 동물원에 방문할 수도 있으며, '류경원'이라는 장미향 가득한 찜질방도 이용할 수 있다. 평양시에 체류하며 북한의 이모저모를 즐기는 일은 상상 가능한 미래이다.[264]

삼지연시: 백두산

백두산은 한국 사람들에게는 특별한 관광지이다. 2007년 노무현 정부 당시 남북관광협력사업으로 백두산 관광사업 추진되기도 했었다. 북한은 2018년부터 백두산 관광이 용이하도록 삼지연군을 전면 재개발하였고, 개발 이후 삼지연군은 2021년 북한의 29번째 도시로 승격하였다.[265] 삼지연시는 국내외 관광객을 대상으로 설계된 도시이다. 또 우리가 북한의 백두산을 방문하게 된다면 반드시 거쳐야 할 도시이기도 하다. 현재는 인구 3만 명에 불과하지만 관광이 활성화된다면 삼지연시는 백두산을 상품으로 하여 4계절 관광객이 넘쳐나는 곳이 될 것이다. 현재 삼지연시는 스키를 주력 상품으로 개발해 이곳을 겨울 스포츠의 메카로 만들고 있다. 따라서 동계스포츠 관련 시설들을 건설하고 온천 시설을 개발하였으며, 다양한 지역 특산물을 소비상품으로 개발하고 있는 중이다.

최대무역항: 남포시

남포시는 북한 최대의 무역항이며 서해안에서 유일하게 해외 관광객이 드나들 수 있는 도시이다. 북한은 일찍이 남포시를 서해관광도시로 개발하기 위해 와우도 구역을 중심으로 신시가지를 조성하였다. 와우도 해수욕장은 원산의 송도해수욕장과 함께 북한이 개방하고 있는 대표적인 해수욕장이며, 외국인의 출입도 간헐적으로 이뤄지고 있는 곳이다.

남포시에는 고구려시대의 역사 유적과 유물 등 문화재들이 있다. 고구려 벽화 무덤인 덕흥리 벽화고분과 대안리 제1호 벽화고분, 강서대묘, 황룡산성 등 남북한이 역사를 공유할 수 있는 자원들이 풍부한 편이다. 또한 남포시는 북한이 자랑하는 서해갑문이 조성되어 있고 인근 룡강온탕원은 질병 치료에 탁월한 온천으로 남포시의 풍부한 관광 자원을 다채롭게 보여준다

동해관광지구: 원산시

앞으로 우리가 주목해야 할 북한의 관광도시는 원산시이다. 원산시는 다양한 매력을 지닌 명소와 즐길거리가 가득한 곳으로, 북한이 자랑하는 송도원 유원지가 위치한 해안 관광지이다. 북한은 지난 2014년 원산과 금강산지구를 묶어 매년 100만 명이 넘는 외국인 관광객을 유치할 수 있는 원산-금강산국제관광지구 개발 계획을 발표한 바 있다.[266] 계획에 따르면 원산-금강산지구를 원산시 중심부와 마식령스키장지구, 울림폭포지구, 석왕사지구, 금강산지구로 나누어 개발하고 이들을 연결하는 관광코스를 1박 2일, 3박 4일, 7박 8일 상품으로 구성하였다.

특히 동해의 진주라고 불리는 원산시 중심부를 국제박람회장 구역으로 개발하고 체육중심구역, 상업중심구역을 비롯한 관광에 필요한 공공

봉사구역을 건설할 계획이라고 밝힌 바 있다. 원산시를 하나의 거대한 관광지구로 개발한다는 것을 의미한다. 실제 2018년 이후 김정은 위원장은 '원산갈마해안관광지구'라고 하여 갈마반도를 낀 거대한 관광호텔 상업지구 건설에 착수하였다. 유엔의 대북 경제제재와 COVID-19의 영향으로 현재 건설이 중단되었지만, 북한의 원산시 개발 의지는 확고해 보인다.

해외 관광객이 평양시로 들어가서 평양을 관광하고 남포시와 원산시로 여행 코스를 이동하는 일정은 추천할 만하다. 평양-남포 청년영웅도로와 평양-원산 제1고속도로가 뚫려있어 좀 더 편리한 여행이 가능하기 때문이다. 원산 갈마비행장도 2015년에 현대적 시설로 재건설하였기 때문에 평양-원산 간은 국내항공으로 이동하는 것도 가능하다.[267] 하루 빨리 원산시와 금강산을 연결한 남북관광이 재개되어 천혜의 바닷가와 민족의 명산을 방문할 수 있길 기대한다.

북중 접경특구: 라선시와 청진시

이 밖에도 중국 관광객들이 많이 방문하는 라선시와 청진시가 있다. 북한은 라선시를 알섬바다새보호구역, 우암바다새보호구역, 우암물개보호구역, 우암산단벗나무군락 등 천연기념물이 많은 관광지로 소개하고 있으며, 청학약수와 송진광천수 등의 약수 자원도 으뜸이라고 소개한다. 그중 가장 유명한 관광지는 다음 〈사진〉에 있는 라선시 비파도이다.[268] 그리고 청진시는 항구문화도시로서 온천휴양지인 경성온천을 대표적 관광지로 꼽고 있다. 특히 경성의 온포온천은 각종 병치료에 탁월하며, 주변 경관이 수려하고 아름다운 휴양 관광지로도 유명하다.[269]

라선시와 청진시는 한국에서 접근하기에 불편한 점이 많지만, 선박 관광이 가능한 해안 도시들이다. 이 두 도시는 청정 해안과 수산물 자원이

라선시 비파도와 청진시 전경

출처: 〈조선의 오늘〉, https://dprktoday.com/tourist/95

출처: 〈조선의 오늘〉, https://dprktoday.com/tourist/92 (검색일: 2023.12.5.)

풍부하고 호텔 및 상업 시설들이 발달한 도시들이다. 북한 당국은 어랑비행장을 개건 현대화하고 어랑천 발전소를 6호까지 개발한 후, 이곳의 개발 인프라가 구축되면 칠보산 관광지와 연계한 청진-나선지구를 개발할 계획이다.

question
060

북한이 직면한 주요 환경 문제는 무엇인가요?

    북한이 직면한 주요 환경 문제는 산림 파괴, 토양 침식, 물 부족, 대기 오염, 자원 부족 등이다. 첫째, 산림 면적의 감소와 산림 파괴로 심각한 문제를 겪고 있다. 산림은 토양 침식 방지, 생태계 보전, 수질 개선 등 다양한 생태 서비스를 제공하는 중요한 자원이다. 그러나 벌목, 화재, 낙뢰 등으로 인해 산림 면적이 감소하고 있다. 둘째, 북한의 산지 토양은 남한과 마찬가지로 갈색산림토양 계열의 토양이 많으며, 그 외에는 지질적 속성을 따라가는 특성으로 보인다. 남한과 북한의 지질·기후·지형 조건은 차이가 있지만 산림수종에 결정적인 차이가 있을 만큼 큰 것은 아닌 것으로 추측된다. 북한의 산지토양 중 개마고원과 함경산맥 일대에는 포드졸성 토양으로 보이는 토양으로 나타나며, 이는 남한의 산지토양 분류 체계로는 포괄하기 어려운 토양이다. 하지만 실제 현장조사가 어려운 측면이 있기 때문에 추가적인 조사와 연구가 필요하다.[270]

    북한은 지속적인 토양 침식 문제를 겪고 있다. 부적절한 토지 관리, 과량의 농약 사용, 산림 파괴 등이 토양 침식을 가속화하고 있다. 이외에도 식량과 연료 부족 때문에 일반 주민들이 산림에 있는 유기물(목재, 낙엽 등)을 무분별하게 채취했을 것으로 보이며, 농지로 개간하는 과정에서 많은

북한의 입목지 및 황폐지 변화

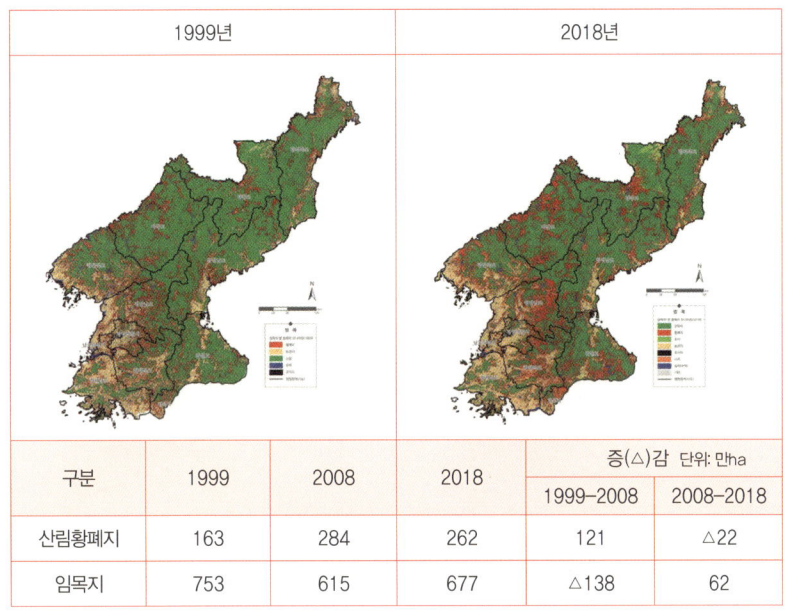

구분	1999	2008	2018	증(△)감 단위: 만ha	
				1999-2008	2008-2018
산림황폐지	163	284	262	121	△22
임목지	753	615	677	△138	62

출처: 국립산림과학원 편, 『한반도 산림지도집』(서울: 국립산림과학원, 2021), pp.36-38.

북한의 토양 분석

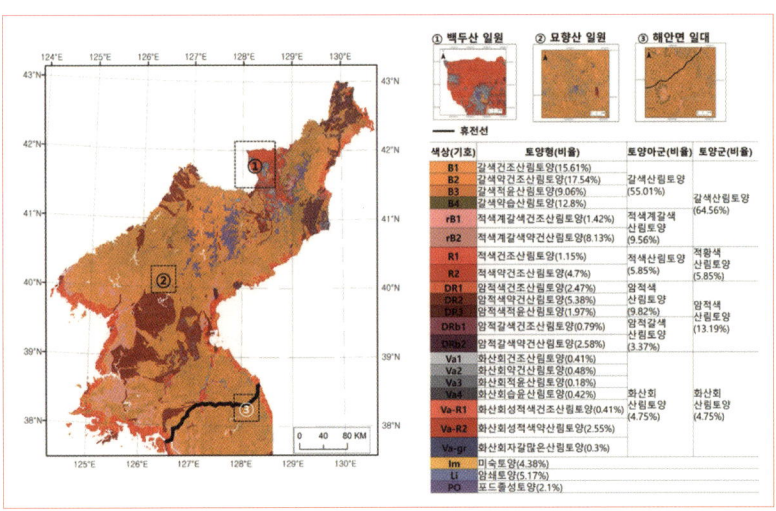

출처: "북한 산림토양형 예측 결과," 박수진 외. "북한 토양정보 예측기법의 개발: 북한 토양정보의 중요성과 토양형 추정," 『대한지리학회지』 53권 제5호(2018), p.663.

유기물들이 침식되었을 것으로 추정한다.[271]

셋째, 물 부족 문제다. 북한은 생활용수와 농업용수 부족 문제에 직면하고 있다. 특히 기후변화로 인해 강수량이 감소하고, 농업용 물의 부족과 수질 오염이 심화되고 있다. 이로 인해 농작물 생산과 식량 안정성에도 부정적인 영향을 미치고 있다.

넷째, 북한은 고농도의 대기 오염에 직면해 있다. 심각한 에너지 부족

북한의 주요 하천 및 연근 해안의 수질오염 현황

수역	고려사항
대동강	- 오수, 분뇨 중 절반 정도가 정화되지 않은 채 그대로 유입 - 수돗물을 그대로 마신 주민들이 복통 호소
성천강	- 함흥의 염료공장, 가죽공장의 폐수와 가정의 생활하수 유입
두만강	- 무산탄광, 회령제지공장 등의 탄광폐수, 표백제 등 유입 - 심각한 수질오염 상황, 수생식물에 심각한 영향 초래
압록강	- 북한의 혜산, 중강, 만포, 신의주, 중국 장백 등의 산업폐수와 생활오수 유입 - 식수로 사용하기 어려운 하천 3급수 이하의 수질로 악화됨
연근 해안	- 북한 동서부의 산업폐수로 연근 해안 오염 - 남포시 유색금속제련소의 정광 부산물과 제련 찌꺼기, 시약 배출로 연안 오염 심화 - 원산 앞바다 5~8월 적조현상 빈번, 어패류 및 해조류 피해 - 서해안 간척사업(황해남도 앞바다 8만 정보, 평안남도 앞바다 11만 정보를 포함한 총 30만 정보 간척)으로 해양 오염 - 서해갑문 건설 이후 폐수 역류, 악취 발생, 댐 상류 평균 온도 상승 등 부작용 초래

출처: 최용환, "북한의 물 이용 실태," 「워터저널」 4월호(2019), http://www.waterjournal.co.kr/news/articleView.html?idxno=44710 (검색일: 2023.7.11.)

북한 농업용수 저수지 12곳 물 표면적 변화

수역	지역	2022년 4월 (단위 ha)	2023년 4월 (단위 ha)	증감 (단위 ha)	비율(%)
구월저수지	황남 안악군	424.2	407.2	-17	-0.04
수동저수지	황남 태탄군	211	242.8	31.8	0.15
상월저수지	황북 인산군	99.9	108.6	8.7	0.09

수역	지역	2022년 4월 (단위 ha)	2023년 4월 (단위 ha)	증감 (단위 ha)	비율(%)
번동천저수지	황북 상원군	92.5	90	-2.5	-0.03
삼화저수지	남포 특별시	47.7	47.4	-0.3	-0.01
임원저수지	평양 직할시	93.7	89	-4.7	-0.05
만산포저수지	평북 곽산군	64.9	70.3	5.4	0.08
운흥리저수지	평남 평성군	218.7	210.8	-7.9	-0.04
룡덕저수지	평남 증산군	48.7	41.4	-7.3	-0.15
란송저수지	강원 평강군	86.3	32.7	-53.6	-0.62
룡대저수지	강원 안변군	124.1	125.8	1.7	0.01
청동저수지	함남 금야군	57.8	62.8	5	0.09
평균		130.8	127.4	-3.4	-0.04

출처: 정성학, "봄 가뭄으로 저수지 면적 감소," 「RFA」, https://www.rfa.org/korean/news_indepth/zoominnk-05042023085148.html (검색일: 2023.7.11.)

을 겪고 있는 북한은 낮은 질의 석탄과 나무를 주된 연료로 활용할 뿐 아니라 가정에서 발생하는 폐기물을 태워 난방과 취사를 하는 경우가 많은데, 이로 인해 난방이 필요한 겨울철이나 취사 시에 상당한 대기오염에 노출되는 것으로 추측된다.[272]

북한의 지역별 대기오염 물질 배출량 추정

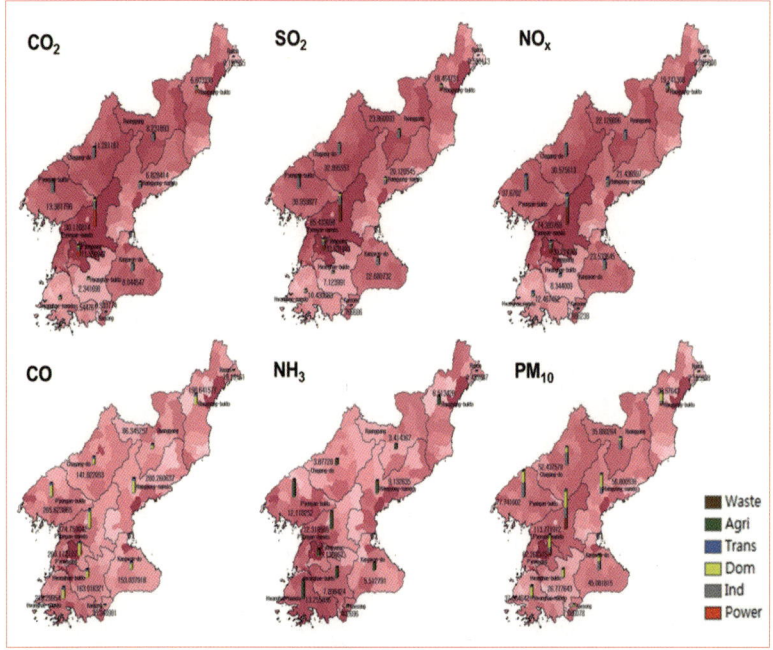

출처: 우정헌, 「북한의 에너지사용 및 대기오염물질 배출 현황」, 동북아 및 남북 환경협력방안 세미나, 이화여자대학교, 2017.3.29.; 명수정, "북한의 환경 현황," 「KDI」 북한경제리뷰 3월호, (한국개발연구원, 2018), p.44.

question
061

북한에도 전 세계적 기후변화로 인한 변화가 있나요?

 전 세계적 기후변화가 한반도 환경 변화에도 심각한 영향을 미치고 있다. 최근 박선엽·이수경(2019, 65~81)의 연구에 따르면, 한반도의 여름과 겨울 간의 기온차가 현저히 감소하고, 식물의 개엽 시기가 앞당겨지며, 몬순의 패턴이 변화하는 등 지역적 기후변화의 추세에 따라 계절의 시작과 지속 기간, 최난일이나 최한일과 같은 극한 사상의 발생도 시·공간적으로 발생하고 있다. 이 외에도 한반도 기후변화로 인해 우리나라의 4계절과 24절기도 변화가 나타났다.

 1912년부터 2020년까지 우리나라 기후변화 추세 분석 결과(정책브리핑, 2021)에 따르면, "최근 30년(1991~2020년)은 과거 30년(1912~1940년)에 비해 연평균 기온이 1.6℃ 상승했다."고 보도하고 있다. 그리고 "과거 30년 대비 최근 30년 여름은 20일 길어지고, 겨울은 22일 짧아졌으며, 봄과 여름 시작일이 각각 17일, 11일 빨라졌다"고 설명하고 있다.

 북한의 기온과 강수량에 대한 지난 30년 평년값(1981~2010년)과 최근 30년 평년값(1991~2020년)을 비교하여 기후적 특성을 살펴본 결과, 27개 지점의 평균기온 평년값은 지난 30년(1981~2010년) 8.5℃에서 최근 30년

한반도 기후변화와 24절기의 변화

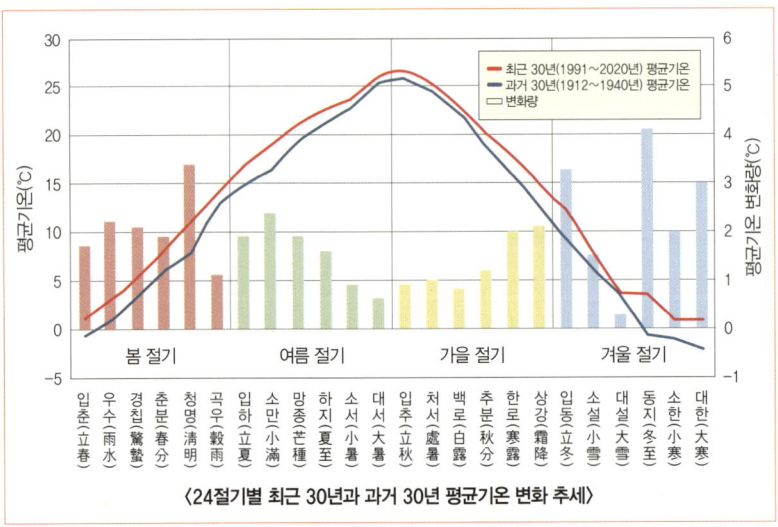

⟨24절기별 최근 30년과 과거 30년 평균기온 변화 추세⟩

출처: "기후변화가 바꾼 우리나라 사계절과 24절기," 「기상청 보도자료」, 2021년 4월 27일

북한의 연별 기후 평년값 비교(27개 지점(지역) 평균)

구분	1991~2020년(A)	1981~2010년(B)	차이(A-B)
평균기온(℃)	8.9	8.5	+ 0.4
최고기온(℃)	14.5	14.1	+ 0.4
최저기온(℃)	4	3.7	+ 0.3
강수량(mm)	912	919	- 7.7

출처: 기상청 편, 『북한 기상 30년보』(기상청, 2021), p. Ⅱ-20.

(1991~2020년) 8.9℃로 0.4℃ 상승하였다. 최고기온과 최저기온 평년값도 지난 30년(1981~2010년) 14.1℃, 3.7℃에서 14.5℃, 4.0℃로 각각 0.4℃, 0.3℃ 상승하였다. 27개 지점의 연강수량 평년값은 지난 30년(1981~2010년) 919.7㎜에서 최근 30년(1991~2020년) 912.0㎜로 7.7㎜ 감소한 것으로 나타났다.

이 같은 북한의 기온 상승과 강수량 감소는 재해로 인한 피해에 상당한 영향을 미치고 있다. 김정은 집권 이후 북한은 2012년(제15호 태풍 볼라벤), 2019년(제13호 태풍 링링), 2020년(제8호 태풍 바비, 제9호 태풍 마이삭)에 대규모 자연재해를 겪으면서, 김정은 위원장은 다음과 같이 기후변화에 관련한 언급을 하였다.

"불리한 자연기후 속에서 농업생산에서 혁신을 일으켜…(〈로동신문〉, 2014.1.1.)", "세계적으로 재해성 기상 현상이 우심해지고 있고 우리나라에도 그 위험이 닥쳐들고 있는 상황이며, 가뭄과 홍수 등과 자연재해에 끄떡없게 만들어야(〈로동신문〉, 2021.9.2.)." 함을 강조했다.

북한은 2021년 7월 13일 유엔 경제사회 이사회(Economic and Social Council, ECOSOC) 산하의 고위급 정치 포럼(High-Level Political Forum, HLPF)에서 진행하는 자발적 국가별 리뷰(Voluntary National Review, VNR)에 참여하여 '지속가능한 발전을 위한 2030 의제(the 2030 Agenda for Sustainable Development, 이하 2030 의제)' 이행 상황을 보고하였다.[273] 북한은 VNR을 통해, 기후변화로 인하여 농업 생산량 감소, 농업 기반 파괴, 토지와 물자원의 저하와 같은 부정적인 영향에 노출되어 있음을 밝혔다. 그리고 기후변화로 인한 재해 재난의 영향을 감소시키기 위해 유엔 기후변화협약(UNFCCC)과 파리협정 등의 국제 규약을 준수하고 있다고 언급했다(VNR, 40~41).

'기후변화' 관련 북한의 국제기구 가입 동향

연도	주요 가입 내용
1989	1989년부터 북한 〈로동신문〉에 지구온난화 관련 기사 등장
1994	12월 유엔 기후변화협약(UNFCCC) 가입
2005	4월 기후변화협약 교토의정서 비준
2016	8월 파리 기후변화협정 가입
2018	5월 나선과 문덕 습지를 람사르 습지로 지정, 170번 째 람사르 협약 가입 국가

출처: 저자 작성.

question
062

북한은 어떻게 환경오염을 규제하고 기후위기에 대응하고 있나요?

　김정은시대 북한은 환경오염에 관한 엄격한 법 제도화를 통해 환경을 관리하고 있다. 첫째, 「환경보호법」을 위한 통제이다. 1986년에 제정된 「환경보호법」은 국제 환경 변화에 더불어 신속하게 「환경보호법」을 일부 개정하여 엄격한 환경 통제를 실시했다. 둘째, 「재생에네르기법」을 통한 자원 재자원화이다. 김정은시대 새롭게 제정된 법으로, 북한 내 자원을 재활용하여 자원 낭비를 최소화하고 경제적 생산 가치를 제고하기 위해 법으로 제정되었다. 셋째, 「환경영향평가법」을 통한 기업 및 공장의 무부분별한 환경오염 통제이다. 김정은 집권 이후 북한은 기업 및 공장의 심각한 환경오염 문제점을 지적하고 이 같은 문제점을 해결하기 위하여 「환경영향평가법」을 더욱 강화하고 있다. 넷째, 「대기오염방지법」을 통한 청정한 대기환경 보존이다. 김정은 집권 이후 북한은 평양의 대기오염 실태를 점검하고 대기오염 예방을 위한 엄격한 법적 기준과 치산치수 정책을 적극적으로 진행하고 있다.

　김정은시대 북한은 전 세계적인 기후위기와 예측불가한 자연재해를 국가 통치 우선순위 중 가장 높게 지정하고 주민들의 생명과 재산을 보

김정은시대 북한의 환경보존을 위한 주요 법령 변화

법	제정	개정
환경보호법	1986	1999 2000 2005 2011.3 2011.8 2013 2014 2019 2021
재생에네르기법	2013	
국토환경보호단속법	1998	2000, 2005
환경영향평가법	2005	2007, 2016, 2020
대기오염방지법	2008	2013, 2014, 2021
하천법	2002	2004, 2013
물자원법	1997	1999, 2019, 2020
산림법	1992	1999.2 1999.9 2001 2005 2008.4 2008.8 2009.8 2012.3 2013.3. 2013.7 2014.6 2015.3 2021.8
원림법	2010	2013

출처: 국가정보원, 2020·2022 참조하여 저자 작성.

호하기 위하여 총력을 기하고 있다.

첫째, 「재해방지 및 구조, 복구법」(2014) 제정을 통한 재해관리 체계화이다. 과거의 북한은 자연재해 피해를 국내 적십자와 국제 적십자를 통해 외부 세계와 협력해서 대응했다. 그러나 김정은 집권 이후 각각의 흩어진 '재해예방-대응-복구 체계'를 2014년「재해방지 및 구조, 복구법」으로 제정하여 재해관리체계를 일원화하였다. 둘째, 재해관리 책임자 내정과 관리 철저 지시이다. 2020년 북한은 대규모 수해로 인한 피해를 경험했다. 당시 김정은은 재해 피해 현장을 직접 방문하여 복구 신속화를 지시했다. 그 과정에서 재해 관련 북한 관료제의 문제점이 나타났으며, 이후 김정은은 재해 관리 총괄 책임자를 내각 총리로 지정하고 재해 피해가 반복될 시 엄중한 책임을 추궁할 것을 선언했다. 셋째, 국제사회 재해 예방 기준에 따른 '재해위험 경감대책' 마련이다. 유엔은 2000년 이후

김정은시대 VNR과 국가 재해위험 경감 전략

재해위험감소전략	첫 단계 목표
1. 시스템 통치를 통해 재해위험 예방 2. 재해대응력, 회복력을 높여 사회경제발전 3. 주민 생명 보장과 재산 피해 최소화	- 2022년까지 지역 재해위험감소계획 체계 확립 및 기초자료 DB 구축 - 장애자, 노인, 어린이, 임산부들에 대한 재해자료 DB를 구축

	2023년까지
① 국가재해관리기구체계와 긴급대응제도 완비 ② 전인민적인 재해위험과 대응 인식 제고 ③ 재해관리 과학기술 개발 ④ 자금과 물자보장능력 강화 ⑤ 재해기금 청설 등의 계획	- (주택 및 식수 해결) 2021-2025년, 5년 계획, 평양에 5만 채 주택 건설 - (고통시스템개선) 2021년 "연해 및 강하천운수법" 제정을 통해 북한의 교통인프라의 현대화, 정보화, 과학화 진행 - (국가문화유산관리) 유네스코세계유산에 등재한 주요 국가문화유산과 유적지의 보존, 보호, 관리체계 확립 - (환경오염방지) 하수처리장 현대화와 가정용 폐수 여과시스템, 재자원화로 환경오염 방지 - (지역 특성에 맞는 지역산업 발전) 각 지역 행정, 기후, 산업 등의 특성에 따라 지역 산업발전

자료: 저자 작성.

효고 행동강령과 센다이 프레임워크를 통해 재난위험 감소를 위한 표준 전략을 전 세계에 제시하고 있다. 효고 행동강령(HFA, Hyogo Framework for Action, 2005~2015)은 2004년 태국과 인도네시아에서 발생한 쓰나미 재해 이후 유엔이 채택한 재난위험 감소를 위한 전략이며, 센다이 프레임워크(Sendai Framework of Disaster Risk Reduction 2015~2030)는 효고 행동강령의 종료로 제시된 후속 전략이다. 센다이 전략은 7개의 성과 달성 목표와 13개의 지도 원리, 4개의 우선순위에 지역과 국가 차원에서의 역할과 임무, 이해관계자들의 역할을 제시하고 있다.

북한은 주요 언론 매체(《조선중앙통신》, 2019.9.27, 2020.3.20.)를 통해 전 세계 기후변화 심각성을 인식하고 "2019년~2030년 국가 환경보호 전략과 국가 재해위험 감소 전략을 완성하였다"고 언급하였으며, "2030년까지 자체의 노력으로 해마다 이산화탄소 방출량을 16.4% 절감하기 위한 목표를 세우고 있으며 기후변화에 관한 파리협정에 의한 국제적 협조가 적극 추진되는데 따라 36%의 온실가스를 추가적으로 절감할 것"을 제시하였다. 그리고 2021년 7월 VNR을 통해 왼쪽 〈표〉와 같은 북한의 재해위험 감소 전략을 제시하였다.[274]

CHAPTER 3 주

223 「조선민주주의인민공화국 담배통제법」, 『북한법령집 下』 (서울: 국가정보원, 2022), pp.787-792.
224 「조선민주주의인민공화국 금연법」, 『북한법령집 下』 (서울: 국가정보원, 2022), pp.783-784.
225 건강보험심사평가원 자원평가실, "2022 인구 천명당 의료 기관 종사 의사수(시도/시/군/구)," https://kosis.kr/statHtml/statHtml.do?orgId=101&tblId=DT_1YL20981 (검색일: 2023.12.15.)
226 「조선민주주의인민공화국 전염병예방법」, 『북한법령집 下』 (서울: 국가정보원, 2022), pp.860-871.
227 "검병검진은 방역 강화를 위한 필수적 요구," 『로동신문』, 2022년 8월 22일
228 이유림, "김정은, '방역 공로' 군장병 불러 단체 촬영…노고 치하," 『이데일리』, 2022년 8월 21일. https://www.edaily.co.kr/news/read?newsId=01266086632429616&mediaCodeNo=257&OutLnkChk=Y (검색일: 2023.10.15.)
229 "사소한 방심과 해이도 허용될 수 없다." 『로동신문』, 2022년 8월 23일
230 「조선민주주의인민공화국 살림집법」은 2009년에 최고인민회의 상임위원회 정령 제3051호로 채택된 이후 총 7번(2009·2011·2021·2014·2016·2020·2021) 수정·보충 되었다. 제1장 살림집법의 기본, 제2장 살림집의 건설, 제3장 살림집의 이관, 인수 및 등록, 제4장 살림집의 배정 및 리용, 제5장 살림집의 관리, 제6장 살림집 부문사업에 대한 지도통제로 이뤄진 제6장 제63조의 법이다. "조선민주주의인민공화국 살림집법," 『통일법제데이터베이스』 https://www.unilaw.go.kr/bbs/selectBoardArticle.do (검색일: 2023.12.5.)
231 『평양건설전사 2』 (평양: 과학백과사전, 1997), pp.148-155. 추가1) 통일

부, "사회주의 헌법," 『통일법제데이터베이스』 https://www.unilaw.go.kr/bbs/selectBoardArticle.do (검색일: 2023.7.1.); 통일부, "사회주의로동법," 『통일법제데이터베이스』 https://www.unilaw.go.kr/bbs/selectBoardArticle.do (검색일: 2023.7.1.); 통일부, "조선민주주의인민공화국 평양시관리법," 『통일법제데이터베이스』 https://www.unilaw.go.kr/bbs/selectBoardArticle.do (검색일: 2023.12.5.)

232 통일부, "사회주의 헌법," 『통일법제데이터베이스』 https://www.unilaw.go.kr/bbs/selectBoardArticle.do (검색일: 2023.7.1.); 통일부, "사회주의로동법," 『통일법제데이터베이스』 https://www.unilaw.go.kr/bbs/selectBoardArticle.do (검색일: 2023.7.1.); 통일부, "조선민주주의인민공화국 평양시관리법," 『통일법제데이터베이스』 https://www.unilaw.go.kr/bbs/selectBoardArticle.do (검색일: 2023.12.5.)

233 "북한의 주거생활은 어떠한가요?," 『NKchosun』, 2013.12.30. http://nk.chosun.com/news/articleView.html?idxno=151899 (검색일: 2023.7.8.)

234 최상희, "북한의 주택문제와 향후 협력과제," 『국토연구』 (세종: 국토연구원, 2018), pp.27-34.

235 정은이, "2000년 이후 북한시장의 발전요인에 관한 분석, 회령지역 시장의 사례를 중심으로," 『비교경제연구』, 제19권 제1호(2010), p.282.

236 최서윤, "최근 북한 주택시장 동향과 전망," 『북한포커스』, KDB미래전략연구소 한반도신경제센터(2019.8.26).

237 황진태, "'평양의 강남'은 어디인가?," 『한국지역지리학회지』, 제26권 3호(2020), pp.245-259.

238 통계청, "2022년 인구주택총조사 결과 〈등록센서스 방식〉," 대한민국정책브리핑(2023.7.27).

239 홍승아 외, "1인 가구 증가에 따른 가족정책 대응방안 연구," 『한국여성정책연구원 연구보고서-19』 (서울: 한국여성정책연구원, 2017), p.22.

240 북한이 국제사회와 함께 실시한 전수조사 결과를 바탕으로 집계했다. DPRK Central Bureau of Statistics, 『DPR Korea 2008 Population Census National Report』 (Pyongyang: DPR Korea, 2009).

241 이석, "북한의 가구경제 실태 분석과 정책적 시사점," 『정책연구시리즈 2015-11』 (서울: 한국경제개발연구원, 2015), p.14.
242 "원아들을 위해 바쳐가는 진정," 『로동신문』, 2023년 10월 18일
243 "년로자들의 보금자리가 전하는 이야기," 『로동신문』, 2023년 10월 1일
244 "북한은 왜? 〈北, 무상 주택의 현실은?〉," 『MBC 뉴스』, 2016.9.26. https://imnews.imbc.com/replay/unity/4125609_29114.html (검색일: 2023.7.8.)
245 국토지리정보원 편, 『대한민국 국가지도집 I 』(수원: 국토교통부 국토지리정보원, 2019), p.48.
246 홍제환·김석진·최지영·김수경, 『북한의 인구변동: 추세, 결정요인 및 전망』 (서울: 통일연구원, 2020), p.106.
247 홍제환·김석진·최지영·김수경, 『북한의 인구변동: 추세, 결정요인 및 전망』 (서울: 통일연구원, 2020), p.258.
248 한국 평화문제연구소·조선 과학백과사전출판사, 『조선향토대백과1-평양시』 (서울: 평화문제연구소, 2003), p.34.
249 국가정보원 편, 『북한법령집上(상)』 (서울: 국가정보원, 2017)
250 "조선민주주의인민공화국 평양시관리법," 『통일법제데이터베이스』 https://www.unilaw.go.kr/bbs/selectBoardArticle.do (검색일: 2023.12.5.)
251 통일부 남북통합문화센터 "제2회 평화통일 열린강좌—북한의 복권? 인민생활공채," 2021년 12월 12일, https://www.youtube.com/watch?v=B0P8MBtQ2RY (검색일: 2023.12.5.)
252 북한이탈주민 유튜브, "북한 복권 당첨, 복권 당첨금은? 그 답은 영상 마지막까지 봐야 알 수 있어요," 『안혜경티비』, 2020년 9월 7일, https://www.youtube.com/watch?v=QvWtqGk3BY0 (검색일: 2023.7.23.)
253 임을출, 『김정은시대의 북한 경제: 사금융과 돈주』 (파주: 한울 아카데미, 2016)
254 박희진, "북한 국가건설담론과 '내 집 꾸미기' 현상의 혼종성 연구," 『도시인문학연구』, 제12권 1호(2020), pp.166-173.
255 박희진, "함흥시 도시공간의 지배구조와 탈주체의 삶," 『북한연구학회보』,

제17권 제2호(2013), pp.297-328.

256 백승걸·최성원·서종원, "북한 육상교통의 변화 과정과 시사점," 『교통 기술과 정책』, 제20권 제3호(2023), pp. 41-46.

257 안윤석, "北김정은, 평양무궤도전차공장과 버스수리공장 시찰..새모델 국산버스에 흡족," 『spn서울평양뉴스』, 2018년 8월 4일; 『조선중앙통신』, 2018년 8월 4일

258 "北 '태양빛 에너지 버스'운행..승객 140명에 시속 40㎞," 『연합뉴스』, 2015년 11월 2일; 『조선중앙TV』, 2015년 11월 2일

259 김정일, 『건축예술론』(평양: 조선로동당출판사, 1992), pp.1-2.

260 서명수, "20세기 후반 북한의 '주체건축'에 대한 비평적 연구-『건축예술론』을 중심으로," 『대한건축학회논문집-계획계』, 제34권 제6호(2018), pp.44-45.

261 뤼디거 프랑크, 안인희 옮김, 『북한여행』(서울: 한겨레출판사, 2019)

262 "북한 평양국제공항 신청사 준공식..옛청사의 6배," 『연합뉴스』, 2015년 7월 1일

263 조선중앙TV는 2016년 3월 방영한 칠보산 기행 영상에서 "우리나라 국내 정기항로에는 평양~삼지연, 평양~어랑(함경북도), 평양~선덕(함경남도) 항로가 있다"고 밝힌 바 있다.

264 박희진, "평양시 현대화, 개혁과 통치의 조응," 『김정은 체제: 변한 것과 변하지 않는 것』(파주: 한울아카데미, 2018), pp.29-41.

265 "최고인민회의 상임위원회 정령," 『로동신문』, 2019년 12월 11일

266 "北, 원산-금강산지구 총계획 발표," 『통일뉴스』, 2014년 5월 22일; 『조선신보』, 2014년 5월 22일

267 "北갈마공항, 오는 11월 개장..하루 2천명 수용," 『통일뉴스』, 2015년 9월 30일

268 "라선지구," 〈조선의 오늘〉, https://dprktoday.com/tourist/95 (검색일: 2023.12.5.)

269 "청진지구," 〈조선의 오늘〉, https://dprktoday.com/tourist/92 (검색일: 2023.12.5.)

270 박수진 외. "북한 토양정보 예측기법의 개발: 북한 토양정보의 중요성과 토양형 추정," 『대한지리학회지』 53권 제5호, 2018, p.665.

271 손요환 외. 『북한 산지토양정보 고도화 및 적정 조림수종 선정』 (한국임업진흥원, 2016), p.46.

272 명수정, "북한의 환경 현황," 「KDI」 북한경제리뷰 3월호, (한국개발연구원, 2018), p.42.

273 VNR은 2030 의제의 핵심 부분인 지속가능발전목표(Sustainable Development Goals, SDGs) 이행에 동참하는 선진국 및 개발도상국 모든 국가들이 자발적으로 그동안의 경험과 도전, 교훈 등을 공유하고 검토하는 프로세스이다.

274 북한은 2022년 12월말까지 국가재해위험감소계획 체계 확립을 선언했지만, 2023년 1월(현재)까지 재해위험감소계획 관련 별도의 보도가 확인되지 않고 있다.

CHAPTER 4

평양소주와
키크기운동

question
063

리춘히 아나운서는 방송하면서
왜 화를 내나요?

　북한 방송하면 흔히 분홍색 저고리에 근엄한 표정으로 '남조선'을 향해 화를 내는 리춘히 아나운서를 쉽게 떠올릴 수 있다. 리춘히는 1971년부터 방송을 시작한 북한을 대표하는 베테랑 방송원이다. 북한에서는 아나운서를 방송원으로 지칭하며 "자기 화술로써 보도, 해설, 소개 등의 방송을 전문으로 하는 사람"이라고 정의한다. 북한에서 화법은 화술로 대체되어, 언어 행위에서 청자의 감정에 맞게 말뜻과 감정을 명확하게 표현하는 것으로, 목소리, 발음, 억양들을 잘 조화시키는 기술이라고 설명한다.[275]

　선동 연설이나 웅변에서는 이러한 화술과 더불어 표정, 행동으로 교감하기 때문에 대중선동의 보조적 표현 형태로써 얼굴 표정은 효과성을 높여주고 화술의 성패를 가름하는 중요한 요인으로 보고 있다. 구체적으로 정치적 분위기에 맞게 표정을 나타내야 하는데, "미제 원쑤들의 야수적 만행을 규탄하는 성토대회에 나선 출연자의 표정에서 적개심과 분노, 증오심이 나타나야 한다."고 강조한다. 지도자에 대한 감사를 표현할 때는 "감격에 목메어 울음을 터뜨릴 수 있으며 흐느낄 수도 있다. 이때의 눈,

리춘히 아나운서

출처: 〈조선중앙TV〉

코, 입은 적극적인 표정으로 변한다. 이 표정은 수백 마디 말보다도 더 큰 격정을 자아내어 대중을 울리게 된다."라고 설명한다.[276] 북한 대표 간판 아나운서 리춘히는 중대 보도를 통해 우리 언론에서 많이 비춰진 탓에, 주로 전투적으로 화를 내는 모습으로 기억된다. 이러한 모습은 방송원의 역할에 따라 중대 보도에 대해서는 화를 내는 것처럼 격앙된 표정으로 전달해야 했기 때문이다.

리춘히 아나운서가 화를 내는 것에도 고충이 따른다. 리춘히는 2012년 설을 맞아 중국 CCTV의 한 방송에 출연했는데, 인터뷰를 통해 리춘히의 인간적인 면모를 확인할 수 있다. 당시 리춘히는 뉴스 진행 시 노하우를 설명하고, 일흔의 나이에서 오는 어려움을 토로하기도 했다.[277]

리춘히 아나운서가 화만 내는 것은 아니다. 2023년 4월 14일 김정은 위원장은 리춘히의 공로에 따라 경루동 7호동을 선물 살림집으로 수여하고, 평양 보통강 강안 다락식 주택구 준공식에 참여하면서 리춘히 방송원의 집을 찾아 함께 기념 촬영을 진행했다. 조선중앙통신은 당시 행사에서 김정은이 언급한 리춘히의 공로에 대해 "꽃나이 처녀시절부터 오늘에 이르는 50여 년간 당이 안겨준 혁명의 마이크와 함께 고결한 삶을 수놓아 온 리춘히 방송원과 같은 나라의 보배들을 위해서라면 아까울 것이 없다는 것이 우리 당의 진정", "80고개를 앞둔 나이에도 여전히 청춘시절의 기백과 열정으로 우리 당의 목소리, 주체조선의 목소리를 만방에 울려가고 있다."라고 설명했다.[278]

살림집 선물을 수여 받고 김정은 위원장과 함께 기념 촬영에서 보인 리춘히 방송원의 모습은 만면에 웃음을 띠고 있다. 이후 리춘히는 책임방송원으로서 '노력영웅' 칭호와 함께 금메달과 국기훈장 제1급을 수여받았고, 사명에 대해 "당중앙의 충실한 대변자, 혁명의 나팔수"로 표현한 것에서 선전을 위한 방송원의 역할을 알 수 있다.[279]

공로 수여한 살림집 방문 기념 촬영

출처: 〈DPR KOREA〉 2022년 6월호

김정은 시기 방송법이 새롭게 제정된 이후 방송 분야에 변화가 나타나고 있다. 방송시간이 확대되고 아나운서들의 연령이 낮아졌으며, 보도부문에서는 '현지 방송', '특파 기자' 형식의 지방과 현장 밀착형 프로그

램을 제작하고 있다.[280]

　북한 방송에서 젊은 방송원들이 활약하는 가운데 리춘히는 고령의 베테랑 방송원으로서의 노련함과 권위로 보도에서의 위엄을 지키고 있다. 공로를 인정받은 북한 대표 방송원은 북한 방송의 새로운 변화 속에서도 '당중앙의 대변인'으로 아직까지 북한 내 주요 보도를 전하고 있다.

question
064

북한에서도 에어팟을 쓰나요?

　애플이 만든 '에어팟'은 음악을 들을 때 사용하는 무선 블루투스 이어폰이다. 에어팟은 음악을 듣는 것만 아니라 패션을 완성시키는 아이템이자 시대를 대표하는 감성의 상징이 되었다. 무겁고 투박한 헤드셋, 매번 꼬인 줄을 풀어야 하는 유선 이어폰 시대에 '에어팟'은 혁명이었다.

　에어팟과 같은 블루투스용 무선 이어폰은 북한에도 있다. 주로 중국 제품이 유통된다고 전해지지만, 북한 대외 선전 매체에서는 북한의 전자기기 상점인 '아리랑 정보기술제품' 상점에서 블루투스 이어폰을 판매한다고 소개했다. 상품 패키지에 적힌 '귀수화기'는 "귀 구멍 안에 끼워 넣거나 또는 귀에 대고 들을 수 있게 만든 수화기"라는 뜻으로 이어폰을 의미한다. '운동할 때 편리한 블루투스 귀수화기', '높은 음질의 블루투스 귀수화기' 등은 운동할 때 음악을 듣는 용도, 또는 운전 등 이동 시 통화를 위한 용도로 만들어진 핸즈프리용 이어폰이다. 흔히 모노 이어폰으로 한쪽만 착용하도록 하는 형태이다. 블루투스 이어폰은 운동을 할 때에도 사용되는 등 기존 유선 이어폰의 활용 범위를 넓혀 활용 시 움직임의 제약을 없앤다.

　보편적으로 활용되는 이어폰은 에어팟 형태의 블루투스 무선 이어폰

북한에서 판매되는 블루투스 이어폰(귀수화기)

출처: 하승희, "김정은시대 북한 새 세대의 음악듣기: 음악 청취 방식과 음악문화의 변화.", 〈북한연구학회보〉, 26권 1호, p.221.

이 아닌 유선 이어폰이다. 하지만 이어폰은 외부 소리를 차단하는 동시에 자신이 듣고 있는 소리를 외부로 유출하지 않는다. 이러한 이유로 북한에서 이어폰 착용자는 감시와 검열의 대상이 된다. 감시와 검열의 번거로움 때문에 이어폰은 전화 용도로 사용되는 모노 이어폰 외에는 길거리에서 사용되지 않는 것이다.

북한에서 이어폰 활용은 '혼자 듣기'를 통해 음악의 청취 영역이 개인화되는 양상으로 나타나고 있다. 북한 내 한류 콘텐츠의 유통, 소비 확산으로 당국의 검열이 강화되고 있는 가운데, 주민들은 감시와 통제 영역을 피하기 위해 가장 안전하고 편안한 장소인 집에서 활용하는 경향을 보인다. 불법 콘텐츠의 소리를 은폐하기 위해 개인적인 공간에서 은밀하게 소비되고 있는 것이다.

특히 2030세대는 외부 세계와의 괴리가 존재하는 현실에서 탈피하고자 외부 콘텐츠 청취 행위로 자신만의 세계를 구축하고 있다. 이를 위해 외부와의 차단과 고립을 자처하는 양상을 보이는데, 북한 당국의 검열이 강화될수록 개인화와 폐쇄적 행동을 더욱 가속화시키는 결과가 나타나고 있다. 통제 범위를 벗어난 북한 주민들의 개인 영역은 파편화되고 더욱 확장되는 것이다.

question
065

북한에도 팬덤 문화가 있나요?

　북한에서 '배우'는 "연기, 화술, 노래, 무용, 교예 등 전문적인 예술적 기량을 가지고 예술창조에 이바지하는 사람"[281]을 이르는 말이다. 우리나라에서 연기자를 '배우'로 지칭하면서 가수와 배우를 구분하는 것과 달리 북한에서는 배우로 통칭하고 있다. 북한에서 배우들은 어떻게 캐스팅될까?

　북한에서도 전문 교육 기관에서 조기교육을 통해 예술인을 양성한다. 북한의 오디션 프로그램이나 경축 행사에 출연했을 때 우연한 기회에 예술 인재로 발탁되기도 한다. 우리나라의 경우 민간 기획사 주도로 연예인 양성이 이루어진다면, 북한은 국가 주도로 이루어진다는 점이 다르다. 이러한 과정을 거쳐 선발된 배우들은 북한 내 스크린을 통해 등장하게 된다.

　먼저 영화배우 중 주요 여자배우로는 문예봉(영화 '내 고향'), 오미란(영화 '도라지 꽃'), 홍영희(영화 '꽃파는 처녀') 등이 있고, 남자배우에는 김룡린(영화 '이름없는 영웅들'), 리영호(영화 '홍길동'), 방석운(영화 '석개울의 새봄') 등이 있다. 김정은 시기 이후에 제작된 영화에도 리수경(영화 '방탄벽'), 백설미(영화 '우리집 이야기'), 라명주(영화 '하루 낮, 하루밤') 등의 신인 배우들이 등장하며 얼굴을 알리고 있다.

가수들은 북한에서 국보급 악단으로 불리는 중앙예술단체 소속 배우들로, 북한에서 대중음악을 연주하는 경음악단 소속 배우들이 인기를 끌었다. 대표적으로 전자음악이 본격적으로 등장했던 1990년대에는 왕재산경음악단의 렴청과 보천보전자악단의 김광숙, 전혜영 등이 있으며, 이후 2000년대 은하수관현악단의 서은향, 청봉악단의 송영, 김주향, 모란봉전자악단의 류진아, 선우향희, 삼지연관현악단의 김옥주, 국무위원회 연주단의 김태룡 외에도 정홍란, 김류경 등이 있다.

북한에서 문학예술은 체제 유지와 선전·선동의 수단으로 활용되고, 예술인들은 이러한 혁명적인 문학예술을 발전시키기 위해 사상적 예술성이 높은 작품을 많이 창작하는 것이 본연의 목적이다. 북한의 예술인들은 작품과 함께 상징성을 가질 순 있지만, 개별 인물 자체가 인기나 권위를 누리진 않는다. 이러한 이유로 북한에서는 공개적으로 배우를 지나치게 열성적으로 좋아하거나 몰입하는 모습은 보이지 않는다. 그럼에도 공연이 끝나면 배우들에게 꽃다발을 전하거나 응원의 편지를 쓰는 등의 모습이 확인되며, 배우들에게 식량이나 물품 등을 비공식적으로 전하는 행위도 있다고 전해진다. 화려한 무대 위나 스크린 속의 배우를 동경하는 마음은 어디에서나 동일하다.

question
066

북한에서는 어떤 춤을 추나요?

　남북은 궁중 의례로 진행되는 무용부터 노상에서 벌어지는 춤판까지, 몸을 통해 흥을 표현하는 방식에 있어서는 같은 정서를 공유한다. 하지만 분단 이후 남북은 각자의 방식을 추구하며 다른 체제와 사회문화적 환경 속에서 서로 다른 모습으로 춤을 발전시켜 왔다. 분단 70여 년이 지난 지금 남한은 서구 문화 수용과 함께 한국의 독창적인 정서를 다양한 장르와 결합시키며 현대적으로 발전시키고 있다. 이렇게 발전한 남한의 춤은 미디어를 통해 대중적으로 소비되고 있다. 반면 북한은 집단문화를 기반으로 발전해 감에 따라 춤 또한 대규모 대형의 동일한 움직임 또는 절제된 모습을 강조하는 집단 중심 무용으로 발전하고 있다.

　북한의 예술단은 가수와 악단 외에 무용조가 포함된다. 주요 예술단으로 국립민족예술단, 왕재산예술단 등이 있다. 국립민족예술단의 경우 전통을 북한식으로 현대화하여 표현한 민족무용 작품을 창작 및 공연하고 있다. 많은 예술단 가운데 대중적 예술을 표방한 단체는 왕재산예술단(전 왕재산경음악단)이다. 왕재산경음악단은 1983년 7월 22일 '우리 식의 경음악과 현대무용의 발전'[282]을 목적으로 창단된 단체로, 북한의 경음악과 무용을 변화한 현실에 맞게 현대적으로 발전시키기 위해 만들었다고 볼 수 있다.

예술단 차원에서의 발전 외에도 북한의 무용계는 전 세계적으로 보편적인 춤의 장르들을 수용하기도 한다. 북한 춤은 한복을 입고 전통 가락에 따라 움직이는 춤만 있지 않다. 북한의 춤도 세계적 트렌드에 따라 다양한 시도를 거듭하고 있다. 북한에서는 금지될 것만 같은 탭댄스는 '타프댄스'라는 명칭으로 북한의 예술 공연에서 쉽게 볼 수 있다. 북한『조선말대사전』에서는 타프춤을 "바닥에 금속판을 박은 구두를 신고 발장단을 맞추면서 추는 춤. 원래 아메리카 원주민들의 향토적인 민속무용이던 것이 후에 세계 여러 나라들에 퍼졌다. 발끝과 발뒤축으로 마루를 구르며 장단을 맞추는 발놀림이 기본으로 된다."[283]라고 정의한다. '륜'이라는 체조 도구를 활용하여 추는 륜 춤도 특징적인데, 륜은 "길게 드리운 두 가닥의 줄 끝에 자그마한 둥근 손잡이를 각각 매달아 만든 남자 체조기구의 하나"[284]로, 주요 경축공연 행사에서도 선보이는 북한의 주요 무용 레퍼토리 중 하나이다.

타프춤 〈사회주의전진가〉 공연 장면

출처: https://youtu.be/T5GFKhtOsBU?si=zmUYZ21eOfi7q09b

최근 북한의 무용은 과학기술과의 결합으로 더 다양한 형태로 확대되고 있다. 당 제8차 대회 경축 대공연 〈당을 노래하노라〉에서 공연된 타프춤 '사회주의전진가'는 발광LED 슈트를 착용한 채 LED트론댄스와 유사한 춤을 선보였다. 화려한 전문 예술인들의 춤만 있는 것은 아니다. 일상 속 소박한 주민들의 춤도 음악이 있는 곳에 존재한다. 최근에는 마을단위에서 스피커로 음악을 틀어놓고 길거리에서 자유롭게 춤을 추며 즐긴다고 전해진다.

2020년 「반동사상문화배격법」은 북한 내 외부 정보나 문화의 유입을 통제하기 위해 제정한 법이다. 이전까지는 남한 문화의 유입으로 소녀시대, 동방신기 등의 춤이 북한 젊은이들 사이에서 유행했던 것으로 알려졌다. 흥만 돋으면 자연스럽게 몸을 흔드는 무아지경의 춤사위는 남이나 북이나 비슷하다.

question
067

북한의 베스트셀러는 무엇인가요?

북한에도 다양한 출판사가 있고 다양한 종류의 책을 발간하는데 그 종류도 수십 가지이다. 통일부 북한자료센터 홈페이지에서는 국내에서 입수한 북한의 주요 연속 간행물들의 표지와 목록을 확인할 수 있다. 이렇게 다종다양한 북한의 출판물 중 베스트셀러는 무엇일까?

베스트셀러(Best Seller)의 개념은 사실 어떤 기간에 가장 많이 팔린 책으로, 북한에서 정확히 대응하는 개념은 없다. 하지만 가장 많이 읽히는 책은 어떤 책인가에 대해선 궁금증이 생길 수 있다. 북한에서 신문, 잡지, 단행본 등 주요 출판물들은 국가에 의해 제작되고 배포된다. 『이솝우화』와 같은 세계 명작동화나 중국 소설, 『해리포터』 등의 해외 도서나 만화책도 유통되지만 제한적이고 접근성도 낮으며, 이 외 유통되는 책들은 장마당이나 불법적으로 유통되기 때문에 어떤 장르의 어떤 책들이 인기가 있고 많이 읽히는 지를 추산하는 것은 어려운 실정이다.

출판물 보급은 "출판 지도 기관이나 해당 중앙 기관의 승인을 통해 보급받을 수 있으며, 출판물은 책방을 통해 배포한다"고 되어 있지만 책방 또한 장서가 제한적이며, 평양 이외의 지역에서는 도서관조차 형식적으로 운영되거나 개인이 비공식적으로 운영하는 것이 대부분이다.

북한의 주요 연속 간행물 표지

출처: 통일부 북한자료센터 홈페이지, https://unibook.unikorea.go.kr/

북한의 출판물은 대부분 사상을 전파하는 수단으로 활용된다. 모든 책에는 당과 체제, 지도자의 우월성을 강조하는 등 사상성을 기본으로 담고 있다. 북한 「헌법」 중 「출판법」 제3조에서도 북한의 출판물은 "인민대중의 자주적 사상의식과 창조적 능력을 높이고 사회를 문명하게 하는 힘있는 사상문화 수단"으로 명시되어 있어 출판물 또한 사상 전파를 위한 목적으로 활용되고 있음을 알 수 있다.[285]

이러한 가운데 북한의 베스트셀러를 '가장 많이 보급되고 읽히는 책'으로 본다면 형식적인 차원에서나마 북한 지도자가 직접 집필하거나 주인공이 되는 책이라고 할 수 있다. 북한에서 김일성의 혁명 역사와 투쟁업적, 영도력과 성품을 표현하였다는 총서 『불멸의 력사』에 수록된 여러 장편소설 등이 북한의 문학 창작 분야에서 확고부동한 베스트셀러로 남을 수밖에 없는 이유이다.

question
068

북한에도 트로트가 있나요?

트로트는 구성진 가락으로 설명된다. 우리나라 대중음악 장르의 하나로, 『표준국어대사전』에서는 "정형화된 리듬에 일본 엔카(演歌)에서 들어온 음계를 사용하여 구성지고 애상적인 느낌을 준다"고 정의한다.[286] 이러한 트로트는 중장년층의 전유물로 여겨지다가, 젊은 트로트 가수들이 등장하기 시작하면서 대중화의 문을 열었고, 2019년 TV조선 프로그램 '미스트롯'을 계기로 트로트 열풍이라 할 만큼 전 세대를 아우르는 새로운 흐름이 나타났다.

북한에는 트로트가 없다. 하지만 남한의 트로트를 북한 가수들이 부른 적은 있다. 2018년 삼지연관현악단은 평창동계올림픽 계기로 남한을 방문하여 강릉과 서울에서 두 차례 공연을 진행하였다. 당시 삼지연관현악단 소속 가수들은 남한에서 대중적인 노래들을 주요 레퍼토리로 구성하였는데, 이때 트로트가 메들리로 구성되는 등 주요 레퍼토리로 선곡되었다. 음악은 재즈, 보사노바풍 등 다양한 장르로 편곡되어 우리가 흔히 떠올리는 '북한 음악'이라는 고정관념에서 벗어나게 하는 여지를 주었다. 하지만 이러한 선곡은 우호·친선 목적의 대외 공연에서만 가능했던 레퍼토리 구성으로, 북한 내에서는 찾아보기 어렵다.

삼지연관현악단 방남 공연 트로트 레퍼토리

발매연도	제목	가수명
1966	이별	패티김
1975	당신은 모르실거야	혜은이
1975	해뜰날	송대관
1975	어제 내린 비	윤형주
1976	최진사 댁 셋째 딸	나훈아
1983	사랑	나훈아
1984	남자는 배 여자는 항구	심수봉
1991	다함께 차차차	설운도
1996	사랑의 미로	최진희

출처: 하승희 (2021). "평창 동계올림픽 계기 남북 음악공연교류 분석," 『대중음악』 27호, p.295. 재구성.

    음악 창법도 엄격히 제한되고 있다. 북한 고유의 창법인 민성은 콧소리를 주로 활용한 서도민요 기반의 창법으로, 이러한 창법 외에 판소리는 음악예술론에서 거칠다는 표현의 '쐑 소리'와 같다 하여 해당 창법이 사용되지 않기도 했다. 그럼에도 최근에는 세계화 흐름을 고려해 시대의 변화를 반영한다는 이유로 주요 경축 공연의 중앙예술단체 소속 배우들이 새로운 창법을 구사하는 모습을 종종 확인할 수 있다.

    북한이탈주민들의 경험에 따르면, 북한 주민들은 결혼식이나 지인들이 모인 친목 모임에서 남한의 트로트를 부르기도 한다. 하지만 이 노래들은 대부분 중국 노래로 오인해 남한 노래인지 모른 채 불리는 경우가 많다고 한다. 남한 무대에서 울려퍼졌던 북한 배우들의 노래와 중국 노래로 오인하고 불려진 북한 주민들의 노래는 모두 남북의 마음을 사로잡았던 남한의 트로트였다.

question
069

북한에도 영화관이 있나요?

　북한의 영화는 김정일 위원장의 개인적인 취향으로 인해 더 적극적으로 창작되고 보급되었다고 알려져 있다. 실제로도 북한의 영화는 양적으로나 질적으로나 김정일 시기에 많은 발전을 이루기도 했다. 그는 1973년 북한 영화의 생산, 보급, 수용에 있어 이론과 실무의 지침이 되는 『영화예술론』을 발표했는데, 이후 북한의 영화 콘텐츠와 정책, 이론 등은 이 텍스트를 기본으로 발전하기 시작한다.

　북한에서는 기록영화, 아동영화, 과학영화, 예술영화 등 다양한 장르의 영화들이 제작되고 있다. 이러한 영화는 조선중앙TV로 방영되지만, 영화 상영을 위한 영화관이나 극장, 회관을 통해 상영되기도 한다. 대부분 문화 시설이 평양에 집중되어 있어, 주요 영화관들 또한 평양에 위치한다. 평양의 대표적인 영화관은 대동문영화관과 평양국제영화회관 등이 있다. 대동문영화관은 평양 중구역 승리거리 대동문동에 위치한 영화관으로, 1955년 12월 당시 중앙영화관을 대동문영화관으로 개칭하였으며 2008년 개건되었다. 고급 음향 설비와 영사 설비 등의 환경이 마련되어 있는 전문 영화관으로 알려졌다. 평양국제영화회관은 평양 대동강의 양각도에 위치하며 1989년 5월 준공된 6개 영화관이 있는 곳이다. 평양

국제영화축전이 진행되는 곳이며 북한 영화 외에도 외국 영화가 상영되는 곳으로 알려졌다.[287]

북한의 영화 또한 사상성과 선전·선동을 목적으로 제작되기 때문에 영화의 장르가 다양하더라도 개인의 흥미에 따라 영화를 취사·선택할 만큼 다양한 콘텐츠는 없다. 또 영화관의 접근성이 좋지 않고 영화관을 방문해 돈을 지불하며 영화를 관람하는 경우도 찾아보기 어렵다. 대부분의 경우에는 학교나 직장에서 집체교육의 일환으로 영화관을 방문하는 것으로 알려져 있다. 영화 티켓은 대부분 국정 가격이 정해져 있어도 암표 상인들에 의해 거래되기 때문에 실제 거래가는 다르다. 이는 지역과 영화관, 콘텐츠 등에 따른 편차가 크며 북한의 대부분 정보들이 그렇듯이 일반화할 수 없다. 국제영화관에서는 중국·러시아·인도 등 다양한 국제영화들을 상영하는데, 주로 주북 외국인 대상을 한 시설로, 일반 북한주민들에게는 접근성이 높지 않다.

'입체률동영화관'은 4D 입체영상 영화관을 이르는 말로, 화면 영상과 관객 좌석의 움직임을 일치시켜 생동감을 강조한 상영관이다. 이 영화관은 평양의 능라인민유원지 내 상영관으로 소개되었으나 최근에는 지방 대도시에서도 운영하고 있으며, 영상 콘텐츠는 롤러코스터 체험이나 공룡 체험 등 다양하게 제작되고 있는 것으로 전해졌다. 북한 당국은 일반 주민들에게 대중적인 문화 시설의 하나로 입체율동영화관을 소비하도록 하며 문화·여가생활의 수준을 일정 정도 구축하려 했던 것을 알 수 있다.

이 밖에 1987년부터 진행되고 있는 영화제 '평양 국제영화축전(PIFF)'도 있다. 격년으로 개최되는 영화축전은 비동맹운동 국가와 제3세계 국가 영화들이 초대되며, 영화를 통해 비동맹 국가와의 국제적 친선과 북한 체제의 안정성 과시 등 정치적 목적으로 활용하는 등 북한 대표 영화제로 자리매김하고 있다.[288]

북한 내 영화 흐름에서도 변화를 확인할 수 있다. 영화 장면에서 다양한 촬영 기법을 선보이고, 아동 영화는 3D를 활용해 점차 실사처럼 그래픽이 변화하고 있다. 또, 가장 최근 제작된 작품인 '하루낮 하루밤' 또한 트레일러를 통해 줄거리를 공개하는 등 세계 영화계가 제작발표 시 하는 방식과 유사함을 보여준다. 이처럼 북한 영화는 변화를 통해 영화를 외면한 북한 주민들의 마음을 돌리려 하고 있다.

question
070

북한에도 웹툰이 있나요?

　인터넷이 발달하면서 만화책을 보는 방식도 달라졌다. '웹툰(webtoon)'은 인터넷을 뜻하는 웹(Web)과 만화를 뜻하는 카툰(Cartoon)의 합성어로, 인터넷상에 다양한 멀티미디어 효과를 활용해 제작되어 연재 및 배포하는 만화를 의미한다. 스마트폰의 확산 이후 대부분의 만화책 또한 디지털화되며 웹툰으로 제작되었고, 콘텐츠들은 컴퓨터, 태블릿PC, 스마트폰 기기 안으로 들어가게 되었다. 이후 우리나라 웹툰은 전 세계적으로 인기 있는 콘텐츠로 확산되고 있다.

　북한에도 만화가 있다. 북한 당국은 프로파간다로써 만화 장르의 효과성을 견지하고 인민 동원 수단의 하나로 적극적으로 활용하였다. 대표적으로 1946년 시사만화 잡지 『호랑이』의 창간과 대중교양지 『천리마』에 연재된 '덕보령감'이다.[289] 북한의 인터넷 대외 선전 매체 홈페이지에는 만화책 스캔본이 게재된 사례가 있다. 하지만 웹툰과 같이 정기적으로 연재되는 형식은 아니다. 북한 내 인트라넷은 접근이 불가하여 현재로써는 웹툰 유무에 대해서 확인할 수 없다.

　대외 선전 매체 〈조선의 오늘〉 홈페이지 메인에는 그림책이라는 카테고리가 소개되어 있는데, 여기에는 『지능 그림책』, 『조선옛이야기 그림책』,『조선력사인물이야기 그림책』,『회상기 그림책』,『그림으로 본 조선력사』,『조선민화 그림책』,『시사그림』,『그림 연재』 등 다양한 만화책 형식의 단행본 스캔본이 게시되어 있다. 이처럼 웹툰과 같이 주기적으로 연재되는 형태는 아니지만 웹상에 만화책이 게시되어 있다는 점은 넓은 의미에서 일종의 북한식 웹툰으로 볼 수 있는 여지가 있다.

북한 당국은 '전민과학기술 인재화'라는 기치 아래 과학기술 분야 인재 양성과 함께 전 분야에서 과학화를 강조하고 있다. ICT 분야에서도 발전을 강조하며 소프트웨어 프로그램 및 화면편집물로 불리는 웹상 게시물들을 개선 및 보완하고, 홈페이지 또한 전면 개편을 진행하고 있다. 하지만 북한 주민들의 인트라넷 접근성이 낮고 접속도 원활하지 않는 등 보편적 접근과 활용에는 아직까지 많은 제약이 존재한다.

현재 시점에서 북한의 웹툰은 찾아볼 수 없지만, 문화콘텐츠는 고정된 내용을 유지하면서도 형식적 측면에서는 다양한 시도를 하고 있다는 점에서 향후 기술의 발전에 따라 창작에서의 표현 범위를 확장시켜 국제사회에서 통용되고 있는 웹툰 형식을 차용할 가능성이 다분하다.

question
071

북한 어린이들이나 가수들은 왜 노래 부를 때 표정과 행동을 과장되게 표현하나요?

　북한 어린이들이 노래를 부르는 모습은 유튜브 영상을 통해서도 쉽게 접할 수 있다. 북한에서는 영재를 '수재'라고 지칭하며 어릴 때부터 재능이 있는 어린이들을 조기에 선발하여 교육한다. 본격적인 어린이 조기 음악교육은 1979년 5월 11일 김정일 위원장의 지시로 평양 경상유치원에 음악반을 개설한 것으로부터 시작한다. 경상유치원을 통해 전문 음악인 양성을 목표로 조기교육을 진행할 것을 지시한 것인데,[290] 『음악예술론』에서도 어린이를 대상으로 한 조기 음악교육에 대한 구체적인 지침을 제시하고 있다. 『음악예술론』은 북한 음악의 이론적 지침이 되는 이론서로, 김정일 위원장이 음악과 관련해 강조한 언술이나 지침 등을 모아 1992년 단행본으로 발간한 책이다.

　『음악예술론』은 주체음악, 작곡, 연주, 음악 후비(예비 세대) 육성 등으로 음악에 대한 주요 이론과 표현 방식부터 음악예술인 양성에 대한 지침까지 북한 실정에 의거해 발전한 음악의 발전 방향성 등을 구체적으로 명시하고 있다. 이때 음악을 표현하는데 있어 감정의 표현 방식을 중요하게 강조한다. 특히 음악 연주를 할 때 표정과 동작 등 음악인들이 가져

아동 가요 '뽀뽀' 김솔매 독창 장면

출처: DPRK Music 김솔매 '뽀뽀' https://www.youtube.com/watch?v=xXdis_k4LKg

야 할 음악적 감정 표현에 대해 구체적으로 설명하고 있다.

우선 연주가는 얼굴 표정과 몸동작으로도 감정을 표현해야 음악의 "사상정서적 내용과 형상적 의도"를 더 잘 전달할 수 있는데, 무표정하고 꼿꼿하게 서서 연주하는 음악은 감정이 메마르게 되어 들을 맛이 나지 않고 표현에서도 진실감이 나지 않는다고 설명한다. 또한 관중들은 무대의 음악을 소리로만 듣는 것이 아니라, 눈으로 연주가의 얼굴 표정과 몸동작도 보기 때문에 관중들의 눈과 귀를 고려해 감정을 표현해야 한다고 강조한다. 그러면서도 감정을 표현하기 위해 "지나치게 도섭을 부리거나 몸을 너무 흔드는 것은 경계해야 한다"고 설명한다. 외적인 것만 강조할 때 생길 수 있는 인위적인 감정은 부자연스럽고 어색하여 표현의 품위를 낮출 수 있다는 것이다.

음악적 감정이 예술적으로 진실하게 표현되기 위해 제시한 지침으로

"가슴 속에서 부풀어 오르는 내적 감정이 얼굴 표정과 몸동작에서 그대로 나타나 연주가의 억제할 수 없는 정열이 온몸으로 느껴지게 될 때 음악형상은 진실하고 감동 깊은 것으로 된다"고도 설명한다. 이처럼 곡의 사상과 감정에 기반한 음악적 해석은 음악예술론의 지침에 따라 얼굴 표정과 몸동작으로 드러내는 과정에서 다소 과장되어 나타날 수 있는 것이다.

슬픔과 감사의 표현은 눈물로도 표현된다. 보천보전자악단 소속 가수로 유명했던 전혜영은 1983년 평양학생소년예술단의 일본 공연에 참가해 노래를 부르던 중 갑자기 울먹거리며 노래를 부른 적이 있다. 이 일화는 북한 내에서 어린 소녀가 보인 충성심의 발로로 회자된다. 이후 2015년 당창건 기념공연에서도 악화된 건강을 회복시켜 준 지도자에게 감사의 마음을 표하며 북받친 감정으로 노래를 부르기도 했다. 음악을 사상적으로 표현하는 데 있어 눈물과 웃음은 형태만 다를 뿐, 지도자에 대한 감사와 충성심이 기저에 깔린 북한 예술의 전형적인 표현 방식인 것만은 같다.

question
072

북한에도 음악 오디션 프로그램이 있나요?

우리나라의 음악 오디션 프로그램 역사는 오래되었다. 1970년대 MBC 대학가요제와 강변가요제, 1980년대 KBS 전국노래자랑, 2009년 Mnet의 슈퍼스타K 등의 음악 오디션 프로그램을 통해 실력을 가리고 스타를 발굴하고 있다. 이후 오디션 프로그램은 아나운서, 쇼호스트, 댄서 등 다양한 분야에서 실력을 가리고 스타를 발굴하기 위한 프로그램이 등장하기 시작했다. 우리의 오디션 프로그램과 같이 연예인 선발 목적은 아니지만, 북한에도 실력을 겨루는 경연 프로그램이 있다. 북한의 경연 프로그램은 상식, 요리, 예술 분야로 구분할 수 있는데, 각 분야 전문가들의 기량에 우열을 겨루는 콩쿠르를 제외하고도 일반인들이 참가하는 경연 프로그램이 다수 존재한다.

이 중 대표적인 음악 오디션 프로그램으로 '전국 근로자들의 노래 경연'이 있다. 이 프로그램은 남한의 '전국 노래자랑'과 비슷한 포맷으로 진행되며, 가장 인기가 있는 프로그램이라고 알려졌다. 이 프로그램은 1986년 1차 전국 근로자들의 노래 경연을 시작으로 현재까지 이어져 오고 있다. 희망하는 사람은 누구나 참여가 가능한 군중문화예술사업의 일환으로 시작되었으며, 예선과 준결승을 거쳐 결승 경연까지 진행한다.

북한의 주요 경연 프로그램

구분	내용
상식	상식 경연
	전국 소학교 학생들의 알아맞히기 경연
	전국 고급중학교 학생들의 알아맞히기 경연
요리	각도 특산료리 경연
	광명성절 료리 기술 경연
	전국 단고기료리 경연
예술	학생소년 예술 개인 경연
	전국 근로자들의 노래 경연
	군인가족 예술 소조 경연
	ㅌ·ㄷ 결성 80돌 기념 소묘 경연(속사, 소묘)

출처: 저자 작성.

〈전국 근로자들의 노래 경연〉 심사위원 평가 장면

출처: 하승희 「북한 프로그램 전국근로자들의 노래경연 연구」 〈북한연구학회보〉, 21권 2호, p.165.

경연은 노동자, 농민, 사무원, 대학생, 가정부인, 가족 총 6개 부류로 구분되며, 1년에 세 부류씩 2년에 걸쳐 진행된다. 심사는 음악 관련 분야 전문가 5인으로 구성되며 경연 과정은 실황 녹화로 조선중앙TV에 방영된다. 참가자들의 공연이 끝나면 점수를 합산해 전광판 화면으로 점수를 공개하는데, 초기에는 상장과 TV를 부상으로 수여했지만 현재는 수상

장면이 따로 없어 자세한 내용에 대해서는 알 수 없다.

이 프로그램은 일반 대중들을 위한 것이었지만, 점차 수상자들이 중앙 예술단체로 발탁되면서 하나의 연예계 등용문이 됐고 자연히 출연자 간 경쟁이 치열해졌다. 대학생 부류의 경우 음악대학 학생들의 각축전으로 특히 경쟁이 치열한데, 이는 학교의 명예로 이어져 사범대학 지도교원들의 자부심을 건 경쟁으로 번지기도 했다.

군중예술사업은 인민들의 사상적 문화적 소양을 높이고 선전·선동의 목적이 있으며 모든 인민을 대상으로 한다. 이 프로그램 또한 군중예술사업과 같이 전 인민, 광범한 인민들의 참여를 독려하면서, 시청자들의 사상적·문화적 소양을 높이기 위한 노래 보급의 역할을 한다고 할 수 있다. 전 인민의 참가를 가능하게 하여 계층과 상관없이 모두에게 기회를 부여하고 문화를 대중적으로 누릴 수 있게 하였다. 근로자들의 노래 경연 프로그램은 대중적 군중예술 발전, 인민들의 문화적 소양과 문화정서 향상에 영향을 준 프로그램이라 할 수 있다.

이 외에도 노래 경연 과정에서 보이는 참가자들의 소소한 사연을 통해 일상의 삶을 확인할 수 있다. 경연 중간 중간 사회자는 출연자와 청중들을 대상으로 짧은 인터뷰를 진행한다. 이때 간단한 자기소개와 함께 출연하게 된 동기와 사연을 소개하는데, 이를 통해 북한 주민들의 일상의 삶을 엿볼 수 있다. 실제 이 프로그램은 북한 주민들에게 많은 인기를 끌었고, 북한 영화의 주제로도 활용되어 전국 근로자들의 노래 경연을 다룬 영화 〈노래 속에 꽃피는 가정〉도 제작되었다.

2003년 많은 시행착오 속에 '평양노래자랑'이 진행되었다. 향후 남북 방송의 원활한 교류를 위해서는 서로가 용인할 수 있는 범위 내에서 프로그램의 의도 및 진행 방식 등의 사전 합의가 필수적이다. 서로의 제작 환경을 이해하고 고려하여 시행착오를 줄여 나간다면 향후 남북이 함께 할 수 있는 방송을 만들어 갈 수 있을 것이다.[291]

question
073

북한 여성들도 다이어트와 성형수술을 할까요?

　미의 기준은 시대 변화와 경제 발전 상황에 따라 달라지는 만큼, 북한의 미인형도 달라지고 있다. 우리도 그렇듯이 TV 드라마와 매스미디어에 등장하는 여자 주인공의 스타일은 당대 미의 기준을 선도하고 변화시키는 데 앞장서는 역할을 한다. 북한도 마찬가지이다. 예로부터 '남남북녀'라고 하여 북측에는 미인이 많다고 알려져 있다. 기존 북한 드라마와 영화에 등장하는 전통적 여성상은 동그란 계란형 얼굴에 미소를 띤 복스러운 한국형 미인이다. 그러나 최근에는 북한 여성들도 중국 및 한국 드라마의 영향을 받아 여리여리하고 피부색이 하얀 드라마 주인공 스타일을 선호하는 추세이다.

　오늘날 한류는 K-팝, K-드라마, K-컬처의 이름으로 범세계적 영향을 떨치며 확산되고 있으며, 북한에서도 예외는 아니다. 단지 북한 주민들이 처음에는 그것이 '한국 것'인지 모르고 접했다가 나중에서야 한국 드라마라는 것을 알게 될 뿐이다. 최근 실시간 생방송이 전파되는 것처럼, 지난 달 한국에서 방영된 드라마가 이번 달 북한 주민들의 노트텔 USB로 시청될 정도로 빠르고 신속하게 전달되는 현상을 보이기도 한다.

　한국의 문화가 북한에 퍼지기 시작한 것은 1990년대 이후이다. 처음에는 한국가요가 연변에서 불리다 북한으로 전해져 연변가요로 유행했다. 또 중국산 영상물들이 북한에 전파되는 과정에서 한국에서 중국으로, 중국에서 북한으로 유행을 전하게 되었다. 특히 북한 내 시장활동이 활발해지면서 상품이 유입되고 물자가 유입되는 통로를 따라 정보와 문화적 유행이 함께 확산되는 계기를 맞게 되었다.

공식적으로 허용되지 않지만 암시장 같은 곳에서는 USB, SD카드, 외장하드 같은 디지털 저장 매체로 거래되고, 저장 용량이 높아질수록 드라마 시리즈, 영화 시리즈 등 시리즈물이 대량 유통되기 시작하였다.[292] 또 중국에서 대량으로 수입(밀수)해 온 중고 컴퓨터에는 그 전에 사용하던 사람이 보던 중국과 남한의 음악, 문서, 영상 파일이 매우 많이 남아 있어서 이렇게 수집된 영상자료들이 디지털 매체로 옮겨져 판매되곤 하였다.[293] 이 중 북한의 여성들에게 자극이 되고 영향을 미친 것이 바로 한국식 사랑과 연애 스토리 등의 멜로드라마이다.

"풀하우스 기억이 납니다. 진짜 엄청 재미나게 봤어요. 연애적이잖아요. 북한에는 삼각관계가 없잖아요. 엄청 재미나죠. 꽃도 선물하고 프로포즈도 하고 해보는 거예요. 그럼 여자가 엄청 좋아하는 거예요. … 솔직히 북한은 여자를 단방에 꺾지 못하면 남자새끼 아니라고 말하는 것도 있거든요. 그렇지만 여자 앞에서는 너무 그렇게 하면 안 되니까 예술적으로 하려고, 똑똑한 사람이면 예술적으로 해야 하는 거죠."[294]

연애물에 등장하는 드라마 여자 주인공은 당연히 선망의 대상이 된다. 주인공 스타일의 옷차림과 악세서리, 머리모양, 신발, 가방까지 모두 유행의 아이템이 된다. 과거 송혜교 스타일처럼 '똥머리'도 유행이 되고, 최근 드라마 '사랑의 불시착'에 나온 손예진 스타일의 긴 웨이브 머리도 유행의 대상이 되고 있다. 살짝 머리 염색도 시도하고, 화장법도 자연스럽게 변화하고 있다. 무엇보다 하얀 얼굴을 선호하게 되면서 예전과 달리 선크림, 미백 화장품의 판매량이 증가하였다.

2020년 연구자가 만난 북한이탈주민 10대 후반의 아가씨는 귀를 뚫고 아주 가는 나뭇가지를 꼽고 있었다. 왜 나뭇가지를 귀에 꽂았냐고 물었더니 "뚫은 귀가 막힐까 그랬다"면서 요즘 북한에서는 귀를 뚫고 귀걸이를 하거나 목걸이, 반지 등의 액세서리 착용이 유행이라고 했다.

보통 가정집에서 비공식적으로 귀를 뚫어 주고 인민폐 50원을 받으며, 자신은 스스로 바늘을 사용해 귀를 뚫었다고 했다. 이를 통해 북한의 10대 아가씨들이 유행에 민감하고 남과 견주어 유행을 쫓으며 이를 실현하기 위해 매우 애쓴다는 사실을 알 수 있었다. 연관하여 연구자는 북한 여성들의 유행에 대해 조사했었는데, 대표적인 유행 아이템이 머리 스타일과 화장품, 액세서리, 그리고 성형수술이었다.[295]

북한 여성들이 보편적으로 시술하는 성형수술은 쌍꺼풀 수술이다. 2000년대 초반부터 외화벌이를 하는 식당에서 일하는 접대원들이 외모를 상당히 중시하면서 시작된 수술이라고 전해진다. 보도에 의하면 당시 김정일 위원장이 평양을 비롯한 해외 주재 북한식당 여성 종업원들에게 의무적으로 쌍꺼풀 수술을 하라고 지시했다고 한다.[296] 2010년 당시 평양의 병원에서 쌍꺼풀 수술 비용은 17달러였으며, 양강도의학대학병원이나 혜산시병원 등에서도 시술을 했다고 전하고 있다.

꼭 전문의가 아니더라도 불법으로 손재주가 좋은 사람, 바느질 잘하는 사람이 성형수술을 해주는 경우도 빈번하다고 한다. 현재 평양에는 류경안과종합병원[297]이 설립되어있는데, 이곳에서는 눈 성형수술을 전문적으로 진행하고 있다. 기본적으로는 선천성 기형이나 외상, 화상 등에 의한 손상을 회복시키기 위한 것이지만, 미용을 목적으로 매우 자연스럽게 보이기 위한 성형도 한다.[298] 앞서 언급한 10대 후반의 아가씨는 2020년 이후 보톡스 시술도 도입되었다고 전했다. 주로 주름살을 펴기 위해 주사약을 맞는 것으로 알려져 있으며, 평양에서부터 전파되어 국경연선 지역에서도 보톡스 시술을 받는 돈 있는 여성들이 있다고 한다.

반면 여성들의 다이어트는 크게 유행하지 않는 것으로 전해진다. 잘 알려졌다시피 북한은 먹을거리가 풍부하지 않은 현실이다. 대북 경제제재와 COVID-19 국면을 맞아 최근 몇 년간 국경을 봉쇄한 까닭에 식량 문제는 더욱 악화되어 있는 실정이다.

수입이 좋은 상류층 사람들만이 외식을 할 정도로 먹는 문제는 여전히 북한 사회 전반의 큰 이슈인 상태이다. 농담조로 '살까기' 혹은 '다이어트'한다고 말하지만, 아직은 다이어트보다는 풍성한 식탁에 대한 욕구가 더 절실한 상황으로 보인다.

북한의 시장경제 활동이 활성화된 이후 소비문화가 다양하고 다채로워진 것만은 사실이다. 하향전파이론에 따라 소비문화는 평양의 상류층에서부터 지방의 돈주, 그리고 각 지역의 주민들에게 모방과 유행을 전파하고 있다. 기존의 북한에는 없던 새로운 소비문화이다. 따라서 김정은 시기 북한 당국은 '황색바람', '자본주의 날라리풍', '반동사상'이라는 딱지를 붙이고 고상한 사회주의적 도덕과 예의범절을 강조하며 옷차림, 머리 스타일, 말투, 문화 오락 행위 등을 교양하고 단속하기 시작했다.

"머리단장 같은 것은 생김새와 나이, 직업에 맞게 다양하게 하는 것이 좋습니다. 사회에 진출한 처녀들이나 갓 결혼생활을 하는 녀성들의 경우 긴머리 형태를 기본으로 하면서 앞머리칼을 여러 가지로 다양하게 할 수 있습니다. 대학생 처녀들은 단발머리, 땋은 머리로 단장하는 것이 좋습니다. 중년기에는 굽실굽실한 중간머리 형태로 하여 고상하며 산뜻한 느낌을 주도록 하여야 합니다. 로년기에는 단정하면서도 위생적이고 관리에도 편리하게 짧은 머리 형태로 하는 것이 좋습니다."[299]

다른 사람과 구별되고 싶은 욕망, 더 아름답고 더 도드라져 보이고 싶은 여성의 마음과 욕구를 교양 내용처럼 북한 당국은 통제할 수 있을까. 그럴 수는 없을 것이라고 생각한다. 북한 여성들은 사회주의 교과서처럼 박제된 아름다움에 갇혀 고정화된 미를 추구하기보다 변칙적 방법을 동원해서라도 능동적으로 자신의 아름다움을 드러내고 차별화된 자신의 미를 뽐내는 보편적 여성의 삶을 지향할 것이기 때문이다.

question
074

북한 여성들도 샤넬 향수와 설화수 화장품을 사용할까요?

　전 세계적으로 한국의 K-뷰티 열풍이 뜨겁다. 한국을 방문해 화장품을 구매하는 외국인 관광객이 매년 증가하고 있고, 뷰티 1번지로 불리는 명동 거리에는 다양한 화장품 편집숍들이 호황을 누리고 있다. 화장품은 한국의 대표적 수출 품목이다. 한국의 화장품은 팥, 병풀, 쑥, 매실, 녹차, 인삼, 쌀겨 등 천연 원료로 만들어져 순한 성분을 함유한 저자극성 제품이다. 따라서 피부 자극은 적고 효과는 우수한 상품으로 평가받고 있다. 그렇다면 북한의 화장품은 어떨까. 북한 여성들도 해외 유명 화장품을 사용하고 한국의 화장품도 사용해 보았을까?

　북한이탈주민 구술에 의하면 북한 여성들은 화장품을 종류별로 다양하게 사용하진 않는다고 한다. 도시 여성은 몰라도 농촌 여성의 경우는 스킨, 로션 등 기초화장품조차 발라 본 적도 없다는 구술이 있었다. 반면 도시 여성들 사이에서는 이미 화장품과 화장법에 대해 익숙하다는 의견도 있었다. 이유는 북한에서 대규모로 진행하는 집단 체조(mass game)에 참가하는 사람들이 화장을 하기 때문이다. 집단 체조에 참가하는 어린이부터 성인 여성들은 화장을 짙게 하고 얼굴 윤곽을 또렷이 하는 화장법

평양화장품공장

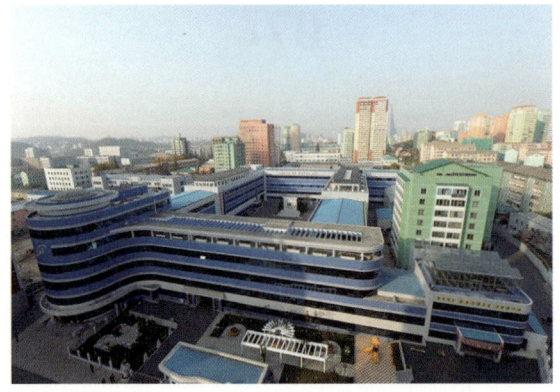

출처: "록색형, 에네르기절약형공장-평양화장품공장," 〈조선의 오늘〉, 2017년 12월 11일

신의주화장품공장

출처: "신의주화장품공장 봄향기연구소 준공식 진행," 〈조선의 오늘〉, 2022년 12월 27일

을 서로 공유하며 화장술을 발전시키고 있다는 것이다.

북한의 화장품 산업은 1987년 북일 합작의 '너아나 미용연구회'와 신의주화장품공장이 합작한 것을 계기로 발전하기 시작하였다. 그리고 현재 평양화장품공장과 신의주화장품공장이 북한의 화장품 산업을 이끌어

북한의 화장품 용어

한국화장품 용어	⇒	북한화장품 용어		한국화장품 용어	⇒	북한화장품 용어
스킨	⇒	살결물		파운데이션	⇒	돌분, 분크림
로션	⇒	물크림		립스틱	⇒	입술연지
선크림	⇒	햇볕 방지 크림		아이라이너	⇒	눈매 그리기 화장품
클렌징 폼	⇒	세척크림, 세수크림		아이브로	⇒	눈섭연필
파우더	⇒	분가루		블러셔	⇒	볼연주
마스크팩	⇒	미안막		아이새도	⇒	색을 입히는 화장품

출처: 화장품 사진에서 용어 정리.

가는 쌍두마차이다.[300]

2000년대 초반 북한의 대표적 화장품은 개성 인삼을 주원료로 한 살결물(토너), 물크림(로션), 크림 등의 기초 화장품류가 전부였다. 주로 북일 합작의 신의주화장품공장의 제품들이다. 당시 개성 인삼이 들어간 북한의 화장품은 일본, 태국, 러시아, 중국 등에서 큰 인기를 얻는 등 해외 수출상품으로 각광을 받기도 했다. 그러나 경제난 이후 쇠퇴를 겪던 화장품 산업은 김정은 시기에 전폭적인 국가의 지원을 통해 고급화, 다양화, 국산화를 추진하기 시작했다.

신의주화장품공장과 평양화장품공장이 제품 생산력을 겨루며 더 좋고 더 다양한 제품을 생산하기 위한 노력 경쟁을 벌이기 시작했다. 각종 화장품 제품이 쏟아지자 최근 북한 여성들은 옥수수죽을 먹어도 화장품은 고급품을 써야 한다고 말할 정도로 화장품에 대한 관심이 매우 높아진 상태이다.

재일본조선인총연합회 기관지 조선신보(2022.7.25.)는 최근 평양의 책방과 책 판매대에 여성들의 미를 가꾸는데 도움을 주는 새 도서들이 나와 인기를 끌고 있다며 관련 서적을 소개했다. 특히 〈화장품에 대한 리해〉

북한의 '화장품에 대한 리해' 잡지

재일본조선인총연합회 기관지 조선신보(2022.7.25.)는 최근 평양의 책방과 책 매대에 여성들의 미를 가꾸는데 도움을 주는 새 도서들이 나와 인기를 끌고 있다며 관련 서적을 소개했다. 특히 '화장품에 대한 리해'는 화장품의 각 종류와 특성에 대한 기초상식을 제공하고 사계절 화장법 등 계정과 장소에 맞게 세련된 메이크업에 관한 방법을 알려주고 있다.

북한의 화장품

봄향기　　　　은하수　　　　금강산

출처: 홍국화, "북한 여자들은 어떤 화장품을 쓸까? 인기 북한 화장품4," 『VOGUE』, 2022년 8월 13일

는 화장품의 각 종류와 특성에 대한 기초상식을 제공하고 사계절 화장법 등 계절과 장소에 맞게 세련된 메이크업에 관한 방법을 알려주고 있다.

북한의 화장품은 고려인삼, 백삼, 홍삼 등 천연 식물들을 주요 성분으로 하여 제조하고 있다. 평양화장품공장의 '은하수' 시리즈, 신의주화장품공장의 '봄향기' 시리즈가 가장 유명하며, 이 외에도 80여 개의 브랜드가 있다.

북한 대외용 매체인 '통일의 메아리' 영상 보도에 의하면 북한 평양 제

1백화점 판매원은 여성들에게 가장 인기 있는 화장품으로 왼쪽 〈사진〉과 같이 '은하수'와 '봄향기', '금강산' 화장품을 손꼽았다. 은하수 화장품은 일반 기초 화장품이 인기가 있고, 염색약을 쓰지 않고도 몇 분이면 머리칼을 까맣게 물들이는 염색크림을 비롯해 세계적으로 품질 인증을 받은 화장품이 30여 가지에 이른다고 판매원은 설명한다.

또 봄향기 화장품은 피부를 윤기나게 하고 피부의 노화를 방지하며 미백 효과로 여성들의 인기를 끌고 있다고 했으며, 금강산 화장품은 개성 고려인삼을 주성분으로 40여 종의 희귀한 천연식물의 추출물들을 배합해 피부의 탄성을 높여주며 보습, 미백효과가 뛰어나다고 선전하고 있다.[301]

북한이 국가적으로 화장품 산업에 집중하는 이유는 '인민들의 높아진 미적 요구'를 수용함으로써 이민위천의 통치 이데올로기를 전파하고자 하는 정치적 목적이 우선일 것이다. 그러나 또 다른 한편으로 세계적 수출 상품 하나를 제대로 만듦으로써 대북한 이미지 개선과 외화벌이를 목적으로 하는 경제적 이유도 작동하고 있다.

김정은 위원장은 2015년 평양화장품공장을 방문하여 "사람마다 기호와 요구가 다른 만큼 여러 가지 기능과 효과가 나타날 수 있게 천연적이고 저자극적이며 기능적인 화장품을 개발하라"고 강조하였으며,[302] 지속적인 R&D 투자에 역점을 두고 화장품 산업을 국가의 전략적 산업으로 육성하고 있다. 뿐만 아니라 북한 화장품의 품질 경쟁은 이제 국내시장을 넘어 세계시장으로 확대되는 양상도 보이고 있다.

봄향기 화장품은 품질관리 체계 ISO 9001, 생산 및 품질관리 GMP(Good Manufacturing Practices), 스위스 SGS(Societe Generale de Surveillance) 검사검역 등의 인증을 받은 생산 설비를 운영하고 있다. 특히 프랑스의 랑콤 화장품보다 노화방지 효과가 크다는 비교실험 결과를 발표하기도 했다.[303]

현재 봄향기 화장품은 중국 인터넷 쇼핑몰에서 판매되고 있으며, 100위안에서 600위안 정도의 가격대를 형성하고 있다.[304] 북한 내에서는 백화점과 장마당에서 판매하고 있다. 그러나 북한 주민들의 평균 임금 기준으로 볼 때 가격이 비싼 편이기 때문에 중산층 이상의 주민들만 구매한다고 볼 수 있다. 또 북한 여성들은 결혼 혼수로 봄향기 화장품 혹은 은하수 화장품 세트를 가장 선호한다고 한다.

question
075

북한 사람들은 왜 청바지를 입지 못할까요?

　북한에서 만든 청바지 '노코진스(NOKO Jeans)'를 아는 사람이 있을까. 노코진스는 제이콥 올슨, 라우든 카엘스티젠, 제이콥 애드스롬 등 3명의 공동대표가 일하고 있는 스웨덴 의류 업체이다. 이들은 지난 2008년 북한 당국과 청바지 생산에 관한 계약을 맺고 남성용과 여성용 두 가지 종류의 청바지 1천 100벌을 생산하여 한 벌 당 1천 500크로나, 미화로 약 210달러에 북한산 청바지를 유럽 및 미국에서 온-오프라인 판매를 했다.

　원래 스웨덴 고급 백화점인 '푸브(PUB)'에서 판매할 예정이었지만 업체 측의 거부로 철수했다.[305] 백화점 판매는 좌절되었지만 노코진스 측은 의욕적으로 북한산 청바지를 광고하고 유럽 판매를 넘어 미국, 한국에까지 판매할 계획을 발표하는 등 의지를 보였다.

　그러나 몇 년 뒤 노코진스는 회사 홈페이지에 "처음이자, 거의 마지막이 될 북한산 청바지(The First and Last jean ever to be produced in North Korea)"라고 게재하면서 노코진스의 운영을 영구적으로 중단했음을 시사했다.[306] 북한 당국이 외화벌이 의류 임가공 업체들에게 청바지 제작을 금지시켰기 때문이다. 북한은 자본주의의 상징인 청바지 문화가 북한 젊은이들 속에 유행할 것을 우려해 청바지의 유입을 차단하려고 한 것이다. 그렇다. 현재 북한에서 청바지는 금지 품목이다.

북한이 이와 같은 우려를 하는 데는 개성공단의 경험이 큰 몫을 한다. 다행히 개성공단에는 자본주의를 상징하는 소비품 생산이 없었지만, 개성공단 근로자들에게 주어지던 라면, 초코파이, 인스턴트 커피 등이 불러온 나비효과는 매우 컸다. 공단 근로자들은 간식으로 제공되었던 라면을 집으로 가지고 가서 북한 장마당에 되팔았으며, 라면 스프만 따로 판매하기도 했다. 또 개성공단에 입주한 남한 의류회사의 기성복 본을 복사하여 개성 인근의 개인 수공업자에게 의류 패턴이 똑같은 기성복을 제작하도록 하였으며 이를 장마당에서 판매하기도 했다.

북한이탈주민들을 통해 개성공단이 운영될 당시 공단 내 상품들이 빼돌려져 비공식적으로 사고 팔렸던 일들을 쉽게 들을 수 있었다. 사정이 이러하다 보니 북한 내 청바지 임가공 공장이 생산을 활성화하면 비공식적으로 청바지가 사고 팔리며 유행에 민감한 젊은이들을 중심으로 확산될 것이란 우려를 할 수밖에 없었을 것이다.

사실 옛 소련 공산주의 체제를 붕괴시킨 원인 중 하나가 미국의 청바지라는 말이 있다. 청바지를 비롯해 록 음악, 비디오, 패스트푸드, 위성텔레비전은 모두 철의 장막을 뚫고 서방의 문화를 전달하는 변화의 바람으로 여겨진 것이다. 실제 소련은 청바지를 금지하는 「청바지법(jeans crime)」을 제정하기도 했었다.[307]

1989년 전국대학생연합 조직이었던 전대협 대표 자격으로 밀입북 해 평양에서 열린 세계청년학생축전에 참석했던 임수경 학생이 북한 젊은이들에게 청바지 열풍을 불러일으킨 사례가 있었다. 이후 북한 청년들에게 청바지는 가장 입어보고 싶은 바지로 인기를 끌었었다.[308]

2000년대 이후 시장경제가 활성화되면서 북한 주민들 사이에서 청바지 차림을 하고 다니는 사람이 증가했다고 한다. 청바지가 청소년들 사이에서 인기 있고 선호하는 품목으로 되면서 전문적으로 청바지를 만들거나 중국에서 밀수로 들여와 판매하는 상인들이 생기기도 했다는 것이다. 당시 북한 당국의 단속이 느슨해지면서 헤어스타일과 복장이 자유로워졌기 때문이다.

> "청바지를 입고 싶어 하는 친구들이 있었어요. 그래서 친구들한테 판매를 했었어요. 주변에 드라마나 그런 것 좀 본 친구들이 있거든요. 근데 청바지를 입고 밖에 나갈 수 없잖아요. 청바지라고 하면 자본주의 바지, 미국놈 바지라는 인식이 있어요. 그래서 밖에는 못 나가니까 그걸 사서 입고 있는 친구들을 보면 실내바지로 입고 있어요. 그걸 집 안에서 입고 있어요. 실내바지로. 스판끼가 없어서 불편한데 오죽이나 입고 싶으면 집에서라도 기분을 내고 싶은거죠."[309]

2020년부터 북한 당국은 국가 제일주의와 사회주의 문명국을 강조하며 체제 단속에 고삐를 단단히 죄기 시작했다. 사상교양 단체인 사회주의애국청년동맹은 해외 복장과 헤어스타일을 따라 하는 것을 반사회주의적 관행이자 자본주의적 행위로 규정하고, 20~30대 청년들을 대상으로 단속을 시작했다. 긴 머리를 허리까지 기른 사람, 머리를 갈색으로 염색한 사람, 외국 글자가 크게 새겨진 옷을 입은 사람, 달라붙는 청바지를 입은 여성들을 단속하기 시작하였다. 급기야 2020년 12월에는 「반동사상문화배격법」을 제정하여 외국 문물의 영향을 법적 처벌의 대상으로 삼았다.[310]

「반동사상문화배격법」에 의하면 한국이나 미국, 일본 등에서 온 영상, 서적, 사진 등을 유통하면 최대 사형에 처하고, 이를 이용한 경우 최대 징역 15년에 처한다고 되어 있다. 또한 한국식 말투를 쓰거나 노래 창법을 쓰는 것도 금지하고 있다. 「반동사상문화배격법」은 외래 문화를 "불순한 선전물들을 사람들의 혁명 의식을 마비시키고 자본주의를 주입시키는 위력한 수단의 하나로, 우리 내부에 유포시키는" 행위로 단정하고 있다. 따라서 금지와 차단을 넘어 법적 처벌까지 단속을 강화하고 있는 것이다. 따라서 앞으로 북한에서 청바지를 입은 청년들을 보는 것은 매우 어려울 것 같다.

question
076

북한 사람들도 치맥(치킨과 맥주)을 좋아할까요?

한국의 치맥은 이미 세계적으로 호응을 얻고 있는 맛있는 음식이다. 북한 주민들도 한번 맛을 보면 매우 좋아할 것으로 생각된다. 남북한 주민들은 불과 70년 전만 해도 한민족공동체를 형성하고 역사와 문화를 공유한 배달의 민족이다. 한국전쟁 이후 서로 다른 체제에 살면서 많은 것들이 이질화되었지만, 여전히 남북한은 동질적인 모습이 많은 하나의 민족이다. 아마 그중에서도 가장 비슷한 모습이 흥이 많고 정이 두터운 것이 아닐까 싶다. 또한 쌀과 김치로 구성된 식문화는 거의 같다고 봐도 무방할 것이다.

북한 체제는 집단주의 사회로 요람에서 무덤까지 조직 생활을 하는 것으로 알려져 있다. 미취학 아동 시기부터 유치원에 다니고, 인민학교에서는 소년단에 가입하며, 중등학교에서는 사회주의애국청년동맹, 고등교육 및 사회에 나오면 군대, 조선직업총동맹, 조선농업근로자동맹, 조선사회주의여성동맹 등 성별, 연령별 사상교양 단체에 속하여 집단생활을 지속하도록 되어 있다. 따라서 북한 주민들은 모여서 함께 생활하는 공동체 생활에 익숙한 편이다.

집단주의 생활에 익숙한 북한 주민들은 가족, 회사, 지인들끼리 모여

여흥을 즐기고 함께 여가생활을 즐기곤 한다. 가족들끼리는 텔레비전을 시청하거나 시·군 문화회관 등에서 영화를 즐기고, 직장에서는 축구나 탁구, 배구, 농구 등 운동을 하며 여가를 즐긴다. 친지 이웃들과는 주패놀이, 윷놀이, 장기, 낚시, 수영 등 보편적인 여가 활동도 한다.[311]

그런데 2000년대 이후 시장경제 활동이 활성화되면서 가계수입의 빈부 격차가 발생하기 시작했다. 즉, 북한 주민들의 여가생활에도 빈부 격차가 발생하기 시작한 것이다. 평양을 비롯한 대도시와 지방 사이에는 여가생활의 수준과 지불 비용의 차이가 벌어지고, 여가생활의 경험에서도 격차가 발생하기 시작했다. 예를 들어 평양처럼 대도시같은 곳은 여가생활을 즐길 수 있는 장소가 풍부하다. 대성산 유원지, 현대식 놀이 시설(개선청년공원, 문수물놀이장), 창광원의 수영장, 청춘거리의 체육 시설, 전자오락실, 노래방, 당구장, 여러 가지 메뉴의 고급 식당 등 다양한 여가생활을 즐길 수 있는 곳이 많다. 최근에는 유원지마다 청량음료점이 생겨나고 있다. 청량음료점에서는 시원한 음료와 간식거리를 팔고 있으며, 쉽고 편리하게 이용할 수 있는 상업 매대도 곳곳에 설치되어 있다.

특히 김정은 시기에는 개인들이 운영하는 상업 및 서비스 업소도 증가하고 있다. 평양과 신의주, 혜산 등 대도시에 개인들이 운영하는 상업 서비스 시설이 등장하고, 이들 유흥장은 외화로 입장료를 받고 있다. 평양에서 유행하는 목욕탕의 경우는 입장료가 1인당 3~4달러 수준이며 노래방, 당구장, 볼링장, 스케이트장 마다 비슷한 입장료를 받는다.[312]

부의 규모나 권력의 수준에 따라 상류층, 중류층, 하류층 간 여가생활 격차가 상당히 커졌으며, 상류층은 외화 식당이나 외화 상점, 노래방, 개인투자 서비스센터(복합 유흥물)에서 여가를 즐긴다. 중류층은 물놀이장이나 노래방, 국제 영화관, 목욕탕에서 유흥을 즐기며, 하류층은 강가나 공원 산책, 식사, 국립극장 영화 관람 등 국가에서 운영하는 무료 시설에서 여가생활을 하는 등 차이를 보이고 있다.[313] 나아가 농촌의 경우 서비스업의 수준이 낮고 여가생활을 즐길 장소도 마땅치 않은 낙후된 생활을 하고 있다. 그렇다면 북한에서 치맥을 즐길 수 있는 사람들은 어느 계층 일까. 당연히 중상류층 이상이 될 것이다.

북한 주민들이 일상적으로 마시는 주류는 집에서 만드는 밀주이다. 도수가 30~40도에서 60도에 이를 정도로 높은 편인 밀주는 어느 집이나 보편적으로 즐기는 주류이다. 외화벌이 식당에서 맥주 한 병은 2달러 수준이며, 이는 옥수수 2kg를 살 수 있는 가격이다. 그러니 맥주는 중산층 이상이 되어야 마음 놓고 먹을 수 있는 술인 셈이다.

일반적으로 술은 식당에서 마시기보다 집과 공원에서 펼쳐 놓고 마신다. 그리고 북한의 술 문화는 남성 중심의 가부장 문화와 일맥상통하기도 한다. 북한 남성들이 어디서나 술을 마시는 일은 자연스러운 일이다. 성인 남성 뿐 아니라 어른들에게 배우라며 어린 (남성)자녀들에게도 술을 권하고 일찍 술을 배우게 한다고 한다. 반면 여성들은 술을 잘 마시지 않는다. 공개된 장소에 모여 앉아 마시는 경우가 많기 때문에 여자들이 즐기는 문화는 아닌 듯 하다.

현재 북한의 주류시장은 남한의 1970~1980년대 수준으로 평가된다. 남한의 주류 음용 실태는 크게 소주 성장기, 맥주 대중화기, 다주종 성장기로 변화해 왔는데, 1970년대 남한은 소주 성장기였으며 맥주를 보편화하는 시기였다. 경제가 성장하고 접대 및 선물 문화가 증가하면서 위스키와 맥주 소비가 증가했다. 생맥주 보급이 증가하고 폭탄주가 등장한 것도 1980년대 이후이다.

그렇게 보면 북한은 이제야 고된 노동과 삶의 애환을 달래며 소주 한 잔, 탁주 한잔 기울이는 술 문화가 보편화된 셈이다. 맥주 소비는 평양을 중심으로 상류층에서만 증대되고 있는 과정으로 여겨진다. 2000년 김정일 위원장이 세계적 수준에 버금가는 맥주를 만들라는 지시를 내려 영국의 어셔 트로브리지 양조회사로부터 150만 파운드에 공장 설비를 구매

북한의 대표 맥주 '대동강 맥주'

출처: 『조선』, (평양: 조선화보사, 2023)

해 평양 인근에 대동강맥주 공장을 설립한 바 있다.[314] 지금은 대동강맥주 공장이 송신·송화지구의 고층 아파트가 들어선 평양시 신도시 한가운데 위치하고 있다. 또 대동강맥주는 외화벌이 효자 상품으로 역할하고 있다.

평양에서 유행하는 대동강맥주는 북한 최초로 상업 광고를 시작한 브랜드이며, 수출 상품이자 해외 관광객을 대상으로 판매하는 대표 맥주이다. 기존 병맥주 생산에서 생맥주, 캔맥주까지 생산 공정을 다양화하여 보급을 확대하고 있으며, 평양 시내에만 대동강맥주집이 200여 곳 있다. 평양에 거주하는 시민들에게는 한 달에 2리터의 맥주를 마실 수 있는 쿠폰이 공급되고, 맥주집에 가서 마실 수 있다. 그런데 안주는 인조고기이다. 인조고기는 콩기름 찌꺼기를 가지고 만든 콩고기로, 우리처럼 치맥을 하는 것이 아니라 인맥을 하는 셈이다.[315] 평양시에서는 퇴근길에 맥주집에서 인조고기에 맥주 한잔 하는 문화가 보편적으로 확산되고 있다.

question
077

북한에도 불닭볶음면이 있나요?

　북한에는 매운 닭고기맛 짜장면이 있다. 라면이 등장한 이후 다양한 맛의 라면으로 종류가 증가하고, 더욱이 우리와 같이 매운맛 라면류도 등장하고 있다. 북한의 소비 제품은 2015년 이후 급격하게 발전하고 있는 추세이다. 해마다 새로운 제품들이 등장하고 어디선가 본 듯한 유사 제품들이 생산되고 있다.

　과자의 경우, 김일성 생일(4.15)과 김정일 생일(2.16), 당창건일(10.10), 북한정권 수립일(9.9) 같은 특별한 날에 공급받는 선물이다. 김정은 위원장 집권 이전까지 북한의 과자는 중국산 과자와 비교해 딱딱하고 단맛이 부족해 벽돌과자라는 놀림을 받기도 했었다. 라면과 같은 인스턴트식품이 발달하지 않아 과자, 음료 및 간식류 음식이 흔하지 않았다.

　북한에 과자 맛을 일깨워준 계기는 아마도 개성공단의 영향이 컸으리라 생각된다. 대표적으로 한국산 초코파이가 있다. 개성공단에 입주한 한국 업체가 북한 근로자들에게 간식으로 나눠준 초코파이가 북한 과자류 및 간식 문화에 충격을 주었던 것이다. 당시 개성공단에서 초코파이는 화폐와 같은 기능도 했었다. 간식으로 나눠주다가 야근수당, 성과금, 상여금으로 용도가 변경되어 개성공단에서 유출한 초코파이가 전성기에

는 월 600만 개였다고 한다.[316]

북한의 근로자들은 도매상에 돈을 받고 초코파이를 넘기기도 하고, 도매상들은 북한 전역의 장마당으로 초코파이를 유통시키기도 했다. 2016년 개성공단 가동이 중단되자 북한의 상인들은 중국에서 만든 짝퉁 초코파이를 수입했으나, 맛의 차이가 커서 자체적으로 '초콜레트단설기'라는 유사 제품을 생산하기 시작했다.

북한의 과자 맛이 달라지기 시작한 것은 김정은 시기인 2015년 이후이다. 김정은 위원장은 집권 이후 북한의 경제난을 종식시키기 위해 다양한 경제개혁 조치를 시행한 바 있다. 특히 '사회주의기업책임관리제'를 시행하면서 경공업 발전을 역점적인 사업으로 추진했으며, 경공업 발전과 국산화 정책을 통해 다양한 소비품 생산에 매진했다.

그 결과 분야별로 대표적인 상품이 생산되기 시작했고, 식음료 부문에서는 금컵체육인종합식료공장이 큰 성과를 나타내기 시작했다. 금컵체육인종합식료공장은 원래 국가대표 운동선수를 위한 식료품을 만들던 곳인데, 무역회사를 끼고 해외에서 원료와 자재를 수입하여 국내 소비제품을 개발한 회사이다. 이 회사에서는 탄산음료류인 사과향탄산단물, 들쭉맛탄산물, 배향탄산단물, 파인애플향탄산단물 등을 상품화하였고 탄산이 들어가지 않은 배맛단물, 귤맛단물, 오미자맛단물 등 다양한 음료류를 생산하고 있다.

금컵체육인종합식료공장과 경쟁하고 있는 식음료 부문의 회사는 경흥은하수식료공장, 송도원종합식료공장, 선흥식료공장, 운하대성식료공장 등이며 북한 당국은 과자 시장의 경쟁을 통해 더 나은 제품, 질 좋은 과자·음료류의 소비품 생산을 독려하고 있다.

북한은 지난 2015년까지만 해도 주민의 약 90%가 밥이나 옥수수 국수 등을 만들어 먹고 손님이 오면 고기반찬에 이밥(떡·국수)을 손수 만들어 대접하는 것이 일반적이었다. 그러나 2014~2015년을 전후하여 과자, 음료류뿐 아니라 라면(즉석국수) 시장도 형성되고 있다. 북한 주민들이 여전히 식량난을 겪고 있지만 예전에 비해서는 대체 식품군이 형성되면서 식생활도 점차 개선되고 있는 것으로 보인다.

북한이탈주민의 구술에 의하면 평양시와 평안남도 평성시, 평안북도 신의주시 등지에서 대동강 라면의 종류가 김치맛 라면, 소고기맛 라면, 야채 라면 등으로 다양한 맛을 구비하고 있다고 한다. 기존의 봉지라면에서 컵라면까지 다양하게 생산 판매되고 있으며, 과자와 라면류는 북한 마트에서 약 2달러 정도에 팔리고 있다.[317]

북한에 라면에 등장한 것은 2000년대 이후지만, 초기에는 중국에서 들여온 중국산 라면류가 대부분이었다. 김정은 시기에 와서 대형 식품회사들이 기술 개선과 현대화된 공정을 통해 소비 제품을 생산하기 시작하면서 급속하게 활성화되었다.

기존 사회주의 북한에서는 수요자의 니즈(needs)를 고려하지 않고 국가의 공급만을 중심에 두었다. 따라서 소비품의 맛과 질보다는 양적 공급에 치중했다. 그러나 최근에는 소비자의 수요에 민감하게 반응하는 자본주의적 상품 생산 원칙이 구현되고 있다. 소비자가 선호하지 않고 구매하지 않는 제품은 필요 없다고 보는 것이다. 그래서 제품의 질도 향상되고 맛도 소비자의 기호에 따라 다양하게 구현하고 있으며, 무엇보다 많이 팔려야 회사의 지속 운영 및 자금 원천이 확보되기 때문에 각 식료회사들은 제품의 맛과 질, 포장, 브랜드, 가격에 이르기까지 이전과 차별화된 상품 생산-소비 판매 시스템을 갖춰가고 있다.

한편, 북한의 과자와 음료류는 물론, 라면류도 한국 제품과 매우 유사하다. 흔히 한국 사람들은 이를 짝퉁이라 부른다. 그러나 생각해 보면 우리도 그러했던 시절이 있다. 모든 소비제품들은 모방을 통해 발전하고 모방에서 창조적 변형으로 나아가며 자신만의 로열티를 구축하는 과정을 거치게 된다. 그런 점에서 북한은 지금 한국, 중국 등 세계 유명 상품들을 카피(Copy)하고 모방하며 자신들의 맛과 멋을 찾아가는 발전도상에 있다고 보면 된다. 우리의 조리퐁은 밀쌀튀기로, 양파링은 튀기과자, 불닭볶음면은 매운닭고기짜장으로 닮은 듯 다른 듯 유사한 형태의 과자를 생산하고 있다. 북한이 먹는 문제 해결을 위해서라도 열심히 따라 배워 남북한의 간식류가 더 풍성해지길 기대한다.

question
078

북한에서 쇼핑을 한다면 무엇을 구매해야 할까요?

 북한은 경제 상황이 열악하기 때문에 해외 관광객을 대상으로 한 관광상품의 개발이 미진하고 상품의 질과 상품성도 아직은 우월하지 않다. 그러나 고유의 자원과 원료로 북한 주민들이 만든 매력적인 상품들도 많이 있다.

 먼저 북한에서 쇼핑을 하게 된다면 제일 먼저 방문해야 할 곳은 평양제1백화점이다. 평양제1백화점은 북한의 대표적 국영 백화점이자, 북한산 제품들을 만날 수 있는 쇼핑 장소이다. 평양제1백화점은 지하철, 무궤도전차 등 대중교통 수단이 주변에 밀집되어 있고 넓은 주차장을 두고 있어서 관광객들이 접근하기 좋은 위치에 있다. 특히 백화점을 둘러싼 광장과 조형미를 갖춘 건축물, 분수터 등이 있어 쇼핑과 관광의 핫스팟이 되고 있다.

 평양제1백화점이 북한 제품 중심으로 판매되고 있다면 2019년에 개장한 최고급 대성백화점은 좀 더 서구식 백화점이다.[318] 대성백화점의 1층은 마트, 2~3층은 공산품, 4~5층은 식당과 오락 시설로 구성되어 있으며 6층은 전면 유리 통창으로 이뤄진 온실과 커피숍이 있다. 샤넬 향수

대성백화점

출처: 『조선』 2019년 6월호

와 화장품, 롤렉스 시계, 코치 가방, 나이키 스포츠, 지펠 가전 등 해외 유명 브랜드 제품이 입점해 있으며, 고가의 북한산 제품들이 팔린다.

마지막으로 김정은시대 대표적 고층 아파트 단지인 려명거리가 종합쇼핑몰과 연결한 주상복합 형태의 생활공간으로 확장되었는데, 아파트 사이에 4층 규모의 려명거리종합상업구라는 쇼핑몰이 있다. 이곳에는 공업품, 식료품, 전자제품부터 최근 각광 받는 구두, 화장품 등을 판매하는 유명 매장들이 입점해 있다.

쇼핑 품목 중 주류 부문에서 제일 먼저 구매할 것은 대동강맥주이다. 대동강맥주는 2022년에도 '12.15품질 훈장'을 수상하고 '2.2상품'으로 등록된 만큼 북한이 자랑하는 대표 상품이다. 대동강맥주는 북한 공산품 중 세계시장에서 인정받을 수 있는 유일한 제품이라고도 할 수 있다. 병맥주 외에도 캔맥주가 시판되고 있으니 깨질 염려 없이 쇼핑이 가능하다. 1호부터 8호까지 생산되고 있는데 2호가 가장 맛있다.

주류 품목 중에서는 북한이 내밀고 있는 강계와인도 좋다. 강계시는 날이 선선하고 볕이 좋아 북한의 대표적인 포도 생산지이다. 1961년에 조업한 강계 와이너리는 자체 와인 연구소에서 포도 재배와 와인 숙성에 대한 연구를 진행하고 있고, 이를 토대로 강계와인을 생산하고 있다.

식료 부문에서 구매할 상품으로는 류경김치와 개성인삼이 있다. 남북이 분단되었어도 김치문화는 분단된 적이 없는 고유의 문화이다. 북한 김치는 한국과 달리 슴슴하다. 속이 많이 든 것도 아니고 젓갈 양념이 풍부한 것도 아니다. 그런데 시원하고 칼칼한 것이 자꾸 손이 가는 음식이다. 2010년 북한은 평양에 현대화된 류경김치공장을 건설했다.[319] 식품의 진공포장 기술과 장기보존 기술을 개발하여 패키지 제품으로 만들었다. 현재 류경김치공장은 김치상품을 다양화해 통배추김치, 백김치, 깍두기, 석박김치, 동치미, 총각김치 등 70여 종의 김치를 생산하고 있다. 150g에서 5kg에 이르기까지 포장김치를 판매하고 있다.

또한 평양시 보통강구역에 위치한 고려인삼 전시장에서는 수많은 인삼 가공 제품들이 판매되고 있다. 수삼, 백삼, 홍삼, 각종 인삼차, 인삼 화장품 등 가공품과 요리도 판매하고 있으니 방문해 볼만한 장소이다.[320]

만약 북한에 방문하게 된다면 강서약수와 은정차는 꼭 마셔보길 권한다. 강서약수는 세계적으로도 그 품질이 인정된 보기 드문 천연탄산 광천수로 1982년 천연기념물 국가지정 제56호로 등록됐다. 특히 조선민주주의인민공화국 원산지명 등록증서와 품질인증서, 세계지적소유권기구에서 발급한 원산지명 등록증서를 받은 북한의 유명한 특산물들 중 하나다. 강서약수는 철분과 탄산이온을 많이 함유하고 있어 소화기 계통의 병 치료에 널리 쓰이고 있으며 약수목욕탕도 운영하고 있다.

판매용 김치와 인삼

출처: 〈조선의 오늘〉, 2017년 1월 19일.
https://dprktoday.com/photos/9071
(검색일: 2023. 12. 5.)

출처: 〈조선의 오늘〉, 2021년 8월 22일.
https://dprktoday.com/thing/10421
(검색일: 2023. 12. 5.)

은정차는 김정은 시기 국가 차원에서 대표 관광 상품으로 소개하는 녹차류의 차 음료이다. 2018년 남북정상회담 테이블에도 올랐던 차이며 평양시 창전거리에는 은정차 전문 카페도 있다.

마지막으로 북한 화장품도 우리가 구입할 만한 쇼핑 품목 중 하나다. 대표적인 제품은 봄향기 화장품과 은하수 화장품으로, 프랑스 유명화장품을 능가하는 저자극, 고보습, 주름 개선 효과가 입증되었다고 하니 기초화장품 세트를 구매해 보면 좋겠다. 유명한 개성 고려인삼이 들어간 기능성 화장품은 주변에 선물하기도 좋을 것 같다.

최근 북한의 화장품 시장은 급속하게 성장하고 있다. 한국 하나금융투자는 북한 화장품 시장이 2017년 1천여억 원 규모이나 2030년에는 1조 600억 원 이상 확대될 것으로 전망했다.[321] 그만큼 북한 화장품에 대한 기술투자와 고급화 추세는 지속될 전망이니 한번 구매해 보는 것도 좋을 것 같다.

그 밖에 칠보산의 자연송이나 동해안 털게는 함경북도의 특산물이다. 그러나 농수산물은 검역 절차를 밟아야 하기 때문에 직접 가서 맛보는 것을 추천한다. 또 의류 품목 중에서도 한복을 아주 곱게 잘 만든다. 남북한 교류협력 행사 때에는 북한에서 남측 인사들에게 한복감을 선물로 주곤 하였다. 북한은 명절마다 아직도 한복을 입고, 한복을 우리 민족 고유의 옷으로 보전하고 발전시키려는 국가정책에 의해 도시 곳곳에 한복집이 위치하고 있다. 방문하게 되면 특별한 기념으로 맞춤 한복도 추천한다.

마지막으로 예술에 관심이 있다면 그림도 쇼핑 품목 중 하나로 추천한다. 우리가 산수화라 부르는 동양화 기법의 그림을 북한은 조선화라 칭한다. 북한의 명산과 계곡, 4계절 자연의 아름다움을 그린 동양화는 이데올로기를 담고 있지 않으면서 북한의 산수를 잘 표현하고 있어 매력적인 문화상품이다.

북한의 강서약수와 은정차

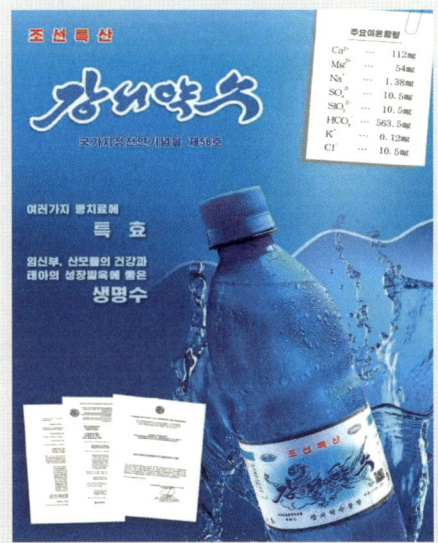

출처: 〈조선의 오늘〉, 2023년 8월 20일.
https://dprktoday.com/thing/10448
(검색일: 2023.12.5.)

출처: 〈조선의 오늘〉, 2019년 10월 20일, https://dprktoday.com/news/41707
(검색일: 2023.12.5.)

북한 주민들도 시장에서 풍경이 멋진 조선화 달력을 구매하는 일을 중요하게 생각하며, 달력은 지인들끼리 선물로 주고받은 품목이기도 하다.

question
079

북한에도 따릉이, 전기자전거가 있나요?

　　북한에도 '서울자전거 따릉이'와 같은 공유자전거 '평양자전거 려명'이 있다. 남한과 같이 주요 버스정류장 및 지하철 주변에 공공자전거 보관소가 있으며, 이곳에서 자전거 카드(전성 또는 려명)를 발급 받은 후 요금을 충전하고 사용할 때마다 카드 터치를 하여 자전거를 이용한다고 한다.
　　북한의 공유자전거는 2018년 1월부터 도입되었으며, 평양 광복거리 등 5개 소에 자전거 임대소가 있다. 이용요금은 1분에 40원, 1시간에 3천원으로 지하철(1회 탑승비용 5원) 및 시내버스(1회 탑승비용 1천원) 비용보다는 비싸다. 이용시간은 오전 6시부터 자정까지이다.[322] 북한의 공유자전거는 현재 평양에만 있으며 평양 외 지방에는 아직 도입되지 않았다.
　　최근에는 전기자전거도 확산되고 있다. 북한 시장에서 전기자전거는 중국 돈으로 3,500위안(한화 약 63만원), 북한 돈으로 400만 원이 넘는 가격(현재 쌀 1kg에 5000원, 쌀 800kg 구매 가능 수준)에 판매되고 있다.[323] 이처럼 비싼 가격의 전기자전거가 북한 내부에 팔리는 이유에 대해 주요 북한이탈주민[324]은 "장사를 하는 사람들은 자전거에 짐을 싣고 기동력을 확보할 수 있으며, 돈이 있는 부유한 사람들은 허세를 부리기 위함"에 있다고 한다. 그러나 전기자전거 소유주가 많아질수록 자전거 도둑도 많아

평양 광복거리에 등장한 따릉이 '려명'

출처: 2018년 12월 대전광역시청 2층 로비에서 열린 '남·북·해외 공동사진전, 평양이 온다' 전시

고 한다. 특히 자전거 내 배터리, 바퀴, 안장 등을 분해해 판매하는 도둑들이 과거에 비해 많이 늘어났다고 한다. 자전거 도둑은 남한과 북한이 별차이 없는 것 같다.

　남한과 달리 북한은 자전거에도 면허가 발급(별도의 면허시험은 없음)되고 지역별 자전거 번호판이 있는데, 1990년대 후반부터 늘어난 자전거가 북한 주민의 주요 교통 수단이 되면서 자전거 절도를 예방하고 효율적인 관리를 위함이라고 한다.

　또다른 특징으로 남한은 건강 또는 편의를 위해 자전거 사용이 권장되는 반면 북한은 주요 교통 수단이자 생존 수단으로 자전거가 사용된다고 한다. 놀라운 점은 과거에 북한 여성들은 자전거를 탈 수 없었다고 하나, 현재는 자전거 번호판만 있으면 탈 수 있다고 한다.[325]

　마지막으로 북한도 우리와 같이 평양 내에 자전거 전용도로가 있어 도보와 자전거도로가 구별된다고 한다. 평양국제비행장에서 3대혁명전시관까지 100km가 넘는 거리에 자전거 전용도로가 형성되어 있으며,[326] 자전거 전용도로는 2012년 10월 건설되었다.

남북의 자전거 문화는 같으면서도 서로 다른 특징이 있지만, 서울시의 '따릉이'와 평양시의 '려명'과 같은 공유자전거 정책은 환경과 주민 건강을 생각하는 친환경 정책임은 확실하다.

question
080

북한에도 카공족과 점쟁이가 있나요?

카공족은 '카페에서 공부하는 사람, 또는 그런 무리'[327]를 뜻한다. 북한에는 '카공족' 같은 표현은 없다. 무엇보다 카페에서 공부하는 사람이 없으며, 대부분 학교 도서관이나 집에서 공부를 한다고 한다.

"커피는 적당한 량을 마시면 교감신경을 자극하여 피로를 잘 회복시키고 혈액순환을 좋게 하며 두뇌의 활동을 활발하게 한다. 또한 소화기관을 자극하여 소화액의 분비를 왕성하게 하여 주므로 식후에 마시면 소화를 촉진시켜 준다. 커피를 마시면 혈압을 높여 주기 때문에 고혈압증이나 동맥경화증이 있는 사람에게는 좋지 않다. 당뇨병 환자, 피부병 환자, 임신부, 젖먹이 어린이에게도 나쁘다. 커피 가공기술이 발전하면서 지금은 커피를 즉석 커피화하여 끓이지 않고도 찬물이나 더운물에 풀어서 마실 수 있게 가공하고 있으며 커피에 우유와 같은 다른 음료를 섞어 만든 가공품도 생산하고 있다." - 『조선대백과사전』

김정은시대에는 커피를 대중적으로 보급하려는 북한 당국의 의지가 있으나, 일상생활에서 커피는 주로 북한 상류층과 외국인이 즐기고 있다. 커피숍은 북한 내 주요 호텔 내부와 북·중 접경지역, 주요 관광지에 위치하고 있으며, 김정은 위원장과 리설주 여사가 평양 창전거리 개업을 앞두고 해맞이식당 커피숍에서 대화를 나누는 모습도 대외적으로 공개되었다.('조선중앙TV' 2012년 9월 1일.) 또 개성공단 정상 운영 당시, 우리 기업은 북측 근로자들에게 커피 믹스를 제공했는데, 우리 커피 믹스를 북측에서는 '막대 커피'로 부르며 장마당(북한 시장)에서 '막대 커피'가 거래되었다고 한다.

북한은 미신(점쟁이)행위를 「형법」 제291조 '미신행위죄'로 통제하고 있으며, 주요 내용은 다음과 같다.

"미신행위죄. 미신행위를 한자는 로동단련형에 처한다. 상습적으로 미신행위를 하였거나 미신행위로 엄중한 결과를 일으킨 경우에는 5년이하의 로동교화형에 처한다. 정상이 무거운 경우에는 5년 이상 10년 이하의 로동교화형에 처한다."[328]

북한에서 미신행위를 엄격히 통제하고 있음에도 불구하고 주민들의 일상생활에서 미신행위는 암암리에 진행되고 있다. 주요 북한이탈주민 증언에 따르면 다음과 같은 특징이 있다. 첫째, 연령과 상관없이 전 연령층이 점을 보러 다니며, 주로 결혼·사업·배우자·승진 등에 관한 점을 본다. 둘째, 남한과 달리 사주가 아닌 신점이 대부분이다. 지역별로 신내림을 받은 무당이 있으며, 주민들 간 입소문을 통해 방문한다. 셋째, 남한처럼 신당이 있는 것이 아니라 일반 가정집이며, 이곳에 찾아가 점을 본다. 넷째, 비용은 지역 및 무당에 따라 다르지만, 보통 한 번 보는데 북한 돈으로 약 3만 원 정도(2023년 2월 북한 쌀 1kg 가격이 5,850원, 한화로 1kg 923원)를 지불한다고 한다. 다섯째, 미신행위죄 관련 법령으로 위험성을 알고

있지만 주로 돈이 있는 일부 주민들이 암암리에 점을 본다고 한다.(북한이
탈주민 A씨, C씨, D씨 인터뷰, 2023년 5월 19일~6월 30일)

question
081

북한의 MZ세대는 누구이며, 어떤 세대적 특징을 보이나요?

'MZ세대'에서 'M'은 닐 하우와 윌리엄 스트라우스가 『밀레니얼의 부상』에서 1980년대 초반 이후 출생자의 세대 특성을 설명하기 위해 '밀레니얼'로 명명한 데서 유래한다. 또 'Z'는 70년대 생을 의미하는 'X'세대와 밀레니얼 세대인 'Y'세대 다음을 알파벳 순서에 따라 표기하면서 생겨났다. 그렇게 MZ세대는 1980년대 생부터 1990년대, 2000년대 생까지를 포괄하는 다소 무리한 세대 표식이 되었다.

대체로 2030세대를 지칭하면서 MZ세대를 쓰고 있기 때문에 사실 정확한 세대 규정의 표기라고 볼 수도 없고 하나로 묶기에도 그 연령대의 폭이 너무 넓은 것이 사실이다. 그럼에도 불구하고 미디어나 학계에서 이미 널리 통용되고 있는 데다가 MZ세대라고 하면 2030세대를 떠올리는 게 자연스러워졌기 때문에 그대로 사용하고자 한다.

우리의 MZ세대에 대응하는, 북한의 청년세대를 지칭하는 표현이 있을까? 있다. 들어보았을 수도 있겠는데, 바로 '장마당 세대'가 그것이다. 2017년 당시 더불어민주당 추미애 대표가 교섭단체 대표 연설에서 "김일성·김정일 체제로부터 상대적으로 자유로운 제5세대, 소위 '장마당

세대'"라고 언급했을 정도로 북한연구 학계는 물론이고 정치권, 미디어와 저널리즘, 유튜브 북한 관련 채널 등에서 북한의 신세대를 설명할 때 널리 쓰이는 대중적 개념이 되었다.

그동안 북한의 연령 집단을 세대별로 구분하는 기준은 '항일 빨치산 세대(혁명 1세대)', '천리마 세대(1950~1960년대 천리마운동 세대)', '3대 혁명 세대(1970년대 중반 3대 혁명 소조운동 주도)', '고난의 행군 세대(1990년대)' 등 북한 체제의 변화를 가르는 중요한 정치적 연대기나 사건을 구분하는 기준과 사실상 거의 다르지 않았다.[329]

보통 특정 연령 집단을 '세대'로 묶을 때는 동일 연령대 내에서 공유되는 경험과 정체성이 무엇이었는지를 중요하게 판단하는데, 북한은 전체 주민을 강하게 구속하는 체제인 만큼 아마도 특정 역사적 국면에서 각 세대들이 경험한 세계 또한 비슷할 것이란 가정이 반영됐을 가능성이 높다. 북한의 신세대를 '장마당 세대'라고 부르게 된 데에도 이런 가정이 반영된 것이다. 장마당은 사회주의 체제의 균열을 상징하는 장소이기 때문이다. 덧붙이자면, '장마당 세대'는 청년기에 경제난을 집단적으로 경험한 현재의 4~50대는 물론 20대, 심지어 청소년까지를 포괄하는 언어로 쓰이고 있다는 점에서 'MZ 세대' 만큼이나 문제가 많은 표현이다. 다만 앞서 'MZ 세대'처럼 '장마당 세대' 또한 사실상 청년 세대 일반을 가리키는 대중적 표현으로 쓰이고 있다는 점에서 복잡한 개념적 논의는 생략하고 '당대의' 젊은 세대를 지칭하는 용어로서 그대로 사용하고자 한다.

이러한 관점에서 새로운 세대는 경제적 마인드나 태도, 조직과 사회 내의 서열문화나 국가권력 등 권위에 대한 태도, 또래문화, 이성 관계에 대한 가치관과 문화 등이 기성세대와 분명한 차이를 보일 것이라는 기대를 갖게 되는 것이다. 극심한 경제난과 식량난을 거쳐 확대된 장마당의 범람과 외부 문물과의 접촉 속에서 유년기, 청년기를 보냈던 북한의 1980~90년대 생들과 그 자녀들은 분명 기성세대와는 다른 가치관과 문화적 태도 등을 몸에 새겨 넣게 되었을 것이다. 그래서인지 이 새로운 세대들은 보다 개방적이고 자본주의 친화적이며 국가와 권위에 도전할 수 있는 잠재적인 주체들로 기대된다는 이야기들이 쏟아져 나오고 있다.

한국의 청년 담론이 '노오력'이라는 경쟁 압박 속에서 청춘을 박탈당한 '희생자'이거나 새로운 변화를 도모하기보다는 '자기에게 몰두하는' 이기적이고 순응적인 존재들로 그려지곤 하는 모습들과 비교해 볼 때 북한의 청년에 대한 담론은 이런 점에서 대조적이다.

기성세대 탈북자들에게 북한에 있을 때 경험했던 청년들에 대한 인상을 물으면 "돈을 알고, 인색하며, 계산적"이라면서도 "깨어있고 열려있는" 아이들이라는 말을 듣는 경우가 종종 있다. 국가에 대해서도 기성세대들과 달리 인민들에게 '협잡'을 일삼는 존재로 여기면서 국가가 제시하는 이상적 인간상에 대한 냉소로 가득 차 있는, 매우 현실적인 태도를 보인다는 증언을 접하게 된다.[330]

이러한 청년세대들은 무엇보다 '북한 내 한류' 콘텐츠의 핵심 소비층이 되고 있다. 2010년대 주민들의 생활과 가치관을 지속적으로 조사해 온 서울대 통일평화연구원의 조사에 의하면 북한 청년의 절반 이상은 한국 드라마나 영화 등 한류 콘텐츠를 접해본 적이 있으며[331] 이미 10년 전에 일주일 평균 드라마를 3.44편, 영화를 3.42편을 볼 만큼 한류 콘텐츠 접촉은 매우 일상화되어 있다.[332] 따라서 청년들의 한류 콘텐츠 시청이 남한의 언어와 말투, 스타일, 패션, 감정 표현 양식 등을 모방하면서 몸에 새겨 넣는다는데 북한 당국의 고민이 있다.

그래서일까? 김정은 위원장은 지난 2021년 한 회의석상에서 "우리 청년들의 사상정신 상태에서 심각한 변화가 일어나고 있다"고 우려와 불만을 표명했다. 청년세대들의 기강이 해이해졌다는 걱정을 표현한 것이다. 그래서 "청년 교양문제를 당과 혁명, 조국과 인민의 사활이 걸린 문제, 더는 수수방관할 수 없는 운명적인 문제"로 인식하고 청년들의 옷차림과

> **반동사상문화배격법**
>
> 북한 내에 비사회주의, 반사회주의 사상과 문화의 확산을 예방하기 위해 2020년 12월에 제정한 법이다. 외부 정보를 포함하여 외부로부터 유입되거나 유포되는 방송, 영상, 도서 등과 정보통신 매체와 관련한 강력한 처벌이 포함되어 있다. 대내적으로 김정은을 중심으로 한 사상통제를 강화하고, 외부로부터 유입되는 사상이나 문화를 적극적으로 차단하겠다는 것을 의미한다.

출처: 김갑식 외, 『북한지식사전』, 국립통일교육원, 2021.

머리 단장, 말투와 언행까지 면밀히 살펴보라고 주문하기도 했다.[333]

이러한 우려의 핵심은 무엇일까? 그것은 바로 남한식 풍이 청년들의 몸과 언어에 새겨지는 것에 대한 두려움이다. 「반동사상문화배격법」이라는 무시무시한 이름의 신규 법률에서도 이러한 태도가 확인되는데, '오빠'라는 호칭을 쓰지 말라는 것이 대표적이다.

한편, 북한 MZ세대들의 주요 데이트 장소는 시장, 공원 등이다. 주로 산책을 하거나 시장에서 길거리 음식을 같이 먹으며 데이트를 한다고 한다. 평양의 MZ세대들은 다른 지역 친구들보다 상대적으로 다양한 데이트 공간을 누리고 있는데, 보통 청춘거리, 보통강 주변 공원, 개선청년공원, 대성산 유원지 등에서 주로 데이트를 한다.(북한이탈주민 A씨, B씨, C씨, D씨, E씨 인터뷰, 2023년 5월 19일~6월 30일)[334] 우리의 모텔, 호텔 등과 같은 숙박업소 대실문화가 있는지는 확인하기 어렵다. 다만 숙박업소는 아니지만 일반주택(노인이 혼자 거주하는 공간 등)을 잠시 빌려 연인들이 함께 휴식을 취하거나, 또는 본인 집에서 요리를 하면서 데이트를 하는 것은 일반적인 연인들 간 문화라고 한다.(북한이탈주민 A씨, B씨, C씨 인터뷰, 2023년 5월 19일~6월 9일)

'세대론'은 많은 사실을 드러내 주는 만큼 함정도 존재한다. 한국의 MZ담론이 일정한 소득수준 이상의 서울 거주 대학생 내지 정규직 청년들의 목소리를 과잉 대표하고 있다거나 일종의 스테레오 타입으로 세대의 정체성을 미리 정해놓고 세대 내 차이를 외면한다는 비판적 문제 제기가 있는가 하면, 중국의 청년세대 연구에서도 '자기에 몰두하면서 애국주의적인' 문화적 태도를 생산하는, 겉보기에 모순적인 복잡한 모습들을 보이고 있다는 연구들이 속속 제출되고 있다.[335] 이러한 점을 고려하면서, 북한의 장마당 세대에 대한 관심도 이른바 '세대론의 함정'에 빠지는 것을 경계해야 한다. 즉, 북한에 대한 담론에서도 어느 지역, 어느 계층, 어떤 성별의 목소리가 대표되고 있는지, 그들의 내면세계는 어떠한지에 대해서 더 많은, 더 다양한 목소리를 들어봐야 하는 것이다. 한국의 MZ세대가 하나의 모습이 아니듯이 북한의 장마당 세대도 한 가지 모습은 아닐테니 말이다.

question
082

북한의 개그 코드는 무엇인가요?

개그는 '연극, 영화, 텔레비전 프로그램 따위에서 관객을 웃게 하기 위해 하는 대사나 몸짓'을 말하는데, 관객의 웃음을 이끌어 내는 요소들을 흔히 '개그 코드(gag code)'라고 한다.[336] '개그 코드가 맞다'는 표현은 함께 공감하여 웃는 지점이 같음을 의미한다. 이러한 개그 코드는 좁게는 개인마다, 넓게는 국가마다 다르다. 웃음을 자아내는 공통적인 지점이 같을 수 있다는 것은 웃음을 구성하는 요소를 이해해야 하는데, 이것은 사회문화적 배경과 밀접하게 맞닿아 있는 부분이다. 개그는 과거 만담부터 개그콘서트, SNL(Saturday Night Live)과 같은 개그 프로그램까지 다양한 형식과 장르로 발전하며 웃음을 전달한다. 개그 코드 또한 변화를 거듭하는데 일반적으로 외모나 특정 집단, 민족의 일부 모습을 확대하여 희화화하거나 정치 풍자, 패러디, 유행어의 반복 등 다양한 방식으로 이루어진다.

북한에서는 개그라는 단어 대신 유머를 뜻하는 '유모아'를 사용한다. 유모아는 '가벼운 풍자가 섞인 우스개 말', 또는 '사람들을 웃길 수 있는 기지있는 말, 사람들로 하여금 웃음을 자아내게 하는 언어 행위로 행동보다 말로 웃기는 익살의 한 가지'라고 정의한다. 북한에서 유머는 단순히 웃기는 말이 아닌, 사람들에게 생활의 교훈을 주어야 하는 것이며, 인민들의 풍부한 언어생활을 위한 목적으로 사용을 적극 장려하고 있다. 2017년 북한 조선출판물수출입사에서 출판한 『말솜씨와 유모아』라는 책 머리말에서는 유머의 주제를 지혜와 기지, 무지와 천진, 오해와 실수, 이기와 탐욕, 건망과 로망, 자기만족과 자화자찬, 허례허식, 농담, 무책임, 어리석음, 변명 등으로 구분하고 있다.[337] 이처럼 북한에서 개그 코드는 이야기 속 인물 중 한 명을 무지하거나 어리석지만 자신의 무지와 어리석음을 모른 채 천진난만한 모습들을 보여주며 희화화시키는 방식이다. 이 외에도 풍자나 언어유희, 동문서답 등의 방식을 활용하기도 한다.

개그를 통한 웃음은 자연스럽게 일반 현상에 의해 나타나는 것이지만, 북한에서는 사회적 측면에서 해석하고 활용하는 모습들이 나타난다. 웃음이 사회통합의 기제로 작동될 수 있다는 것이다. 북한에서 웃음을 목적으로 하는 문학예술 작품에는 화술소품이 있다. 만담과 비슷한 화술소품은 웃음을 통한 사람들의 잘못된 현상 비판과 교양을 목적으로 하는데, 북한 주민들에게 엄청난 인기를 끌고 있다. 만담과 비슷한 화술소품의 내용을 구성하는 한 요소인 '쌍소리'는 수위가 높지 않은 성인문화에 유머를 더해서 공연을 하는 것으로, 일상생활 속에서 흔히 겪는 현실의 이야기를 가감 없이 하는 것에 공감하여 높은 인기를 끌고 있다고 한다. 하지만 북한 문학예술 자체가 정치적 선전 선동의 도구로 활용되고 있고, 문학예술 작품 창작은 현실을 기반으로 하고 있기 때문에, 북한의 화술소품도 결국 지도자의 위대성으로 결론이 나고 주제도 관병관계나 군민관계, 반증교양, 도덕교양 등으로 제한적이다.[338]

북한의 화술소품은 1994년 평양웃음극단의 창립부터 시작한다. 평양웃음극단은 1994년 고난의 행군 시기에 창립됐다. 이 시기 '가는 길 험난해도 웃으며 가자'라는 구호가 있었던 만큼, 평양웃음극단의 창립은 힘든 시기를 웃음으로 극복하자는 의도가 있었다. 이 극단은 현재 국립희

북한의 만담 배우 리순홍의 연기 장면

출처: https://youtu.be/betFO6fMPkc?si=rihUA_rl1cfRppFw

극단이라는 이름으로 만담과 재담 등의 화술소품을 주로 공연하는 예술단체로 남아있다. 2020년 COVID-19 확산으로 인한 팬데믹 시기에 국립희극단의 화술소품 공연이 다시 등장한 것도 웃음을 통해 어려움을 극복하고 힘든 국면을 타개하고자 한 북한 당국의 의중이 담겨 있다.

북한 화술소품의 대표 배우로는 리순홍이 있다. 이 배우는 인민생활의 한 부분, 일상생활의 모습들을 이야기 소재로 만든다고 설명했는데, 화술소품이 현실을 소재로 하는만큼 인민들이 만담에서의 상황을 잘 이해할 때 공감하고 웃을 수 있다는 것이다.[339] 이는 곧 북한의 화술소품을 통해서 북한 주민들의 일상과 삶의 모습들을 읽을 수 있다는 것을 의미하기도 한다.

question
083

북한도 진로 모색과 취업에서 스펙이 중요한가요?

　북한은 공식적으로 노동시장이 존재하지 않고 국가가 노동력을 배치하는 체제다. 때문에 엄밀히 말해 자본주의에서의 '취업', 그리고 취업시장에서의 가치를 높여 직장을 구하기 위해 필요한 학력, 학점, 어학점수, 어학연수 경험 따위의 일체를 의미하는 '스펙'은 존재하지 않는다. 물론 경제난 이후 심화된 시장화 과정에서 다양한 형태의 비공식 노동시장이 맹아적으로 형성되어 오고 있지만, 대체로 단순 노무직이나 계절노동, 개인 혹은 가족이 경영하는 소규모 자영업 및 서비스업, 소상품 생산과 유통 관련 노동이 대부분을 차지하고 있기 때문에 대졸자 등을 중심으로 정규직 등 양질의 일자리를 구하기 위해 쌓는 그러한 의미의 스펙이 요구되지는 않는다.

　한 일간지 기획 인터뷰에서[340] 한 청년 북한이탈주민은 "남한에서 좋은 일자리를 얻어 윤택한 삶을 사는 꿈"을 꾸며 한국으로 왔지만 자신이 잡을 수 있는 일자리가 단기 계약직이나 아르바이트 외에는 사실상 없다는 사실을 깨닫고 "더 좋은 기회를 얻기 위해" 대학 진학을 결심했다고 했다. 그는 "북한에선 직업을 당에서 정해주기 때문에 진로에 대한 고민이 없었는데 남한에선 모든 걸 스스로 선택해야 하니까 고민이 많다"고 고충을 토로하기도 했다.

또 다른 청년 북한이탈주민의 "남한 친구들처럼 직장을 얻지 못할까봐 전전긍긍하진 않지만, 원하는 직업을 얻는 것도 힘들죠"라는 말은 '스펙으로부터의 자유'와 '직업 선택의 부자유'라는 북한 보통 청년들의 삶을 요약해 주고 있다.

북한에서 우리의 취업을 의미하는 노동력 배치는 크게 도·시·군당 간부과에서 배치하는 '간부 대상자'와 도·시·군 인민위원회 노동과에서 배치를 담당하는 '일반 노동자 대상자'로 나눠 진행된다. 청년들은 고급중학교(옛 고등중학교, 우리의 고등학교)를 졸업하면 대학으로 진학하거나 군 입대, 직장 배치 등으로 진로가 나뉘게 되는데, 출신 배경이 좋거나 특별히 공부를 잘하면 대학으로 진학하고 그렇지 못한 대부분의 평범한 가정의 자녀들은 군 입대나 곧바로 사회생활을 시작한다.

대학 진학은 크게 고급중학교 졸업 후 바로 진학하는 경우, 군 제대 후 진학하는 경우, 직장생활을 하다가 진학하는 경우로 나눠볼 수 있는데 고급중학교 졸업 후 바로 대학으로 진학하는 학생들을 '곧바로 간다'는 의미를 담아 속칭 '직통생'이라고 부르기도 한다. '직통'을 강조해 별도의 은어가 생겼다는 것은 그만큼 특권의 의미가 내포되어 있다는 것이다. 이들 중 간부 대상자는 대학을 졸업했거나 군관으로 제대한 자, 일반 노동자 대상자는 고급중학교를 졸업한, 우리로 치면 고졸 청년이 해당된다. 이들 고졸 청년들은 해당 인민위원회 소재의 협동농장이나 기업소, 지방공장 노동자로 배치 받아 사회생활을 시작한다.

물론 '스펙'이라는 표현이 없다는 것이 직업 배치가 아무런 기준 없이 진행된다거나, 진로의 선택지가 전무하다는 것을 의미하지도 않는다. 북한에서는 전통적으로 대학 졸업, 군 제대, 입당, 기타 활동 경력 등 당과 국가가 요구하는 주요 자격요건을 중요하게 평가하는데 이 자격들을 갖추는 것이 '스펙'과 비슷하다고 보면 이해가 쉬울 것 같다. 네 가지 자격요건 중 몇 가지를 갖췄는 가에 따라 진로가 달라지는 것이다.

참고로 우리에게 기본 중의 기본 스펙인 영어 능력은 북한에서는 그렇게 중요하지 않다. 오랫동안 북한에서 영어의 지위는 러시아어가 차지하고 있었고 영어는 제2외국어로 대학에서만 가르쳐왔다. 그러다 동구권 몰락과 영어의 국제적 위상 강화로 1980년대부터 영어교육이 확대되었다. 1995년부터는 교과 과정 중 영어가 러시아어를 제치고 필수 외국어가 되면서 초·중등교육에서도 영어교육을 실시하고 있다.

다만 우리처럼 취업의 기본 스펙처럼 영어가 강조되기 보다는 일종의 특수교육, 영재교육 형태로 외국어 대학 진학을 통한 통·번역사, 외교 전문가 양성을 목적으로 영어교육이 실시되었다.[341] 물론 배경이 좋아 외국에서 근무할 가능성이 있는 청년들의 경우 영어와 컴퓨터 능력은 필수 스펙이기에 이를 위한 사교육 시장도 등장하고 있다고 한다.

이러한 자격요건 외에 가족관계와 품행, 사상 검토, 조직 내 생활과 활동사항 등을 평가하는 평정서(評定書)라는 것도 있는데 이 평정서 또한 북한에서 중요한 스펙 중 하나다. 평정서는 우리로 치면 생기부, 평판 조회와 추천서 등의 성격이 결합된, '기관이 작성한 이력서'라고 볼 수 있다. 이 평정서는 입시는 물론 입대, 직장 배치에 있어서도 개개인에 대한 중요한 평가 기준으로 작용하기 때문에 진로 준비 차원에서 뇌물을 주고 암암리에 열람이 행해지기도 한다.[342]

평정서는 기본적으로 국가의 개인에 대한 남김 없는 해부와 장악을 목표로 하는 것이지만 동시에 적절한 직장 배치와 유능한 인재를 등용하기 위한 추천서로의 역할을 겸하고 있다.[343] 사상 검토를 포함하고 있기에 입대나 간부 등용에 있어서 신원조회서의 기능을 하는 것은 물론이다. 이처럼 평정서는 입시에서부터 직장 배치, 승진과 강등, 해임 등을 결정하는 참고 문건이 되고 있다. 우리의 자기소개서와 유사한 '자서전'이라는 문서도 있는데 평정서, 이력서 등을 통해 진실성 여부가 교차 검토 되기도 한다.

한 연구는 '출신 성분'과 '사회 성분'으로 나눠 이러한 북한식 스펙에 따른 직업 경로의 차이를 세밀하게 분석하고 있다.[344] 이 연구에 따르면, 고급중학교 졸업 후 바로 직장을 배치 받는 최저 스펙에서부터, 대학 졸업과 군복무, 입당을 모두 성취한 최고 스펙 사이에서 다양한 선택지가 존재할 수 있다. 위 네 가지 자격 요건의 순서를 다르게 선택할 수도 있고 각각의 자격 요건을 취득하기 위해 필요한 나머지 스펙을 우선 취득하는 선택지도 존재할 수 있는 것이다.

예를 들어 군복무를 먼저 마치게 되면 입당에 유리하기 때문에 입대를 서두르는 선택이 그런 경우에 해당한다. 그 외에 대학 졸업 후 3대 혁명소조나 현장 체험 등을 쌓기도 하고, '직통생'이 되기보다는 군복무와 입당을 먼저 한 뒤 대학에 진학해 추천을 받아 직업을 찾는 선택도 있었다고 한다. 이러한 선택들은 물론 해당 시점의 국가 시책과 시대 분위기를 반영하는 것이다. 기본적으로 출신 성분으로 대표되는 정치적 계층 피라미드에서 직업 선택의 자유가 제약되는 것은 분명하지만 사회변화와 민심에 따라 인재 등용과 선발 요건에 관한 시책들도 변화하고 있기 때문이다. 따라서 동일한 정치적 계층, 동일한 자격요건 취득자들 내에서도 보다 세분화 된 경쟁 구도가 열리면서, 제한된 선택지 내에서도 학업 성적과 경력 차이에 따라 조금 더 나은 일자리를 찾을 가능성이 열리게 된다는 것이다. 즉, 우리에게 익숙한 스펙과 메리토크라시(meritocracy)의 영역이 점차 확대되어 간다고 볼 수도 있다. 물론 기존 계층 피라미드의 상위에 있는 자들의 '세습'이라는 변수를 결코 무시해서는 안 되겠지만 말이다. 메리토크라시의 강조가 불평등과 공정이 결합하는 세습 자본주의 시대를 낳은 현 시대를 생각해 보면 북한의 미래도 그리 간단치는 않을 것이다.

question
084

북한의 일등 신랑·신붓감은 어떤 사람인가요?

　　북한의 「가족법」 9조(결혼연령)에 따르면 남자는 18세, 여자는 17세부터 결혼할 수 있다고 규정하고 있다. 하지만 같은 조문에 "국가는 청년들이 조국과 인민을 위하여, 사회와 집단을 위하여 보람있게 일한 다음 결혼하는 사회적 기풍을 장려한다"고 명시하면서 만혼(晩婚)이 일반화되었다. 그래서 실질적으로 남자는 20대 후반 내지 30대 초반, 여자는 20대 후반에 결혼하는 것이 흔했다. 1980년대 경제난으로 국가가 고용을 보장하는 데 어려움을 겪으면서 결혼적령기가 조금 당겨진 적도 있긴 하다. 하지만 1990년대 고난의 행군 이후로 여성의 결혼 기피 현상이 나타나면서 만혼이 다시 만연했다.[345] 노동을 중시하는 국가 시책으로 만혼이 권장되다가 경제난 이후로는 아래로부터 만혼의 분위기가 형성된 것이다.

　　이처럼 결혼에 대한 인식과 문화의 변화는 북한의 변화를 상징하는 바로미터 중 하나이기도 하다. 최근 한국의 결혼정보회사인 〈가연〉에서 오픈서베이를 통해 미혼남녀 1,000명(남 500, 여 500, 25세 이상 39세 이하)의 '희망 배우자상'을 조사(표본오차 95% 신뢰수준, ±3.1%p)한 결과에 따르면, 남녀 배우자의 희망 직업은 남성의 경우 '공무원·공기업(34%)', '(대기업)사무직(19%)', '전문직(13.6%)' 순으로, 여성의 경우 '공무원·공기업(29.4%)', '전문직(25.2%)', '(대기업)사무직(18.4%)' 순으로 조사된 바 있다.[346] 이는 자산뿐만 아니라 노동시장의 양극화와 유동성이 심화되면서 직업의 안정성과 전문성이 강조된 결과로 해석된다. 그렇다면 북한은 어떨까?

  북한에서도 결혼에 대한 인식 변화는 이상적인 배우자상에 대한 변화로 이어지고 있다. 한국과 마찬가지로 북한의 배우자 직업 선호도 또한 변화된 경제 상황을 반영하고 있다. 식량과 주택 등 기본적인 의식주가 세대주의 신분과 직업에 따라 차등적으로 분배되던 배급제 시절에는 결혼 '적령기'가 된 여성의 경우 결혼을 통해 안정적인 생활을 이어갈 필요가 있었다. 하지만 사회주의 계획경제가 흔들리고 배급 체제가 불안정해지면서 결혼이 생활을 보장해 주기는커녕, 도리어 공장 가동 중단으로 실직한 남편의 생계까지 여성이 책임져야 하는 부담을 가중시켰다. 뒤에 살펴보겠지만, 북한의 경우 형식적으로는 이혼이 보장되어 있지만 실질적으로는 이혼 성립이 까다로운 데다가 비용도 만만치 않기 때문에 결혼은 여성에게 짐이 되기에 이르렀다. 그러다보니 만혼과 결혼 기피, 혼전 동거, 미등록 사실혼 관계가 증가하는 등 결혼을 필수로 여기던 사회적 분위기에도 변화가 생기고 있다.

  이처럼 경제 상황의 변화는 결혼에 대한 사회적 관념의 변화를 동반하면서 선호하는 배우자의 직업군에도 영향을 미치고 있다. 여성의 경우, 전에는 당간부나 군관, 기술자들이 이상적인 배우자로 간주되었지만, 경제난 이후로는 가족의 생계를 책임지기 쉬운 요리사, 원자재와 생산물을 관리하는 자, 외화를 다루는 무역회사원, 외국을 출입할 수 있는 외교관이나 유학생들이 인기를 얻고 있다고 한다. 남성의 경우에도 이상적인 배우자 여성의 직업으로는 식당 종업원이나 상품 판매원 등 서비스 직종이나 물건을 사고파는 일에 종사하는 경우가 선호되고 있다. 특이한 사실은 농촌 남성의 경우, 종래 배우자로 기피 대상이었지만 식량 사정이 악화되면서 점차 선호도가 높아지고 있는 부분이다.[347] 봉급과 배급이 아닌 장마당 등 시장을 통해 기본적인 의식주가 해결되고 달러나 위안화 등 외화(현금)를 보유하는 것이 중요해지면서 장사 밑천의 융통과 사업 수완이 좋은 배우자가 선호되기 시작한 것이다.

이러한 변화는 선호하는 배우자의 이상형을 표현하는 각종 신조어의 등장을 통해서도 확인해 볼 수 있다. 혹시 '열대메기'라는 말을 들어보았는가? 아마 처음 들어보았을 것이다. 풀어보자면, '여자를 〈열〉렬히 사랑하고 〈대〉학을 졸업했으며, 당(원)증을 〈메〉야하고 〈기〉술이 있는 남자'를 말한다. 최근 북한의 젊은 여성들이 선호하는 남성 배우자상을 요약하는 신조어인데 한마디로 좋은 배경(출신 성분)을 지니고 학력을 갖춘 전문직 종사자를 의미한다. 그럼 남성들이 선호하는 배우자상은 어떨까? 여기에도 신조어가 있는데 '현대가재미'가 그것이다. 풀어보면, '〈현〉금이 많고 〈대〉학을 졸업했으며, 〈가〉풍이 좋고 〈재〉간이 뛰어난 〈미〉인'을 말한다.

한편, 북한의 전통적인 혼수 문화를 상징하는 말로는 유명한 '5장6기'가 있다. '5장'은 옷장, 이불장, 찬장, 신발장, 책장을, '6기'는 텔레비전 수상기, 세탁기, 녹음기, 냉동기, 재봉기, 선풍기를 의미한다. 앞서 '현대가재미'를 최근 '손오공(아)'이라는 신조어가 대체하고 있다는데 '〈손〉전화기(휴대폰), 〈오〉토바이, 남편의 〈공〉부 뒷바라지'를 의미한다. 그리고 부유층 사이에서는 여기에 〈아〉파트가 포함된다고 전해진다.[348] 이처럼 최근에는 예물 대신에 현금, 혹은 장사 밑돈(천)을 대주는 이른바 '실속형' 혼수가 선호되고 있다.[349]

결혼식은 전통적으로 '당일잔치'(신랑잔치, 신부잔치)라고 해서 신랑과 신부의 집에서 해오다가 최근에는 대형음식점에서 진행하는 것이 보편화되고 있다. 주례는 당간부나 직장 상사가 하며 형편에 따라 축의금도 낸다. 한국처럼 신혼여행이 자연스러운 형편은 아니고 다만 예식 후 인근 혁명사적지나 공원을 찾아 기념사진을 찍거나 비디오를 찍는 것이 보통 주민들의 결혼식 풍경이라고 볼 수 있다.

이러한 북한의 결혼식 문화를 상징하는 것은 '큰상'이라고 할 수 있는데 양가에서 마련한 음식상인 '큰상'을 차려놓고 앞서 말한 '당일잔치'가 진행되어 왔다. 이는 1980년대까지 이어져 오던 한국의 모습과도 흡사한 면이 있는데 생전의 김정일 위원장이 이를 두고 '낡은 허례허식'이라고 폐지를 지시한 바도 있다. 그럼에도 식량난으로 허덕였던 고난의 행군 때조차 "무를 가지고 떡과 과일의 모양을 만들고 물감으로 색칠을 하며, 옥수수 튀기에 물감을 들여 형형색색의 꽃을 만들어 장식을 했다"는 증언에서 보듯이 주민들의 '큰상'에 대한 애정은 지워지지 않았다. 그러다 보니 당국에서도 "남의 이목에 신경 써 과용하여 음식을 많이 차리는" 것이 아니라면 "이웃과 음식을 나누는 풍습은 권장할 만한 미풍양속"이라고 한 발 물러서기도 했다.[350]

한국 방송에서 소개하는 평양의 최근 결혼식 모습에서 볼 수 있듯이 북한의 결혼식도 과거 집에서 하던 '당일잔치'가 식당으로 옮겨가는 모습이다. 그리고 결혼식 문화에도 양극화가 발생하고 있다고 한다.

연구에 따르면, 이러한 '신식잔치'에서도 '큰상'의 명맥은 유지되고 있는 상황이 2010년대 탈북 한 북한이탈주민 구술에서 확인된다. 다만 상에 올라가는 음식의 출처가 장마당으로 바뀌고 그 종류가 인조고기, 통조림, 케이크, 양주 등으로 변한 것뿐이라는 것이다. 정치적 위치나 경제력에 따라 여성의 예복이 저고리와 드레스로 나뉘고, 식당의 종류(상류층의 고급 선상식당 등)와 식장, 음식의 화려함이 차이가 있을지 모르지만 기본적으로 이러한 잔치 문화는 이어지고 있는 것이다. '큰상'이 "잔치의 꽃으로 정면에 위치"하는 것처럼 말이다.[351] 이러한 점에서 최근 북한의 신식 결혼식 모습은 한국식의 그것이라기보다는 "연변이나 단동지역의 조선족 예식 문화가 전래되어 확산"[352]된 것으로 보는 것이 맞을 듯 하다.

따라서 북한의 최근 결혼식 문화가 단순히 남한화, 혹은 자본주의화 되었다는 것이 아니라, 주민들 사이에 이어져 오는 '큰상' 문화로서의 미풍양속과 경제난 이후 시장화와 함께 나타난 현대화된 식당 중심의 신식 결혼식이 북·중 개방에 따른 조선족 예식 문화와 겹치면서 형성된 것으로 볼 수 있다. 북한의 변화와 문화를 정확히 인식하기 위해서는 언제나 우리 중심의 시각으로부터 한 발 물러설 필요가 있다.

question
085

북한에도 이혼 전문 변호사가 있나요?

　북한의 「가족법」 20조에서 "리혼은 재판에 의해서만 할 수 있다"고 규정하고 있다. 북한에서 당사자 간 자유로운 합의에 의한 '협의상 이혼'이 1956년에 폐지되면서 현재는 공식적으로 인민재판소 판결을 통한 '재판상 이혼'만 가능하다. 사유재산이 법적으로 인정되지 않는 경제시스템과 재판상 이혼만 가능한 「가족법」에 따라 사실상 북한에서 민사소송의 대부분은 바로 이 이혼에 관한 재판이 차지하고 있다고 봐도 무방하다. 물론 현실에서는 재판을 거치지 않은 '사실상의 이혼'도 많다고 한다.

　재판을 통해 이혼이 허가되면 신분 등록 기관에 재판서 사본을 제출, 이혼을 등록하면 이혼이 최종적으로 성립하게 되는데, 재혼을 하는 경우가 아니라면 굳이 이혼소송을 통한 공식 절차를 밟지 않는 경우도 많다는 것이다.[353]

　"가정을 공고히 하는 것은 사회의 건전한 발전을 위한 중요한 담보"라는 표현이 법조문에 규정되어 있을 만큼 이혼에 대한 국가적 시선은 여전히 곱지 않다. 입당과 간부 등용 시에도 이혼을 '불명예나 오점'[354]으로 평가해 불이익을 주고 있으며 탈북 가능성을 미연에 방지하기 위해 해외파견 인력 선발 과정에서 부모의 이혼 유무를 심사한다고 한다.[355]

> **북한의 「가족법」 중 '이혼' 관련 조항**
>
> **제3장 가정**
>
> **제15조 가정의 공고화**
> 가정을 공고히 하는 것은 사회의 건전한 발전을 위한 중요담보이다.
>
> **제20조 남편과 안해(아내) 관계의 해소**
> 리혼은 재판에 의해서만 할 수 있다.
>
> **제21조 리혼 조건**
> 배우자가 부부의 사랑과 믿음을 혹심하게(심하게) 배반하였거나 그 밖의 사유로 부부생활을 계속할 수 없을 경우에는 리혼할 수 있다.
>
> **제39조 재산 분할**
> 리혼 또는 그 밖의 사유로 가정성원이 갈라져 나가는 경우 가정에 들어올 때 가지고 왔거나 상속, 증여받았거나 그밖에 개인적 성격을 띠는 개별 재산은 각자가 가지며 살림살이에 공동으로 리용하기 위하여 취득한 가정재산은 당사자들이 합의하여 나누어 가진다. 합의가 이루어지지 않을 경우에는 재판소가 해결한다.

출처: 통일법제데이터베이스 http://www.unilaw.go.kr

이처럼 정치적, 도덕적으로 이혼을 불온시하고 제도적으로 불이익을 주는 국가의 시책에도 불구하고 이혼에 대한 사회적 인식만큼은 많은 변화를 보이고 있어 더 이상 이혼이 '큰일'[356]처럼 여겨지지는 않는 분위기이다. 특히 이러한 인식의 변화에는 여성의 경제활동 증가에 따른 가정 내 가부장적 질서의 균열이 큰 몫을 차지하고 있는데, "남자들이 이혼을 당할까봐 무서워 한다"[357]는 증언이 이러한 분위기를 대변하고 있다.

대표적인 유책 사유인 가정폭력에 대해서도 '집안 문제'라면서 쉬쉬하거나 가급적 참고 지내기보다는 이혼을 택하는 경우가 점차 늘어감에 따라 남편의 심각한 가정폭력도 감소하는 추세라는 증언이 속속 확인되고 있다.

문제는 이혼 자체에 대한 사회적 인식은 상당한 정도로 변화가 나타나고 있지만 그와 별개로 남편의 유책에 따른 이혼에도 불구하고 여성에게서 흠결을 찾는 가부장적인 인식과 사회적 분위기는 온전히 해소되었다고 보기 어렵다는 점이다. 일종의 문화지체이다.

게다가 '재판상 이혼'만 허용되는 조건에서 까다롭고 복잡한 절차와 그에 따른 과다한 소송비용은 여전히 이혼을 결심하는 데 현실적인 장벽으로 작용하고 있는 것 또한 엄연한 현실이다. 예를 들어, 한 북한이탈주민의 증언에 따르면 이혼에 따르는 총 소송비용이 북한 돈으로 3천만 원, 외화로 700달러(재판소 서류 청구 비용 300달러) 정도의 고액이었다고 한다.[358]

복잡하고 느린 절차를 줄여주고 까다로운 이혼 성립을 쉽게 해주기 위해 재판소에 뇌물을 바치는 경우도 늘어나고 있는데, 뇌물로 재판소에 내는 돈이 500달러부터 많게는 수천 달러까지 천차만별이라고 한다. 이혼하려는 여성이 뇌물을 변호사에게 주면 그가 판사, 참심원에 돈을 전달해 소송이 쉽게 끝날 수 있다는 것이다.[359] 이혼소송에서 변호사의 능력과 역할보다는 뇌물을 포함한 소송비용의 조달 능력이 결정적인 것으로 보인다.

중국 돈 500위안으로 서류를 접수하고 그 후 담당 판사에게 1,500위안을 뇌물로 주었다는 내부 소식통의 전언[360]을 통해서도 변호사의 역할은 소송 절차의 안내자, 판사와의 뇌물 창구 역할 수준에 머문다. 이에 따라 실제 이혼의 성립에 대한 판단은 서류 비용과 담당 판사의 재량에 달린 것으로 해석된다. 3~5년이 다반사인 이혼소송 기간이 뇌물 액수에 따라 보름 만에 처리된다는 소식통의 전언을 보아도 그렇다.

이처럼 여성의 경제생활 증가에 따른 이혼에 대한 인식 변화로 인해, 소송비용 부담에도 불구하고 돈을 빌려서라도 이혼하는 경우가 늘고 있다고 한다. 돈을 빌려서라도 이혼할 만큼 이혼율이 증가세에 이르자 당국에서는 유책사유가 있는 배우자에게 법조항에도 없는 노동단련대 6개월 형을 내리는 등 이혼을 막기 위한 조치들을 내리고 있다.

북한 내부 소식통에 따르면 지난 2021년 3월 초 도당과 사법 기관에

"이혼하는 대상들은 사회에 혼란을 조성하고 사회주의 생활양식에 반하는 대상들로 간주하라"는 김정은 위원장의 지적이 담긴 방침이 하달됐다고 한다. 노동단련대 6개월 형은 이러한 김정은 위원장의 방침이 나온 후 논의를 거쳐 한 달 만에 마련되어 실제로 집행되었다고 한다.[361] 이러한 강제적 형벌 조치 외에도 인구 수에 비례해 각 시·군 재판소가 한 해에 다룰 수 있는 이혼 재판 건수를 지정하는 행정 조치도 내려졌다고 한다.[362]

여성의 경제활동 확대에 따른 이혼에 대한 사회적 인식 변화와 장기간의 경제난으로 인한 가정불화로 인해, 이혼율이 증가함에도 불구하고 이혼을 '사회혼란'으로 인식하는 당국의 인식과 법제도 미비에 따른 소송비용의 증가는 이른바 '정상가족'을 벗어난 다양한 형태의 가족 형태를 만들어 내고 있다.

북한의 「가족법」 제11조(결혼등록)에는 "결혼등록을 하지 않고 부부생활을 할 수 없다"고 규정하고 있지만, 결혼등록(혼인신고)으로 법적인 부부관계가 성립하게 되면 여성이 남편의 생계를 책임져야 하고 이후 이혼을 하고 싶어도 까다로운 이혼 절차를 거쳐야 하기 때문에 동거나 사실혼 형태를 선호하는 경향이 급증하고 있는 것이다. 혹은, 결혼을 하더라도 혼인신고를 늦춰 이혼에 따르는 리스크를 최대한 경감하려는 모습들도 나타난다고 한다. 2018년 6월에 혼외자에게도 모두 출생증을 내어주라는 김정은 위원장 명의의 방침이 내려졌다는 증언은 이러한 분위기를 뒷받침하고 있다.[363]

question
086

북한에도 유명 학원가가 있나요?

　북한의 새 학기는 4월에 시작되기 때문에 보통 2월, 3월경 꽃샘추위가 한창일 때 입시 전쟁을 치르게 된다. 북한에는 '본뜨'라는 것이 있는데 우리말로는 'T.O'라고 얘기한다. 북한에서는 모든 고급중학교(고등학교) 학생들이 예비고사를 보고, 성적대로 중앙에서 학교마다 본뜨를 나눠준다. "몇 명 정도 추천할 수 있다"라는 본뜨를 나눠주면 학교에서 예비고사 성적을 기초로 하고 여러 가지 사상성이나 성분 등을 잘 살펴 최종적으로 학생들을 추천하게 된다. 그러면 그 해당 대학에 가서 본고사를 치르는 식이다. 남한에서는 대학 진학률이 약 70% 정도 되는데 북한은 약 15% 정도에 불과한 수준이라고 한다.[364]

　옛날 북한 입시는 당 간부 자녀라든가 권력이 있는 집안의 자녀를 선생님이 추천하는 추천제 형식으로 운영이 되었다. 그러다 보니 비리가 많이 발생하고, 또 주민들의 불만도 너무 많아져 1980년에 전 인민의 인텔리화를 내세우면서 국가고시로 시험을 보게 되었다. 시험 성적을 기반으로 추천권을 주는 식으로 바뀌면서 성적 위주로 정말 뛰어난 학생들이 들어갈 수 있게 됐지만, 여전히 최종적인 추천권은 학교가 가지고 있기 때문에 선생님의 재량이 훨씬 크게 작용한다고 할 수 있다.[365]

입시 경쟁이 치열하기 때문에 사교육도 있다. 대학 입학은 평생 안정적인 삶과 직장을 보장해 주는 것이기 때문에 굉장히 중요하다. 시장화 이후 소득이 많아진 사람들이 생기면서 사교육을 많이 시킨다. 꼭 부자들만 그런 것도 아니다. 요즘은 북한도 아이를 하나, 둘밖에 낳지 않는 추세이므로 형편이 좋지 않아도 꼭 과외 선생님을 붙여 대학에 보내려는 분위기가 아주 팽배하다는 증언도 있다. 북한에는 우리의 대치동, 목동, 중계동 같은 학원가는 없지만 선호하는 지역은 있다.

question
087

북한에도 학폭(학교 폭력)이 있나요?

　사람들을 따돌리는 일을 북한에서는 '모서리', '모듬개'라고 표현한다. 용어의 차이는 있지만 여러 사람이 누군가를 따돌리고 괴롭히는 일, 그리고 그런 괴롭힘 당하는 사람이나 상황들이 북한에도 분명 있다. 사람 사는 사회라면 그런 일은 있을 수밖에 없다. 다만, 사회에 따라 그 방식이나 표현은 다를 수 있다.

　소학교 2학년부터 매주 하는 생활총화에서의 '호상비판'은 많은 아이들 앞에서 공개적으로 한 명을 망신 주고 힘들게 하는 행위다. 모든 사고가 완성되지 않은 아이들은 집안 형편이 어렵거나, 그로 인해 학교 과제를 제때 하지 못하는 친구, 또는 신체적으로 약한 친구들을 '호상비판'의 단골 대상으로 삼기도 한다.

　또 결석한 학생을 '1개 분조' 단위로 집에 찾아가 데려오게 하는 체계가 있어 학생들이 결석한 친구 집 앞에서 동네 떠나갈 듯 이름을 합창하며 학교로 같이 가자고 외치는 경우도 있다고 한다. 이런 행동은 집 안에서 이 상황에 직면하게 된 친구에게 심리적 불안과 공포를 줄 수도 있다. 다만, '학교폭력'은 사회적으로 그것을 폭력이라고 자각하는 지 여부가 매우 중요하다. 어린 시절에는 쉽게 자각하지 못할 수 있기 때문이다.

남이나 북이나 학교 폭력은 국가, 사회, 가정이 함께 해결해야 하는 문제다.[366]

최근 북한의 법 제정을 통해 학교 폭력 제재와 관련한 내용이 일부 확인됐다. 16세가 기준이며, 부모가 자녀의 구타를 방치하는 경우 벌금도 내린다고 한다. 법 제정까지 이어졌다는 것은 북한에도 학교 폭력이 있다는 점을 방증한다고 볼 수 있다.

북한의「구타행위방지법」(2021.11.30.) 주요 내용

제2조 (구타행위의 정의)
구타행위는 사람을 함부로 때리거나 치는 모든 행위를 의미한다. 구타행위에는 손으로 때리거나 긁어놓거나 꼬집거나 누르거나 잡아당기거나 비틀어놓는 행위, 발로 차거나 누르거나 목조르기를 하는 행위, 밀치거나 넘어뜨리거나 떨어뜨리는 행위, 이마로 받거나 입으로 물어놓는 행위, 물에 빠뜨리는 행위, 머리칼을 비롯한 몸의 임의의 부위를 잡아흔드는 행위, 돌이나 흙, 그 어떤 물체로 때리거나 찌르거나 뿌리는 행위 등이 속한다.

제8조 (법의 적용대상)
이 법은 기관, 기업소, 단체와 공민에게 적용한다. 구타행위당시 16살이상 되는자에 대하여서만 이 법에 따라처벌한다. 16살에 이르지 못한자가 구타행위를 하였을 경우에는 사회적 교양 대책을 세운다. 그러나 14살 이상에 이른자가 저지른 구타행위가 범죄에 이를 경우에는 형사적 책임을 지운다.

제18조 (교양을 무책임하게 한 부모에 대한 벌금 처벌)
자녀교양을 바로하지 않아 구타행위를 발생시킨 경우에는 책임있는 부모에게 1만~5만 원의 벌금 처벌을 준다.

북한의「청년교양보장법」(2021.9.29.) 주요 내용

제41조 (청년들이 하지 말아야 할 사항)
청년은 다음과 같은 행위를 하지 말아야 한다.
7. 구타, 폭행, 패싸움을 비롯한 사회 공동생활 질서를 문란시키는 행위

question
088

북한에서는 신혼여행을 어디로 가나요?

　북한 주민들의 결혼식은 우리와 많이 다른 특징이 있다. 첫째, 우리와 같은 결혼식장이 없다. 전통적으로 결혼식은 신랑집 또는 신부집, 직장, 문화회관 등에서 진행하고, 가족들이 음식을 준비한다. 여유가 있는 집은 식당을 빌려서 음식을 제공하기도 한다. 결혼식에서 신부는 한복, 신랑은 양복을 입는다. 하객들은 축가를 부르며 결혼을 축하하며, 하객을 위한 음식은 지역이나 지방에 따라 다르지만 보통 떡이나 국수 등이 잔치음식으로 제공된다.

　예단과 예물은 결혼식 당일에 교환하는데, 생활수준에 따라 차이는 있다. 대체로 신랑 양복감, 신부 한복감, 가족 양복감, 화장품 정도를 주고받는다. 집은 국가에서 배정해 주며, 주방 생활용품이나 가구, 이불, 베개 등의 살림살이는 신부 쪽에서 장만하는 것이 일반적이다. 지역별로 차이가 있어 평안도나 황해도 지역에서는 신랑이 살림살이 일부를 마련하기도 한다. 한편 함경도에서는 살림살이 모두를 신부가 장만하는 것이 일반적이다.[367]

　신혼여행은 지역별, 계층별로 다르다. 대부분은 신혼여행을 가지 않는다고 한다. 왜냐하면 북한에서 여행을 가는 것 자체가 쉽지 않기 때문이다. 다른 지역으로 여행을 가기 위해서는 이동허가서를 받아야 하고 이동 교통수단도 활성화되어 있지 않아 경제적으로 여유가 있는 집안이 아니면 신혼여행을 가지 않는다. 그래서 대부분 집 근처 경치 좋은 곳에 가서 함께 사진을 찍는 정도를 신혼여행이라고 생각하고 있다. 부유층 또는 특정 계층은 자신의 자동차나 택시를 이용해 신혼여행을 가기도 한다.[368]

축의금 문화는 우리와 유사하다. 현금으로 축의금을 주거나 쌀 또는 생필품 등을 선물로 주기도 한다.

question
089

북한에도 위락 시설이 있나요?

김정은시대 북한의 대규모 위락 시설은 대부분 평양에 있다. 평양 외의 지역은 원산갈마해안관광지구와 금강산관광지구, 양덕온천, 삼지연 등이 2023년 기준 대표적 위락 시설이 있는 곳으로 꼽힌다.

첫째, 평양지역의 위락 시설이다. 김정은 체제는 집권 이후 릉라인민유원지, 창천거리, 미림승마구락부, 문수물놀이장 등을 신축하고 만경대유희장, 평양체육관, 릉라도5.1경기장, 대성산유원지, 태권도 전당 등을 개건하여 주민들에게 다양한 문화 혜택을 제공하고 있다.

둘째, 평양 외 지역의 위락 시설이다. 김정은 위원장은 집권 이후 동부에 원산갈마해안관광지구와 중부에 양덕온천, 북부에 삼지연시를 주요 핵심 관광사업 지역으로 선정하고 현지지도를 통해 지역 발전을 도모했다. 2023년 현재 동부 원산갈마해안관공지구는 아직 미준공 및 미공개 상태이며, 중부의 양덕온천은 2019년에 준공하여 북한 일반 대중에게 제공되고 있다. 북부의 삼지연시 도시 개발 및 지역 위락 시설(삼지연 호텔 및 스키장 등)은 2020년 준공 후 일반 주민에게 공개하였다. 이 외에도 강원도에 마식령스키장 신축, 자강도에 자강도체육관과 강계스키장 신축, 평안남도에 북창체육관 신설 등이 있다.

평양 내 대표적인 위락 시설

릉라인민유원지

창전거리

미림승마구락부

문수물놀이장

만경대 유희장

대성산유원지

자료: 〈조선의 오늘〉, https://dprktoday.com/photos/17124 (검색일: 2023.7.12.)

김정은시대 북한 내 주요 위락 시설 건설(신축·개건)

구분	지역	연도	주요 변화
신축	자강	2022	강계, 천리길학생소년궁전 준공
신축	평북	2022	평안북도예술극장 개건
개건	함북	2022	함북 회령시 김정숙교원대학 준공
개건	황남	2022	해주, 조옥희해주교원대학 개건
개건	황북	2022	황북 사리원교원대학 개건
신축	양강	2021	삼지연시 3단계 공사 완료, 삼지연 호텔 및 위락 시설 건설
신축	평북	2021	평북, 피현소년단 야영소 건축
신축	평북	2021	은산군 미술전람관 신축
신축	황북	2021	황해북도 사리원체육관 건설(1,000여 석의 관람석과 실내축구, 농구, 배구가 가능한 멀티체육관, 과학기술보급실, 체력단련실 등 보유
신축	황북	2021	사리원혁명사적지 답사숙영소 건설
신축	평양	2020	동평양지구에 종합체육기지 건설
신축	평양	2020	새로 건설된 평양시 축구학교(평양국제축구학교와 별개)
개건	황북	2020	개건된 황해북도 축구학교 준공
신축	황북	2020	황해북도 태권도훈련관 새로 건설
신축	평남	2019	양덕군 온천관광지구 건설
신축	평북	2019	신의주학생궁전 준공
개건	평양	2019	대성백화점 준공
개건	평양	2019	평양, 조선우표박물관 개건
개건	함북	2019	온포, 온포근로자휴양소 개건
준공	자강	2018	자강도체육관 준공
신축	자강	2018	강계스키장
개건	평양	2017	개건된 태권도전당 준공
개건	평양	2016	평양민속공원
신축	평양	2016	평양시와 각 도에서 체육촌 건설 한창
준공	평양	2016	김일성경기장 준공

구분	지역	연도	주요 변화
개건	평남	2015	평안남도에서 많은 체육 시설들 신축 및 개건
신축	평북	2015	평안북도 신의주체육관 신축
신축	평북	2015	신의주체육관 새로 건설
신축	함남	2015	함경남도 함흥 사포구역 체육관 신축
신축	함북	2015	라선시에서 체육관 새로 건설
개건	황남	2015	황해남도 철광석 생산기지인 재령광산에 현대적인 체육관과 1,000석 야외경기장 건설
개건	평양	2014	나라 체육시설의 상징–개건된 5월1일경기장
개건	평양	2014	개건된 청춘거리체육촌 준공
신축	함흥	2014	함흥물놀이장 완공
신축	강원	2013	마식령스키장 건설
신축	평남	2013	북창체육관 새로 건설
개건	평양	2013	개건된 평양체육관 개관
신축	평양	2013	문수물놀이장 완공
준공	평양	2013	미림승마구락부 준공
신축	평양	2012	창전거리 보수(북한판 신도시, 고층 아파트)
신축	평양	2012	릉라인민유원지
개건	평양	2012	만경대 유희장

자료 : 〈로동신문〉 2012년 1월 1일 ~ 2022년 12월 31일

question
090

북한의 대표적인 관광지는 어디인가요?

북한의 관광은 참관을 기본으로 하는 일반 관광과 전문 관광 형태로 진행되고 있다. 일반 관광은 '기념비적 건축물들이나 전람관, 박물관과 같은 대상들에 대한 참관, 명승지 유람, 역사유적 참관'으로 구성되며, 전문 관광은 '고구려벽화 무덤을 위주로 하는 역사유적 관광과 지질연구 관광, 대동강 철새 관찰 관광, 판문점 관광, 경마·골프·스키·요트·자전거 등의 체육 관광' 등이 있다.

북한이 홍보하는 대표적 관광지는 총 18곳으로, 크게 동부, 서부, 북부, 평양으로 구분한다. 세부적으로 동부지역은 ①라선지구 ②칠보산지구 ③청진지구 ④함흥지구 ⑤금강산지구 ⑥원산지구가 있으며, 서부지역은 ⑦해주지구 ⑧구월산지구 ⑨사리원지구 ⑩개성지구 ⑪묘향산지구 ⑫신의주-의주지구 ⑬안주지구 ⑭남포지구가 있다. 북부지역은 ⑮중강지구 ⑯두만강지구 ⑰백두산지구가 있으며 ⑱평양지역도 있다.

북한의 대표 관광지

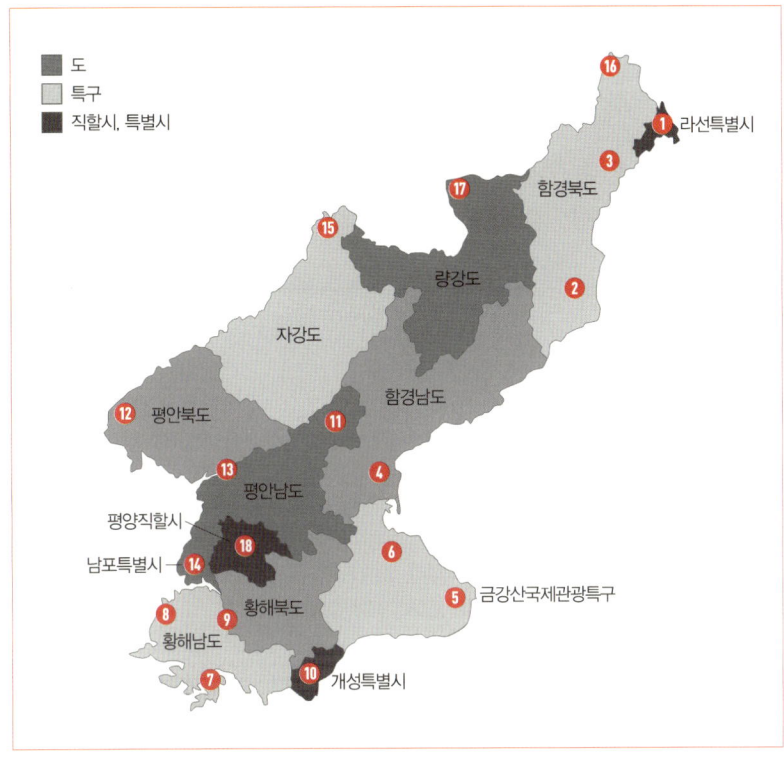

출처: 김용현 외, 『북한학 박사가 쓴 북한학 개론』(서울: 동국대학교출판부, 2022), p.373.

question
091

북한을 방문하는 외국인들에게 소개되는 관광지와 북한 주민이 방문하는 관광지에 차이가 있나요?

외국인들이 방문하는 관광지와 북한 주민이 방문하는 관광지는 다르다. 대표적으로 북한 주민들은 주로 기념비, 혁명사적지, 박물관 등을 관광을 하는데, 주로 평양지역이 중심이 된다. 평양 사람들은 평양 이외의 지역을 관광을 하기도 하지만, 평양 이외의 지역 주민들은 특별한 경우 외에는 평양 관광이 쉽지 않다. 때문에 평양 이외 지역 주민들은 지역 내 혁명사적지, 공원, 바닷가 등을 관광하지만 평양만큼 다양한 볼거리가 있지는 않다.

반면 외국인들은 북한의 관광총국 통제 아래 북한 주요 혁명사적지와 관광 스팟을 방문한다. 관광총국은 조선국제여행사, 금강산국제여행사, 국제청소년여행사, 조선국제체육여행사, 평양고려국제여행사, 조선국제금컵여행사, 백두사여행사, 만포여행사, 묘향산여행사, 라선국제여행사, 칠보산여행사, 원산여행사, 평양관광대학 등을 통해 해외 관광객을 위한 여행상품(조선말배우기, 운수애호가, 자전거 관광 등)을 제공한다. 이 외에도 중국 주재 조선국제여행사 연길사무소, 심양사무소와 러시아 주재 조선국제행사 하바롭스크사무소를 통해 국경 관광협력을 도모하고 있다.

평양 내 대표적인 위락 시설

김일성·김정일 동상

주체사상탑

개선문

천리마동상

만수대의사당

당창건기념탑

자료 : 〈조선관광〉, https://dprktoday.com/tourist/84 (검색일 : 2023.7.10.)

외국인을 위한 주요 관광상품

조선말배우기 관광

운수애호가 관광

자전거 관광

평양시공중유람 관광

등산마라톤(손) 관광

건축 관광

체크타기 관광

대중교통수단 관광

로동생활체험 관광

| 태권도 관광 | 렬차 관광 | 헬스 관광 |

| 등산 관광 | 비행기 애호가 관광 |

자료: 『조선관광』, 〈http://www.tourismdprk.gov.kp/home〉 (검색일: 2023년 7월 10일).

question
092

관광객들을 위한 북한의 인프라와 편의 시설은 어느 정도인가요?

북한 관광객을 위한 인프라와 편의 시설은 대부분 평양을 중심으로 발전되었다. 평양의 숙박 시설은 1980년대 후반 '88서울올림픽' 남북 공동 개최 논의 전후로 건설되었으며, 청춘거리 인근 청년호텔, 서산호텔 등은 제13차 세계청년학생축전의 숙소로 제공되었다. 평양 고려호텔과 양각도 국제호텔은 2018년 남한의 예술단 방문과 2019년 북한에서 개최한 아시아 주니어역도선수권대회, 아시아 유소년역도선수권대회 당시 남한 선수들과 관계자들이 투숙하기도 했다.

평양의 숙박 시설

번호	명칭	위치	시설
1	청년호텔	만경대구역 광복거리	30층 건물, 900명 수용, 465개 객실
2	서산호텔	만경대구역 축전2동	30층 건물, 1,100명 수용, 513개 객실
3	양강(량강)호텔	만경대구역 축전2동	14층 계단식 건물, 500개 객실
4	류경호텔	보통강구역 류경동	미완공
5	평양보통강호텔(여관)	평천구역 안산동	9층 건물, 163개 객실
6	평양창광산호텔(여관)	중구역 동성동	18층 건물, 326개 객실

번호	명칭	위치	시설
7	평양고려호텔	중구역 동흥동	45층 건물, 1,000명 수용, 500개 객실
8	양각도국제호텔	중구역 류성동	48층 건물, 2,000명 수용, 1,001개 객실
9	해방산호텔	중구역 중성동	5층 건물, 121개 객실
10	대동강여관	중구역 경림동	5층 건물
11	봉화산여관	모란봉구역	10층 건물
12	모란봉여관	모란봉구역 흥부동	2층 건물, 30여 명 수용, 객실 12개
13	과학자여관	평천구역	20층 건물, 335개 객실
14	평양호텔	중구역 오탄동	5층 건물, 방 198개, 아리랑식당
15	옥류호텔	중구역 만수동	–
16	락랑호텔	낙랑2동	–
17	여명(려명)여관	려명거리	19층 건물, 목욕탕, 미용실, 세탁실
18	청춘거리 체육인숙소	청춘거리	15층
19	평양시체육촌 체육인숙소	보통강 어머니섬	4층 건물, 200명 수용
20	김일성종합대학 기숙사	대성구역	4개 건물, 8,000명 수용, 외국인기숙사
21	평양교원대학 기숙사	보통강구역 서장동	–
22	김책공업종합대학 기숙사	중구역 교구동	4,000명 수용, 식당·병원 등 편의 시설
23	만경대혁명학원 기숙사	만경대구역	–
24	자남산 호텔	개성	객실 42개
25	신흥산호텔	함흥	–
26	마전호텔	함흥	–
27	송도원호텔	원산	–
28	마식령호텔	원산	객실 194개
29	갈마호텔	원산	–
30	새날호텔	원산	–
31	금강산호텔	금강산	객실 213개
32	혜산호텔	백두산	–
33	삼지연호텔	백두산	–
34	향산호텔	묘향산	객실 190개
35	청천여관	묘향산	객실 67개

출처: 문인철 외 『하계올림픽 서울-평양 공동 개최 방안』(서울: 서울연구원, 2020), p.253, 저자 추가 작성.

북한의 교통은 철도, 도로, 해운, 항공, 도시교통으로 구분이 가능하며, 교통인프라체계는 철도를 중심으로 도로 및 해운이 보조적으로 이용되는 '주철종도'의 체계를 가지고 있다.[369]

여객수송의 약 62%, 화물수송의 약 90%를 철도가 담당하고 있다. 13개의 간선과 100여 개의 지선으로 철도망이 구성되어 있으며, 단선 위주(98%)의 철도체계 및 기반 시설 노후화 등으로 표준속도는 시속 30~50km 정도이다.

도로는 고속도로, 1급 도로, 2급 도로, 3급 도로로 분류된다. 고속도로는 평양을 중심으로 평양-원산-금강산지구, 회천-평양-개성 등이 있으나, 도로 상태가 양호하지 않다. 도로의 수송분담류은 화물 6.1%, 여객 24.2%이다. 항만은 남포항, 원산항, 선봉항 등 무역항이 있으며 하역 능력은 4,361만 톤이다. 공항은 56개이며, 대부분 군사 시설로 포함되어 있다. 2015년 평양국제공항 신청사 건설 및 원산국제공항 활주로 연장 등의 발전이 있었다.[370]

북한은 각 지역별 대표 음식이 있는데, 이런 대표 음식을 무형문화유산(빔루질유산)으로 지정하고 있다. 평양은 평양냉면, 평북은 찰강냉이떡, 평남은 초계탕, 자강도는 강계국수, 함북은 회령단고기국, 함남은 영계찜, 양강도는 감자찰떡, 강원도는 총떡, 황북은 무설기떡, 황남은 해주비빔밥, 개성시는 편수, 남포시는 굴밥이 대표적이다.

북한 지역별 대표 음식

출처: 〈조선료리〉, http://www.cooks.org.kp/kp/ (검색일: 2023.7.10.)

question
093

북한에서 유명한 산은 어떤 곳이고 북한 주민들은 등산을 즐기나요?

평양은 대표적 명산이 없으며, 주민들도 개인 여가활동으로 등산을 하지는 않는다. 등산을 하는 경우는 대부분 산에서 임산물을 채취하거나 역사유적 탐방의 목적이 있는 경우라고 한다.(북한이탈주민 A씨, B씨, C씨, D씨 인터뷰, 2023년 5월 19일~6월 30일) 또, 산에서는 음주를 하지 않는다. 등산보다는 대체로 지역 친구들 또는 가족들과 함께 휴일이나 명절에 강 주변이나 해변가를 방문하여 음주가무를 즐긴다고 한다.

북한의 6대 명산은 묘향산, 오가산, 백두산, 칠보산, 금강산, 구월산이 있다. 1949년 김일성이 묘향산을 방문해 "민족문화유산을 잘 보존하여야 합니다"라고 강조한 이후 문화유산 복원사업이 시작됐다. 이후 1989년 백두산, 2004년 칠보산, 2009년 묘향산, 2018년 금강산을 유네스코 생물권보전지역으로 지정하고 산림을 보호하고 있다.

> **북한 내 유네스코 보호지역**
>
> 2018년 5월 북한 문덕 지역과 나선 지역의 철새보호구가 람사르 습지로 지정되었다.
> 북한은 2곳의 유네스코 세계문화유산(고구려 벽화고분과 개성역사유적지구)과 5곳의 유네스코 생물권보전지역(백두산·구월산·묘향산·칠보산·금강산), 2곳의 람사르 습지(문덕과 나선)를 보유하고 있다.

북한 대표 명산

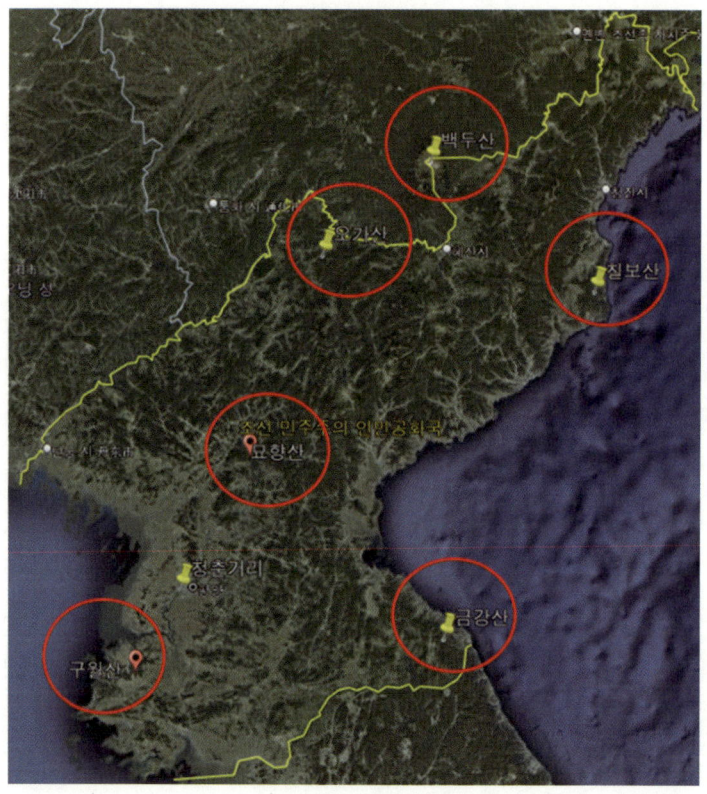

자료 : 구글 지도 참조

question
094

북한도 엘리트 체육과
대중 체육의 차이가 있나요?

　북한의 체육은 국방 체육과 학교 체육, 엘리트 체육, 대중 체육 등으로 분류되며, 모든 체육은 사회주의국가 건설을 위해 존재한다. 엘리트 체육은 전문 체육선수 양성을 위한 코스로, 유치원 때부터 선수를 발굴한다. 운동선수의 발굴 과정은 우선 각 지역 체육경기대회에서 우수선수를 발굴하고 선택된 지역 대표 선수들이 경쟁을 통해 만포 중앙체육학원에 입학한다. 만포 중앙체육학원은 8년제 과정으로, 대부분 초등학교(소학교) 시기에 입학한다. 만포 중앙체육학원을 통해 양성된 엘리트 선수들은 학교 졸업 후 주요 체육단으로 입단하여 엘리트 체육활동을 지속한다.

> **만포 중앙체육학원**
>
> "저는 만포 중앙체육학원 출신의 전 북한 복싱 국가대표입니다. 초등학교(소학교)시절 우수한 복싱선수로 선발되어 만포 중앙체육학원에 입학했으며, 만포 중앙체육학원에서 운동하면서 다수의 국제체육경기대회 메달을 획득했습니다. 만포 중앙체육학원은 남한의 태릉선수촌과 같은 기능을 하며, 우수한 엘리트 선수들을 양성하여 국가대표로 만드는 곳입니다.(북한이탈주민 T씨 인터뷰, 2023년 6월 30일)"

만포중앙체육학원 졸업 이후 선수들은 운동 종목에 따라 4.25체육단, 2.8체육단, 평양시체육단, 압록강체육단, 기관차체육단 등에 입단하게 된다. 대부분의 전문 선수들은 계약직으로 체육단에 입단하며, 부상이나 성적 부진 시에는 체육단으로부터 퇴출된다. 퇴출된 전문 운동선수들은 대부분 새로운 직업을 선택해 노동생활을 지속하고, 일부 선수들은 평양체육대학에 진학하여 지도자의 길을 선택한다. 평양체육대학은 어려서부터 체육 분야에 탁월한 능력이 있고 당과 혁명을 위해 충실히 복무할 수 있는 자질을 인정 받아야만 입학할 수 있다. 출신 성분은 물론, 개인적인 당성도 고려된다.[371] 전문 체육선수들은 다양한 종목에서 양성되는데, 특히 북한에서 강조하는 승산 종목(북한 체형에 맞는 종목)은 여자축구, 유도, 역도, 복싱, 레슬링, 체조, 사격, 탁구 등이다.

김정은 위원장은 집권 이후 '사회주의문명국 건설' 목표 제시와 더불어 '체육열풍'을 선전·선동했다. 체육을 강조한 이유는 다른 분야보다 신속히 성과를 얻을 수 있었기 때문이다. 실제로 김정은 집권 당해 연도 2012년, 북한은 런던올림픽에 참가하여 종합순위 20위라는 성과를 도출했고, 이러한 성과는 모두 "김정은의 영도에 의한 결과"라고 선전했다.

김정은 위원장은 집권 초기 민심을 얻기 위해 생활체육(대중 체육)의 대중화 및 활성화를 적극적으로 도모했다. 특히 낮은 단계의 지역주민들의 생활체육 활성화를 위해 2013년 '전국도대항군중체육대회', 주요 노동자들을 위한 '전국노동자체육경기대회', '보건부문체육경기대회', '전국농업근로자농구경기', '농업근로자민족체육경기', 유소년 축구 발전을 위한 '전국소년축구경기대회', 장애인을 위한 '봄철·가을철 장애자 및 애호가 탁구 경기' 등을 신설했다.

이 외에도 '사회주의 문명국 건설'이라는 목표를 달성하기 위해 사회 곳곳에 유희적 공간을 조성하고 주민들에게 여가와 문화체육 참여를 격려했다. 그러나 이런 여가의 삶은 평양 중심의 일부 계층에게만 제공되는 특권이었으며, 대다수의 북한 주민들은 생활체육(대중 체육)을 통한 여가의 삶을 즐기는 데에는 구조적 한계가 존재했다.

정기 체육 행사

월	주요 대중 및 엘리트 체육 행사
1	− 성, 중앙 기관 일군들의 집단달리기(매년 첫 체육의 날(둘째주 일요일)) 진행, 새해 구호 외침 − 정일봉상 전국청소년학생체육경기대회(중고등학생), −(매년 1월 말에 개최하여 8월 말에 폐막), 마라톤, 륙상, 롱구, 축구, 배구, 탁구, 정구, 송구, 권투, 태권도, 국방체육, 예술체조 등이 있음 − 2019년 8월 폐막식 때부터 정일봉상에서 소백수상으로 명칭 변경
2	− 백두산상 중앙 기관일군체육대회(매년 1월 말에서 2월 초 사이 진행) − 백두산상 체육경기대회(매년 2월1일부터 28일까지 진행) − 백두산상국제휘거축전(광명절 즈음, 2.16 진행) ※ 김정일이 혁명의 성지인 백두산에서 태어났다는 주장에 따라 김정일 생일 기념 체육대회 진행(1981.2 첫 시작)
4	− 만경대상 체육경기대회(태양절 경축 기념), 매년 4월 진행, 1969년 첫 진행 − 만경대상 국제 마라톤경기대회(매년 4월 8일 진행, 2019년 제30차까지 진행) − 만경대상 전국무도선수권대회(2014년 첫 진행, 매년 진행) − 보건 부문 체육경기대회(매년 4월 18일 진행, 김정은시대 첫 등장, 2019년 제7차) − 봄철 승마 애호가 경기(2013년 미림승마구락부건설장 건설 후, 2014년 4월 말부터 매년 진행) 김정은시대 첫 등장
5	− 장애자 및 애호가 탁구 경기(봄철, 가을철 진행) − 2012년 처음으로 런던패럴림픽에 장애인 선수 파견 후 2013년 북한 내 로동신문으로 장애자 관련 '국제장애자의 날에 즈음한 기념모임 진행', '우리선수들 제3차 아시아청년장애자 경기대회에서 성과 달성' 언급, 이후 2014년부터 정기적으로 탁구 경기 시작하고 2015년에는 가을철 장애자 및 애호가 탁구 경기, 2016년 이후부터 지속적으로 봄철, 가을철 장애자 및 애호가 탁구 경기 매년 진행(김정은시대 첫 등장) − 전국소년축구경기대회 매년 진행(5월 20일경, 2019년 6차, 2018년 5차, 김정은시대 첫 등장)
6	− 보천보햇불상체육경기대회(매년 6월 초 진행), 보천보 전투(1937년 6월 4일)를 기념하기 위해 체육경기대회 진행, 축구를 비롯한 30여 개 종목 진행 − 전국 어린이 바둑 경기(매년 8월, 2016년 5차, 김정은시대 첫 등장)와 전국 바둑 애호가 경기(매년 7월 20일경 진행) − 평양시 어린이 바둑 경기(매년, 8월,11월, 2018년이 16차대회) − 선군봉화상체육경기대회 진행(2013년부터 2017년까지 매년 6월에 진행, 김정은시대 첫 등장, 2018년부터 미진행)
7	− 전승컵 전국태권도강자경기대회, 매년 7월 20일 진행, 2013년 1차 대회 시작(김정은시대 첫 등장) − 정일봉상 전국청소년태권도선수권대회(2018년 8월, 2019년 7월 진행), 2016년 첫 실시(김정은시대 첫 등장)

월	주요 대중 및 엘리트 체육 행사
8	- 국제무도경기대회(2004년부터 노동신문에 보도), 2년마다 개최, 2019년 8차 - 선군절 기념 체육경기들 진행(매년 진행, 8월 25일) - 9월5일상 전국대학생체육경기대회(2014·2016·2018년 8월 진행, 2년마다 진행) - 홰불컵 남자축구경기(매년 8월 진행, 2013년부터 매년 진행)(김정은시대 첫 등장)
9	- 가을철 마라손 애호가 경기대회(매년 9월 23일경 진행)(김정은시대 첫 등장)
10	- 평양시 년소자 및 애호가들의 바드민톤 경기 진행(매년 9월 말 10월 초 진행, 2017년부터 매년 진행) (김정은시대 첫 등장) - 전국 도대항 군중체육대회(2014년부터 매년 10월 1일 진행, 2018년까지 진행, 2019년 미진행 (김정은시대 첫 등장) - 공화국선수권대회(매년 진행, 10월 초에 진행, 2020년 COVID-19로 미진행) - 인민체육대회(4~5년마다 개최, 2012년 10월 개최, 2016년 10월 개최)
11	- 전국 체육과학기술성과전시회 매년 10월말 개최(2015년 19차, 2018년 22차, 2019년 23차), 1997년 제1차 진행 - 예술인체육대회(매년 11월 진행, 2018년 49차, 2019년 50차 진행)
12	- 오산덕상체육경기대회, 매년 12월 초 진행 - 조선민주주의인민공화국 10대 최우수선수 및 감독 선정
기타	※ 성, 위원회 중앙 기관 일군 - 정구 및 수영, 탁구 등 경기 ※ 1부류 축구연맹전 - 매년/매월 남자·여자 진행(8월 제외한 매월 진행) ※ 전국 농업근로자농구경기 진행 - 2019(13차), 2016(12차), 2015(11차) ※ 농업근로자민족체육경기 진행 - 2018(11차), 2014(10차), 농업근로자배구경기 진행 - 2017, 2014 ※ 북남노동자통일축구대회(2015·2016·2018 진행, 경평축구의 연장선) ※ 아리스포츠컵(2018년 8월 4차 진행, 2015년 2차) 남북 유소년 축구경기

question
095

남북한 체육 단일팀의 역사는 어떻게 되나요?

올림픽위원회(IOC)는 한 국가에 1개의 올림픽 출전권(NOC, National Olympic Committe)을 부여하고 있으며, 한반도는 6.25전쟁 이후 남한이 NOC 자격을 받아 올림픽에 참가했다. 이 과정에서 북한도 NOC 자격을 받아 정식 국가로 인정받기 위해 다양한 정치활동을 전개했다. 그 결과 1972년 독일 뮌헨올림픽부터 조선민주주의인민공화국(DPRK)이라는 국가명으로 올림픽에 출전하고 있다.

앞서 동·서독도 분단된 이후 1956년부터 1964년 올림픽까지 '독일연합팀(동·서독 단일팀)'으로 출전하다가, 1968년부터 1988년까지 동독 및 서독이 각각 NOC 자격으로 올림픽에 참가하였다.

북한의 경우 올림픽위원회로부터 남북단일팀 구성을 전제 조건으로 북한(DPRK) NOC 자격을 받았으나, 실제로 남북단일팀을 구성하기 보다는 형식적인 태세를 주로 보여주었다.

1988년 서울올림픽을 앞둔 남북은 1984년부터 4년 동안 IOC가 중재한 4차례의 남북체육회담을 실시하였으나 실질적인 협력을 도출하지는 못하였다. 그러나 이 과정에서 상당히 진전된 체육 분야의 논의가 진행되었으며, 그 결과 1991년 제41회 지바 세계탁구선수권대회와 제6회 포

남북단일팀 구성

No.	년	단일팀 구성 내용	단일팀 출전 대회	출전 기간
1	1991	총 56명(남북 각 28명, 선수 각 11명)	제41회 지바세계탁구선수권대회	1991.4.24~5.6
2	1991	총 62명(남북 각 31명, 선수 각 9명)	제6회 포르투갈세계청소년 축구대회	1991.6.14~6.30
3	2011	10개국, peace and sport and ITTF(국제탁구연맹)이 공동 주최, 대한항공이 메인 스폰서	제1회 Peace and Sports Cup	2011.11.21~22
4	2018	여자아이스하키 단일팀 총 35명(남한선수 23명, 북한선수 12명)	2018 평창동계올림픽	2018.2.9~25
5	2018	9명(남한 5명, 북한 4명) 단체전 단일팀	2018 세계탁구선수권대회	2018.4.29~5.6
6	2018	북한 선수 25명 선수단 파견 (16명 선수), 남녀복식과 혼합복식에서 단일팀 결성	2018코리아오픈 국제탁구대회	2018.7.17~22
7	2018	여자 농구, 카누 용선, 조정	2018자카르타-팔렘방 아시안게임	2018.8.18~9.2
8	2018	수영, 탁구(수영 남한 2명, 북한 2명), 탁구 단체팀	2018 자카르타 장애인 아시안게임	2018.10.6~10.13
9	2018	유도 혼성 단체전	세계유도선수권대회 아제르바이잔 바쿠	2018.09.20~27
10	2019	남북 단일팀을 위해 IHF는 선수 선발 인원 16명 기준에서 추가 4명(북한선수) 인정하여, 총 20명 단일팀 구성	세계남자핸드볼 선수권대회	2019.1.10~28

자료 : 저자 작성.

르투갈 세계청소년축구대회에서 남북단일팀을 구성해 출전하였다.

이후 1991년 12월 '남북 사이의 화해와 불가침 및 교류·협력에 관한 합의서'가 도출되면서 한반도에 봄이 찾아왔다. 그러나 이 같은 '한반도의 봄'은 1994년 7월 김일성이 사망하면서 더 이상 진전되지 못했다. 2011년 낮은 단계에서 남북 간 접촉이 진행되면서 국제탁구연맹(ITTF,

International Table Tennis Federation)을 통한 '제1회 Peace and Sports Cup' 남북 탁구 단일팀이 구성되었다. 그러나 이 역시 이벤트성으로 끝나면서 높은 수준의 단일팀 구성으로 발전하지는 못했다.

  2018년 평창동계올림픽을 계기로 남북은 다시 한 번 남북단일팀 구성에 관한 논의를 진행했다. 그 결과 여자아이스하키 남북단일팀 구성 합의가 도출되었다. 2018년 평창동계올림픽 여자아이스하키 남북단일팀을 시작으로, 남북은 2018 세계탁구선수권대회, 2018 코리아오픈 국제탁구대회, 2018 자카르타-팔렘방 아시안게임, 2018 자카르타 장애인아시안게임, 2018 세계유도선수권대회, 2019 세계남자핸드볼선수권대회까지 공동 출전하였다.

  1991년부터 2019년까지 남북단일팀이 구성되면서 유일하게 남북 체육 분야에 대한 합의사항만이 지속되고 있다. 첫째, 팀명 '코리아(KOREA)' 사용이다. 둘째, 국기 '한반도기'이다. 셋째, 국가 '아리랑'이다.

question
096

남북의 체육 협력 사례는 어떻게 되나요?

1990년 전후 동구 사회주의 체제가 붕괴하고 체제 전환을 거치면서 북한도 북한식 사회주의 체제를 고수하기 위하여 다양한 노력을 기울였다. 대표적인 사례가 남북 간 체육 교류·협력이다. 1990년대 이전까지의 체육 교류·협력에 관한 논의는 정치적 목적 아래 실질적인 협력보다는 남북 간 체제 갈등의 장이었다. 그러나 1990년 이후 주요 사회주의국가들의 체제 전환이 나타나면서 북한도 다양한 변화를 모색했으며, 특히 탈정치의 영역이지만 매우 정치적 분야인 체육을 활용해 당시 체제 위협을 극복했다.

1990년 초반 남북은 체육 교류를 통해 보여주기식 협력을 증대했지만, 실질적인 정치적 협력은 도모하지 않았다. 1994년 김일성 사망 이후 북한은 외부 세계와 단절하고 자력갱생으로 국가를 통치했으며, 1998년 남한의 김대중 정부가 집권하면서 비로소 남북 사이에 정치, 경제, 관광 등 다양한 분야의 협력이 진행되었다.

특히 체육 분야에서는 남북노동자 축구대회, 태권도 시범단 교환, 통일농구대회 등을 통해 남북 간 소통과 교류가 활발히 진행됐다. 각기 최고지도자의 국가 통치 방식에 따라 남북 체육 교류·협력의 빈도는 다르게 나타났지만, 최근과 같이 장기간 남북이 체육 교류·협력을 단절한 사례는 없었다.

남북한 체육 협력 사례

사업명	개최지	일시	주최
통일축구대회 평양경기	평양	1990.10.9~10.13	
통일축구대회 서울경기	서울	1990.10.21~10.25	
통일염원 남북노동자 축구대회	평양	1999.8.10~8.14	민주노총
현대 통일농구 평양경기	평양	1999.9.27~10.1	현대아산
현대 통일농구 서울경기	서울	1999.12.22~12.25	현대아산
금강산 자동차질주경주대회	금강산	2000	우인방커뮤니케이션
삼성 통일탁구 경기대회	평양	2000.7.26~7.30	삼성생명
제2회 금강산 자동차질주경주대회	금강산	2000	우인방커뮤니케이션
태권도 시범단 교환	평양	2002.9.14~9.17	세계태권도연맹(WT)
태권도 시범단 교환	서울	2002.10.14	세계태권도연맹(WT)
남북통일축구대회	서울	2002.9.5~9.8	
정주영체육관 개관식 및 통일농구대회	평양	2003.10.6~10.7	현대아산
제주민족평화축전	제주	2003.10.23~10.28	제주도
코리아 민족의 체육발전을 위한 학술토론회	중국 북경	2005.10.	민족통일체육연구원
스포츠과학학술대회: 민족체육문화의 회고와 전망	중국 연길	2005.8.4~8.9	한국체육학회
한국여자프로골프협회(KLPGA) 평양오픈	평양	2005	한국여자프로골프협회
남북통일축구대회	서울	2005.8.14~8.16	
남북 축구팀 친선경기	브라질	2006.1.	남북체육교류협회
6.15 공동선언 실천 남북강원도 겨울철 체육경기	춘천	2006.3.2~3.5	강원도
남양브라질 국제축구학교팀 평양대회 참가		2006	남북체육교류협회

사업명	개최지	일시	주최
남북 축구팀 친선경기	중국 쿤밍	2007.1	남북체육교류협회
남북 유소년 축구선수단 상호교류 (북한 청소년팀 방한)	제주, 수원, 순천, 광양, 서울, 강진	2007.3.20~4.20	남북체육교류협회
		2007.6.1	
남북 유소년 축구선수단 상호교류 (남한 청소년팀 방북)	평양	2007.6.23~7.3	남북체육교류협회
		2007.11.3~11.14	
북한 태권도 시범단 방남	서울, 춘천	2007.4.6~4.9	강원도
남북 노동자 통일축구	창원	2007.4.30	민주노총/한국노총
남북권투대회	개성	2007.10.19	한국권투위원회
제2회 국제 청소년 친선 축구대회		2007	한국중등축구연맹
남북 축구팀 합동훈련 및 친선경기	중국 쿤밍	2008.1.	남북체육교류협회
2008 남북 태권도 교류 행사	평양	2008.6.28~7.1	(사)ITF협회
남북체육교류협회 유소년 축구단 교류	평양	2008.6.14~6.26	남북체육교류협회
		2008.10.8~10.15	
남북 청소년 및 성인 축구팀 친선경기	중국 쿤밍	2009.1	남북체육교류협회
2011 인천 평화컵 국제 유소년 축구대회		2011	인천광역시
제1회 peace and Sport cup 탁구대회		2011	대한항공, 대한탁구협회
2011 인천 평화컵 국제 유소년 축구대회		2011	인천광역시
제1회 아리스포츠컵 국제 유소년 축구대회		2014	남북체육교류협회
남북 성인 축구팀 친선경기	중국 광저우	2014.2.27	인천광역시
남북 양궁 교류전	중국 남경	2015.8	남북체육교류협회
제2회 아리스포츠컵 국제 유소년 축구대회		2015	남북체육교류협회
남북 마라톤 훈련, 강원체고, 강원도청 소속 마라톤 선수, 4.25체육단과 공동 훈련	중국 쿤밍	2015.12	남북체육교류협회

사업명	개최지	일시	주최
남북노동자 축구대회	평양	2015.10.28~10.31	한국노총/민주노총
2017 세계태권도선수권대회 북한 시범단 공연		2017	세계태권도 연맹
남북 축구팀 합동훈련 및 친선경기 (강원FC와 북한 4.25체육단 친선 경기)	중국 쿤밍	2018.1	남북체육교류협회
제3회 아리스포츠컵 국제 유소년 축구대회		2018	남북체육교류협회
제4회 아리스포츠컵 국제 유소년 축구대회		2018	남북체육교류협회
제5회 아리스포츠컵 국제 유소년 축구대회		2018	남북체육교류협회
2018 세계탁구선수권대회 단일팀		2018	대한탁구협회
2018 코리아오픈 국제 탁구대회 단일팀		2018	대한탁구협회
남북통일농구대회	평양	2018.7.4~7.5	
남북노동자축구대회	서울	2018.8.11	남북노동자통일축구대회 조직위원회
남북 스포츠팀(축구·마라톤) 합동훈련 및 친선경기	중국 쿤밍	2019.1	
제26회 세계남자핸드볼 선수권대회 단일팀		2019	대한핸드볼협회
남북 스포츠팀(축구·마라톤) 합동훈련 및 친선경기		2019	남북체육교류협회
남북 태권도 합동공연	비엔나, 제네바	2019.4.5~4.12	세계태권도연맹(WT)

자료 : 저자 작성.

question
097

북한은 축구 월드컵 중계를 하나요?

　북한은 축구에 관한 관심이 높다. 특히 1966년 월드컵에 참여하여 이탈리아를 꺾고 8강까지 올라가는 성과를 보여준 적이 있으며, 2010년 남아공월드컵에서는 1966년 이후 44년 만에 월드컵 본선에 진출했다. 축구를 향한 높은 관심을 증명하듯, 꾸준히 유럽 축구리그와 월드컵 경기를 녹화 중계로 주민들에게 제공하고 있다. 야외 광장에서 축구 경기를 중계해 주기도 하며, 최근에는 2022 카타르월드컵 경기를 녹화 방송하여 북한 주민들에게 소식을 전했다.

　그동안 주요 월드컵 경기를 녹화해 방송했지만, 남한의 월드컵 경기를 보여주지는 않았다. 그러나 최근 북한 조선중앙TV는 2022카타르 월드컵 16강전 한국과 브라질 경기를 처음으로 녹화 중계했다. 그리고 큰 편집 없이 100여 분에 해당하는 경기를 그대로 방영했다. 특히 손흥민에 대해서 구체적으로 설명하면서 남한 축구선수에 대한 높은 관심을 표명하기도 한 반면에, 우리가 브라질에게 4대 1로 지는 경기를 그대로 방영하기도 했다.

　과거 북한은 2014년 인천아시안게임 남녀 축구 결승전을 보도할 때, 북한 여자축구팀 경기의 우승 결과만 보도하고 준우승한 남자축구팀 경

2022년 카타르월드컵 녹화중계

출처: 〈조성중앙TV〉

기에 대해서는 공개하지 않았다. 이 같은 전례를 보았을 때, 우리 축구대표팀의 여러 경기 중 예선전에서의 활약은 보도하지 않고 16강에서 브라질팀에 대패한 것만 중계한 이유는 남한의 성과보다는 실패를 북한 주민들에게 보여준 것이라 할 수 있다.

최근에는 2023년 항저우 아시안게임 남북 여자축구 8강전 결과를 보도하면서, 그동안 일반적으로 한국팀을 지칭하던 '남조선'이라는 표현 대신 '괴뢰팀'이라는 표현을 사용했다. 이러한 표현의 변화는 현재의 남북관계 현실을 대변하는 하나의 상징이기도 하다.

question
098

평양국제축구학교는 어떤 학교인가요?

평양국제축구학교는 김정일 위원장의 구상과 김정은 위원장의 추진으로 2013년 개교했다. 보통 자본주의국가에서는 선진 축구기술을 습득하기 위하여 유학을 보내지만, 북한은 유학보다는 북한 내 선진 축구 시스템 도입을 통해 북한 축구기술 향상을 도모하고 있다.

특히 평양국제축구학교는 소속된 7명의 코치가 아시아축구연맹 A급 감독 자격을 받았으며, 다수의 국제경기 참여 경험이 있다. 또 당국 차원에서 주도적으로 축구 인재를 육성하고 과학적인 교육과 훈련지도를 실시하고 있다. 남다른 관심을 기울이는 만큼, 평양국제축구학교는 아무나 입학할 수 없다. 성적과 축구 실력이 우수한 학생만을 선별해서 입학시키며, 소학반과 초급반, 고급반을 나누어 총 11년 과정의 커리큘럼으로 운영된다. 성적이 좋지 않은 학생은 퇴교 조치를 당한다고 하며, 학생들의 해외진출을 위해 축구 외에도 영어 교육의 비중이 매우 높다고 한다.

실제로 평양국제축구학교를 통해 좋은 축구선수들이 배출되고 있다고 하지만, 정확한 자료는 확인되지 않고 있다. 2019년 북한 문헌에 따르면, 평양국제축구학교 출신 선수들 중 감독상 수상자 4명, 최우수 선수상 수상자 5명, 득점상 수상자 6명, 방어수(수비수)상 수상자 2명을 배출했

평양국제축구학교 단기 합숙 홍보

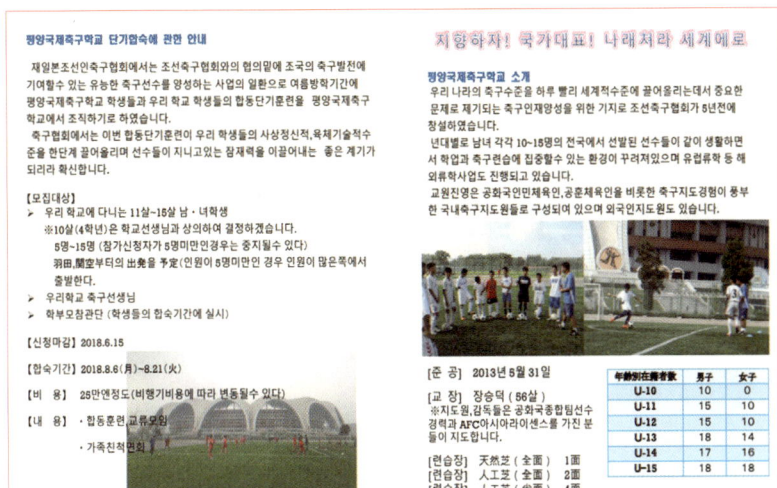

출처: 〈조선중앙TV〉, "평양국제축구학교 단기합숙 홍보자료," 〈재일본조선인축구협회〉 https://ksaj.gr.jp/ (검색일: 2023.11.16.)

다고 한다.

평양국제축구학교를 졸업하면 주로 북한 내 체육단 소속으로 진출하며, 가장 유명한 축구 체육단으로 4.25체육단, 압록강체육단, 평양체육단, 월미도체육단 등이 있다.

북한의 축구 스타

위정심 (갈매기체육단, 1997년, 여자)
김명순 (4.25체육단, 1997년, 여자)
최설경 (리명수체육단, 1996년, 여자)
김은화 (월미도축구단, 1996년, 여자)
리향심 (압록강체육단, 1996년, 여자)
김소향 (소백수체육단, 1996년, 여자)
김금정 (평양시체육단, 1994년, 여자)
장국철 (해불체육단, 1994년, 남자)
서경진 (함경남도체육단, 1994년, 남자)
리현성 (룡남산체육단, 1992년, 남자)
정일관 (전 스위스 프로축구 1부리그 FC루체른, 현 리명수체육단, 1992년, 남자)
박광룡 (현 오스트리아 분데스리가 장트 필텐, 1992년, 남자)
리영직 (일본 J2리그 도쿄 베르디, 1991년, 남자)
홍금성 (라트비아 FK 다우가프필스, 1990년, 남자)
리명준 (라트비아 디나부르크 FC, 1990년, 남자)
안병준 (일본 쥬오대학, 1990년, 남자)
강경학 (총련 도쿄조선중고급학교 축구선수, 1990년, 남자)
김성기 (일본 J3리그 후지에다 MYFC 전 축구선수, 1989년, 남자)
김국진 (스위스 콘코디아 바젤, 평양체육단, 1989년, 남자)
박철룡 (스위스 콘코디아 바젤, 기관차체육단, 1988년, 남자)
최명호 (러시아 크릴랴 소베토프, 1988년, 남자)
박국회 (중국 여자프로축구리그 텐진 후이썬, 월미도체육단, 1988년, 여자 최초)
리준일 (중국 랴오닝, 초병체육단, 소백수체육단, 1987년, 남자)
차정혁 (압록강체육선수단, 스위스 2부리그 FC빌, 1985년, 남자)
박남철 (태국 프로축구 1부리그 SCG무앙통 유나이티드FC, 4.25, 1985년, 남자)
김명철 (중국 연벤팀, 1985년, 남자)
정대세 (전 수원 삼성)
안영학 (전 수원 삼성)
김성수 (FIFA 연맹 남자축구심판(부심))
리한재 (일본 산프레체 히로시마 축구, 1982년, 남자)
서혁철 (중국 연변팀, 1982년, 남자)
량용기 (일본 베갈타 센다이, 1982년, 남자)
김영수 (중국 연변팀, 1979년, 남자)
량규사 (재일본조선인총련합회, 총련 4세, 1978년, 남자)
리향옥 (FIFA 여자축구심판 주심, 1977년, 여자)
지철성 (FIFA 남자축구심판 부심, 1975년, 남자)

question
099

북한의 신체 왜소 원인과 키크기운동은 무엇인가요?

과거 일제강점기 당시에는 북한 사람들이 남한 사람들에 비해 평균적으로 키가 더 컸다는 자료가 있다. 그런데 왜 현재의 북한 사람은 과거에 비해 평균 키가 작아진 것일까?

서울대학교 박순영 인류학 교수는 '북한의 키 성장'과 관련한 두 가지 견해를 제시했다. 첫째, 지형학적으로 북한은 남한에 비하여 키 성장에 유리한 지역이다. 박 교수는 이에 대한 근거로 "전 세계 성인 남성의 평균 키 중 네덜란드가 가장 높은데(평균 182.5cm), 그 이유는 추운 지방에 사는 사람과 동물일수록 체표 면적이 크고 체열 관리에 유리하기 때문"이라고 제시했다. 둘째, 경제 수준은 키 성장에 영향을 미친다. 과거와 달리 북한이 1990년대 고난의 행군시기를 거치면서 지형학적으로 유리한 위치에 있음에도, 마이너스 경제 성장으로 인한 영양부족으로 키의 격차가 발생했다는 설명이다.

북한이 키 성장에 유리한 지역임에도 그렇지 못한 이유는 결국 영양부족으로 인한 '신체 왜소' 현상으로 설명할 수 있다. 실제로 식품영양학적으로도 육류와 낙농 제품을 주로 섭취하는 나라가 야채와 탄수화물을 주로 섭취하는 나라보다 키가 큰 것으로 보고되고 있다.

2000년대 이후 북한은 학생들의 '신체 왜소'와 '작은 키' 문제를 극복하기 위해 많은 노력을 하고 있다. 대표적인 사례로, 모든 체육교수 참고서(소학교, 초급중학교, 고급중학교)의 첫 페이지에 다음과 같은 문구가 있다.

> "학교체육사업에서 기본은 학생들의 키를 크게 하고 몸을 조화롭게 발달시키며 그들이 체육에 대한 기초지식과 한 가지 이상의 체육기술을 소유하도록 하는 것입니다.(김정일 선집, 제11권, p330.)"

북한군 입대 신체검사 합격 기준 변화

구분	1994년 이전	2010년	2012년	2020년
키(cm) 남성	150	145	142	148

참고 : 김영희, 푸코와 북한사회 신체왜소의 정치경제학, 인간사랑 2013, p.81.
『Daily NK』, 2020.03.05.

북한은 주민의 신체 정보를 대외적으로 공개하지 않고 있다. 그러나 북한이탈주민의 평균신장 그리고 남북 접경지역에 거주하는 북한 주민들의 성장을 확인했을 때, 다소 신체 왜소를 확인할 수 있다. 이 같은 주민들의 '신체 왜소' 현상을 극복하기 위해 2000년대부터 북한은 주요 한 노력들(키 성장 약 개발, 키 크기 체조 개발, 학교체육 강화, 키 성장 방법에 대한 박사 논문 소개 등)을 시행해 왔다.

그 결과, 조금씩 변화가 나타나고 있다는 분석이다. 북한은 해마다 고급중학교(고등학교) 졸업생들을 대상으로 군 초모(징병)를 진행하고 있는데, 군 입대자를 위한 신체검사 합격 기준 가운데 키의 기준이 위의 〈표〉와 같이 변화하고 있음을 확인할 수 있다.

> "위대한 수령님의 불멸의 령도업적을 빛내이기 위하여 학교에서는 국방체육과 키 크기운동을 위주로 하는 체육활동을 활발히 벌려 지난 수십년간 전국적인 체육경기대회의 남자국방체육경기에서 좋은 성과를 거두었다.", 2019.09.22. 〈로동신문〉, 고급중학교(중구역 련광고급중학교)
>
> "저녁운동이 키크기운동에 효과적이다…저녁운동을 한 후에는 찬물에 적신 수건이나 마른 수건으로 팔다리와 온몸을 세게 문지르는 것이 좋은데 이것은 혈액순환이 잘되게 하며 내장 기관과 련결되여 있는 자률신경계통을 자극하여 키 크기에 좋은 효과를 나타내기 때문이다."
> 2019.03.31. 『로동신문』, 김일성종합대학 평양의학대학 실장 박사 부교수 박경선.

김정은시대 북한은 주민의 신체 왜소 현상 극복을 위한 노력을 다양하게 전개하고 있다.

첫째는 충분한 영양 제공이다. 최근 「육아법」 제정을 통해 신체 발달에 도움이 되는 유제품을 충분히 제공할 것을 명시하고 있으며, 유제품 생산 시설도 확충하여 도·시·군 지역 모든 어린이들에게 충분한 유제품을 전달할 것을 강조하고 있다.

둘째, 「체육법」 개정을 통한 키크기운동의 강조이다. 1997년 「체육법」을 일부 개정하고 학교 체육과 대중 체육을 의무화했으며 이를 통해 청소년 학생들의 키를 키우기 위한 방침을 확대했다.

question
100

시대별 북한 최고의 체육스타는 누구이며, 체육인의 처우는 어떤가요?

김일성시대 대표적인 체육스타는 1963년 제1회 가네포 경기대회 여자 육상 400m, 800m 경기에 출전하여 세계신기록을 수립[372]한 신금단 선수가 있다. 북한은 신금단 선수의 활약을 대외적으로 '나라와 민족의 존엄과 기상을 힘 있게 과시하는 중대한 사업'[373]으로 선전하였으며, 대내적으로 주민들에게 '세계육상계의 여왕', '민족의 자랑'[374]으로 선전했다.

김정일시대에는 계순희와 정성옥이 손꼽힌다. 1996년 제26회 애틀랜타 올림픽 유도 종목에서 16세 계순희 선수가 강력한 우승 후보였던 일본 선수를 이기고 미국에서 북한 국기를 시상대에 올렸다. 계순희의 활약에 대해 북한은 "올림픽 월계관의 주인공이 자본주의에 보여준 북한 사회주의의 성과"로 대외적으로 홍보[375]하였으며, 대내적으로는 "올림픽에서 돌연 최고봉에 오른 선수"라는 언급과 함께 '금메달로 조국의 영예를 빛내인 여성체육인'[376]으로 선전했다.

정성옥은 1999년 8월 제7차 스페인 세비야 세계육상선수권대회에서 1등을 차지한 북한 마라토너로, 경기 직후 인터뷰에서 "결승 지점에서 장군님이 어서 오라 불러주는 모습이 떠올라 끝까지 힘을 냈다."[377]고 언급

체육인 포상제도

포상 혜택	- 인민체육인 및 공훈체육인칭호: 1년에 2회 이상 북한 신기록을 달성하거나 각종 국제대회에서 우수한 성적을 거둔 자에게 수여하고 있으며 평양 거주 및 입당 등은 물론 노후 연금 지급 및 아파트 제공 등의 혜택을 제공한다. - 체육명수 및 체육혁신자 칭호: 주로 국내대회에서 신기록 갱신 등 우수한 성적을 거둔 체육인들에게 수여되며 은퇴 시 원하는 직장에 배치 받는 등의 혜택		
포상 구분 (↑)	5	공화국 영웅 (김일성상, 김정일상)	정성옥(1999) 외 다수
	4	노력 영웅	배길수(1996) 외 다수
	3	인민 영웅 (인민체육인)	계순희(1996), 리성희(1999), 20세 이하 여자축구팀(2006) 외 다수
	2	공훈 체육인	전철호(1996), 옥선경(1996), 진주동(1997) 외 다수
	1	체육명수 1-3급	박먹귀(1999) 외 다수

주: 정성옥은 인민체육인과 공화국 영웅 훈장을 받았으며, 제11기 최고인민회의 대위원(2003-2009)으로 정치활동도 하였다.
출처: 〈조선중앙통신〉, 2015년 11월 1일

했다. 국제체육경기대회 우승자의 이러한 인터뷰는 북한 사회 전반에 소개되었으며, 당국은 '정성옥 선수 투쟁정신 따라잡기' 등과 같은 대내 선전·선동을 적극적으로 진행했다.[378]

김정은시대 대표적인 스포츠 스타로는 안금애(여자 유도), 엄윤철(남자 역도), 김은국(남자 역도), 림정심(여자 역도), 리세광(남자 기계체조) 그리고 동아시아컵경기대회 우승 관련 여자축구 선수들이 있다. 김정은 위원장은 런던올림픽에서 금메달을 획득한 안금애, 엄윤철, 김은국, 림정심 등을 초대하여 만찬을 열고 올림픽 성과를 축하해 주었다. 그리고 2013년 동아시안게임에서 우승한 여자축구 선수단을 위해 공항까지 직접 방문하여 우승을 축하했다. 김정은 집권 이후 북한 여자축구단은 2013 동아시안게임, 2014년 인천아시안게임에서 우승하며 대내외적으로 국가 위상을 제고하였다.

CHAPTER 4 주

275 사회과학출판사,『조선말대사전(증보판) 2』(평양: 사회과학출판사, 2017), p. 583.; 사회과학출판사,『조선말대사전(증보판) 4』(평양: 사회과학출판사, 2017), p. 275.

276 리상벽,『조선말화술』(평양: 사회과학출판사, 1975), pp. 246~247.

277 강민진, "평양지국 최초 개설한 APTN이 공개한 북한 생활상 7가지", 2018년 5월 22일. 한겨레신문. http://www.hani.co.kr/arti/politics/defense/845694.html

278 "우리 당의 인민대중제일주의리념과 주체건축의 비약적발전상이 응축된 평양의 새 경관 경애하는 김정은 동지께서 보통강강안다락식주택구 준공식에 참석하시여 준공테프를 끊으시였다"『조선중앙통신』, 2023년 4월 14일.

279 "공로있는 방송일군들에게 조선민주주의인민공화국 로력영웅칭호 수여" 『조선중앙통신』, 2023년 9월 7일.

280 이주철, "김정은시대 북한 방송언론의 변화: 조선중앙TV를 중심으로,"『북한연구학회보』, 18권 2호 (2014), pp. 213~229.

281 사회과학출판사,『조선말대사전(증보판) 2』(평양: 사회과학출판사, 2017), p.1033.

282 사회과학출판사,『조선대백과사전 29』, (평양: 백과사전출판사, 2001), p.510.

283 사회과학출판사,『조선말대사전(증보판) 3』(평양: 사회과학출판사, 2017), p.1168.

284 『조선말대사전』, 위의 책, p.1168.

285 『북한법령집(下)』국가정보원, 2022. https://www.nis.go.kr/AF/1_2_1.do

286 『표준국어대사전』(트로트); 〈https://stdict.korean.go.kr/search/searchView.do?word_no=347805&searchKeywordTo=3〉

287 "문화 시설," 『조선의 오늘』; 〈https://dprktoday.com/tourist/72〉

288 한승대·전영선·김용현, "평양영화축전의 성립과 그 정치적 의미에 관한 연구"『동아연구』, 34권 2호, 2015, pp.2-4.

289 고자연, "북한 시사만화 연구 : 『천리마』 연재만화 〈덕보령감〉을 중심으로," 『민족문학사연구』, 80권 (2022), pp. 230~232.

290 하승희, "북한의 음악수재 인식변화와 활용 양상," 『한국예술연구』, 25호 (2019), p. 210.

291 이글은 하승희 "북한 프로그램 전국근로자들의 노래경연 연구"『북한연구학회보』, 21권 2호(2017)를 바탕으로 작성된 것임을 밝힌다.

292 조현성, "북한 내 한류 현상 연구의 현재와 미래," 『현상과 인식』, 제47권 3호, 2023, p.52.

293 조현성, 위의 글, p.52.

294 강채연, 윤보영, "북한 주민의 정보접근 실태와 북한 당국의 통제.", 김수암 외, 『북한 주민의 정보접근에 관한 연구』(서울: 통일연구원, 2020), p.111.

295 관련한 기사 보도는 다음을 참조. "北여성들 이제 귀에 큰 귀걸이 걸고 뽐내요," 『Daily NK』, 2011년 5월 13일

296 "김정일 '女접대원 전원 쌍꺼풀 수술하라' 지시," 『Daily NK』, 2011년 5월 20일

297 류경안과종합병원은 김정은 위원장의 지시로 2016년 평양 대동강구역 문수지구에 설립되었으며 4층으로 된 외래병동과 8층으로 된 입원실 병동으로 이뤄져 있다.

298 이전 시기에는 평양구강전문병원이 성형을 전문으로 하는 중앙병원이었다. 박은경, "북한의 성형붐과 외모지상주의," 『월간 북한』, 2017년 6월호. p.82.

299 "사회주의 생활문화를 더욱 활짝 꽃피우자 나이에 어울리는 녀성들의 머리 단장," 『로동신문』, 2019년 4월 21일

300 전영선·한승호, 『공화국의 립스틱-김정은시대의 뷰티와 화장품』(파주: 종이와나무, 2021), pp.156-210.

301 "北동평양제1백화점, 인기 있는 화장품…은하수.봄향기.금강산," 『spn 서울평양뉴스』, 2020년 12월 29일. http://www.spnews.co.kr/news/articleView.html?idxno=35789 (검색일: 2023.12.5.)

302 "경애하는 김정은 동지께서 평양화장품공장을 현지지도하시였다." 『조선중앙통신』, 2015년 2월 5일

303 박기찬, "북한 '봄향기'화장품이 프랑스 랑콤보다 낫다고?." 『the columnist』, 2021년 8월 31일

304 "해외시장 진출을 준비하는 북한 화장품 봄향기(春香)," 『KOTRA』, 2020년 6월 26일. https://dream.kotra.or.kr/kotranews/cms/news/actionKotraBoardDetail.do?SITE_NO=3&MENU_ID=520&CONTENTS_NO=1&bbsGbn=247&bbsSn=247&pNttSn=183082 (검색일: 2023.12.5.)

305 노정민, "북한산 청바지 스웨덴 전역 광고," 『RFA』, 2010년 3월 18일

306 정아름, "북한 산 청바지 '노코진스' 유럽서 떨이," 『RFA』, 2013년 7월 12일

307 니얼 퍼거슨, 구세희·김정희 번역, 『시빌라이제이션, 서양과 나머지 세계』(서울: 21세기북스, 2011), pp.396-405.

308 이장훈, "북에 보낸 USB '북한판 청바지'될까," 『주간조선』, 2019년 4월 11일

309 "북한 백화점 옷가게 사장 인터뷰," 『주성하 TV』, (검색일: 2023.7.28.)

310 이영종, "[전문]북한, 반동사상문화배격법," 『뉴스핌』, 2023년 3월 22일

311 통일부, "북한청소년들도 가족과 여가생활을 즐기나요?," 『청소년 지식사전』, 2016년 12월 29일

312 조정아, "북한 주민의 여가생활," 『KDI 북한경제리뷰』, 2017년 8월호

313 박영자, "최근 북한 주민의 휴가와 여가생활," 『주간한국』, 2019년 7월 30일

314 남성욱, "평양리포트 북한의 음주 문화 실태," 『월간중앙』, 2019년 1월 17일

315 문정실, "인조고기에 대동강맥주, 북한의 여름 별미." 『MBC통일전망대』, 2022년 8월 6일

316 김양희, "북녘 사람들은 초코파이에 환장한다?." 『통일뉴스』, 2012년 5월 17일

317 "불닭볶음면맛 과자까지 있다?" 짝퉁 가득한 북한 과자 시장, 트렌드DA, 2020.2.1.

318 "세계적수준을 지향하는 대성백화점," 『조선신보』, 2019년 5월 17일

319 "김정은, 류경김치공장 현지지도…'김치공장의 본보기, 표준'," 『통일뉴스』, 2017년 1월 12일

320 "北 평양 보통강구역 고려인삼전시장…각종 인삼특산품 판매 인기," 『spn 서울평양뉴스』, 2021년 7월 3일

321 "북한의 화장품산업" 『KBS』, 2021년 3월 4일.(검색일: 2023.12.10.)

322 「겨레하나」, https://www.krhana.org/blog/news/post/146 (검색일: 2023.11.30.)

323 「Daily NK」, https://www.dailynk.com/20231128-2/ (검색일: 2024.3.21.)

324 북한이탈주민 인터뷰, 2024년 3월 19일

325 『국방뉴스』, https://www.gukbangnews.com/news/articleView.html?idxno=1207 (검색일: 2024.3.21.)

326 『통일뉴스』, http://www.tongilnews.com (검색일: 2024.3.21.)

327 '카공족,' 국립국어원 우리말샘 편. https://opendict.korean.go.kr/search/searchResult?focus_name_top=query&query=%EC%B9%B4%EA%B3%B5%EC%A1%B1 (검색일: 2023.7.10)

328 국가정보원 편.『2022 북한법령집』(서울: 국가정보원, 2022), p.376.

329 국립통일교육원, 『2022 북한 이해』, 서울: 국립통일교육원, 2021; 정창현. "북한 지배 엘리트의 구성과 역할." 세종연구소 북한연구센터 엮음,『북한의 당·국가기구 군대』, 파주: 한울아카데미. 2007.

330 조정아 외,『북한 주민의 의식과 정체성: 자아의 독립, 국가의 그늘, 욕망의 부상』, 서울: 통일연구원, 2010.

331 김유연 외,『북한사회변동 2012-2020』, 서울: 서울대학교 통일평화연구원, 2022.

332 이미나·오원환, "북한 및 제3세계에서의 한류 수용 경험과 한국 문화 적응: 탈북청년을 중심으로," 『방송통신연구』, 제82호 (2013).

333 "84년생 김정은의 골칫거리, '북한판 MZ세대' 누구인가," 『한국일보』, 2021년 4월 21일 https://www.hankookilbo.com/News/Read/A2021042017080002449 (검색일: 2023.08.28.)

334 A씨, 평양 출신, 45세, 2019년 탈북, 여성, 2023년 5월 19일 인터뷰 진행. B씨, 함북 무산 출신, 44세, 2020년 탈북, 남성, 2023년 6월 5일 인터뷰 진행. C씨, 함북 청진 출신, 32세, 2020년 탈북, 여성, 2023년 6월 9일 인터뷰 진행. D씨, 함북 무산 출신, 29세, 2019년 탈북, 여성, 2023년 6월 12일 인터뷰 진행. E씨, 남포특별시 출신, 44세, 2003년 탈북, 남성, 2023년 6월 30일 인터뷰 진행.

335 정주영, "중국 청년의 민족주의, 팬덤과 혐오의 공진,"『중소연구』, 제46권 제2호 (2022); 이응철, "현대 중국의 국가에 대한 태도: 팬덤 애국주의와 '백지시위'의 사례,"『아태연구』, 제30권 제3호 (2023).

336 표준국어대사전

337 김경라,『말솜씨와 유모아』, (평양: 조선출판물수출입사, 2017).

338 이성희, "북한 화술소품 관객연구: 웃음의 사회적 기능을 중심으로", 북한대학원대학교 석사학위논문, 2020.

339 '생활의 웃음 더해주는 사람들' https://www.youtube.com/watch?app=desktop&si=DNbi2FlcKWSy6OFu&v=NoTUHT3mk54&feature=youtu.be

340 "탈북 청년에게 물었다-② 남북한 취업의 온도차,"『한국일보』, 2014년 12월 26일 https://www.hankookilbo.com/News/Read/201412261228275961 (검색일: 2023.8.28.)

341 통일교육원 청소년 지식사전, https://www.uniedu.go.kr/uniedu/home/brd/bbsatcl/dict2017/view.do?id=31629&limit=10&sc=T&sv=%EC%98%81%EC%96%B4&eqViewYn=true&odr=news&eqDiv= (검색일: 2023.8.28.)

342 "북한식 생활기록부, '평정서',"『NKchosun』, http://nk.chosun.com/news/articleView.html?idxno=151933 (검색일: 2023.8.28.)

343 김재웅,『고백하는 사람들: 자서전과 이력서로 본 북한의 해방과 혁명, 1945~1950』, 서울: 푸른역사, 2020.

344 김화순·최봉대, "1980년대 북한 정치신분제에서 세대 간 지위세습과 성취기제,"『현대북한연구』, 25권 3호 (2022).

345 김원홍,『북한 여성의 일상생활』, 국립통일교육원, 2011, p.31.

346 "결혼정보회사 가연, 남녀 희망 배우자 직업군 1위 '공무원·공기

업'," 『ITBizNews』, 2022년 1월 7일. https://www.itbiznews.com/news/articleView.html?idxno=60841 (검색일: 2023.8.28.)

347 김원홍, 『북한 여성의 일상생활』, 서울: 국립통일교육원, 2011, p.23~24.

348 국립통일교육원 제작, 〈짤막시리즈 시즌2 - 4편 북한에서도 연애결혼을 한다고??〉, https://www.youtube.com/watch?v=t5KagKvBJcw

349 국립통일교육원 제작, 〈짤막시리즈 시즌2 - 4편 북한에서도 연애결혼을 한다고??〉, https://www.youtube.com/watch?v=t5KagKvBJcw

350 이상의 설명은 김종군, "북한의 생활문화 속 일생의례의 지속 의지," 『통일인문학』, 제86집 (2021).

351 김종군, 위의 글

352 김종군, 위의 글

353 이제우, 『북한의 신분·공민·주민등록 제도에 관한 연구』, 고양: 사법정책연구원, 2017, p.92.

354 이우태 외, 『북한인권백서 2022』, 서울: 통일연구원, p.27.

355 이우태 외, 『북한인권백서 2022』, 서울: 통일연구원, p.495-496.

356 이우태 외, 『북한인권백서 2022』, 서울: 통일연구원, p.363.

357 이우태 외, 『북한인권백서 2022』, 서울: 통일연구원, p.363.

358 이우태 외, 『북한인권백서 2022』, 서울: 통일연구원, p.364.

359 "코로나 가정 파괴?…北여성, 이혼 위해 수천달러 뇌물 준비," 『Daily NK』, 2021년 3월 10일 (검색일: 2023.8.28.)

360 "북, 이혼율 급증하자 이혼 재판 건수 제한," 『RFA』, 2022년 7월 26일. https://www.rfa.org/korean/in_focus/humanitarian-07262022100121.html (검색일: 2023.08.28.)

361 "법에도 없는데…북한 '이혼하려면 단련대 6개월 처벌 각오해라'," 『Daily NK』, 2021년 6월 8일 (검색일: 2023.8.28.)

362 "북, 이혼율 급증하자 이혼 재판 건수 제한," 『RFA』, 2022년 7월 26일 https://www.rfa.org/korean/in_focus/humanitarian-07262022100121.html (검색일: 2023.08.28.) 자유아시아방송의 내부 소식통에 따르면 함경북도 경성군의 한 해 이혼 재판 건수는 40건으로 제한되었다고 합니다. 2008년

북한 인구센서스 자료에 따르면 경성군의 인구는 10만 명 정도로 추산되고 있습니다.

363 이우태 외, 『북한인권백서 2022』, 서울: 통일연구원, p.365.

364 "15%만 간다" 북한의 대학 입시," 『MBC 통일전망대』, 2022년 11월 12일, https://imnews.imbc.com/replay/unity/6426211_29114.html (검색일: 2023.7.2.)

365 "15%만 간다" 북한의 대학 입시," 『MBC 통일전망대』, 2022년 11월 12일, https://imnews.imbc.com/replay/unity/6426211_29114.html (검색일: 2023.7.2.)

366 "[조미영의 질문있어요] 학교폭력, 북한에도 있나요?," 『RFA 자유아시아방송』, 2023년 2월 27일 (검색일: 2023.8.26.)

367 전영선, "북한의 결혼문화," 「행복한 통일」 vol.4 (서울: 민주평화통일자문회의, 2014), http://18webzine.nuac.pa.go.kr/sub.php?number=69 (검색일: 2023.7.12.)

368 조정아, "북한의 결혼문화," 「한반도 A to Z」 (서울: KBS world radio, 2021), https://world.kbs.co.kr/special/northkorea/contents/news/closeup_view.htm?lang=k&No=414893〉 (검색일 : 2023.7.12.)

369 안병민, 『교과서에 안 나오는 북한의 교통 이야기』 (통일부 통일교육원, 2014), p.14.

370 이동걸 외, 『북한의 산업 I』 (서울: KDB 산업은행, 2020), p. vii

371 이학래, 김동선, 『북한의 체육』 (도서출판 사람과 사람, 1995), p.181.

372 이나영, "북한의 여성체육 담론 연구(1945-2011): 여성 전문체육의 형성과 변화를 중심으로," 북한대학원대학교 박사학위 논문, 2019, p.86.

373 "체육의 대중화, 생활화는 우리 당의 일관한 방침," 『노동신문』, 2018.11.22.

374 "천리마조선 체육신화의 주인공들," 『조선중앙통신』, 2021년 6월 10일

375 "조선의 체육인들 지난 20년간 국제경기들에서 1,400여회의 우승 쟁취," 『조선중앙통신』, 2014년 7월 10일

376 "조선의 부강발전에서 중요한 역할을 하는 여성들," 『조선중앙통신』,

2019년 3월 7일

377 "민족 정신과 기상을 온 세상에 과시한 당의 훌륭한 딸을 맞이하는 대경사 (온 나라에 '마라톤녀왕' 정성옥 선수 환영열기 뜨겁게 차넘친다,"『노동신문』, 1999년 9월 4일

378 계순희는 1996년 인민체육인, 2001년 노력영웅, 2003년 김일성 상을 수여받았으며, 정성옥선수는 1999년 공화국영웅을 수여받았으며, 2003년-2009까지 제11기 최고인민회의 대위원으로 활동하였다.

참고문헌

남한문헌

강민진, "평양지국 최초 개설한 APTN이 공개한 북한 생활상 7가지", 2018.5. 22. 한겨레신문. http://www.hani.co.kr/arti/politics/defense/845694. html

강병철. "美 재무부, 北해킹조직 김수키·개인 8명 제재." 『연합뉴스』. 2023년 12월 1일. https://www.yna.co.kr/view/AKR20231201007000071?input =1195m (검색일: 2023.12.1.)

강진규, "[사진] 북한의 전기차, 고속철 디자인은?.," 『NK경제』, 2018년 9월 23일. http://www.nkeconomy.com/news/articleView.html?idxno=452 (검색일: 2023.12.16.)

강진규, "북한, AR·VR 기술 적용 교육 프로그램 개발," 『NK 경제』, 2020년 6월 11일. http://www.nkeconomy.com/news/articleView.html?idxno=3171 (검색일: 2023.10.1.)

강진규, "북한 평양교원대학, 교육용로봇 업그레이드 추진," 『NK경제』, 2020년 5월 8일. http://www.nkeconomy.com/news/articleView.html?idxno= 3026 (검색일: 2023.10.1.)

강진규, "음성인식, 딥러닝 응용까지 북한 인공지능기술의 현주소, " 『남북경협뉴스』, 2019년 8월 23일. http://www.snkpress.kr/news/articleView. html?idxno=122 (검색일: 2023.10.1.)

강진규, "인민 갤럭시폰? 베일 벗은 북한 김정은 스마트폰 '아리랑 151'," 강진규의 디지털 허리케인, 2017년 9월 6일. https://www.dihur.co.kr/1470 (검색일: 2023.10.1.)

강진규, 북한 로봇축구대회 2016년 시작…규정은 2019년 만들어, 『NK경제』, 2020년 6월 11일. http://www.nkeconomy.com/news/articleView.html?idxno=3172 (검색일: 2023.10.1.)

강채연, 윤보영, "북한 주민의 정보접근 실태와 북한 당국의 통제," 김수암 외, 『북한 주민의 정보접근에 관한 연구』(서울: 통일연구원, 2020)

건강보험심사평가원 자원평가실, "2022 인구 천명당 의료 기관 종사 의사수 (시도/시/군/구)," https://kosis.kr/statHtml/statHtml.do?orgId=101&tblId=DT_1YL20981 (검색일: 2023.12.15.)

겨레말큰사전남북공동편찬사업회, 『미리 만나는 겨레말 작은사전』, (서울: 겨레말큰사전남북공동편찬사업회, 2023)

고자연, "북한 시사만화 연구 : 『천리마』 연재만화 〈덕보령감〉을 중심으로" 『민족문학사연구』, 80권(2022)

과학기술정보통신부 중앙전파관리소, "2022년 위성방송 현황조사," 2022.12

과학백과사전 출판부, 『평양건설전사 2』(평양: 과학백과사전, 1997)

과학백과사전출판사, 『조선말대사전 증보판 2』. (평양: 과학백과사전출판사, 2017)

국가정보원 편, 『북한법령집 上』(서울: 국가정보원, 2022)

국가정보원 편, 『북한법령집上』, (서울: 국가정보원, 2017)

국가정보원 편, 『북한법령집 下』(서울: 국가정보원, 2022)

국립국어원 우리말샘 편, "카공족."『국립국어원』. 2023년 7월 10일, https://opendict.korean.go.kr/search/searchResult?focus_name_top=query&query=%EC%B9%B4%EA%B3%B5%EC%A1%B1 (검색일: 2023.7.10.)

국립산림과학원 편, 『한반도 산림지도집』. (서울: 국립산림과학원, 2021)

국립통일교육원, 『2022 북한 이해』, 서울: 국립통일교육원, 2021.

국립통일교육원, 『2023 북한 이해』. (서울: 국립통일교육원, 2023)

국립통일교육원 제작, 〈짤막시리즈 시즌2 - 4편 북한에서도 연애결혼을 한다고??〉, https://www.youtube.com/watch?v=t5KagKvBJcw (검색일: 2023.8.28.)

국방부, 『2022 국방백서』(서울: 국방부, 2022)

기상청 편, 『북한 기상 30년보』. (기상청, 2021)

김경원, "북한의 배터리 이용 현황," 『Weekly KDB Report』, 2020년 9월 14일

김계동, 『북한의 외교정책: 벼랑에 선 줄타기외교의 선택』 (서울: 백산서당, 2002)

김동엽, "2023년 아시아 정세전망-참을 수 없는 북핵 대응의 가벼움 혹은 담대함." 『아시아 브리프』. 제3권 제9호 (서울대학교 아시아연구소, 2023)

김민정, 『최근 북한 금융제도에 대한 이해』, 한국은행, 2021.

김민정 외, 『김정은시대 북한의 금융제도 변화: 북한 문헌 분석을 중심으로』, 서울: 한국은행, 2021.

김상범, "김정일의 권력 승계 과정에 대한 연구 : 1972년 12월 최고인민회의 대의원 선거의 정치적 의미를 중심으로." 『현대북한연구』. 제24권 제2호 (북한대학원대학교 심연북한연구소, 2021)

김상범, "제8차 당대회 개정 규약에 대한 분석, 평가." 『IFES Brief_2021-18』 (경남대학교 극동문제연구소, 2021)

김성환, "'짝퉁' 북한산 초코파이 '쵸콜레트 단설기' 먹어보니…," 『DailyNK』, 2015년 7월 14일

김양희, "북녘 사람들은 초코파이에 환장한다?," 『통일뉴스』, 2012년 5월 17일

김용현 외, 『북한학 박사가 쓴 북한학 개론』 (서울: 동국대학교 출판부, 2022)

김원홍, 『북한 여성의 일상생활』, 서울: 국립통일교육원, 2011.

김유민, 『후계자론』 (동경: 구월서방 번각, 1986)

김유연 외, 『북한사회변동 2012-2020』, 서울: 서울대학교 통일평화연구원, 2022.

김재웅, 『고백하는 사람들: 자서전과 이력서로 본 북한의 해방과 혁명, 1945~1950』, 서울: 푸른역사, 2020.

김재천, 『후계자문제의 이론과 실천』, (출판처 불명, 1989)

김정근, "조명축전으로 '3D' 선보인 북한…가상현실 게임도 즐긴다." 『news1』, 2020년 11월 19일. https://www.news1.kr/articles/?4122765 (검색일: 2023.10.1.)

김종군, "북한의 생활문화 속 일생의례의 지속 의지." 『통일인문학』, 제86집 (2021).

김종수, "북한 제13기 최고인민회의 출범과 남북 국회회담 전망." 『북한학연

구』, 제10권 제1호 (동국대학교 북한학연구소, 2010)

김주영, "김정은은 카트 마니아? 북한 '1호 카트'에 담긴 의미," 『한국일보』, 2020년 7월 9일. https://www.hankookilbo.com/News/Read/A2020070718170003484?did=NA (검색일: 2023.10.1.)

김지현, "원격강의부터 외국어 경연까지… 北 대학도 온라인 강의 열풍," 『한국일보』, 2020년 3월 30일. https://www.hankookilbo.com/News/Read/202003301083325547 (검색일: 2023.12.16.)

김학재·김병로·정은미·이종민·박상민·이혜원·김유연·최은정·임경훈·최현정『북한사회변동 2020』(경기: 서울대학교 통일평화연구원)

김형원, "탈북자 키," 『조선비즈』, 2012년 1월 31일, https://biz.chosun.com/site/data/html_dir/2012/01/31/2012013102147.html (검색일: 2023.7.13.)

김화순·최봉대, "1980년대 북한 정치신분제에서 세대 간 지위세습과 성취기제," 『현대북한연구』, 25권 3호 (2022).

남성욱, "평양리포트 북한의 음주 문화 실태," 『월간중앙』, 2019년 1월 17일

노정민, "북한산 청바지 스웨덴 전역 광고," 『RFA』, 2010년 3월 18일

니얼 퍼거슨, 구세희·김정희 번역, 『시빌라이제이션, 서양과 나머지 세계』(서울: 21세기북스, 2011)

대한민국 정부, "정부, 북한 해킹조직 '김수키' 세계 첫 독자 제재," 『정책정보』. https://www.korea.kr/news/policyNewsView.do?newsId=148915866 (검색일: 2023.12.1.)

대한민국 정책브리핑 홈페이지, https://www.korea.kr/news/cardnewsView.do?newsId=148850151 (검색일: 2023.6.9.)

도미엔, "1975년 베트남전 종전과 북한정부의 대응 : 베트남자료를 중심으로," 『이화사학연구』 총권 48호 (이화여자대학교 이화사학연구소, 2014)

도미엔, "1960년대 북한의 베트남전 지원과 공군 심리전 전문가 파병: 새로 발굴한 베트남 자료를 중심으로," 『이화사학연구』 총권 59호 (이화여자대학교 이화사학연구소, 2019)

동국대 북한학연구소, 「북한 임산물 교역 동향 분석 및 남북교류협력 방안」, 국립산림과학원 용역보고서, 2023.9.

뤼디거 프랑크, 안인희 옮김, 『북한여행』(서울: 한겨레출판사, 2019)

류지성, "최근 북한입법의 변화 분석." 『북한법연구』제28권 (통일과 북한법학회, 2022.

명수정, "북한의 환경 현황." 「KDI」 북한경제리뷰 3월호. (한국개발연구원, 2018)

문동희, "北 내비 '길동무 3.5', 최신 지도 데이터·택시 호출 기능 업뎃." 『Daily NK』, 2023년 4월 18일. https://www.dailynk.com/20230418-3/ (검색일: 2023.10.16.)

문동희, "북한판 위챗페이 '울림 2.0' 출시… "QR코드로 간편결제." 『Daily NK』, 2020년 11월 4일. https://www.dailynk.com/20201104-3/ (검색일 2023.12.1.)

문인철 외, 『'하계올림픽' 서울-평양 공동 개최 방안』. (서울: 서울연구원, 2020)

문정실, "인조고기에 대동강맥주, 북한의 여름 별미." 『MBC통일전망대』, 2022년 8월 6일

박기찬, "북한 '봄향기'화장품이 프랑스 랑콤보다 낫다고?." 『the columnist』, 2021년 8월 31일

박서강, "전력마저 자급자족…北 접경마을서 태양광 패널 관측." 『한국일보』, 2017년 10월 19일. https://www.hankookilbo.com/News/Read/201710190419161585 (검색일 2023.12.10.)

박수윤, "북한, 20년 전 무산된 '신의주 경제특구' 재시동 거나." 『연합뉴스』, 2022년 8월 25일. https://www.yna.co.kr/view/AKR20220824154900504?input=1195m (검색일: 2023.10.1.)

박수윤, "북한, COVID-19 방역용 '로봇' 공개…둥근머리에 빨간눈 깜빡." 『연합뉴스』, 2022년 11월 25일. https://www.yna.co.kr/view/AKR20221124158800504 (검색일: 2023.10.1.)

박수진 외, "북한 토양정보 예측기법의 개발: 북한 토양정보의 중요성과 토양형 추정." 『대한지리학회지』 53권 제5호. (대한지리학회지, 2018)

박영자, "최근 북한 주민의 휴가와 여가생활." 『주간한국』, 2019년 7월 30일

박은경, "북한의 성형붐과 외모지상주의." 『월간 북한』, 2017년 6월호

박형준, "북한의 대외정세 인식과 국방력 강화에 관한 연구." 『동북아연구』 37권 2호 (조선대학교 동북아연구소, 2022)

박형준, "조선노동당 제8차 대회 이후 북한의 대미 담화 연구." 『한국동북아논총』 제27집 제1호, 2022

박형준, "조선노동당 제8차 대회 이후 북한의 대미 담화 연구." 『한국동북아논총』 제27집 제1호 (한국동북아학회, 2022)

박희진, "북한 국가건설담론과 '내 집 꾸미기' 현상의 혼성성 연구," 『도시인문학연구』, 제12권 1호(2020)

박희진, "평양시 현대화, 개혁과 통치의 조응," 『김정은 체제: 변한 것과 변하지 않는 것』(파주: 한울아카데미, 2018)

박희진, "함흥시 도시공간의 지배구조와 탈주체의 삶," 『북한연구학회보』, 제17권 제2호(2013)

백승걸·최성원·서종원, "북한 육상교통의 변화 과정과 시사점," 『교통 기술과 정책』, 제20권 제3호(2023)

백용대, 디지털 타임스, 북한위성통신 현대화, 이동통신 확대 개통 추진, 2003년

법무부 통일법제데이터베이스, https://www.unilaw.go.kr/bbs/selectBoardArticle.

보건복지부, 한국국제보건의료재단, 서울대학교 의과대학 통일의학센터 공저, 『2019 개정판 북한 보건의료 백서』(서울: 한국국제보건의료재단, 2019)

북한이탈주민 유투브, "북한 복권 당첨, 복권 당첨금은? 그 답은 영상 마지막까지 봐야 알 수 있어요." 『안혜경티비』, 2020년 9월 7일. https://www.youtube.com/watch?v=QvWtqGk3BY0 (검색일: 2023.7.23.)

서명수, "20세기 후반 북한의 '주체건축'에 대한 비평적 연구─『건축예술론』을 중심으로," 『대한건축학회논문집─계획계』, 제34권 제6호(2018)

성기중·윤여상. "북한의 선거제도와 투표 행태 분석." 『한국동북아논총』 제26집 (한국동북아학회, 2003)

성혜랑, 『등나무집』. 서울: 세계를 간다, 2000

손광수, "북한의 금융정보화와 전자결제법 함의," 『KDI북한경제리뷰』, 2023년

2월호.

손요환 외, 『북한 산지토양정보 고도화 및 적정 조림수종 선정』, 한국임업진흥원, 2016

손혜민, "북, 스마트폰용 내비게이션 앱 첫 선… "택시 바가지 요금 차단"," 『RFA』, 2020년 11월 20일. https://www.rfa.org/korean/in_focus/ne-hm-11202020095705.html (검색일: 2023.10.16.)

송홍근, " 북한에서는 라면이 부의 상징이라는데..북한 라면 먹어보기," 『동아닷컴』, 2020년 2월 24일

안병민, 『교과서에 안 나오는 북한의 교통 이야기』, 통일부 통일교육원, 2014

안윤석, "北김정은, 평양무궤도전차공장과 버스수리공장 시찰..새모델 국산버스에 흡족," 『spn서울평양뉴스』, 2018년 8월 4일; 『조선중앙통신』, 2018년 8월 4일

양승진, "[리얼북한] '광명망' 쇼핑사이트는 모두 22개," 『시사주간』, 2020년 12월 4일. http://www.sisaweekly.com/news/articleView.html?idxno=33381 (검색일: 2023.10.1.)

엄현숙, "북한의 후계자론과 김주애 공개에 관한 연구." 『북한연구학회보』, 제27권 제1호 (북한연구학회, 2023)

오경섭, "북한의 4대세습과 김주애." 『통일연구원 Online Series CO23-10』. (통일연구원, 2023)

외교부, 『2021 외교백서』, (서울: 외교부, 2021)

외교부, 남북한 국제기구 가입현황, https://www.data.go.kr/data/3038030/fileData.do#layer_data_infomation (검색일: 2023.7.25.)

외교부 대북정책협력과, https://www.mofa.go.kr/www/wpge/m_4178/contents.do (검색일: 2023.8.5.)

우정헌, "북한의 에너지사용 및 대기오염물질 배출현황." 「동북아 및 남북 환경협력방안 세미나」, (이화여자대학교, 2017)

우해봉 외, 『인구변동과 지속 가능한 발전: 저출산의 경제·사회·문화·정치적 맥락에 관한 종합적 이해와 개혁 과제』 (세종: 경제·인문사회연구회, 2021)

위성전파감시센터 위성관리과, "2020년도 위성방송 현황조사," 2020.12.

유혜현 외,『남북 보건의료 교류협력 방안 연구-의약품을 중심으로』(서울특별시의회 연구용역 최종보고서, 2021)

윤진, "달라진 北 경공업…축구화 검수까지 '기계화',"『KBS』, 2018년 11월 28일

응우엔 티 마이 화,『사회주의국가들의 베트남항미전쟁 지원(1954-1975)』(베트남: 베트남국가정치출판사, 2013)

이나영, "북한의 여성체육 담론 연구(1945-2011): 여성 전문체육의 형성과 변화를 중심으로." 북한대학원대학교 박사학위 논문. (북한대학원대학교, 2019)

이동걸 외,『북한의 산업 Ⅰ』(서울: KDB 산업은행, 2020)

이미나·오원환, "북한 및 제3세계에서의 한류 수용 경험과 한국 문화 적응: 탈북청년을 중심으로,"『방송통신연구』, 제82호 (2013).

이석, "북한의 가구경제 실태 분석과 정책적 시사점,"『정책연구시리즈 2015-11』(서울: 한국경제개발연구원, 2015)

이성희, "북한 화술소품 관객연구: 웃음의 사회적 기능을 중심으로." 북한대학원대학교 석사학위논문, 2020.

이신재,『북한의 베트남전쟁 참전』(서울: 국방부 군사편찬연구소, 2017)

이영종, "[전문]북한, 반동사상문화배격법,"『뉴스핌』, 2023년 3월 22일

이우탁, "'핵보유국 지위, 승인 추구안하겠다'는 北…美 대응은."『연합뉴스』. 2023년 4월 24일. https://www.yna.co.kr/view/AKR20230424104600009 (검색일: 2023.11.23.)

이우태 외,『북한인권백서 2022』, 서울: 통일연구원, 2022.

이유림, "김정은, '방역 공로' 군장병 불러 단체 촬영…노고 치하,"『이데일리』, 2022년 8월 21일.. https://www.edaily.co.kr/news/read?newsId=01266086632429616&mediaCodeNo=257&OutLnkChk=Y (검색일: 2023.10.15.)

이응철, "현대 중국의 국가에 대한 태도: 팬덤 애국주의와 '백지시위'의 사례,"『아태연구』, 제30권 제3호 (2023).

이장훈, "북에 보낸 USB '북한판 청바지'될까,"『주간조선』, 2019년 4월 11일

이제우,『북한의 신분·공민·주민등록 제도에 관한 연구』, 고양: 사법정책연구원, 2017.

이종석, 『새로 쓴 현대 북한의 이해』(서울: 역사비평사, 2002)
이주철, "김정은시대 북한 방송언론의 변화: 조선중앙TV를 중심으로," 『북한연구학회보』, 18권 2호(2014)
이학래·김동선, 『북한의 체육』, 도서출판 사람과 사람, 1995.
임상순 외, 『남북한 출신 학자들이 함께 쓴 남북한의 삶, 만남, 평화 이야기』(서울: 박영사, 2023)
임을출, 『김정은시대의 북한 경제: 사금융과 돈주』(파주: 한울 아카데미, 2016)
장임향, "체육의 대중화, 생활화는 우리 당의 일관한 방침." 『로동신문』, 2018년 11월 22일
장혜원, "호화 결혼식 등장한 북한, 빈부격차에 '딸랑밥'도 여전." 『매일경제』. 2018년 6월 1일, https://www.mk.co.kr/news/world/8338593 (검색일: 2023.7.12.)
전봉근, 『비핵화의 정치』(서울: 명인문화사, 2020)
전영선, "북한의 결혼문화." 『민주평화통일자문회의』. 2013년 6월 6일, http://18webzine.nuac.pa.go.kr/sub.php?number=69 (검색일: 2023.7.12.)
전영선·한승호, 『공화국의 립스틱-김정은시대의 뷰티와 화장품』(파주: 종이와나무, 2021)
전인찬, "김정일시대 북한 외교엘리트 연구: 교육, 충원, 배치, 통제." 북한대학원대학교 석사학위논문, 2016.
전정환·송봉선·이영진·서유석, 『김정은시대의 북한인물 따라가 보기』(서울: 도서출판 선인, 2018)
정성장, "김주애의 등장, 4대 세습의 신호탄,?" 『피렌체의 식탁』(2023년 1월 11일). https://firenzedt.com/25564/ (검색일: 2023.7.10.)
정아름, "북한 산 청바지 '노코진스' 유럽서 떨이," 『RFA』, 2013년 7월 12일
정용수, "베트남에 있는 북한군 묘비…북, 월맹과 합의 1년 전 참전." 『중앙일보』, 2023년 2월 10일. https://www.joongang.co.kr/article/25139608 (검색일: 2023.11.23.)
정은미, "육아법을 통해 본 김정은 정권의 육아정책』, 통일연구원 온라인시리즈, 2022.3.23. CO 22-07.

정은이, "2000년 이후 북한시장의 발전요인에 관한 분석, 회령지역 시장의 사례를 중심으로," 『비교경제연구』, 제19권 제1호(2010)

정주영, "중국 청년의 민족주의, 팬덤과 혐오의 공진," 『중소연구』, 제46권 제2호 (2022).

정창현, 『곁에서 본 김정일』 (서울: 토지, 1999)

정창현. "북한 지배 엘리트의 구성과 역할," 세종연구소 북한연구센터 엮음, 『북한의 당·국가기구 군대』, 파주: 한울아카데미. 2007.

조문정, "[한반도미래포럼] "北 '체제보장'과 '안전보장' 구분해야"." 『위키리크스한국』. 2019년 7월 17일. http://www.wikileaks-kr.org/news/articleView.html?idxno=60442 (검색일: 2023.5.29.)

조성진, "북한 광명성4호, 대기권 재진입 후 '소멸'…"잔해 전소돼 민간 피해 없을 것," 『VOA』, 2023년 7월 4일. https://www.voakorea.com/a/7162880.html (검색일: 2023.12.16.)

조정아, "북한 주민의 여가생활," 『KDI 북한경제리뷰』, 2017년 8월호

조정아·이춘근·엄현숙, 『'지식경제시대' 북한의 대학과 고등교육』 (서울: 통일연구원, 2020)

조정아 외, 『북한 주민의 의식과 정체성: 자아의 독립, 국가의 그늘, 욕망의 부상』, 서울: 통일연구원. 2010.

조현성, "북한 내 한류 현상 연구의 현재와 미래," 『현상과 인식』, 제47권 3호 (2023)

쥘리에트 모리요·도리앙 말로비크 지음, 조동신 옮김, 『100가지 질문으로 본 북한』 (서울: 세종서적, 2018)

진천규, "[평양은 지금] 중앙동물원 '축전지차'," 『news1』, 2017년 11월 21일. https://www.news1.kr/photos/view/?2830927 (검색일: 2023.10.1.)

진희관·진희권, "김정은시대의 '현지료해' 연구-내각총리와 총정치국장의 현지료해 분석을 중심으로," 『21세기정치학회보』 제25집 3호. 2015년 9월.

최상희, "북한의 주택문제와 향후 협력과제," 『국토연구』 (세종: 국토연구원, 2018)

최서윤, "최근 북한 주택시장 동향과 전망," 『북한포커스』 KDB미래전략연구소

한반도신경제센터(2019.8.26.)

최선영, "북한 미림대학은 어떤 곳인가." 『연합뉴스』. 1999년 11월 15일. https://n.news.naver.com/mnews/article/001/0004552652?sid=100 (검색일: 2023.11.23.)

최수복, "새형의 관광용축전지차 생산," 『로동신문』, 2020년 5월 11일

최용환, "북한의 물 이용 실태." 『워터저널』4월호. 2019년 4월 3일, http://www.waterjournal.co.kr/news/articleView.html?idxno=44710 (검색일: 2023.7.11.)

최은주, "북한의 군수경제: 경제적 파급효과와 민수전환의 가능성," 『KDI 북한경제리뷰』, 2022년 9월호

최일복, "주체의 사회주의법치국가의 본질과 특징." 『김일성종합대학학보-력사, 법률』, 제64권 제3호(2018)

최현규·노경란, 『북한 과학자의 국제학술논문(SCOPUS) 분석 연구: 2007-2016 (대전: 한국과학기술정보연구원, 2016)

최희선, "[시선의 확장] 스마트 농업에 눈 돌린 북한 산업미술, 식량난 해결에 도움 줄까?." 『news1』, 2023년 4월 15. https://www.news1.kr/articles/5016448 (검색일: 2023.10.1.)

탈북 유학생 유튜브. "북한의 단 0.1% 엘리트 해외유학생들, 그들은 누구인가?." https://www.youtube.com/watch?v=XpZM8-e6btU (검색일: 2023.11.21.)

통계청, "2022년 인구주택총조사 결과 〈등록센서스 방식〉," 대한민국정책브리핑 (2023.7.27.)

통일교육원 청소년 지식사전, https://www.uniedu.go.kr/uniedu/home/brd/bbsatcl/dict2017/view.do?id=31629&limit=10&sc=T&sv=%EC%98%81%EC%96%B4&eqViewYn=true&odr=news&eqDiv= (검색일: 2023.8.28.)

통일부, "북한청소년들도 가족과 여가생활을 즐기나요?." 『청소년 지식사전』, 2016년 12월 29일

통일부, "사회주의 헌법," 『통일법제데이터베이스』https://www.unilaw.go.kr/bbs/selectBoardArticle.do (검색일: 2023.7.1.)

통일부, "조선민주주의인민공화국 살림집법." 『통일법제데이터베이스』 https://www.unilaw.go.kr/bbs/selectBoardArticle.do (검색일: 2023.12.5.)

통일부, "조선민주주의인민공화국 평양시관리법," 『통일법제데이터베이스』 https://www.unilaw.go.kr/bbs/selectBoardArticle.do (검색일: 2023.12.5.)

통일부 국립통일교육원, 『북한지식사전』. 서울: 통일부 국립통일교육원, 2021.

통일부 남북통합문화센터, "제2회 평화통일 열린강좌-북한의 복권? 인민생활공채," 2021년 12월 12일. https://www.youtube.com/watch?v=B0P8MBtQ2RY (검색일: 2023.12.5.)

통일부 북한정보포털, https://nkinfo.unikorea.go.kr/nkp/trend/viewTrend.do (검색일: 2023.6.11.)

편집부, "인터뷰: 이달에 만난 사람-북의 체코유학생, 김은철과 조승군." 『북한』 총권 209호 (북한연구소, 1989)

하승희, "김정은시대 북한 새 세대의 음악듣기: 음악청취방식과 음악문화의 변화" 『북한연구학회보』, 26권 1호(2022)

하승희, "북한의 음악수재 인식변화와 활용 양상" 『한국예술연구』, 25호(2019)

하승희, "북한 프로그램 전국근로자들의 노래경연 연구" 『북한연구학회보』, 21권 2호(2017)

하승희, "평창 동계올림픽 계기 남북 음악공연교류 분석" 『대중음악』 27호 (2021)

한국 평화문제연구소·조선 과학백과사전출판사, 『조선향토대백과1-평양시』 (서울: 평화문제연구소, 2003)

한국학술정보 엮음, "THE PRESIDENT'S DAILY BRIEF_13_May_1965," 『CIA 기밀해제 총서(CIA's Declassified Documents) 21: 존슨 대통령 일일 보고서, 1965_04-06』 (파주: 한국학술정보, 2017)

한동호, "북한인권 국제사회 논의 동향과 과제." 『Online Series』 CO 20-05 (통일연구원, 2020)

한승대·전영선·김용현. "평양영화축전의 성립과 그 정치적 의미에 관한 연구." 『동아연구』, 34권 2호 (2015).

헌법재판소 2021.1.28. 선고 2020헌마264, 681(병합)전원재판부 결정현성일, "북한노동당의 조직구조와 사회통제 체계에 관한 연구-당내 유일사상 체계 확립 10대 원칙을 중심으로." (한국외국어대학교 외교안보학과 석사학위논문, 1999)

현성일, "북한의 국가전략과 간부정책의 변화에 관한 연구." 경남대학교 대학원 박사학위논문, 2006.

홍국화, "북한 여자들은 어떤 화장품을 쓸까? 인기 북한 화장품4," 『VOGUE』, 2022년 8월 13일

홍승아 외, "1인 가구 증가에 따른 가족정책 대응방안 연구," 『한국여성정책연구원 연구보고서-19』 (서울: 한국여성정책연구원, 2017)

황장엽, 『나는 역사의 진리를 보았다』 (서울: 한올아카데미, 1999)

황진태, "'평양의 강남'은 어디인가?," 『한국지역지리학회지』, 제26권 3호(2020)

『Break News』

『Daily NK』

『NK경제』

『국민일보』

『로동신문』

『연합뉴스』

『오마이뉴스』

『유투브 주성하TV』

『자유아시아방송』

『중앙일보』

『표준국어대사전』

북한

강경희, 『발권 및 통화조절방법론』, 평양: 과학백과사전출판사, 2019.
김일성, "인민정권을 더욱 강화하자−조선민주주의인민공화국 최고인민회의 제6기 제1차회의에서 한 연설(1977년 12월 15일)," 『김일성전집 65』 (평양: 조선로동당출판사, 2006)
김일성, 『위대한 수령 김일성 동지의 불멸의 혁명업적 19: 세계혁명의 새로운 길 개척』(평양: 조선로동당출판사, 2000)
김정일, "부르죠아민주주의의 반동적본질과 기만성에 대하여−김일성종합대학 학생들과 한 담화(1962년 10월 26일)," 『김정일전집 5』(평양: 조선로동당출판사, 2013)
김정일, "부르죠아민주주의의 반동적본질과 기만성에 대하여−김일성종합대학 학생들과 한 담화(1962년 10월 26일)." 『김정일전집 5』. 평양: 조선로동당출판사, 2013
김정일, 『건축예술론』(평양: 조선로동당출판사, 1992)
리상벽, 『조선말화술』(평양: 사회과학출판사, 1975)
리성영, "현시기 농업부문에서 알곡생산구조를 바꾸는데서나서는 중요문제," 『사회과학원학보』, 평양: 사회과학출판사, 2022년 1호.
리운찬. "민족 정신과 기상을 온 세상에 과시한 당의 훌륭한 딸을 맞이하는 대경사(온 나라에 '마라톤녀왕' 정성옥 선수 환영열기 뜨겁게 차넘친다." 『로동신문』, 1999년 9월 4일
북한의 '화장품에 대한 리해' 잡지, 『조선신보』, 2022년 7월 25일
사회과학출판사, 『조선대백과사전 29』, (평양: 백과사전출판사, 2001)
사회과학출판사, 『조선대백과사전 29』. 평양: 백과사전출판사, 2001.
사회과학출판사, 『조선말대사전(증보판) 1』. 평양: 사회과학출판사, 2017.
사회과학출판사, 『조선말대사전(증보판) 2』. 평양: 사회과학출판사, 2017.
사회과학출판사, 『조선말대사전(증보판) 3』. 평양: 사회과학출판사, 2017.
사회과학출판사, 『조선말대사전(증보판) 4』. 평양: 사회과학출판사, 2017.
사회과학출판사, 『조선말대사전 증보판 4』(평양: 사회과학출판사, 2017

외국문출판사, 『조중친선의 불멸의 력사』. (평양: 외국문출판사, 2022.)
윤금찬・리충성, "국가망을 통해 본 기술교류 사업," 『로동신문』, 2021년 8월 9일.
조선관광 편, "조선관광." 『조선관광』. 2023년 7월 15일, https://dprktoday.com/tourist/84 (검색일: 2023.7.15.)
조선로동당출판사, 『대중정치용어사전』(평양: 조선로동당출판사, 1964)
조선료리 편, "조선의 요리." 『조선료리』. 2023년 7월 17일, http://www.cooks.org.kp/kp/ (검색일: 2023.7.17.)
조선민주주의인민공화국 구타행위방지법(주체110(2021)년 11월 30일 최고인민회의 상임위원회 정령 제789호로 채택)
조선민주주의인민공화국 청년교양보장법(주체110(2021)년 9월 29일 최고인민회의 법령 제11호로 채택)
차명철, 『조선민주주의인민공화국 주요경제지대들』, 평양: 외국문출판사, 2018.
〈조선의 오늘〉
'문화 시설', https://dprktoday.com/tourist/72, 〈조선의 오늘〉
"(소개편집물)행복의 웃음소리에 비낀 복무자의 모습– 릉라립체률동영화관," 조선중앙TV. https://www.youtube.com/watch?v=Z03qwfdZjzg (검색일: 2023.12.10.)
"검병검진은 방역 강화를 위한 필수적 요구," 『로동신문』, 2022년 8월 22일
"경애하는 김정은 동지께서 평양화장품공장을 현지지도하시였다." 『조선중앙통신』, 2015년 2월 5일
"공로있는 방송일군들에게 조선민주주의인민공화국 로력영웅칭호 수여" 『조선중앙통신』, 2023년 9월 7일
"관심을 모으고있는 전자상업홈페지," 〈조선의 오늘〉, 2019년 2월 14일. https://dprktoday.com/news/37319 (검색일: 2023.10.1.)
"금연연구보급소에서," 인스타그램@dprk_today, 2020년 12월 13일
"기념비," 〈조선의 오늘〉, https://dprktoday.com/tourist/68 (검색일: 2023.11.30.)
"길안내봉사프로그람《길동무》1. 0 개발," 〈조선의 오늘〉, 2017년 9월 5일. https://dprktoday.com/news/24008 (검색일: 2023.12.2.)

"남포시 관광 시설," 『로동신문』, 2018년 6월 22일

"년로자들의 보금자리가 전하는 이야기," 『로동신문』, 2023년 10월 1일

"담당세대들을 찾아서", 인스타그램@dprktoday, 2022년 6월 24일

"라선시 비파도," 〈조선의 오늘〉, https://dprktoday.com/tourist/95 (검색일: 2023.12.5.)

"라선지구," 〈조선의 오늘〉, https://dprktoday.com/tourist/95 (검색일: 2023.12.5.)

"록색형, 에네르기절약형공장-평양화장품공장," 〈조선의 오늘〉, 2017년 12월 11일

"멋들어진 새형의 버스들이 수도의 거리를 달린다," 『로동신문』, 2023년 10월 1일

"사소한 방심과 해이도 허용될 수 없다," 『로동신문』, 2022년 8월 23일

"사회주의 생활문화를 더욱 활짝 꽃피우자 나이에 어울리는 녀성들의 머리 단장," 『로동신문』, 2019년 4월 21일

"새형의 려객뻐스," 〈조선의 오늘〉, 2021년 6월 26일

"새형의 무궤도전차설계가 완성되기까지," 〈조선의 오늘〉, 2019년 4월 8일

"세계적수준을 지향하는 대성백화점," 『조선신보』, 2019년 5월 17일

"신의주화장품공장 봄향기연구소 준공식 진행," 〈조선의 오늘〉, 2022년 12월 27일

"우리나라 식료공업에 〈금컵〉이 되기까지," 『로동신문』, 2015년 3월 18일

"우리 식 사회주의건설을 새 승리에로 인도하는 위대한 투쟁강령 조선로동당 제8차대회에서 하신 경애하는 김정은 동지의 보고에 대하여," 『로동신문』, 2021년 1월 9일

"원아들을 위해 바쳐가는 진정," 『로동신문』, 2023년 10월 18일

"의약품 생산을 늘여간다-룡흥제약공장에서", 인스타그램@dprktoday, 2022년 3월 18일

"인기를 모으는 전자상업홈페지《만물상》," 〈조선의 오늘〉, 2016년 11월 12일. https://dprktoday.com/news/15784 (검색일: 2023.12.10.)

"작업현장에 대한 소독을 더욱 철저히-선교 편직공장에서", 인스타그램@dprktoday, 2022년 5월 28일

"전국로보트부문 과학기술성과전시회-2019중에서", 인스타그램@dprk_today, 2020년 9월 29일

"조국번영의 래일을 앞당겨가는 조선청년들", 인스타그램@dprk_today, 2020년 9월 1일

"조선로동당의 위대한 숙원이 떠올린 인민의 리상거리, 송시.송화지구 1만세대 살림집건설이 훌륭히 완공되여 당 제8차대회가 제시한 수도건설 5개년 계획의 첫해 과업이 빛나게 결속된데 대하여," 〈조선의 오늘〉, 2022년 4월 13일

"조선의 부강발전에서 중요한 역할을 하는 여성들." 『조선중앙통신』, 2019년 3월 7일

"조선의 체육인들 지난 20년간 국제경기들에서 1,400여회의 우승 쟁취." 『조선중앙통신』, 2014년 7월 10일

"중앙동물원구내에 사랑의 축전지차가 달린다." 『민주조선』, 2011년 10월 21일

"지칠 줄 모르는 탐구와 헌신으로-국가과학원 식물학연구소 실장 공훈과학자 유선옥", 인스타그램@dprktoday, 2023년 5월 31일

"천리마조선 체육신화의 주인공들." 『조선중앙통신』, 2021년 6월 10일

"청진시 전경," 〈조선의 오늘〉, https://dprktoday.com/tourist/92 (검색일: 2023.12.5.)

"청진지구," 〈조선의 오늘〉, https://dprktoday.com/tourist/92 (검색일: 2023.12.5.)

"최고인민회의 상임위원회 정령." 『로동신문』, 2019년 12월 11일

"평범한 근로자들에게 살림집을 무상으로 안겨주는 것은 오직 우리나라뿐입니다." 『로동신문』, 2023년 6월 30일

『조선』(평양: 외국문출판사, 2022), 7월호

『조선』(평양: 조선화보사, 2021), 2021년 11월호

『조선』(평양: 조선화보사, 2021), 2021년 12월호

『조선』(평양: 조선화보사, 2021), 2021년 4월호

『조선』(평양: 조선화보사, 2023), 2023년 6월호

『조선말대사전』

기타

Christian von Soest & Julia Grauvogel, "Identity, procedures and performance: how authoritarian regimes legitimize their rule," Contemporary Politics, Vol. 23, No. 3(2017)

Christian von Soest & Julia Grauvogel, "Identity, procedures and performance: how authoritarian regimes legitimize their rule," Contemporary Politics, Vol. 23, No. 3(2017)

Colin Zwirko, "North Korea reveals first electric car showroom on new skyscraper street," 『NKPRO』, April 28, 2023, https://www.nknews.org/pro/north-korea-reveals-first-electric-car-showroom-on-new-skyscraper-street/ (검색일: 2023.10.1.)

DPRK360 페이스북. https://m.facebook.com/dprk360/photos/ordering-coffee-at-the-sunrise-caf%C3%A9-in-pyongyang-northkorea-everydaydprk-dprk-py/309827769141058/?_se_imp=15pFBfCaR4hxHzUxZ (검색일: 2023.12.10.)

DPRK Central Bureau of Statistics, 「DPR Korea 2008 Population Census National Report」(Pyongyang: DPR Korea, 2009)

http://smartincome.tistory.com/1103 (검색일: 2023.11.20.)

https://nkinfo.unikorea.go.kr/nkp/overview/nkOverview.do (검색일: 2023.12.16.)

https://nkinfo.unikorea.go.kr/nkp/overview/nkOverview.do (검색일: 2023.7.31.)

https://nkinfo.unikorea.go.kr/nkp/term/viewKnwldgDicary.do?dicaryId=11 (검색일: 2023.11.15.)

https://www.data.go.kr/data/3038030/fileData.do#layer_data_infomation (검색일: 2023.7.25.)

https://www.mofa.go.kr/www/wpge/m_25834/contents.do (검색일: 2023.11.20.)

https://www.mofa.go.kr/www/wpge/m_4178/contents.do (검색일: 2023.8.5.)

https://www.uniedu.go.kr/uniedu/home/brd/bbsatcl/nknow/view.do?id=46124
 (검색일: 2023.11.23.)

Jaewon Chung, "The Mineral Industry of North Korea in 2019," June 2023.
 https://pubs.usgs.gov/myb/vol3/2019/myb3-2019-north-korea.pdf
 (검색일: 2023.12.16.)

Jonas Jägermeyr et al. Climate impacts on global agriculture emerge earlier in new generation of climate and crop models, NATURE FOOD. VOL.2. NOVEMBER 2021.

저자 약력

김상범
동국대 북한학 박사
북한 정치, 외교
경남대 극동문제연구소 조교수
(논문) North Korea's Aid to Cuba during the Cuban Missile Crisis(Pacific Focus, 2022)
(저서) 북한의 핵과 정치권력 변화(경남대 극동문제연구소, 2024)

김용현
동국대 정치학 박사
북한 정치, 군사
동국대 북한학과 교수
(논문) State Strategy in the Kim Jong-un Era: The "Byongjin" Policy of Pursuing Economic and Nuclear Development(INSTITUTE KOREAN STUDIES, 2016)
(저서) 남북한 군사 충돌로 본 분단 70년사(선인, 2018)

김일한
동국대 북한학 박사
북한 경제, 농업식량
동국대 북한학연구소 DMZ평화센터 연구위원
(논문) 북한 농업법제 변화: 농장의 자율성 확대 vs. 정부의 시장개입 강화(한국동북아논총, 2023)
(저서) 김정은시대 경제정책: 101가지 질문·답변(경남대 극동문제연구소, 2021)

김종수

동국대 정치학 박사
북한 정치, 남북관계 연구
동국대 북한학과 겸임교수
(저서) 북한 청년과 통일(선인, 2018), 북한 청년동맹 연구(한울, 2008)

박민주

이화여대 북한학 박사
북한 과학기술, 일상생활
이화여대 통일학연구원 연구교수
(논문) 북한 주민의 모바일 일상과 기술·사회 재편 : 사이보그들의 은근한 전유와 탈주(북한학연구, 2024)
(저서) 북한 주민의 학교생활: '인민'의 재생산과 학교 일상의 수행성(통일연구원, 2023)

박형준

동국대 북한학 박사
북한 외교, 안보, 남북관계
건국대 글로컬캠퍼스 교양대학 조교수
(논문) 북한의 조선노동당 중앙위원회 제8기 제9차 전원회의 연구: 대남·대외 부문을 중심으로(한국동북아논총, 2024)
(저서) 북한학 박사가 쓴 북한학 개론(동국대출판부, 2022)

박희진

이화여대 북한학 박사
북한 경제·도시·비교사회주의
동국대 북한학연구소 연구교수
(논문) 북한도시연구에서 혼종적 해석의 다양성과 장애들(북한학연구, 2024)
(저서) 김정은정권의 농촌발전전략 연구(통일연구원, 2024)

하승희
북한대학원대 북한학 박사
북한 사회문화·예술·미디어
동국대 북한학연구소 연구초빙교수
(저서) 우리 마음의 국경(도서출판 지금, 2024), 다음 세대를 위한 남북주민통합: 접촉, 일상, 공존(한국학술정보, 2024)

한승대
동국대 북한학 박사
북한 정치사회, 한반도통일
동국대 북한학연구소 연구교수
(저서) 김정은시대 북한 유·초·중등교육 연구(한국교육개발원, 2019), 남북한 군사 충돌로 본 분단 70년사(선인, 2018)

한재헌
동국대 북한학 박사
북한 사회, 체제 변화
동국대 북한학연구소 학술연구교수
(논문) 방법으로서의 포스트사회주의와 북한사회 변동(세계지역연구논총, 2023)
(저서) 북한 일상생활 공동체의 변화(통일연구원, 2021)

허정필
동국대 북한학 박사
북한 사회문화, 체육, 재해재난
동국대 북한학연구소 연구초빙교수
(저서) 북한 체육정책을 통해 본 김정은시대 취약계층 인권 연구(롯데-민화협, 2023), 북한학 박사가 쓴 북한학 개론(동국대출판부, 2022)

동국대학교 저서출판 지원사업 선정도서

이 저서는 2023년도 동국대학교 연구비 지원을 받아 수행된 연구결과물임. (S-2023-G0001-00083)
This work was supported by the Dongguk University Research Fund of 2023. (S-2023-G0001-00083)

김정은시대 북한사회 100문 100답

2024년 8월 21일 초판 1쇄 인쇄
2024년 8월 29일 초판 1쇄 발행

지은이 김용현 책임편집
　　　　　김상범·김일한·김종수·박민주·박형준
　　　　　박희진·하승희·한승대·한재헌·허정필
발행인 박기련
발행처 동국대학교출판부

출판등록 제1973-000004호(1973.6.28)
주소 04626 서울시 중구 퇴계로36길2 신관1층 105호
전화 02-2264-4714
팩스 02-2268-7851
홈페이지 http://dgpress.dongguk.edu
이메일 abook@jeongjincorp.com
인쇄 신도인쇄

ISBN 978-89-7801-816-6 (03340)

값 22,000원

이 책의 무단 전재나 복제 행위는 저작권법 제98조에 따라 처벌 받게 됩니다.